U0450363

邹化政 著

第一哲学原理的科学体系

The Scientific System of First
Philosophy Principle

中国社会科学出版社
CHINA SOCIAL SCIENCES PRESS

图书在版编目（CIP）数据

第一哲学原理的科学体系／邹化政著.—北京：中国社会科学出版社，2018.6

ISBN 978 - 7 - 5203 - 1368 - 1

Ⅰ.①第⋯　Ⅱ.①邹⋯　Ⅲ.①哲学理论　Ⅳ.①B0

中国版本图书馆 CIP 数据核字（2017）第 273460 号

出 版 人	赵剑英
责任编辑	朱华彬
责任校对	张爱华
责任印制	张雪娇

出　　版	中国社会科学出版社
社　　址	北京鼓楼西大街甲 158 号
邮　　编	100720
网　　址	http://www.csspw.cn
发 行 部	010 - 84083685
门 市 部	010 - 84029450
经　　销	新华书店及其他书店
印　　刷	北京君升印刷有限公司
装　　订	廊坊市广阳区广增装订厂
版　　次	2018 年 6 月第 1 版
印　　次	2018 年 6 月第 1 次印刷
开　　本	710×1000　1/16
印　　张	27.5
插　　页	2
字　　数	333 千字
定　　价	108.00 元

凡购买中国社会科学出版社图书，如有质量问题请与本社营销中心联系调换
电话：010 - 84083683
版权所有　侵权必究

目　录

导　论 …………………………………………………………（1）
　一　哲学与它的原始对象 …………………………………（1）
　二　知识共相与原始对象共相的混同与它的层次 ………（6）
　三　原始对象共相内在区别性的层次和统一 ……………（14）
　四　哲学系统 ………………………………………………（23）
　五　自然哲学的内在区分 …………………………………（25）

第一篇　本体论

第一章　事物存在形象实在性的直接含义 …………………（4）
　一　在存在形象中的事物形象 ……………………………（5）
　二　在事物形象中的存在形象 ……………………………（8）
　三　事物存在形象实在性不同环节交错线 ………………（15）

第二章　事物存在形象实在性的逻辑层次 …………………（21）
　一　事物存在实在性的双重化统一体 ……………………（22）
　二　事物存在实在性作为生命的多样性 …………………（30）
　三　本原性本体存在及其能动性 …………………………（39）
　　引　论 ……………………………………………………（39）
　　（一）论事物的本原性本体自身 ………………………（44）
　　（二）自然界作为生命世界的本原性本体存在性 ………（47）

（三）世界实点的能动性 …………………………………（50）
第三章　客观逻辑精要 ……………………………………（55）
　一　客观逻辑共相的本质 ……………………………………（56）
　二　外延客观逻辑与内涵客观逻辑 …………………………（63）
　　（一）外延客观逻辑 ……………………………………（63）
　　（二）内涵客观逻辑 ……………………………………（75）
　　（三）外延客观逻辑与内涵客观逻辑的统一性 …………（83）
　三　客观逻辑内容 ……………………………………………（84）

第二篇　认识论

第一章　自我意识 ……………………………………………（96）
　一　自我意识本身 ……………………………………………（96）
　二　客主观自我意识 ………………………………………（101）
　三　自我意识溯源 …………………………………………（105）
　　（一）外在相关性 ………………………………………（105）
　　（二）前期内在相关性 …………………………………（111）
　　（三）后期内在相关性 …………………………………（118）
　　（四）内在相关性批判 …………………………………（125）
　　（五）外在相关性的全体性 ……………………………（128）
第二章　认识或意识的逻辑层次 …………………………（132）
　一　感性认识或意识王国基础性事实 ……………………（134）
　二　非终极理性认识或意识王国基础性事实 ……………（146）
　三　终极理性认识或意识王国基础性事实 ………………（158）
　　（一）本原性本体自身作为实点的理性概念之知 ……（159）
　　（二）自然界本原性本体实点的理性概念之知 ………（164）
　　（三）自然界宇宙论的认识论理性概念之知 …………（169）

第三章　主观逻辑精要 …………………………（180）
　一　主观逻辑共相的本质 …………………………（182）
　二　外延主观逻辑与内涵主观逻辑 ………………（201）
　　（一）外延主观逻辑 ………………………………（202）
　　（二）内涵主观逻辑 ………………………………（213）
　　（三）外延主观逻辑与内涵主观逻辑的统一性 …（217）
　三　主观逻辑内容 …………………………………（218）

第三篇　价值论

第一章　价值的直接性内容
　　　　——真实美学论 ………………………………（227）
　一　美丑的实在性与审美感情 ……………………（227）
　二　美丑的本质 ……………………………………（235）
　三　美丑气质实在性 ………………………………（248）

第二章　价值的逻辑层次
　　　　——真实理学论 ………………………………（254）
　一　鉴赏价值实在性 ………………………………（255）
　二　实用价值实在性 ………………………………（263）
　　（一）天然实用价值实在性 ………………………（264）
　　（二）人造实用价值实在性 ………………………（270）
　　（三）人造实用价值实在性的自在自为的展现 …（285）
　三　绝对价值实在性 ………………………………（294）
　　（一）价值的逻辑层次与价值的直接性内容 ……（294）
　　（二）相对价值实在性的否定 ……………………（295）
　　（三）绝对价值实在性 ……………………………（296）

第三章　价值逻辑精要
　　——真实逻辑论 …………………………………………（297）
一　简论价值逻辑的各种逻辑形式 ……………………………（299）
　　（一）价值逻辑的基本规律 …………………………………（299）
　　（二）价值逻辑的逻辑形式 …………………………………（305）
　　（三）价值逻辑内容 …………………………………………（306）
二　价值逻辑共相双重化统一体 ………………………………（307）
　　（一）再论真正属人之观的全体性 …………………………（308）
　　（二）价值逻辑共相双重化统一体的能动性 ………………（315）
　　（三）超越的属人自我意识 …………………………………（324）
三　价值逻辑共相双重化统一体实在性的归宿 ………………（328）
　　（一）逻辑王国实在性 ………………………………………（328）
　　（二）价值逻辑共相双重化统一体实在性的起源 ……（331）
　　（三）第一哲学原理全部逻辑内容的大团圆 ………………（332）

附录一　属人觉、知的分析系统 …………………………………（336）
附录二　论事物与存在 ……………………………………………（352）
附录三　"哲学大全"的导论
　　　　——哲学现象学 …………………………………………（360）
附录四　论直观与逻辑的本真相关性 …………………………（373）
附录五　论意识王国基础性事实 ………………………………（388）
后　记 ……………………………………………………………（406）

导　　论

哲学的全部逻辑内容，是一个系统，它的第一部分，便是"第一哲学原理的科学体系"，余者，皆是以此为基础的分支。为了阐明第一哲学原理的科学体系的内在区别和与其分支的相关性，以及我对此与众不同的观点，便要诉诸一个长篇导论。

一　哲学与它的原始对象

什么是哲学？纯就哲学之为哲学而言，哲者，明知而智慧的意思；学者，学问或知识的意思，从而哲学就是一个明知而智慧的学问或知识系统（学问即知识，以后我只用"知识"一词）。但是，明知而智慧的知识本身是一个共相：其他一切科学的知识，都可以是明知而智慧的知识。所以，在明知而智慧的知识共相对面，耸立着一个它的各种特定殊相明知而智慧的知识领域，前者，可称其为明知而智慧的知识共相，简称知识共相；后者，可称其为各种明知而智慧的知识殊相，简称各种知识殊相。

知识一般是一个知识共相，它便是哲学。而哲学作为这个知识共相，又是如下三个环节的内在统一：

首先，它必须是一个贯通于其他一切科学知识——各种殊相知识之中的普遍性。如果它不是这样一个普遍性，则其他一切科学知识，便不可能都可以是明知而智慧的知识了。

其次，从其他一切科学——各种知识殊相中，必然要显现出一个不同于知识一般，亦即不同于知识共相的新共相——知识殊相一般：它对各种知识殊相说是一个知识殊相一般的共相——任何一种知识殊相，直接都是一个知识殊相一般。它处于知识共相与各种知识殊相之间，既与后者相联系而是此者的一般性，又与前者相联系而是此者的特殊性，这便是知识共相的内在特殊性，是知识共相在其普遍性环节基础上的第二个环节。唯因如此，知识共相，才能以此为中介，贯通各种知识殊相之中。

最后，知识共相作为普遍性与特殊性两个环节的对立统一，必须有其零上数量规定，它才能存在。如果它的数量规定等于零，这便是说，它是不存在的。因此，它本身作为"一"，在其零上所有数量规定中的存在，便是多量"一"。在这多量"一"中①，它与其中任何一个多量之一相统一，便都是个体性。在这里，便又有了知识共相的第三个环节——个体性。

这样，所谓知识共相的实在性，便是普遍性、特殊性、个体性三个环节的内在统一体。此为知识共相的内涵逻辑内容。我们不能将知识共相，单纯孤立化地理解为一个普遍性，而应该从它这全部内涵逻辑内容上来把握它。

知识共相，必须有为它所表现的对象。这个对象，不可能是知识共相以自身为反思对象的那个对象，因为这里说的是知识共相本身所表现的现象，亦即它的原始对象。② 那么它的此种对象是什么呢？

从属人各种外感官的确定性上看，都是一些形象实在性，它们在其相互联系的整体性中，便构成事物存在形象的实在性。它

---

① 从客观性上看，多量之"一"，可以是重量单位，如一斤、一两等，也可以是不可分割的统一体的单一性——"一个"。但就知识而言，便只能说个体或个别知识。

② 在这里，我所以说"原始对象"，不说"客观对象"，是因为知识作为人的知识，也是客观的，它正是知识被反思的非原始对象。

区别于通常所谓事物存在的实在性：从前者到后者，还需要一个逻辑进展的过程，因此，知识共相所表现的原始对象，便必然是事物存在形象的实在性。因此，这乃是由于外感官确定性，是我们的最初所知——脱离了外感官所给予我们的确定性，我们面对的，便是一无所有的空白。

知识本身是一知识共相，则知识共相的原始对象——事物存在形象的实在性，便必然也是一个在范围上、包容性上与它相称相等的共相。我们可称其为原始对象共相。在它的对面，同样耸立着各种事物存在形象实在性——各种原始对象殊相的实在性。

既然知识共相是一个普遍性、特殊性、个体性的内在统一体，那么它的原始对象共相，便也相应地必须是一个普遍性、特殊性、个体性的内在统一体。这个统一体的特殊性，是对应前者的特殊性——知识殊相一般，同样可称为原始对象的特殊性：它就是各种原始对象殊相的直接共相，原始对象共相，只有以此为中介，才能贯通于各种原始对象殊相的存在之中。

最初，我将哲学规定为知识共相。现在，知识共相有了它的对象——原始对象共相，此二者是一个不可分割的对立统一体。从而我可以说，既没有无原始对象共相的知识共相，也没有无知识共相的原始对象共相。从这个统一性的视角来看，哲学便可进一步全面地规定为：它是知识共相与其原始对象共相的对立统一。

在这个统一性中：知识共相与原始对象共相相区别它自身之外。二者既相互外在，又相互联系，自成一个哲学之为哲学的新规定。这个新规定，便可使哲学一开始就与西方自贝克莱、休谟以来的近现代哲学主流有了原则的区别。

在传统哲学中，只有事物存在实在性的概念，没有我所谓"事物存在形象实在性"的概念。但二者虽有区别，却可以使后者归结为前者，因为前者直接便是后者进一步的最初规定性。据此，就可以说，自贝克莱、休谟以来，西方近现代哲学主流的基本特点，便在于知识共相，与其原始对象共相——事物存在实在性的混同。这种混同，使西方近现代哲学完全而彻底地走上了一种新式唯心主义哲学的道统，而且同时也是它的基本特点。下面，且对此述其梗概。

贝克莱将感觉称为观念，说事物存在实在性，是不同观念的集合；休谟则将感觉称为印象，说事物存在实在性，是不同印象的集合。还有现代的逻辑实证主义，也将事物存在实在性，看成是不同感觉的集合。实用主义大师杜威，也说感觉经验是双料的，它既是知，也是构成事物存在性的材料，从而实质上这同样是说，事物存在实在性，就是不同感觉的集合。总之，将事物存在实在性的直接性，归结为不同感觉的集合，这对自贝克莱、休谟以来的近现代哲学主流的哲学家们来说，是一个不言而喻的当然事实。不论他们是否公开这样说过，还是没说过，从其哲学精神的来龙去脉说，都是如此。这种观点，对西方近现代哲学说，便是它的一个知识共相与其原始对象共相的混同。因为，感觉也是个知识一般，是知识共相的原始成分，从而说事物存在实在性是不同感觉的集合，这便不能不是这样一个混同的实在性。

这种混同，在康德哲学那里，有特别值得一提的特殊意义，因为它将这种混同发挥为它的一个"先验感性论"的理论。而此正是康德《纯粹理性批判》这一巨著的一块基石。

康德认为，出现在我们心灵之中的不同感觉，本质上是以他所谓在我们心灵之外的物自体为基础，而引起的我们心灵的一种感受性。物自体是不可知的，我们所能知者，只在于这种感受性所能给予的东西。这种感受性的内在结构是：

感受性所显现出的不同感觉，是无空间性、时间性的，而只是这样一些单纯如像颜色、声音、软硬、气味、味道之类的感觉之质的材料。

心灵的感受性，先天地具有直观这些感觉之质的外感空间形式和内感时间形式。

于是，单纯的感觉之质，在这种先天直观形式的能动性中，二者便得到了综合的统一，形成了心灵最初经验所以可能的构成过程。这便是康德所谓心灵感受性的内在结构，同时也是康德"先验感性论"所发挥出的主要论点。

在这个结构或论点中，所谓心灵最初经验所以可能的实在性，对康德说，既是最初知识所以可能的实在性，也是它原始对象——事物存在实在性所以可能的实在性。这便是在康德哲学那里的知识共相与其原始对象共相的混同。

然而，在这个混同的构成中，康德所谓没有空间性、时间性的那些单纯感觉之质的材料，是无从成立而能存在的。所谓空间，只不过是任何客观实在性的三维广延之量；所谓时间，这只不过是任何客观实在性的一维广延之量——前者表现为任何客观实在性本身的可能存在，后者表现为这可能存在自身持续的过程。因此，任何客观实在性，如果没有其空间性、时间性，这便等于它的非存在，等于它从来还没有过，更无从谈到它的存在过程了。这也就是说，康德所谓那些没有空间性、时间性的单纯感觉之质的材料实在性，实际上就等于还是一个从来没有过的非存在。从而他所谓以心灵感受性的空间、时间先天形式，综合单纯感觉之质那些材料的综合过程，便是以前者去综合这个从来还没有过的非存在过程，从而综合也变成什么也没有的非存在。这就是康德的感受性内在结构的实质。可以这样说，在康德的南柯一梦中，有其感受性内在结构的实在性，而在梦外它却变化为什么也没有的非存在了。

康德的感受性内在结构，实质上是一个什么也没有的非存在，则在此结构中的知识共相与其原始对象共相的统一，便必然也是一个什么也没有的非存在。从而二者本身的混同，也就转化为一个什么也没有的非存在了。这便是这种混同在康德这里具有的特殊意义：他将它转变成了什么也没有的非存在。

自贝克莱、休谟以来的近现代哲学主流的基本特点——知识共相与其原始对象共相的混同，就其整体说，就是康德这个混同与余者相互区别而又对立统一的一个实在性。在这个统一性中，知识共相与其原始对象共相的混同，在康德这个混同中，变成了一无所有的空无。真正说来，这便是康德哲学在自贝克莱、休谟以来的近现代哲学主流中的历史地位。知识共相与其原始对象共相的混同，本来是个空无，康德实质上就将它论述为空无，这不是没有意义的。

实际上，知识共相与原始对象共相是相互外在而又相互联系的两个不同的东西，前者是知识一般，后者则是知识主观性的、只能作为知识共相的原始认识对象——事物存在实在性的客观性，从而前者与后者是不能互相等同的：知识共相，绝非同时就是它的原始对象共相；它的原始对象共相，也绝非同时就是知识共相，二者不容混同。正是坚持这种区别性，便可在这基础上，发展出一种在原则上区别于自贝克莱、休谟以来的近现代哲学的崭新哲学理论。这个原则上的区别性，即在于它贯彻始终地扬弃了西方近现代哲学发展中的那个知识共相与其原始对象共相——事物存在实在性的混同。

但要理解这一点逻辑内容上的全面性和深度，还必须要将这种混同做进一步深入的彻底研究。

二 知识共相与原始对象共相的混同与它的层次

上面所谓知识共相与其原始对象共相的混同，并不是一个一般的知识共相与原始对象的混同，它的性质只是感性的，从而它仅是一个感性知识共相与感性原始对象共相的混同。其所以如此，这乃是因为所谓原始对象共相，是指对事物存在实在性而言，而表现事物存在实在性的主观性，只能是我们的感性或感性意识，所以原始对象共相，便必然是一个感性原始对象共相。由于它可以从逻辑上归结为原始对象共相，故如是称之。既然它是一个感性原始对象共相，则与它相对而言的知识共相，便也实质上不能不是一个在表现着它的感性知识共相了。但由于感性知识共相也可以是知识共相，从而上面我们称它为知识共相，以便与所谓原始对象共相彼此对称。实则就其合理含义而言，此二者正好就是现在所谓感性知识共相与感性原始对象共相——前二者的混同，也正好是后二者的混同，是一个感性知识共相与感性原始对象共相的混同。

但是，我们除了有感性或感性意识之外，还有理性或理性意识。那么现在的问题就是：理性的表现或理性意识，可称其为理性知识共相，那么它的表现对象又应该是什么呢？既然前面所谓知识共相作为感性知识共相的表现对象，是事物存在实在性，则理性知识共相的表现对象，便是事物存在实在性的不同层次的本质了。此者，可称其为理性原始对象共相，以与理性知识共相成对称。于是这便产生如下这样的问题：

既然自贝克莱、休谟以来的近现代哲学主流的基本特点，用现在更确切的术语说，是感性知识共相与感性原始对象共相的混同，那么它在涉及当前所谓理性对象共相——事物存在实在性的不同层次的本质时，是否也要使它与理性知识共相相混同呢？这是一个我们当前最紧要的问题。下面，就让我们对这个问题进行系统的分析和研究。

从客观的角度来看：感性知识共相，是与感性原始对象共相统一不可分的，后者是前者的固有对象性；而理性知识共相与理性对象共相也是统一不可分的，后者也是前者的固有对象性。因此，如果前一相关性是一个感性知识共相与感性原始对象共相的混同，那么后一相关性，便必然也是一个理性知识共相与理性原始对象共相的混同，因为后一相关性，是前一相关性的不同层次本质——理性知识共相与理性原始对象共相，各自分别是感性知识共相与感性原始对象共相的不同层次本质，则前者的相关性，当然也即为后者的相关性的不同层次本质，这是显而易见的。

自贝克莱、休谟以来的近代西方哲学家的主观性角度来看：既然它已使感性知识共相与感性对象共相混同为一，那么在涉及理性知识共相与理性原始对象共相的相关性问题时，它也必然使这相关性，变成二者的一个混同。之所以如此，这乃是因为这一相关性，是前一相关性的内在不同层次本质：前一相关是相异性的混同，则这一相关性，便只能也同样是一个相异性的混同。

这也就是说：此一时期主流的哲学家们，既然都将事物存在实在性，看成是不同感觉的集合，则在一旦触及它的不同层次本质时，便也必然相应地将其看成理性知识共相的实在性了——这便出现了一个理性知识共相与理性原始对象共相的混同。

在这里，就这混同而言，便又触及康德的问题了。我们已经表明，康德在其《纯粹理性批判》一书的"先验感性论"中，发挥出了一种人类心灵的最初知识（实即现在所谓感性知识共相）是何以可能的实在性。而他在此书的"先验逻辑"中，又以"先验感性论"的感受性结构为基础，发挥出了一种不超越感性经验的知识界限，以知性范畴的先天性，去综合事物存在实在性的各种固有关系的理性成知性活动①，是何以可能的实在性。既然前一何以可能的实在性，结果必然是一个感性知识共相与感性原始对象共相——事物存在实在性的混同，那么后一何以可能的实在性，结果也必然是一个理性知识共相与理性原始对象共相——事物存在实在性不同层次本质的混同。这便是在康德这

---

① 康德所谓"知性"便是思维成知活动的能动性。而接着所谓"事物存在实在性各种固有关系"，是对事物的不同方面相关性和不同事物存在实在性的并存、相继等关系而言的。

里的理性知识共相与理性原始对象共相的混同。

进一步看，我们已经表明，在康德"先验感性论"的感受性结构中的感性知识共相与感性原始对象共相的混同，实质上，是一个什么也没有的非存在，是康德的南柯一梦。据此，由于康德先验感性论，是其先验逻辑从中得以发挥出来的基石，我们便也可准确地推知，在康德先验逻辑中进一步所发挥出来的理性知识共相与理性原始对象共相的混同，也必同样是一个什么也没有的非存在，是康德南柯一梦的更高延续。事物存在实在性，既然在康德先验感性论中，与其感性知识共相相联系，一同都进入什么也没有的非存在领域中去，则所谓以知性范畴去综合事物存在实在性作为什么也没有的非存在之各种关系的理性成知活动，便必然是一个什么也没有的非存在的综合。从而，这便什么理性知识共相与理性原始对象共相的混同，也从中综合不出来，其结果只能同样是一个什么也没有的非存在。这个实在性，对康德先验逻辑的其余部分也适用。① 全面说，康德在自贝克莱、休谟以来的近现代哲学发展中的历史地位，便在于他将西方该时期哲学中的感性知识共相与感性原始对象共相、理性知识共相与理性原始对象共相的混同，全部转化为在他整个南柯一梦中的，一个什么也没有的非存在梦幻。所谓"伟大的康德"，实质上是在警幻仙子所主司的"太虚幻境"中，警而不觉地在谈论他的先验哲学思想的。对康德这样评价，就与人们一向夸其功而颂其德那种评价大相矛盾了。但在我看来，这是事实，便也顾不得这许多了。

在康德这整个南柯一梦的外边，我们还应提到黑格尔。他在感性知识共相与感性原始对象共相的混同的基础上（这一点对黑格尔说是不言而喻的，是必然的），特别突出地表达出了理性

---

① 这里是指《纯粹理性批判》中"先验逻辑"的"先验辩证论"而言的。

知识共相与理性原始对象共相的混同这一事实。黑格尔认为事物存在实在性的不同层次本质的综合统一性是概念。但概念的本性是属知实在性，是理性知识共相，将它客观化为事物存在实在性的不同层次本质的统一性，无改于它的属知本性。从而这便只能是一个理性知识共相与理性原始对象共相的混同。只是在这个混同的前提下，黑格尔才能梦幻地设想，作为事物存在实在性的本质那个概念，必与作为理性知识共相那个概念是不同的：前者是客观实在性，后者是主观实在性。实质上，他这种梦幻设想，就其真相说，也是前者与后者的一个混同，仍为前所谓那个理性知识共相与理性原始对象共相的混同：在二者的混同中，本来便包含二者之为"二"的区别性在内。黑格尔声言它们的区别性，这无疑自己供认，他是在这二者混同的基础上，进行他的全部哲学思维的。

再者，黑格尔认为，事物存在实在性的不同层次本质——概念，与事物存在实在性的统一，就是他所谓自在自为的真理——理念，它是概念包容一切的最高逻辑发展大全。但所谓理念，就其内涵的逻辑内容说，它只不过是事物存在实在性的内在之理的主观意念之知而已。在这里，黑格尔也是将这主观意念之知，既看成是理性知识共相，也看成是它的理性原始对象共相。这就是说，这主观意念之知作为黑格尔的理念，便既是理念之知，也是此者的所指对象。这也是黑格尔更高层次上的一个理性知识共相与理性原始对象共相的混同，是一个发生于《逻辑学》中的集其大成的混同。

前述有关黑格尔两个理性知识共相与理性原始对象共相的混同，必然是派生于感性知识共相与感性原始对象共相的混同基础之上的。所以，黑格尔虽然没有明说，但他也同样将事物存在实在性看成是不同感觉的集合。有此感性知识共相与感性对象共相的混同，他才能理所当然地发挥出前述两个理性知识共相与理性原始对象共相的混同。之所以如此，这乃是因为我们早已说过，此者本是前者的内在实质。

在康德与黑格尔之间，还有两个重要的哲学家——费希特与谢林，他们曾努力使感性知识共相与感性原始对象共相、理性知识共相与理性原始对象共相区别开来。粗略地说，他们都将属人精神，夸大为一种本原性的普遍精神。它在显现为所有事物存在实在性及其内在不同层次本质中，又回归自身，成为对前者进行直观和观而思之的自我意识，从而便产生了感性知识共相与理性知识共相。在这里，对费希特、谢林本人而言，诚然便的确有了感性知识共相与感性原始对象共相、理性知识共相与理性原始对象共相的区别。但从实际上看，无论就属人精神而言，还是就把它夸大为本原性普遍精神而言，就其固有本性说，都只能产生感性知识共相与理性知识共相，却产生不了所谓事物存在实在性及其内在不同层次本质的实在性。所以，费希特、谢林所说的这种区别性，实质上是不存在的，它只能是一个感性知识共相与感性原始对象共相、理性知识共相与理性原始对象共相的双重混同。其结果，他们是和黑格尔相同的。黑格尔哲学，就是以他概念辩证法的思维方式，对费希特、谢林哲学思想中这种双重混同的理论上的系统展现。

至于谈到现代的西方哲学，就其主流说，首先便是各派形式不同的语义分析哲学。它们都在将事物存在实在性那个感性对象共相看成各种感觉集合的前提下，去研究有关它及其各方面的概念语义分析。而且认为这些概念语义，不是表现前者不同层次的内在本质，而是用以指称前者的观念性。但是，它们所以能指称前者，却只能是因为它们是表现前者的不同层次本质：前者是不同感觉的集合，是一个感性知识共相与感性对象共相的混同，那么它作为一些观念性，也便只能是一些理性知识共相与理性原始对象共相的混同。这一混同，必须是前一混同的内在实质，亦即是它的不同层次内在本质。

其次，在现代西方哲学中，除各派形式不同的语义分析哲学外，还必须提到现象学的创始人胡塞尔。他曾有这样一种看来是很普通的想法：只要有意识，就得相应地有它的对象。这里所谓对象，可以是以意识的自身为对象的那个对象，也可以是它的原始对象——事物存在实在性。就后者而言，胡塞尔这种想法，便暗含着意识与其原始对象——事物存在实在性的区别在内了。但胡塞尔毫无批判性地继承了他老师布伦塔诺的观点，认为凡属事物存在实在性，都是内在的东西。这就是说，它都是为我们的精神内在所表现出来的东西。这样一来，由于精神的固有本性，它只能显现为作为意识的知识（无论是感性的还是理性的），却不能显现为事物存在实在性本身，从而，实质上这又是一个感性知识共相与感性原始对象共相、理性知识共相与理性原始对象共相的混同。简而言之，便是意识与其原始对象及其不同层次本质的混同。

总之，自贝克莱、休谟以来的西方近现代哲学主流，就其基本特点说，现在便可全面地归结为感性知识共相与感性原始对象共相、理性知识共相与理性原始对象共相的混同。它的这个基本特点，从来没有为人所觉察过，以致人们突然听到我这样说，会认为这是胡说八道。

这是西方唯心主义哲学在其发展中的一个无可奈何的必然命运。在贝克莱、休谟以前的西方唯心主义哲学，是一个不成熟的且还没有纯化的唯心主义。它不但假定上帝的存在，而且还假定一种纯粹质料而一无所是的东西存在，从而上帝以它全知全能的理念（此为柏拉图的概念，对亚里士多德说则为形式），去把这质料创造为世界万物的实在性。在这里，所谓上帝的理念，就是上帝知道如何以质料为前提去创造世界万物的一个意念，是上帝全知全能的内在能动性本身。实则所谓理念，只不过是我们的一个表现事物存在实在性的内在之理的意念而已。从柏拉图提出"理念"概念那一天起，他便将它与事物存在实在性相分离，看成他所谓事物世界作为影子背后的真实存在；但是单纯作为这样一种理念，它是缺乏负荷它的主体性的，是不能作为存在而存在的，所以后来的人便将它与上帝统一起来，变成上帝的理念。亚里士多德的形式，也是如此。西方中世纪的哲学，可以说是一种名副其实的论证"上帝创世说"的神学哲学理论，它在发展中本质上也离不开质料、理念或形式等观念。西方的唯心主义哲学，在莱布尼茨那里，便接近于成熟。它摒弃了质料，也摒弃了理念或形式的实在性，而认为所有事物存在实在性的实体，是一些无体积而不可分割的精神实体——单子，上帝是生成这些单子的最高实体：单子的单子。它制约这些单子的先验和谐，而表现为事物存在实在性的世界。可当西方唯心主义发展到实质上从人的现实精神出发，或将它夸大为本原性的普遍精神，来以此去解释事物存在实在性的世界时，它必然如前所论那样，陷入感性知识共相与感性原始对象共相、理性知识共相与理性原始对象共相之混同的泥坑里去了。

然而，感性知识共相与理性知识共相，都是一般的知识共相；感性原始对象共相与理性原始对象共相，也都是一般的原始对象共相。从而，感性知识共相与感性原始对象共相、理性知识共相与理性原始对象共相的混同，便同归结为知识共相与原始对象共相的混同，而前两个混同，便是这个混同的不同层次。二者的统一，便是一个知识共相与原始对象共相之混同的层次。

这个混同层次，便是前所谓自贝克莱、休谟以来西方近现代哲学的基本特点的全部逻辑内容。

与此相反，对我们来说，知识共相与原始对象共相，便不是一个混同，而是一个二者在相互联系中的区别性。从而这个区别性的不同层次，便相应地必然是感性知识共相与感性原始对象共相和理性知识共相与理性原始对象共相的两个区别性。此二者的统一，便也是一个知识共相与原始对象共相之区别性的层次。

这个区别性层次，正好相应的就是前一个混同性层次的否定。因此在这个基础上发挥出来的整个哲学思想，必然也是在前一个混同性层次基础上发展的近现代西方哲学的否定。二者的本质区别性，就在于后者是为知识共相与原始对象共相之区别性的层次所贯通，前者是为知识共相与原始对象共相之混同的层次所贯通，从此二者发挥出来的整个哲学思想，必然是根本不同的，是互相否定的。

但是，这二者的相互否定，并不意味着在知识共相与原始对象共相之区别性的层次基础上发挥出来的整个哲学思想是传统上所谓唯物主义的。恰恰相反，它不单是自贝克莱、休谟以来的西方近现代唯心主义哲学的否定。简而言之，一句话：它是到前所谓西方近现代唯心主义哲学为止的，整个西方哲学的全部否定。它将发挥出一种与从前根本不同的崭新唯物主义与唯心主义，以便从正面构成二者相统一的一个崭新的哲学系统。

这个崭新的哲学系统，就其整个学理来说，归根到底必然是要以原始对象共相及其内在区别性的层次为其表述的对象。① 为了理解这个哲学系统的意义和梗概，我们必须转而去研究这个对象共相内在区别性的层次和统一。

三　原始对象共相内在区别性的层次和统一

当前的问题是一个纯粹理论问题，它再无须涉及哲学史中的

---

① 诚然，哲学还要以非原始对象共相——知识共相本身为对象，认识论就是如此。但是以此为对象的知识，也是知识共相，是知识共相的知识共相。二者的统一同为知识共相，即实质上都是以原始对象共相及其不同层次的区别性为对象的。非原始对象，原本就是根源于原始对象的，前者可归结为后者。

内容。因此，我们便应该从这里回到事物存在实在性的原始性——事物存在形象实在性上去。

据此，所谓感性对象共相，现在就是事物存在形象实在性，而所谓理性对象共相，便应该是事物存在形象实在性不同层次的本质。所谓原始对象共相，现在就应该是这二者的共相，可称其为客观实在性。这就是说，客观实在性便是事物存在形象实在性与其不同层次本质的内在统一。从而，问题又在于客观实在性，作为这个统一性的内涵逻辑内容，应该是什么呢？这便涉及人们通常所谓"自然"这一概念的真正意义问题了。

通常人们所谓的自然，就是自然界，但是在我们看来，自然与自然界是有区别的，二者不是一回事。什么是自然？自然者，事物存在形象实在性，以其不同层次内在本质为基础，然其本身所固然的自生自化的一个过程之谓也——一切事物存在形象实在性，在其普遍联系与制约中，都不能不是一个毫不借助任何外力的、自本自根、自生自化的一个然其所固然的实在性。而作为这样一个实在性的自然，在其所有数量中的总和统一性，这才是自然界。所以，自然不能等同于自然界，二者是有区别的。

如果我们将事物存在形象的不同层次本质，扬弃为它的固有内在性，则所谓自然与自然界的区别，便可简化如下：

1. 所谓自然，就是事物存在形象的实在性。
2. 所谓自然界，则是所有事物存在形象实在性的总和统一性。

进一步看，事物存在形象实在性，必然有不同的区别性，从而所谓的自然，便相应地也有不同的区别性。事物存在形象实在性，就其本性说，必然可分为社会性事物存在形象实在性，和非社会性事物存在形象实在性。从而，它作为此二者也便不能不是社会性自然与非社会自然的一个区别性。与此相对应，自然界也必然分为社会性自然界，与非社会性自然界。下面对这个双重区别性的逻辑内容做一简明的论述。

什么是社会性自然？人的存在形象实在性，便是社会性自然实在性，因为人具有其固有的社会本性——人总是社会性的存在。什么是非社会性自然？除了人的存在形象实在性之外的，一切其他的事物存在形象实在性，便是非社会性自然实在性，因为这些实在性，本质上是没有社会性的——它们总是非社会性的存在，与此相联系，所谓社会性自然界，就是存在于地球上的，一切属人社会的总和统一性（其他星球，是否有人的存在，我们还不确知，故只提地球），而所谓非社会性自然界，则就是一切非社会自然的总和统一性。

在这里，便出现两个相关性问题：一个是社会性自然与非社会性自然的相关性问题；另一个是社会性自然界与非社会性自然界的相关性问题。它们的逻辑内容到底是什么，也有待回答。

就社会性自然与非社会自然的相关性而言，显而易见，非社会性自然在时间上必然是先于社会性自然而存在的。我们决不能说，先有了社会性的人，然后才有了社会性之人以外的其他非社会性事物存在形象实在性，如像地球本身及在其上面的非人动物、植物、无机物，等等；更不能说，如像太阳、太阳系、银河系乃至总星系，等等，是后于社会的人而存在的。这就是说，社会性自然，必定是产生于非社会性自然：若非如此，它就是从天上掉下来的，而无其发生的根源了。

尽管有人不但将社会性自然——社会性的人，看成是高于非社会性自然的实在性，是超越后者的独立一无二的东西，同时又将非社会自然中的非人动物，夸大为动物一般说，人就是人，人不是动物；但是，稍微从逻辑上看一下，便可发现这种观点是无从成立的。实质上，只能说社会性的人本是社会性的动物，不是非人动物，而不能说人不是动物。因为所谓"动物一般"，是社会性的人与非社会性动物的对立统一，而这也就意味着社会自然与非社会性自然的对立统一。它即是社会性的人，也是非人动物，是二者相统一的共相基础。所以，人怎能不是动物呢？亦即不是此二者的对立统一呢？这是一种不明社会性自然与非社会性自然的区别与联系的糊涂想法。

再者，说人就是人，便认为这是有关人是什么的唯一正确而了不起的观点，这是令人难以接受的。照这样说，我们也可以说，动物就是动物，植物就是植物，无机物就是无机物，宇宙就是宇宙，等等，因而如此这般举不胜举的同语反复，便都可成为唯一正确而了不起的理论观点了。至于何以说这是一种同语反复，我将在后面加以说明。①

虽然人作为社会性自然，是从非社会自然产生的，但人能够创造性地改造为数甚多的其他非社会性自然。在这里：人是主体，后者则是被动的客体，从而在这种关系中，人是能动的主导一方，后者则是被动的非主导一方。但人所以能如此，这乃是因为非社会性自然压根儿便将他生成为这样的实在性。就此而言，人便转化为被生成客体，非社会性自然则转化为母体——能动的生成主体。在这种关系中，非社会性自然又成了能动的主导一方，而人则成了被动的非主导一方了。这就是说，在社会性自然与非社会性自然的相关性中：人是主体，也是客体；非人实在性，同样既是主体，也是客体，因而社会性自然与非社会性自然，便都是能动的主导一方，同时又是被动的非主导一方。这便是二者相关性的真正辩证法。这便可以进而看到无论从哪个角度说，人超越非社会性自然的超越性，都不能成为所谓独一无二的东西。

其次，再就社会性自然界与非社会性自然界的相关性而言，情况基本上也如前面所论。要而言之：非社会性自然界先于社会

---

① 提出"人就是人"命题的人，曾为自己提出理由辩解说，这并不是一个同语反复。后面我们将指出，即使如其所说，客观上这仍是一个同语反复。

性自然界而存在，后者是从前者的发展中产生的；二者在其相互联系制约中，都既是主体主导一方，又是客体被主导一方——总之一句话，社会性自然与非社会性自然的相关性如何，社会性自然界与非社会性自然界的相关性也便如何。因为后二者各自都只是前二者各自的总和统一性。

这样，从社会性自然与非社会性自然、社会性自然界与非社会性自然界这个双重相关的区别性中，便可进而展现出：

社会性自然与非社会性自然的共相，必然就是自然一般。因为，自然一般，是以其内在性为基础的，事物存在形象实在性的然其所固然的实在性，则又是它的不同类分——社会性事物存在形象与非社会性事物存在形象的实在性，这二者的共相只能是自然一般。此其一。

同样，社会性自然界与非社会性自然界的共相，也必然就是自然界一般。因为，自然界一般是以其内在性为基础的所有事物存在形象实在性的总和统一性，而所谓社会性自然界与非社会性自然界，则又是它的不同类分——所有社会性事物存在形象的总和统一性，与非社会性事物存在形象的总和统一性的实在性，就其共相言之，也只能是自然界一般。此其二。

再进一步看，社会性自然与非社会性自然、社会性自然界与非社会性自然界这两个区别的相关性共相，又必然是自然与自然界的相关性。因为，社会性自然与非社会性自然的共相，就是自然；而社会性自然界与非社会性自然界的共相，则就是自然界，所以此二者的相关性，便即为自然与自然界的相关性。此其三。

现在，又回到了前所谓自然与自然界的区别上来了，而且又增加了二者的相关性问题。

就这个相关性问题而言，我可以说，自然界是一个整体，自然则是它所有的部分。在这个整体中，它的每一部分，都是其中任何一个自然，它就是这任何一个自然的全体性在其相互联系和制约中所构成的一个整体。

前面我提到，有人将社会性自然——社会性的人，看成超越非社会性自然的独立无双的东西。现在我有了充分的条件，来深入分析这种观点的真正实质所在。

实际上，这种观点，只意识到了社会性人的概念，而没有意识到社会性自然的概念，也没有所谓非社会性自然的概念，前面我只是将这种观点拿到我的概念中，为了便于突出它的逻辑内容而已。现在，我又要补充说，持有这种观点的人，不但没有社会性自然和非社会性自然的概念，而且也没有自然与自然界相区别的概念，而这种概念是我国哲学界普遍缺乏的。对这种观点说，自然也就是自然界，自然界也就是自然，二者怎样说都行。但是，我还是采取自然界这一概念，来论述这种观点的实质。在这个前提下，我就要说，这种观点的要害，就在于它将人直接与自然界相对立，而认为人是超越自然界的东西：人不是自然界中的物或事物。所谓人不是物，便可道尽这种观点的要害了。（对这种观点说，当然它更不能有所谓事物存在形象实在性的概念，而只能有物和事物的实在性概念。但物是事物的核心，有知于二者，却未必知道此二者的区别与联系——这一点，我将在本书正文篇章里，有专门的论述。由于这种观点明确提到"人不是物"，所以下文我便用物的概念，不用事物的概念。而且为了简明起见，暂时也将自然与自然界作同义语用）。

这种观点，直接使人与自然界相对立，但人是直接与非社会性自然界相对立，他既不属于其中的任何实在性，也不是其中任何非社会的物，因为人是社会性的物。在这一点上，说社会性的人，是超越非社会性自然界的东西，当然是正确的，是理所当然的。但若将它偷换成人是直接与自然界相对立的，他是超越自然界的东西，可就大成问题了。在自然界中，既有社会性的物——人，也有非社会性的物——非人，二者的共相便是物，从而社会性的物与非社会性的物、人与非人，便都是物：在自然界中，没有不是物的东西，人也是其中的物，而不是超越自然界并凌驾于其上的东西。使人与自然界相对立，说人不是物，那么人便是什么也不是的非存在了。以这样一个非存在而在谈论人的哲学，甚至于给人下定义，就只能在同语反复下，说人就是人了。

实质上，只能从人作为物的实在性与其他一些物的实在性的一定特殊差别上，才能给人下一个合理的定义。我们可以说，人是有理性的，有社会性的物。如果说，这只能限于将自然界中动物领域变换成物的领域，才是可能的事实，那么我们便可将它转化为：人是有理性、有社会性的动物。这两个定义都是正确的。不过，前一定义是涉及人之为物及人与其他一切物的区别性；后一定义却只涉及人与其他一切非人动物的区别性。后一区别性，当然是可以包含在前一区别性之中的。如果将物的统一基础及在这两个定义中的其他属物区别性——其他的物、动物等，完全从那里排除出去，则在大自然中便没有什么东西与人之所是相关了，剩下的所谓"有理性""有社会性"等，也随之要消失不见了。从而剩下的，便只有人是人的实在性。这便是"人是人"这一命题的客观背景。

就提出这个命题的人来说，不管他是我国的哲学家也好，还是普通的哲学工作者也好，从其本意上看，平心而论，"人是人"这个命题，还不能说是个同语反复。因为他明确提到，在这个命题的宾词中那个"人"，是就他认为人既有神性精神，又有物性，而且人作为生命是能主宰生命的生命的那个神秘莫测的，令人难以理解的属人本质而言。他认为人是什么的问题，是西方哲学史上大多数哲学家最为关心的一个问题，但却都没有确切的解释，而他也没有一个正确的答案，所以只好将属人本质放于这作为宾词的"人"里，而说"人就是人"。不过，问题是在于那个神秘莫测的、令人难以理解的属人本质，原本是不存在的，是一个地地道道的非存在。从西方哲学史上看，亚里士多德早就说过人是两条腿的动物和人是有理性灵魂的动物。这两个命题都是有不同等级的真理性的，他所谓人的那些特点，都可在后一命题中得到解释。他所以对此视而不见，是因为他认为据他所谓人的特点，便可指证人根本不是属于动物范畴的实在性。但无论如何，他所谓神秘莫测的、令人难以理解的属人本质，毕竟还是一个并不存在的非存在，这可是一个毫无疑问的事实。因此，这个"人是人"的命题，归根到底，还是一个同语反复。不但如此，由于将大自然中一切与"人的所是"相联系的实在性，都从人那里排除在外了，从而"人是人"那个宾词的人，还是一个什么内容也没有的单纯语词。这就是说，前所谓"人是人"这一命题的客观背景，对他说是完全具备的：他所谓人不是动物，也不是物等，都是他那个"人是人"这一命题的客观背景。照这样说，他那作为同语反复的"人是人"的命题，必然也不知不觉地在他主观上，是或多或少有一定的自觉性的。

如果进而再深入一步分析他这"人是人"的同语反复命题，那我们便可从中发现，问题不仅在于他所谓属人本质是神秘莫测的、是令人难以理解的，而且还在于他对所谓的"物"这个实在性，缺乏应有的深入理解。为了论述这一点，我可以设想如下一个对物理解的不同层次。

第一个层次亦即原始的层次：人们可以最初认为物就是一切的无机物，因而植物生命，就是超越无机物的实在性——物不是植物。

第二个层次亦即更高的层次：人们进而可以认为物就是一切的无机物和植物，因而动物生命，就是超越无机物和植物的实在性——物和植物不是动物。

第三个层次亦即最高的层次：人们最后可以认为物就是一切的无机物、植物和动物，因而属人生命，就是超越无机物、植物和动物的实在性——人不是无机物、植物和动物，因而也不是这三者的共相——物。

在这三个设想的层次中，都是在不同程度上缺乏对物的全面正确理解，最后一个最高设想的层次，便相当于说"人是人"这一命题的层次。尽管这是对物的理解的最高的层次；但仍然在对物缺乏更深入理解的前提下认为人不是物。固然人既有神性（精神），也有物性，物又何尝不是如此呢？这个问题，我将在本书正文的一定篇章中阐明。

我们可以看到，"人就是人"这一同语反复的命题，不仅是出自于对人的不理解，而且也出自对物的不理解，这二者是相互依赖而统一不可分的。

对我来说，人是社会性自然，它的固有逻辑内容便是人是有理性、有社会性的动物；植物和动物，则都是非社会性自然；动物则是它的尖端拱顶。

如前所论，社会性自然与非社会性自然的共相，便是自然，就其内容说，便是物。它既是社会性自然，也是非社会性自然。从而人在自然中的逻辑内容就必然是：人是有理性、有社会性的物。

但所有社会性自然的总和统一性，就是社会性自然界，而所有非社会性自然，则是非社会自然界。此二者的共相，就是一般的自然界——所有事物存在形象实在性的总和统一性。它的初级与高级两个层次，便是非社会性自然界与社会性自然界。此二者的统一，便是自然界的层次，其中必然包含非社会性自然、社会性自然及其内在统一的共相——自然在内。

我最初从对象共相的层次出发，又从它的两个环节——感性对象共相与理性对象共相的统一，亦即有其不同层次内在本质的客观实在里，演绎出非社会性自然与社会性自然、非社会性自然界与社会性自然界及其相关性与共相——自然与自然界及其相关性的一系列内容，这都是对象共相的层次和统一的全部逻辑内容。而其中的非相关性的各个单一项的总和全体性，便是哲学的一个对象系统。

在这个基础上，便有条件使我来谈哲学系统的问题了。

四　哲学系统

要理解哲学系统，必须阐明它的对象系统，从而哲学系统的各项单一性，就必须以它的对象系统的各项单一性为对象。

就哲学是以自然与自然界的对立统一体为对象而言，它便是自然哲学。这里所说的"自然哲学"，与传统上所谓的"自然哲学"，在意义上是根本不同的：后者实质上是仅仅有关非社会性自然、非社会性自然界的一种哲学思想体系，因而它理应是非社会性自然哲学。但我们所谓的"自然哲学"，实质上就是本书标题所谓的"第一哲学原理的科学体系"，是关于自然一般、自然界一般的思想体系，它是整个哲学系统的普遍基础。

就哲学以非社会性自然与非社会性自然界的对立统一为对象而言，它就是非社会性自然哲学，亦即传统上所谓的自然哲学。这种自然哲学，最后只涉及社会性自然、社会性自然界——人与所有单一社会总体的发生，而不涉及它们本身的逻辑内容。我们已经表明，社会性自然、社会性自然界，必然是从非社会性自然、非社会性自然界的发展中产生出来的：各个人种的社会性的人作为社会性自然地产生，必然同时就是各个人种的社会共同体的总和统一性——社会性自然界的发生与发展。

就哲学是以社会性自然与社会性自然界的对立统一为对象而言，它就是社会性自然哲学，亦即传统上所谓的社会哲学。提出"人是人"这一命题的人所谓"类哲学"，充其量只不过是社会哲学而已，或者缩小点范围说，它只不过是有关社会性人的特点的一种界说而已。社会哲学，不能只是关心社会性人作为社会性自然及其单一性社会共同体的发展和命运，而不关心所有社会共同体（国家产生以后，也可以说所有国家）的总和统一性——社会性自然界的发展和命运。所谓我们必须要常常注意世界上所发生的大事，也就是说要常常关心社会性自然界中所发生的大事，因为这里所谓的世界，实指社会性自然界而言。在宇宙秩序能始终健在的条件下，属人自然界未来的命运如何，这尤其是社会哲学最应该关心的大问题——我们不能只顾眼前，不顾将来。社会性自然界未来的命运如何，也就是人类的未来。本书将在它的最后篇章中，试图对此作出明确的回答。①

这样，自然哲学、非社会性自然哲学、社会性自然哲学的总和全体性，便是一个哲学系统的实在性。有人会说，我们还没提到逻辑学，是否它不是哲学呢？的确，有人认为逻辑学不是哲学，在哲学系统中，没有它的地位。而在各种哲学的各种理论体系中，也从来没有人将有关逻辑学的内容作为哲学的应有部分放进去。但在我们看来，逻辑学是哲学。不过，逻辑学应分为客观逻辑学与主观逻辑学（传统逻辑学仅是主观逻辑学），和此二者的统一——主客观统一的共相逻辑学。它的梗概，分别包含于自然哲学即所谓第一哲学原理的本体论、认识论、价值论之中。所以在本书中，只就这三种逻辑学的性质、客观来源，阐明其梗概，而不将它们的整个理论放进去。因为这三者是自然哲学内在区分部分内容的独立化，正如本体论、认识论、价值论，也可以从中独立出来，而作为一些单一的学理体系一样。

本书不是对整个哲学系统的论述，而只是对自然哲学——第一哲学原理的科学体系的论述。因此，最后还应该阐明"自然哲学"的内在区分。

---

① 本书不是社会哲学，但在它最后篇章的结束中却将提出、阐明人类的未来问题。因为社会性人，也包含在自然界之中。

五 自然哲学的内在区分

所谓自然哲学，就是第一哲学原理的科学体系。它的对象，便是自然与自然界的对立统一体的全部逻辑内容。就它的逻辑内容而言：

在合理的逻辑形式中，以事物存在形象实在性为对象，从它开始到其不同层次本质，并从其终极本质中演绎各种事物存在形象实在性的产生规律，便是本体论。

在合理的逻辑形式中，以各种日常经验和各种科学为前提去反思知识共相产生、发展的规律，便是认识论。认识论，必须以日常经验一般与本体所展现出的理论知识一般为基础。如果没有它们的存在，它就没有任何的反思对象了，从而它便是无从成立的。无论是知识，还是它的客观对象——事物存在形象实在性，就其都是出自大自然内在之理的合理性，因而就它们在大自然中都是具有合理意义的东西说，这便是它们作为价值的实在性。用中国哲学的术语说，这便是天道的合理性。以价值为对象的学理，便是价值论。

所以，自然哲学——第一哲学原理的科学体系的内在区分，便必然分为本体论、认识论、价值论三部分。

在这三部分中，本体论是有关客观实在性的，认识论是有关主观实在性的，而在价值论中，这两个实在性，便综合为一：价值论，既是有关客观实在性的，也是有关主观实在性的。

在这个意义上，我们可以说，知识作为主观实在性的合理意义，与事物存在形象实在性作为客观实在性的合理意义，在其大自然界内在之理，或天道合理性中的对立统一体，便是价值：它既是前者，也是后者。从这个角度看，我们又可以说，本体论逻辑内容的合理性是正题，认识论逻辑内容的合理性是反题，价值论逻辑内容的合理性则是合二者为一的合题。

这个正、反、合实在性，诚然以哲学系统的内在区分为基础，但应该看到，这二者都是从前三部分的连续性中，系统地演绎出来的。

本书这个导论，便到此为止，实自成一个演绎系统。

第一篇

本体论

本体论是《第一哲学原理的科学体系》（自然哲学）的第一部分，它是以事物存在形象实在性为对象的知识体系。按亚里士多德的说法，有一门可称之为第一哲学原理的理论体系，它研究一般有之为有，是之为是的对象性。但有即存在，而存在又必然是什么东西的存在，它在客观上必然首先是事物存在形象实在性。因为，所谓"是之为是"的实在性，也就是事物存在形象实在性是什么的实在性。所以第一哲学原理的首要部分，必然就是以此为对象的本体论。

但是，这样一种知识体系，为什么叫本体论呢？因为事物存在形象实在性的所是，便是它不同层次的本质，从而这是它的本来面目，故为它的本体。所以，以此为对象的知识体系，当然就是本体论了。

从历史上看，就发展变化显而易见的西方哲学而言，最初兴起于希腊的古代哲学，基本上都是本体论，认识论几乎没有形成，存在的只是有关认识的一些或长或短的片断。认识论，在西方近代以来，才逐渐发展起来，并逐渐上升为统治地位，至于价值论，那还是西方现代才显现出的哲学思想。其所以如此，这是由于人面对的首先是事物存在形象实在性，人也是这一实在性之一；人而有知，也首先是对事物存在形象实在性的所知，人对自己的所知也是这所知之一。只有在人有了这一所知的必要理论发展之后，才能有条件转而以此为对象，逐步发展出认识论及在它与本体论二者基础上的价值论来。所以，毫不奇怪，虽然亚里士多德是第一个提出"第一哲学原理"的人，但他却只将它限于"本体论"的领域。

就本体论应有的逻辑内容而言，它首先阐明所谓"事物存在形象实在性"本身的直接含义；其次便是阐明它不同层次的本质；最后此二者的统一，便同归于客观逻辑的学理。①

因此，本体论的内在区分，便是：

    事物存在形象实在性的直接含义；

    事物存在形象实在性的逻辑层次；

    客观逻辑精要。

---

① 对我说，逻辑学与逻辑不同，前者是学理，后者是它的对象。从而有关客观逻辑的学理，便是导论所谓逻辑学之一，本篇只能阐述它的精要。

第 一 章

事物存在形象实在性的直接含义

所谓"事物存在形象实在性",这说的是"事物存在形象"的实在性,它具体表现了实在性是什么样的实在性,是"事物存在形象"这样的实在性。实质上,这不过意味着事物存在形象作为实在性的联系而已。所以,事物存在形象实在性,可以归结为"事物存在形象"这一实在性。

但是在"事物存在形象"这个整体形象中,却必然存在着一个最为根本的区别与联系:事物形象与存在形象的区别性,和此二者的必然相关统一性。显而易见,如果这二者是一个毫无区别的同一性,而不是一个相异性合二为一的统一形象,那么,所谓"事物存在形象",便转化为"事物事物形象",或"存在存在形象",这是两个毫无意义的语词联系。

所谓"事物存在形象",它的直接逻辑内容是:事物的存在形象,或事物存在着的形象。就前者而言,在它的整体形象中,不但有事物形象,而且还渗透着它的存在形象。二者渗透为一,自成一个静态整体形象。就后者而言,在它的整体形象中,也不但有事物形象,而且还渗透着此者存在着的形象,二者渗透为一,也自成一个动态整体形象。

"事物存在形象"这个整体形象,不是前一整体形象,就是后一整体形式。前者是共相,后二者是它的不同殊相形式。

所以,前所谓事物形象与存在形象的统一,也相应地,不是一个静态存在形象，便是一个动态存在形象。前者也是一共相，后二者只是它的不同殊相形式。

不过进一步看，静态的存在形象与动态的存在形象，是一个互为对方的对立统一性：存在形象，总是"什么"的存在形象，在本体论中也就是属于事物形象的存在形象。这诚然是一个静态的存在形象，但它作为前者的存在形象，这是前者存在力的表现，因而它本身便能转化为前者存在着那个"存在着"的动态存在形象。所以，静态存在形象实质上便是动态存在形象。

无论如何，"事物存在形象"这个整体性，必内在地区分为事物形象与存在形象两个区别性，它便是此二者在其对立统一性中的全体性。在现实性上，事物形象总是在其存在形象中的"事物形象"；存在形象也总是在事物形象中的"存在形象"。二者的逻辑内容，不可从它们的孤立性上去把握。要理解这样两个区别性及其相关性的直接含义，便要这样对它们分别研究或论述。

一　在存在形象中的事物形象

事物形象总是在其存在形象中的事物形象。记住这一点，便简称其为事物形象。

事物形象，必为通常的人们所熟知，不过人们不知不觉地扬弃了它的原始性，称其为事物而已。实质上，我们一睁眼，一抬头，一转身，一有所事，到处触及的无不是事物形象，连我们人也是事物形象。西方近代有位大名鼎鼎的哲学家说："世界是事实的总和。"[①]——诚哉！是言也。事实形象，就是存在形象中对其内在性已有所表现的事物形象，所以也可以将此言进而归结

[①] 这是维特根斯坦在其《逻辑哲学》中所说的一句话，此语中的"事物"当然是在其"存在"中的现实事物。

为"世界是事物的总和"。

事物形象，是一个感官确定性；但通过以日常经验、科学知识为基础的想象作用，可以超越这个界限。在此二者相统一的前提下，便可以说：上至天体和围绕它们的宇宙空间，下至物理学所谓从宏微观视角上的宏微观客体和真空以至于人及其社会，一切我们眼睛所能见或不能见的，显现为或虚或实的存在着直接性，都是事物形象，是它们在其区别性中的这样一个普遍性或共相。

总之，自然界中所有的一切东西，都是在普遍意义上的事物形象。但照这样说，便好像将例如运动、发展、变化、属性表现、工作、演剧、看剧、唱歌、绘画、跳舞等的活动，排斥在事物形象实在性之外了，看来这就与上面讲到的不一致了。实际上，运动总是何者在运动，发展和变化总是何者在发展和变化，演剧总是谁在演剧，看剧总是谁在看剧，等等。如果能从活动与活动者的统一性上去看这些活动，它们也就是前面所谓的事物形象实在性了：它们都可包含于它的一切表现的自身规定中，它就是它与其一切表现的内在统一体。

就是这样一个统一体，它为人们所熟知。但熟知不是真知。虽然人们都可声言像这样到处可见的东西，何人不知，它哪里还有什么哲学问题能言呢？可只要问一下到底什么是事物形象，人们便要瞠目惊奇地张口结舌，无言可对了。它是有问题可言的，这问题不大不小，却几乎从来没有为哲学家过问。只有黑格尔好像明显地触及它，他在其《逻辑学》中从存在论演绎到本质论中的"根据""实存"两个范畴时，便将事物直接等同于事物形象实在性，又将事物直接等同于物说，物就是根据与实在的统一。且不说他前面那些等同，仅就他对物之为物的规定性，这也已经不是物在其直接性中的逻辑内容了，而是从物的本质、根据演绎出来的实在性。它不但不是事物形象实在性，而且也不是包含其中那个物的实在性，这二者都是面对我们的直接性，不是从什么前提演绎出来的间接性。如果说，它们有前提，那么这便只能是我们的感观能动性，因为它们是在感观确定性之中的东西。

现在，便可以明确，什么是事物形象的问题，是就它的感观直接性的逻辑内容而言。那么它的这种逻辑内容，到底是什么呢？

的确，物的形象，必然是事物形象的核心，只有在此基础上，才能有作为规定它的那个"事"的形象。事物形象实在性，只是这两个环节的统一。因此，我们的研究，便必须进入"物"与"事"两个形象及其相关性的论述中去。

什么是物的形象？不管它的形态是宏观的还是微观的，是浊实的还是清虚的（浊实如像草木、山水、动植物之类，清虚如像大气层、真空之类），它们都得有自己的形体性形象。这些不同的形体性形象，便都是形体性形象共相。形体性形象共相，就是一般物的形体性形象——没有形体性形象的物之形象是没有的，这只是一个什么也不是的非是。所以说，物之形象的核心是它的形体性形象——形体性形象共相。物的形象其他方面，便都是它这个形体性形象共相的不同内在属性的表现。物的形体性形象共相，有广深两个方面：广，是指它的外在形状而言；深，是指它必为其不同层次本质所充溢，此为它作为形状的内容——形之体。因此，形体性共相的形状与其内容的统一，便是形体性形象共相本身，而它与其不同内在属性表现形象的统一，便构成了物的形象。就它的核心是形体性而言，我们便常称它为物体，实则它的原始性，是个物体形象。

西方近现代哲学主流，实质上是都将"事物存在形象实在性"，规定为不同感觉的集合，那么仅就物的形体而言，它便也是不同感觉集合了。这不但是一个"物的形象"之知与它本身的混同，而且在这个感觉集合中，也把不同的感觉等量齐观，不分轻重地集合在一起了。实际上，其中的形体性感觉是核心，其他方面的感觉都是以此为基础的，围绕着这个核心的次要方面、派生方面，从而在这个对"物的形象"的规定中，便无法说明形体性感觉如何产生它其他方面的次要感觉。但实际上，这样一个以形体性感觉为核心的不同感觉集合，仅仅是我们的感性之知，而不是它的对象——物的形体本身，前者只是对它的主观印象，它只能从后者的客观性中，找出形体性感觉如何能有其他方面的感觉与其相联系。

什么是与物的形象相区别而又相联系的"事"之形象呢？所谓"事"之形象者，为也，动也，制约也，这可一之于"有事于什么"或"所事为什么"的形象。但物的形象只有在它实际存在中，才能有它所事所为的形象——它不存在，它焉有所为？因此，一切物的形象实在性在其普遍相联系和制约中，必有所事于自己的存在状态和其他所事的形象，这与物之形象相统一的整体性，便是事物形象。所以，事物形象者，在其所事所为中那个物的形象之谓也。从而，也可以将它倒转过来说，称其为物事形象，而且还更合理些，因为事者，物的形象有所为也。

这便从事物形象的直接性中，阐明了它所直接包容的逻辑内容，而无须涉及它的内在本质、根据与它相统一的高层次上的规定。

那么，它本身的存在形象，又是什么呢？这便从事物形象的领域，转入它的存在形象领域。

二 在事物形象中的存在形象

存在形象总是在事物形象中的存在形象，记住这一点，也便可仍简称其为存在形象。

存在形象，亦即事物形象有没有那个存在的形象：存在形象，总是什么东西的存在形象，而这所谓"什么东西"，在其原始性上便只能是事物形象。没有事物形象，便无所是；无所是，便连存在形象包括在内，一齐都进入绝对的否定之天①——什么也不是，什么也没有的境界。整个自然界都圆寂飞升了，真是一了百了，什么都"了"了。剩下的还有什么，是不可想象的。

如果说事物形象是什么的问题，在人们的熟知中，从来没有人过问，或者至少是从来罕见涉及，那么存在形象是什么的问题，便更是如此。人们从来都仅靠感官确定性，而在熟知中运用如像有、无、存在、非存在等语词，但对它们直接性的内涵，都缺乏真正的理解；不但如此，在这对它茫然熟知的状态中，便必然还逐渐产生事物形象与存在形象的混同。人们说到事物形象，心里却不觉跃起的是存在形象，或者想到后者，前者又破口一跃而出。二者这样跃来跃去，便充分说明对二者的界限模糊，以至于混同：对通常的人说是如此，对历史上的哲学家们说也是如此。为了便于阐明这一点的实例，不妨扬弃二者的原始性，使其回归事物与存在。

西方古代希腊哲学家泰勒斯、阿那克西曼德、阿那克西美尼、赫拉克利特等人，都分别以水、无定（性质上、形状上没有规定性的东西）、气、火作为本原，去解释自然界万物，而恩培多克勒则以火、土、水、气作为多元的本原，去解释它。所有这些一元论和多元论的本原，实质上都是具体的事物，从而也就是以具体事物作为本原，去解释自然界万物。但单纯的具体事物本原，而无其存在性，便等于它还没有，等于非存在，这怎么能用来解释自然界万物呢？如果说这种具体事物本原，它本身便必设定其存在、指向其存在，那么这些哲学家便在这种具体事物存在的本原中，就又是对这种事物与其存在的区别没有识别，使它

---

① 无所是，包括对存在形象的否定在内：它有了必否定"s 是存在的"，因而便是对存在形象的否定。

们相互混同了。之所以如此，是因为这些哲学家原本认为具体事物本原，是解释自然界万物的原则，而不过问其存在的意义。则现在使它转变成以这种一元或多元具体事物的存在为本原，而在"具体事物"后面，毫无中介地加上了其"存在"一词，这就等于对二者的区别与联系毫无意识，使二者混为一团了。这便充分说明，这些哲学家在其朦胧而暗昧不明的主观性中，不但只有过问事物的意识，而无过问存在的意识，而且已经有了使事物与存在相混同的意识了。

这种单纯属质统一性与其存在的混同，在希腊哲学家巴门尼德的"存在哲学"那里，便明显地展示出来了。他认为探讨真理的道路有三：一是存在者存在，不可能不存在；二是存在者不存在，非存在者一定存在；三是存在和非存在同一又不同一。在这三条道路中，他又认为只有第一条道路才是走向真理的道路。但在他探讨这条道路的属知逻辑内容时，却又将存在者说成存在，而认为：存在是永恒的，不是生成的；存在是唯一而连续的，不可分的；存在是不动的，等等。就他所说这些内容而言，实质上都是有关存在者的规定，他却将它都说成是存在的规定，这便明显的是一种既无知于存在者与存在相区别的规定性，又使二者相混同的理论观点。实际上，这种混同，早已出现在他所谓三条道路之中：前两条说的都是存在者，最后一条却说的是存在（实质上应该也是存在者），从而这里也有了存在者与存在的混同与对二者区别性的无知了。一般说，存在者可以是所有的事物，但它对巴门尼德说，却应该是指万物背后的本原而言——他使本原与万物相脱离，而变成孤立于事物之外的本原，称后者为不真实的虚假现象，但本原与其存在，都是既有区别又相联系的：本原是一，而它的存在可以是一个，也可以是多个。巴门尼德的意思是说，真实的存在都是一，它的存在也是一个。从而对二者的区别无所知，他不但不过问后者的含义，而且使它与存在者混而为一了。

不过，本原与其存在的这个不加识别与混同，却必然对巴门尼德所谓不真实的虚假现象与其存在也同样适用。从而前者可归结为事物——所谓虚假现象和其存在的不加识别与混同。于是这里，便有了事物与其存在的不加识别与混同。

再者，柏拉图的"理念"本原能动性、亚里士多德的"形式"制约"质料"本原能动性，也有与其存在的区别性和相关性。他们都采取了只过问前者而不过问后者的理论态度，这说明他们对二者的区别性和相关性还没有充分的识别，而实质上是使二者浑然为一体的混同。既然他们的本原，是显现一切事物的根源，则在此种本原所显现的事物中，便又有了事物与其存在的区别性和相关性。既然他们的本原与其存在的区别性和相关性，已经是一个未加识别的混同，那么前一区别性和相关性，便必然也是一个未加识别的混同。

希腊哲学，是西方哲学的母体。可以这样说，在此基础上的西方中世纪和近现代哲学，如果能够按着前面的思路，对它细加琢磨和分析，便可从中发现，归根到底，事物与其存在的不加识别与混同，是贯通它的整个发展的。就中尤其是黑格尔和海德格尔的哲学思想，表现得最为突出、最为明显了。因此，还要分别提到他们的哲学思想。

黑格尔的《逻辑学》，全不顾事物与存在、殊相事物与殊相存在这种双重的区别与联系，只从存在一般或纯有出发，大谈它与殊相存在或殊相之有的相互转化的辩证法，说明在他心目中存在一般、殊相存在是直接不加识别的等同或混同于事物一般与殊相事物的。为了简明起见，不妨以黑格尔的《小逻辑》第一部分"存在论"为研究、分析的范本。

黑格尔认为，一般的存在或纯有，是没有规定性的，因而它便是"无"。但一般存在或纯有本身又是"有"，不是什么也没有的非存在。因此，有与无的统一，便是变易，所以一般的存在或纯有那无与有二个环节，便消失于这个变易整体性之中，而转化为有规定性的存在或限有。只是令人百思不解的是，变易仅是它的两个环节——有与无不断的相互转化，这从中怎能产生有规定性的存在或限有呢？进而黑格尔从有规定性的存在或限有演绎出了某物与他物：某物便是某种事物，他物则是其他各种事物。在这里，便出现一个有规定性的存在或限有与某种事物和其他各种事物的混同，而不能识别此二者的真正区别性和相关性。问题在于前者是存在的领域，后者是事物的领域，从前者怎样演绎出后者来，说它只能是后者——某种事物与其他各种事物呢？这是二者的一个不可能如此的混同。事实上，后者的共相便是最初的事物一般，是直接性的事物，它与黑格尔以"存在论"为基础，而从《小逻辑》"本质论"的本质、根据中演绎出来那个事物是不同的，此为包含了本质、根据于自身中的间接性事物。前者本应该与黑格尔所谓一般的存在或纯有相对应——它只能是前者的存在，或前者之有；但黑格尔却将这归结为一般存在或纯有而为《小逻辑》的开端，这便明显地是一个事物与其存在的混同，是对二者的区别性毫无意识的混同。试问，从哪里能够找到一种没有"什么东西"为其所属、所归的一般存在或纯有呢？简直荒唐透顶！

海德格尔明确地看到和提出"存在"的独特之处，是在于"存在"并不是对存在者最高领域的界定——存在不是种，从而存在的普遍性超乎一切种的普遍性；他还谈到西方中世纪的存在论，是将存在看成一种超越者。

这里所谓的存在者，是指存在着的东西而言，但自然除了事物之外，却再没有什么别的东西可言了，所以存在者实即事物。的确，就事物与存在的区别性而言，它们各有自己所特有的界限：存在不是事物，因而也不是它的类分——各种事物，当然可以说，存在不是种，不是各种事物的最高统一性那个事物包容性的"种"了。说它是一种超越者，就是说它超越事物。这好像已经识别了存在与事物的区别性，但他在提出这观点的《存在与时间》一书中，导论一开始便声称要阐明"存在意义问题"，可整个导论乃至全书，却都看不到何谓"存在"的规定性，更不用说"存在的意义"了。或者，存在就是他所谓在时间之流中的，那既相联系又相中断的一些片刻之在的连续性共相——此在，不过这样一来，何为存在的问题，又变成何为此在的问题了，答案还是一点也没有的。诚然，在前书的导论中，他已重点地阐明了人的存在优越于其他存在优先性，从而人的存在就是此在的直接含蕴了。但人也是自然界中的事物，是然其所固然的自然界的一个"什么东西"，所以使此在归结为人在，这便又恢复了事物与存在的不加识别与混同了。自然界中除了事物的存在之外，压根儿便再无其他意义上的存在，人们若再说海德格尔所说的"存在"，不是事物存在意义上的存在，那便再无其他意义上的存在了——他所谓此在作为人在，也别无他途，客观上只能是一个事物与存在的不加识别的混同。但他却显得是从只过问存在而不过问事物开始，形成这样不加识别与混同的。

如上所述，这便是事物与存在的不加识别与混同的问题，在西方哲学的情形。

至于谈到中国哲学，可以说它的语言表达形式可集中归结为"x 者 y 也"这一简明语句涵项。其中"x"代表"事物存在"，而"y"则代表对前者的任何规定性。这就是说，中国哲学一向只谈论事物存在这个整体及其不同方面、本质等是什么的问题，事物与存在的区别性与相关性，还没有从中分化出来，单独作为问题而存在。它以前者暗中指向后者，代替后者，从而这也实质上更是包含一种事物与存在的不加识别与混同在内，是它更为浓厚的一种表现形式。这问题在中国的情形，便可概括如此。

阐明了历史上的事物与存在不加识别与混同的问题之后，它的重要性和意义便充分显示出来了。

事物形象与存在形象，虽然是互相指向对方，但它们毕竟是相互区别而各自有自己的规定性，二者不容混同。那么区别于事物形象的存在形象的规定性，到底是什么呢？这个问题，虽然从来没有人问过，且意义重大，但说来并不复杂，只是它从来没有为人所注意而已。

事物形象本身作为"一"，它的数量规定形象，是在零以上者，它便必然是有的，是存在的，因而便是它的一个存在形象——事物形象那个存在形象，是个零上数量规定形象。

与此相反：事物形象本身作为"一"，它的数量规定形象，是为零者，它便必然是没有的，是非存在的，因而便是它的一个非存在形象——事物形象那个非存在形象，是个零的数量规定形象。

所以，事物形象是个属质统一性，而它的存在与非存在形象，是个零上与零的属量统一性。后者与前一属质统一性本身那个变化之量（通常所谓事物的量变）是不同的，它是存在与非存在形象之所以成其自身的一个量，而且后者只能是零这个数字。

我们可以将毕达哥拉斯数理哲学中的一元、二元的概念加以变通，使前者也被称为一元，用于属质统一性形象和它的存在与非存在的属量统一性的存在形象上去。据此，一元就是属质统一性本身作为"一"那个一，二元则是这个"一"的数量规定，于是"一"的二元规定是零上的，这便是它的存在，亦即事物形象的存在，而它的二元规定是零，则又便是它作为事物形象的非存在。这样，便可以说：事物形象的存在与非存在，都是它本身作为"一"的二元规定性。前面说过，事物形象的存在形象分静态的和动态的；但就它们都是事物形象的存在力的表现来说，却都是动态的。现在可以说，事物形象的存在力，就是事物形象本身作为"一"那个零上二元规定性，它表现为事物形象那个存在形象。

然而事物形象本身，又有两种情况：一是它本身是不可分的，一旦分割了，它便不成其为自身了；二是它本身是可分的，分割之后它在其中仍不失其本身的性质。与此二种情况相联系，事物形象的存在形象便同样一分为二：就事物形象是不可分的而言，它本身作为"一"的数量规定，便是一些零上的正整数，而表现为"一"的一个、二个、三个、四个，等等；就事物形象是可分的而言，它本身作为"一"的零上数量规定，便必须以它本身的质量或重量的单位——如质量千克或重量千克为基础去计算。① 就前者说，事物形象与其中任何"一"的一个相统一，便是个体性或个别性；就后者说，事物形象本身作为"一"，与自质量千克或重量千克为开端的单位系列的任何等级相统一，则都是个体性或个别性。

这两种计算方式与事物形象的统一，都是事物形象本身作为"一"，与其二元规定性的统一。这个统一性，便构成前所谓"事物存在形象"的整体性，也就是一向所说的事物存在形象实在性。我们从它出发，又归于它，回归于它作为其普遍性、特殊性、个体性的统一体，这便是事物形象实在性的不同环节交错线。

三 事物存在形象实在性不同环节交错线

形体性形象之为形体性形象，与其属性表现形象之为属性表现形象，既相连续又相中断而有区别性；物的形象之为物的形

---

① 也可以用体积单位去计算，但这不重要，故省略。

象，与事物形象之为事物形象既相连续又相中断而有区别性；事物形象之为事物形象，与存在形象之为存在形象既相连续又相中断而有区别性；事物存在形象之为事物存在形象，与实在性之为实在性既相连续又相中断而有区别性，这一系列如此这般区别性的一体性，便是事物存在形象实在性的纵向不同环节交错线。

事物存在形象实在性的纵向不同环节交错线，便是它之为它的直接性构成内容，是它作为实在性或如像它那样实在性的直接性构成内容。

但是，事物存在形象实在性，它整个还是一个普遍性、特殊性、个体性的统一体。因此：它的普遍性与其特殊性既相连续又相中断而有区别性；它的特殊性与其个体性既相连续又相中断而有区别性，这两个如此这般区别性的一体性，便是事物存在形象实在性的横向不同环节交错线。

事物存在形象实在性的横向不同环节交错线，不涉及它的构成直接性内容，而只涉及它本身作为一个整体的不同环节的区别与联系的内容，亦即它之为它的直接性规定的一体性内容。

事物存在形象实在性的纵向不同环节交错线，与其横向不同环节交错线的共相，便是它的一个不同环节交错线一般。它是前二者的内在基础，它可具体被规定为：它是事物存在形象实在性的所有不同环节的直接性内容，既相连续又相区别的一体性，前二者是它的自身分化。

在这个基础上，事物存在形象实在性的横向不同环节交错线，在它纵向不同环节交错线中，便通过它与前者那一特殊环节相统一的逻辑先在能动性，表现为各种事物存在形象实在性，它是此者所以可能的逻辑先在基础。这便触及了事物存在形象实在性的内在类分问题。

事物存在形象实在性，首先如导论所言，分为社会性事物存在形象实在性（社会性自然）与非社会性事物存在形象实在性

（非社会性自然），但在导论中没有涉及此二者各自的内在区分。所以，这里的任务便在于进一步阐明此二者的内在区分。

社会性事物存在形象实在性，就是人的存在实在性，而且是有社会性的，它必存在于其社会关系总和的社会中。从而，从整个属人社会的发展中，来阐明人的存在实在性类分，是非常必要的。

属人社会，大体上可分为原始属人社会、自然经济属人社会（古代社会也包含其中）、商品经济属人社会（社会主义经济与资本主义经济的共相）三个大类型[1]，从而人的存在形象实在性，也便相应地分为原始属人社会的人之存在形象实在性、自然经济属人社会的人之存在形象实在性和商品经济属人社会的人之存在形象实在性。这就是社会性事物存在形象实在性的三大类型或区别性。

与此相联系，非社会性自然界，也便必然分为原始社会时代的非社会性自然界、自然经济属人社会时代的非社会性自然界和商品经济属人社会时代的非社会性自然界这样三大类型或区别性。

非社会性事物存在形象实在性，则大体分为宏微观无机物的非社会性事物存在形象实在性、植物的非社会性事物存在形象实在性、动物的非社会性事物存在形象实在性，以及包括地球大气层在内的宏微观清虚的非社会性事物存在形象实在性。这就是非社会性事物存在形象实在性三大类型或区别性。

这些类型或区别性的总和，便是非社会性自然界。在它之中，任何宏观非社会性事物存在形象实在性，都是由不同层次的非社会性微观客体形象——分子的、原子的、基本粒子的（我将夸克也包含在内）等所构成。但非社会性分子存在形象，是

---

[1] 社会主义经济与资本主义经济在本质上是不同的，但这并不影响它们可以有同归商品经济的共相。

由非社会性原子存在形象所构成的；非社会性原子存在形象是由非社会性基本粒子存在形象所构成的。从而，构成宏观非社会性事物存在形象实在性的，那些非社会性分子存在形象的布局，同时也必然包含了构成它的那些非社会性原子存在形象、基本粒子存在形象的布局在内。因为，非社会性分子存在形象是由非社会原子存在形象所构成的，而非社会性原子存在形象则是由非社会性基本粒子存在形象所构成的，这便使在前一布局中，一定得内在地具有后两种布局在内。这便是构成任何非社会性宏观事物存在形象实在性的不同层次结构的内在统一性。

与此相联系，非社会性自然界既然是所有非社会性事物存在形象实在性的总和，那么它也是有一定布局的。在这个布局中，也必然内在地包含着它的不同层次非社会性微观客体形象——分子的、原子的、基本粒子的等布局在内，二者是一个不可分割的统一性。这便构成非社会性自然界的整个不同层次的内在结构。

非社会性事物存在形象实在性，本是非社会性自然界的一些部分，从而它的不同层次内在结构，便与非社会性自然界的不同层次内在结构，有这样一种相关性：前者的总和，也就是后者的不同层次内在结构。二者的统一，既显现非社会性自然界，同时也便由此显示出了非社会性事物存在形象实在性，而归结为前所谓非社会性事物存在形象实在性的三大类型或区别性。

但是，全面而概括说，自然界一般分为无机性自然界、有机性自然界，而有机性自然界则又分为植物性自然界、动物性自然界（从无机自然界到有机自然界那些过渡环节本书存而不论）和社会性自然界。无机自然界与有机自然界中的植物性自然界及在它其中的非人动物自然界的总和，便是非社会性自然界。所以，社会性自然界，包括在自然界的有机自然界中，但它却超越无机自然界及在有机自然界中较低于它的所有其他环节，而与非社会自然界相对立。所谓非社会性自然界，不能超越自然界而是内在其中的实在性，就是说它不能超越自然界的有机自然界，而是内在其中的实在性。

与此相联系，事物存在实在性，也一般分为无机性事物存在实在性、有机性事物存在实在性，而有机性事物存在实在性，又分为植物性事物存在实在性、动物性事物存在实在性和社会性事物存在实在性。无机性事物存在实在性，与有机物存在性中的植物性事物存在实在性和动物性事物存在实在性中的非人动物性事物存在实在性的总和，便是非社会性自然——非社会性事物存在实在性。所以，社会性事物实在性，包括在事物存在实在性的有机性事物存在实在性之中，但它却又超越较低于它的所有其他环节，而与非社会性存在实在性相对立。所谓社会性事物存在实在性，不能超越事物存在实在性而是内在其中的实在性，就是说它不能超越事物存在实在性中的有机性事物存在实在性，而是内在其中的实在性。所谓社会性与非社会性的对立，不能超越有机界的有机性、动物界的动物性，它只是此二者发展的最高峰。前一对立，是在这高峰上与其相交错的产物。

如上所论的两个方面的内在统一，便是前此所论有关事物存在实在性的分类问题的一个系统。这个系统的逻辑内容，都是来自横向事物存在实在性交错线，与它那个特殊性环节相统一的能动表现——各种事物存在实在性。

这样，在横向事物存在实在性交错线的基础上便扼要而梗概地阐明了事物存在形象实在性在其类分上的全部逻辑内容。

在它这全部逻辑内容中，便回归为事物存在实在性的纵横二向不同环节交错线的内在统一，回归为本章所谓"事物存在形象实在性的直接含义"，集中表现了它的历史意义和价值。

我可以这样说，全部传统哲学的本体论，从来都眼空四海，没有将四海中的普遍性——事物存在形象实在性的直接含义看在眼里，而是在使它等同于事物存在实在性的前提下，一开始使去凭空过问事物存在实在性超越其直接性含义的，更高甚至最高的逻辑层次问题。这样一来：传统哲学本体论，便在对事物存在实在性的直接性内容一无所知的条件下，展现出了它的各种互相对立的本体论思想体系。但问题却不在于这理论方面的多样性上，而在于它们的共同特点都是：它们无知于何谓事物，也无知于何谓它的存在，而是在对二者不加识别或混同的基础上，将二者作为同义语的语词来使用。从而有关它们在其既相区别又相联系中的好多重大理论内容，都不能在这些理论的视野之中了。

现在，且举一个例子，来说明这个问题。

哲学史上的一切一元论本体论，都认为所有事物存在实在性的本原，是一个一元的本原。但这个一元性本原，也与其存在是有区别的，后者是它本身作为"一"的零上的数量规定，那么它这零上的数量规定应该有多少呢？回答是这不能也只是一，而必须首先是多，多到足够能产生出一切事物存在实在性来那么多，最后它在这么多的连续性中，才能作为一个统一本原存在实在性，而自身分化地显现为一切事物存在实在性的。像这样的理论内容，是那些在一元性本原与其存在之间不加识别，使二者相混同的哲学家们所想象不到的。

实质上，所谓一元性的本原，无论它是什么，却都只是一个本原性的单纯属质统一性，它还不是它的存在，不是一个现实性的本原。只有它与其存在相统一之后，亦即与其本身作为"一"的零上数量规定相统一之后，它才转化为一个同质性连续体的现实本原实在性。看到这一点，对于一元论的本体论哲学家说，是非常重要的。只有这样，它才能彻底克服其历史上失败的窘境，让哲学本体论全面开出高尚而清丽的花朵来。

但这只有在把握了事物存在实在性的直接性内容，明确了何谓事物（对我们来说，亦即事物形象），何谓它的存在，这才是可能的。

第 二 章

事物存在形象实在性的逻辑层次

为了阐明事物存在形象实在性的逻辑层次,便必须将它扬弃为事物存在实在性,此为最贴近于它而几乎可以等同它的原始层次。

事物存在形象实在性的逻辑层次,是相对于它本身的直接含义而言的,这二者是根本不同的。那么它们相区别的根本之点是什么呢?如果说,事物存在形象实在性,是一个感观确定性,从而它的直接意义不能对它是个扬弃,相反的倒必须对它是个保存,问题只在于揭示它本身是什么,那么,它的逻辑层次,一开始对它便是个扬弃,而不是一个保存,从而便一直在揭示它作为一个整体进一步的纵向不同层次的内涵及其多样性的表现和统一。

具体说,这二者的根本区别是在于:

就前者而言,事物存在形象实在性,便必须相对的分割为它的不同环节——事、物、存在、实在性等,对它们直接含义分别分析之后,再使它们连接起来,而成为它的纵横二向交错线。就中只有实在性的环节,我没有对它进行分析,因为一切东西,都可归结为实在性,从而事物存在形象归结为它,是不足为奇的,使它停留于我们的熟知上便可以了。

就后者而言,事物存在形象实在性,却不能对它进行任何分割,而只能就它的整体性,去研究它的不同层次本质是什么——

它的不同层次本质,便是它的不同逻辑层次:这只能以它的整体为起点,当它连续被归结为它的不同逻辑层次的时候,它便是同时连续的不同逻辑层次上的本质了。

从这两个方面看,事物存在形象实在性的直接含义,与它的逻辑层次的根本区别,便了如指掌了。

一般地说,事物存在形象实在性的逻辑层次,当然要从前者出发。之所以如此,因为它是一个感观确定性的原始性,从而必须将它扬弃为事物存在实在性,这是它直接拥有的原始层次本质。这便是从事物存在形象实在性到事物存在实在性的原始逻辑层次。其他的逻辑层次,都可由此系统地演绎出来。

这二者的区别性,亦即事物存在形象实在性与事物存在实在性的区别,到底何在呢?回答是:仍保留前者那个"形体核心"的形象,而在这个基础上将其不同方面的属性表现形象,扬弃为它的单纯不同内在属性,从而这两方面的统一体,便是事物存在实在性——事物存在形象实在性,转化为事物存在实在性。可以这样说,事物存在实在性,是事物存在形象实在性第一层次上的本质,而这个本质即它最初的本来面目,因而即为它最初层次上的本体,因为它的一切属性表现形象,都来源于它的不同属性。

事物存在实在性,正是通常人们面对着客观性的思维起点,现在它也成了我此后论述的对象。

一 事物存在实在性的双重化统一体

事物存在实在性,基本上有两种不同的属性,一为它的物理属性;一为它的精神属性。

什么是它的物理属性?事物存在实在性的符合物理学所谓"纯物理"意义上的,能够显现为任何等级物理现象的性能就是它的物理属性。

什么是事物存在实在性的精神属性？它的非物理学所谓"纯物理"意义上的，能够显现为任何等级精神现象的性能，就是它的精神属性。

事物存在实在性的物理属性与精神属性，不是两个各自孤立的实在性，它们是处在既相连续又相中断的内在联系之中的，从而其中任何一方，都不能只靠其本身便可以得到完善的说明的。

事物存在实在性的这两种属性，便必然都在它的形体性中是无所不在的——我们不能说，此二者是在这形体性的某处，而不在形体性的他处，它们与形体性是浑然一体的实在性。诚然，任何动物的精神属性，只在人和非人动物的脑部位上；但它作为事物存在实在性的精神属性一般，却不仅在它们脑的部位上，而是贯通它们的全身的。

这便涉及事物存在实在性的精神属性的不同等级。概括说，它的精神属性有三个等级：呈现苦乐感的原始感受性（它为各种事物存在实在性所共有，但同时又是无机物实在性和植物实在性的特有精神属性）能够显现物象及其内在之理的感觉性和理性（前者为动物所固有，后者为人所固有）。事物存在实在性的精神属性本身，是包容这三者的共相。动物和人所特有的精神属性，当然是在它们的脑部，但构成它们脑的部分连同躯体，却还为原始感受性所贯通。因此，它们的特有精神属性与其周身的原始感受性相联系，便是在它们的形体性中无所不在了。它们都是物，是形体性，而它们这三种精神属性，则又都是精神属性那个共相，从而合此二者为一的统一性，便是事物存在实在性的精神属性，在它们形体性中的无所不在了。

这也等于说，事物存在实在性的精神属性在它形体性中是无所不在的。当然它的物理属性也是如此。

事物存在实在性的物理属性与精神属性，都是它的属性。中外哲学特别是西方哲学，一向有这样一种根深蒂固的成见：事物存在实在性的属性没有广延性，但这又是如何可能呢？它的属性没有广延性，它又如何能与它联系起来、统一起来而存在呢？这是根本不可能的。即使就像人和动物所特有的精神属性，它们虽然不遍布任何动物全身，但它们也能毫无广延性，而不遍布人体和动物体的内在部分——神经系统之中吗？

总之，事物存在实在性的属性，无论是物理的，还是精神的，它们都必须有广延性，而在事物存在实在性的形体性中无所不在——它与其属性必须是这样一个对立统一性。

人们可以说，属人和动物事物存在实在性有精神属性，众所皆知，这是可以承认的；但要说所有事物的实在性，都有精神属性，此说罕见，难以令人信服：植物和无机物的精神属性，又在哪儿呢？这的确是一个还未确定的问题，必须作出回答。

从理论上说，如果植物、无机物没有精神属性，则人和动物的精神属性的发生或起源，便成问题了。这个精神属性，决不会是从其他任何实在性的物理属性之发展中产生出来的，因为任何实在性的物理属性，只能从物理属性到物理属性，它无论怎样发展，也不能从中发展出实在性的精神属性来。从植物、无机物发展到动物和人的神经系统，后者便能表现出感性与理性的意识来，这只不过是说，动物和人体从其全身到脑部的固有精神属性，以此为条件才能显现出感性与理性的意识来而已。这决不是说能从前者物理属性的发展中，发展出了感性与理性的意识。这是根本不可能的。

从实际上说，植物与无机物，普遍都内在地具有原始感受性。它在这二者的形体中无所不在，而不露声色地与形体性为一体：它们的任何活动，实质上都为它们原始感受性的精神属性所制约，因而都是有选择、有意义的活动；但这种选择、这种意义，却全都深深埋没于由它们的物理属性所展现出的那个运动外观之中了。我们只见它们在其物理属性一面上的形体性和运动，而见不到分布于其中的精神属性作为原始感受性的作用了——它们这种精神性的作用，从来对我们没有自己相对独立的表现。因此，我们便认为，植物和无机物没有精神属性，实则在向日葵那里，便已经表现出了一种刺激感应性的精神属性了。

可见，前所谓两个方面的统一，便足以证明植物和无机物也普遍都有精神属性。这就是说，凡事物存在实在性，都有其物理属性与精神属性，这是毫无例外的。

在这个基础上，便有如下事实出现：

事物存在实在性与其物理属性相联系、相统一，它便是物质性事物存在实在性，亦即通常人们所谓物质实在性：物质者，它与其物理属性相统一之谓也。

事物存在实在性与其精神属性相联系、相统一，它便是精神性事物存在实在性。亦即人们通常所谓心灵的实在性，心灵者，它与其精神属性相统一之谓也。

事物存在实在性，总体来说，便是这样一个物质性事物存在实在性与精神性事物存在实在性的双重化统一体的实在性，它既是物质性事物存在实在性，也是精神性事物存在实在性，是二者互为对方的一个对立统一性。在这个宇宙中：无物不是物质，无物不是心灵。

唯物主义的片面性，就在于它将事物存在实在性，只看成物质性的事物存在实在性。

唯心主义的片面性，就在于它将事物存在实在性，只看成精神性的事物存在实在性。

哲学二元论的片面性，则是前两个片面性的外在相加，是前两个片面性的总和。

实际上，事物存在实在性，既是物质性事物存在实在性，也是精神性事物存在实在性；是二者对立统一的全体性——一个事物存在实在性的双重化统一体。在这个观点的视域中，前三种观点，便一扫而光了。

事物存在实在性作为这个双重化统一体的存在，便是普遍的生命存在。凡属生命存在的本性，都是指向避苦趋乐的活动，那么它怎样去实现这种避苦趋乐活动呢？

这个实现途径就在于：它作为物质性事物存在实在性一面，是活动主体，而它作为精神性事物存在实在性一面，则是调节前一面的调整原则。当前一面的处境是和谐或比较和谐的时候，后一面便使它感受到或意识到（就人而言）快适，因而便使它发生乐而受之的顺反应。相反，当前一面的处境是不和谐而恶劣的时候，后一面便使它感受到或意识到不快适，因而便使它发生苦而避之的逆反应。这二者的统一便是生命存在的实现其避苦趋乐的生命过程。

这里所谓的生命过程，是普遍而无所不包的生命过程，是事物存在实在性作为它双重化统一体的生命过程。对此，人们又会发生异议，认为我们的描述，只适合人和动物的存在，而不适合于植物和无机物的存在。但例如一盆花，在经常水分适当的时候，它便欣欣向荣地生长着，这实质上就是它顺而受之的顺反应；如果使它经常缺乏必要的水分，它便枯萎下去而至于凋零，这实质上就是它苦而避之的逆反应。在前一条件下，它感受到和谐；在后一条件下，它感受到不快适的苦境。再例如一块石头，如果把它放在比较平稳的山坡上，它便安而受之地着落在那里，这便是它感受到还比较快适的顺反应。如果将它放在会使它感受到不堪其苦的、陡度非常大的陡坡上，它便要滚下来了，这便是它感受到非常不快适的逆反应。在前一条件下，它感受到安稳；在后一条件下，它感受到不安稳的苦境。还有：电子总是趋向原子核那些处之较稳定的轨道，因为在那里它感受到舒适；真空在一定条件下能飞出一对阴阳电子的共轭粒子，但为时不久便要埋没，因为它在与真空既相连续又相中断的线路中，受真空内力的牵扯，很快便张力极大而使它感受到不自在。这两个事实，也都是阴阳粒子生命避苦趋乐的反应。

但生命存在这种避苦趋乐的选择能动性，只有生命存在的全体性，在其普遍联系与制约中，仍保持其为：然其所固然的自在自为的自然实在性，才是可能的。如果它完全受制于外力，而毫无使其内在潜力奋起而抗之的选择性，它便只有像人从高楼上跌下来的运动一样，处于无可奈何的境界，完全丧失了生命运动的意义。一块石头放在陡度非常大的陡坡上，不是它再无内力奋起而处在那里，毋宁是它感受到不安稳的苦境，宁可放松在那里的位能，自动滚下来的。

事物存在实在性的一切所为，都是它内在具有的动能量的表现。此外它还有维持它本身实在性的位能、原能量三者合成能量。既然它本身既是物质性的，又是精神性的，那么它的能量及其表现，必然也既是物质性的，又是精神性的。这就是说能量分为物质能量与精神能量，二者在其既相连续又相中断的区别中，是个对立统一全体性，它既有其物理能量一面，也有其精神能量一面，能量本身则是二者的共相统一性。一般说，能量者，力的做功本领也，是促使生命之成、之是、之在、之所避所趋的，内在功能与其数量相统一之谓也。既然生命存在的物理属性都为其精神属性所制约，那么它由此而发生的一切活动，便必然既是能量的物质能量一面的，也是能量的精神能量一面的，是为此二者相统一的整体性——能量所制约的；能量是贯通整个生命存在的发动力。可以这样说：能量的物质能量一面，显示为生命存在的物理属性表现力的做功本领；能量的精神能量一面，则显示为生命存在的精神属性表现力的做功本领。二者的统一，即为生命存在的能动性。

言至于此，便可以说：事物存在实在性之未被唯物、唯心及二元论化者谓之中，言而适此"中节"者谓之和——和也者，事物存在实在性的达道也。

现在，我们已在这个达道中周游一遍了，从而便确知这达道的表现就是事物存在实在性的双重化统一体，是生命的存在。这便是事物存在实在性的第一逻辑层次，亦即事物存在形象实在性的第二个逻辑层次。

传统哲学的本体论，特别是西方哲学的本体论，它的基本要害问题，即在于它根本没有把握到事物存在实在性，是一个既为物质实在性，也为精神实在性的双重化统一体。这样，它便必然被分割为二个各自独立自在的实在性：一为物质实在性；一为精神实在性（俗称灵魂）[①]，这种分割从远古便已开始了，从而就二者的相关性说，到底是何者逻辑上居先而是根本的实在性问题，便在哲学上逐渐应运表现出来了。这便使哲学本体论的发展，表现为唯物主义本体论与唯心主义本体论和此二者单纯相加或外在综合的二元论本体论三种理论体系。

这三种学说，普遍都认为凡是有四维延扩的形体性而存在于时空中的实在性，便都是事物存在实在性。但唯心主义认为，它是精神实在性；而唯物主义却认为它是物质实在性。至于二元论，既认为它是物质实在性，也认为它是精神实在性。

使唯心主义所谓精神实在性，与唯物主义所谓物质实在性的对立，转化为二者的统一，二者便同归于事物存在实在性的双重化统一体这样两个环节的统一。可见唯心主义与唯物主义的对立，是起源于这个统一体内在两个环节的分裂，起源于二派哲学对这个统一体毫无认识，所各执其两个环节的一端。

使二元论所谓精神实在性，与物质实在性的外在相加，转化为二者的统一，二者便也同归于事物存在实在性的双重化统一体这样两个环节的统一。可见二元论作为唯物主义与唯心主义的外

[①] 灵魂即心灵，我是在同一意义上，使用这两个词语的，其内涵便是与物质实在性相区别的精神实在性。

在相加，也是起源于这个统一体内在两个环节的分裂，它虽然一身执其两个环节的二端，但却仍然一身二任，在各执其两个环节的一端。

就前二者的本体论说，过去在我们这里常把它概括为：唯物主义认为世界按其本质说是物质的，唯心主义认为世界按其本质说是精神的。人们认为，本体论的终极真理，不超越这两个命题的界限，不是前者正确后者错误，就是后者正确前者错误。当然，实际上人们是认为前者是正确的，后者是错误的。而现在我认为，它们都是错误的，因为我认为，世界按其本质说既是物质的，也是精神的，是我所谓事物存在实在性的双重化统一体——物质实在性与精神实在性相统一的总和全体性。

但是，在事物存在实在性，作为双重化统一体的基础上，可以重新确立唯物主义与唯心主义的内涵逻辑内容，使它们必然要转化为一个表现前者逻辑内容的理论实在性。据此，便可以说：

唯物主义者，只表达事物存在实在性的，双重化统一体的物质实在性一面的理论体系之谓也。

唯心主义者，只表达事物存在实在性的，双重化统一体的精神实在性一面的理论体系之谓也。

这样，这两个理论体系，在其相统一的连续为一的理论内容中，便必然表达了事物存在实在性的双重化统一体的逻辑内容。

只是这样一来，它便有了一层新意义。由于事物存在实在性的双重化统一体，被唯物主义与唯心主义各自的内涵规定性所分割，它便不能作为一个生命实在性了。从而，被分割出来的物质实在性与精神实在性的两个实在性，也都不可能是生命的实在性了。但这个新确立的唯物主义与唯心主义的统一所表达的逻辑内容，是向事物存在实在性的双重化统一体的复归，它便又可以是生命的实在性了。

这便是我所确立的唯物主义与唯心主义本体论的内涵规定及

其相关性。

至于谈到二元论本体论，既然它本来就是原来的唯物主义与唯心主义的外在相加或外在综合，那么它们的内涵规定性，经过如前所论的改变之后，它便相应地转化为被改造了的新式唯物主义与唯心主义的外在相加或外在综合了。但只要使此二者的外在相加或外在综合，也变成二者的内在统一，它也便转化为向事物存在实在性的双重化统一体的一个复归了。

这便又是我所确立的二元论本体论及其构成因素的相关性。

总之，在事物存在实在性的双重化统一体基础上，所展现出来的新旧式唯物主义、唯心主义、二元论等本体论的全部逻辑内容，可最后归根于前者的自身规定。

二 事物存在实在性作为生命的多样性

事物存在实在性的含义，既可以是单称的——这个或那个，也可以是特称的——这些或那些；当然更可以是全称的——所有的或全部的，它便是这后者的内在统一。根据情况或条件的不同，它会在这个统一性中动变不已；但有时也必须明说，它是单称的、还是特称的或全称的。它的每一种类分的不同层次，也是如此。在以后行文中这种变化，读者必须明确。

事物存在实在性的作为生命实在性多样性，只与它的形体性核心相关。因此，要阐明它作为生命实在性的多样性，便要以它的类分为基础，对这进行进一步的论述。

所谓社会性事物存在实在性，是指社会性人的实在性而言，不分古往今来，它在其社会共同体中，都是一些在其社会关系综合中，既相联系又相中断的不同属人个体，它们的形体核心，便是社会性的形体实在性。这种社会性的形体实在性与其他一切非社会性事物存在实在性的形体性相区别，后者则是非社会性的形体实在性。但是,社会性事物实在性与非社会性事物实在性的共相,都是事物存在实在性,从而从它的属量大小来看,它又分为不同层次宏观事物存在实在性与微观事物存在实在性。与此相联系,社会性的形体实在性与非社会性的形体实在性的共相,则是形体性实在性一般,这就是说它们都是形体实在性一般。从而,单从它的属量大小来看,它便也可分为不同层次宏观形体实在性与不同层次微观形体实在性,所以事物存在实在性作为生命实在性的多样性,便可归结为这两种宏微观形体实在性已为生命的多样性表现问题。

最大的事物存在实在性,便是整个宇宙的实在性,因而它那个形体性核心,也是最大的形体实在性,它由为数很多的星系实在性和间杂其中的一些宏观清虚(真空)实在性,以及围绕它们的各种星际物实在性,在其既相连续又相中断的内在联系中所构成。这就是整个宇宙实在性。宇宙实在性的与其物理属性相区别的调整原则——精神属性,也只能是它通体无所不在的感受性。因为人的实在性虽然也在宇宙之中,但人的意识乃至科学知识,对整个宇宙实在性状态,是不起任何作用的,因而,它的内在构成因素的调整原则——精神属性,也只能是它通体无所不在的感受性。

宇宙实在性作为一个物质性与精神性实在性相统一的、双重化统一体实在性,就是最大生命——宇宙生命的实在性。

除了宇宙的实在性之外,最大的事物存在实在性,包括银河系实在性,间杂于宇宙之中的清虚(真空)实在性和各类星云实在性,它们的内在形体性,也便是些最大的形体实在性了。

银河系的形体实在性,是由一些太阳系实在性和围绕它们各自的一些行星实在性,以及间杂其中的一些清虚(真空)实在性,在其既相连续又相中断的内在联系中所构成;间杂宇宙之中的清虚(真空)实在性的形体实在性,是由它属质统一性本身三维延扩性的密度不一的连续性所构成(大小真空实在性的结构是一样的,因而以后便无须再提到它的结构问题);星云实在性的形体实在性,也是由它属质统一性本身三维延扩的密度不一的连续性所构成。

此三者作为三个不同的物质实在性与精神实在性的双重化统一体,便分别是银河系生命实在性、间杂于宇宙之中的清虚(真空)生命实在性和星云生命实在性。它们同为一定层次上最大生命实在性的,与其物理属性相区别的调整原则——精神属性,也只能是它们通体无所不在的感受性。

此外,便轮到一些太阳系的实在性了,它们在这个层次上是最大的事物存在实在性,它们的形体实在性,是由各自的太阳、围绕它们而转动的一些行星,及间杂其中的清虚(真空)实在性,在其既相连续又相中断的内在联系中所构成。任何太阳系实在性与其物理属性相区别的调整原则——精神属性,同样只能是它通体无所不在的感受性。

任何太阳系实在性,作为一个物质性实在性与精神实在性的双重化统一体,便是这个层次上的最大生命实在性——太阳系生命实在性。

接着要论述的,便是任何太阳实在性。在我看来,任何太阳实在性,都是阳性的。它的形体实在性,是由无数的微观客体阳性粒子、中性粒子,及间杂于其中的微观清虚(真空)实在性,在其既相连续又相中断的内在联系中所构成,它具有巨大的能量,此者与那些无数阳性粒子同性相斥的力量统一在一起,便使它膨胀为一团具有无数真空间杂其中的巨大炽热体。任何太阳实在性与其物理属性相区别的调整原则——精神属性,当然也只能是它通体无所不在的感受性。

任何太阳实在性,作为一个物质性实在性与精神性实在性的双重化统一体,便是一个太阳性宏观生命——太阳生命实在性。

围绕着太阳而转动不息的行星实在性的形体实在性,则是由它们各自不同的大量各种化学成分和间杂于其中的清虚（真空）实在性所构成。任何行星实在性与其物理属性相区别的调整原则——精神属性，也同样只能是它通体无所不在的感受性。

任何行星实在性，作为一个物质性实在性与精神性实在性的双重化统一体，便是一个行星性宏观生命——行星生命实在性。

在我们直接生活于其中的太阳系里，地球行星便是我们生活的所在地。这便涉及在地球上的一切宏观事物存在实在性的内在结构问题了。要而言之，所有这些实在性的形体实在性，都是由它们各自不同的化学化合成分和间杂于其中的真空所构成。但构成非社会性植物、动物和社会人的形体实在性那种不同化学化合成分，都表现为不同性能的细胞，从而它们的形体实在性，又特殊地说，是由一些不同性能的细胞和间杂于其中的真空所构成。所以，构成地球上的不同宏观事物实在性与其物理属性相区别的调整原则——精神属性也是不同的。地球上的宏观无机物和植物实在性的调整原则是感受性，动物的调整原则是感觉性，人的调整原则，则是与感觉相统一的理性意识。

任何地球上的宏观事物实在性，作为一个物质实在性与精神实在性的双重化统一体，便是一些地球事物性宏观生命——地球宏观生命。

然而，前所谓化学化合成分，它的单位便是分子，从而由此便可过渡到以分子为开端的微观客体的生命实在性问题了。

各种不同分子存在形体实在性，虽然可以分为无机性的和有机性的，但它们的形体实在性，都是不同原子的不同化合所构成的。它们与其物理属性相区别的调整原则——精神属性，也是它们通体无所不在的感受性。

各种不同的分子实在性，作为一些物质实在性与精神实在性的双重化统一体，便是分子微观生命。

在这下面，便直接涉及各种不同的原子实在性了。它们的形体实在性是动态而旋转的,是由不同基本粒子和真空的不同既相连续又相中断的内在联系构成的。它们的与其物理属性相区别的调整原则——精神属性,同样是它们通体无所不在的感受性。

各种不同的原子实在性,作为一些物质实在性与精神实在性的双重化统一体,便是各种原子生命。

与此相联系,所谓微观客体中的一切基本粒子(包括夸克在内),分为阴、阳、中三种,分别称为阴性基本粒子、阳性基本粒子和中性基本粒子。它们的形体性,都是由它们本身的属质统一性的延扩性所构成,而且也都是动态而旋转的。什么是阴性基本粒子?它的内在排斥一面(亦即其排斥力一面),大于它的内在吸引一面(亦即其吸引力一面),就是阴性基本粒子。什么是阳性基本粒子?它的内在吸引一面大于它的内在排斥一面,则是阳性基本粒子。什么是中性基本粒子?它的内在排斥一面与其内在吸引一面相等,它便又是中性基本粒子。例如电子实在性是阴性基本粒子,质子实在性则是阳性基本粒子,而微观的世界的清虚(真空)中子和光子等实在性,就是中性基本粒子。这五种阴、阳、中基本粒子,是稳定的、主要的,它对一切宏观事物存在实在性,起着最重要的作用。现在仅就这五者,阐明如下。

阴性电子基本粒子的实在性具有阴电荷,它相当于前者中排斥大于吸引那一排斥实在性;阳性质子基本粒子的实在性则具有阳电荷,它相当于前者中吸引大于排斥那一吸引实在性。此二者统称电性,这是阴阳电子、质子基本粒子的基本物理属性。

但阴阳电子、质子基本粒子的电荷,是一个常数,它与二者的质量成反比,并不随二者质量的增加而增加。否则,由于二者各自的排斥或吸引都与其内在质量相等,乃至随其增加而增加,则阴性基本粒子本身便会不断地排斥得四散而为无,阳性的基本粒子本身又会不断地被吸引得内聚而为无。设 e 代表电荷一般;m 代表粒子的质量;再以 k 表示电荷在粒子单位质量中的强度,则便有如下的关系成立：
$$e/m = k \qquad (1)$$
$$e = mk \qquad (2)$$

从式（1）看，k 与 e 成正比，而与 m 成反比，所以 e 必须是式（2）中的一个常数——mk。不管电荷是阴性的还是阳性的，都是如此。

阴阳二性的电子、质子基本粒子实在性各与其为同性或异性的相关性，是同性相斥，异性相吸。为什么这样呢？如果两个阳性质子基本粒子，以真空为中介相遇的时候，二者便各以自己与对方相等的吸引电性施向对方，二者便陷于方向相反的极大吸引张力之中，这便使二者同时都感受到不舒适，因而它们必然同时向相反方面离去。如果两个阴性电子基本粒子，以真空为中介相遇的时候，二者便各以自己与对方相等的排斥电性施向对方，使二者也陷于方向相反的极大排斥张力之中，这便使二者同时感受到不舒适，因而它们也必然同时向相反的方向离去。这两个事实，便充分说明了阴阳基本粒子的同性相斥的实质。任何阴性基本粒子，都由于它内部排斥大于吸引的阴电性胁迫，感受到通体外胀的不自在；任何阳性基本粒子，都由它内部吸引大于排斥的阳电性胁迫，也感受到通体内聚的不自在，所以当它们以真空为中介而相遇的时候，它们各自的阴阳电性便得到中和，使它们同时感到舒适而相互趋向对方。这便是阴阳基本粒子的异性相吸的实质。

中性基本粒子的实在性，由于它们通体都排斥与吸引相等，所以它们什么电荷也没有而是中和性的。它们在微观基本粒子世界中，无论在那里，都并不受阴阳二性基本粒子电荷的影响。在事物存在实在性的世界中，"中子"基本粒子实在性，就是一种中性基本粒子实在性。它经常出入于那些复杂原子实在性的原子核中，而为它们的构成因素之一，此外，在中性基本粒子实在性中，特别值得一提的，便是微观清虚（真空）"光子"两种基本粒子实在性。

无论是宏观的清虚（真空）实在性，还是微观的清虚（真空）实在性，都很容易被人看得空空的，其中什么也没有，实则远非这样。在我们看来，它也是一种事物存在实在性。但宏观的清虚（真空）实在性和微观的清虚（真空）实在性，都是清虚（真空）实在性，因而只要我们认识到了后者的实质，也便由此认识到了一切清虚（真空）实在性的实质。

要阐明这个问题，便直接涉及了维持一切除了光子之外的，浊实事物存在实在性的内在静能或原能和它质量之间的相关性问题。我们所谓的静能或原能，是一个物质性静能或原能与精神性静能或原能的对立统一全体性，因为如前所言，我们所谓的能量一般，既是物质性的，也是精神性的，当然它的动能与静能之分，也必然是如此。在这个前提下，以 m 代表除了光子之外的一切浊实事物存在实在性的质量，以 c 代表光速，则它的静能或原能便是 mc^2。此为正能量：正能量者，构成与清虚（真空）实在性相对而言的，除了光子之外的一切浊实事物存在实在性的静能或原能之谓也。正能量的对立物，便是负能量 $-mc^2$：负能量者，清虚（真空）实在性成立其自身所具有的静能和原能之谓也。这就是说，mc^2 本身作为"一"，"一"的零个，即等于"一"的不存在，而它不等于能量的不存在，而是由形成各种浊实事物存在实在性的正能量，转化为只能形成各种清虚（真空）实在性的负能量 $-mc^2$。正因为清虚（真空）实在性成立其自身的静能或原能是个负能量，所以其中便毫无阻力，如像什么也没有似的。

既然一切浊实事物存在实在性的正能量，都是 mc^2，那么它们的质量则便是 mc^2/c。在这个基础上，我们便可以来论述光子基本粒子的实在性了。光子实在性的全部正能量 mc^2，是全部都转化为它的运动，它并无 mc^2/c 这样的静止质量，它的静止质量等于零，因而它并无用来克服 mc^2/c 阻力的能量耗费，所以它的运动速度是最大的。世界上并没有比光子运动还快的速度。但在它的运动中,却存在着所谓它的运动质量——电磁质量。由于它的正能量 mc^2/c 全部都转化为它的高速运动,因而它的电磁质量,便只能是 $-mc^2/c$ 这样的负质量。这就是说,它在其永恒运动中的实在性,类似于从真空突出起来的真空波动 hv,或者这样说也行:它就是具有电磁质量的电磁波。从而,形成其本身的能量必然是负能量 $-mc^2$,所以它的质量便是 $-mc^2/c$。太阳发出的光线,某些事物的辐射,都是光子的运动——电磁波。光子的实在性,必须是它本身与高速运动的内在统一体,它一旦静止下来,便意味着它不是埋没于真空之中,便是被其他浊实事物实在性所吸收。

阴阳电性电子与质子、中子、清虚(真空)光子这五种稳定的基本粒子实在性,与其物理属性相区别的精神属性,都是感受性。它们各自作为物质实在性与精神实在性的双重化统一体,便是一些基本粒子生命实在性——一些稳定和常见于宏观事物存在实在性中的、最深层次的微观生命实在性。

既然一切宏观生命,及至分子生命、原子生命实在性,都是由足够数量的最深层次的基本粒子微观生命和清虚(真空)微观生命实在性的,一定不同层次的微观布局所构成、所表现出来的,则它们的一切活动和动变性,也都是由这一定不同层次的微观布局的活动和动变性表现出来的。从而从现象界说,它们的力作为能量,也生根于此。

说到这里,便可以说,这已完成了事物存在实在性作为生命多样性的全部逻辑内容,这是事物存在实在性的第二个逻辑层次,亦即事物存在形象的第三个逻辑层次。在这个逻辑层次上,事物存在实在性的本质,便是它作为生命的多样性表现实在性。它这生命的多样性表现实在性,大致可类分为无机生命实在性、有机生命实在性(如像植物、动物等实在性)和社会性人——社会性生命实在性。前两种生命实在性,都是非社会性生命实在性,最后一种则是社会性生命实在性。所有非社会性生命实在性与所有社会性生命实在性的总和统一体,便是生命世界。由此便又产生它的始末不同层次问题。

一切宏观事物存在作为生命的实在性,都是由阴阳电子和质子、中子、清虚(真空)并包容光子在内的那些基本粒子的最深层次微观性生命实在性所构成的。因此,生命世界始末的不同层次逻辑联系的问题,则可简化地归结为大自宇宙小至原子的一切生命实在性,与这些基本粒子微观生命实在性的逻辑联系问题。

这就是说,必须有足以构成上自宇宙下至原子的所有生命实在性那么多的,这样一些巨量基本粒子微观生命实在性,才能有前者存在。在它们显现前者的四维空间(包括它们时间上的存在、变迁一维在内)复杂布局中,必然内在地包含前者的四维空间(包含前者时间上的存在、变迁一维在内)复杂布局在内,反过来说也是一样。因为后一布局是前一布局的表现,前一布局是后一布局的显现者。此为生命世界的始末统一的原始层次。在这个始末互为对方的对立统一性中,在生命世界这两个始末极端之间,基本上还可以存在着两个生命世界始末相统一的中间层次。

首先,可以说必须有足以构成上自宇宙下至地球及其一切不同事物的所有生命实在性那么多的,这样一些巨量不同微观分子生命实在性,才能有前者存在。在它们显现前者的四维空间复杂布局中,必然内在地包含前者的四维空间复杂布局在内,反过来说也是一样。因为后一布局是前一布局的表现,前一布局是后一布局的显现者。此为生命世界始末相统一的第一中间层次。

其次,可以说必须有足以构成上自宇宙下至分子实在性的所有生命实在性那么多的,这样一些巨量不同微观原子生命实在性,才能有前者存在。在它们显现前者的四维空间复杂布局中,必然内在地包含前者的四维空间复杂布局在内,反过来说也是一样。因为后一布局是前一布局的表现,前一布局是后一布局的显现者。此为生命世界始末相统一的第二中间层次。

当然，生命世界始末相统一的第一中间层次，必然内在地包含它的始末相统一的第二中间层次于自身之中，反过来说也是一样。其所以如此，这乃是因为分子是由原子构成的，原子是分子的构成者：前者包含后者，后者表现为前者。从而，由二者存在数量所构成的，始终是有相互对应而成比例的两个布局模式，便必然是互相包容的。而且，生命世界始末相统一的第一、第二中间层次，同样也必然包含于它的始末相统一的原始层次，反过来说，也是一样。

这样，生命世界始末相统一的三个层次，便构成以下的内在逻辑联系：生命世界始末相统一的原始层次——生命世界始末相统一的第一中间层次——生命世界始末相统一的第二中间层次。

从这种逻辑联系的实在性上看，事物存在实在性作为生命的多样性表现的本质，便是生命世界始末相统一这样三个层次的内在统一。

这三者的统一性，最终来源于事物存在实在性，作为多样化生命实在性的绝对本质——本原性本体和它的能动性。这是事物存在实在性的第三个逻辑层次，亦即事物存在形象实在性的第四个逻辑层次。

三 本原性本体存在及其能动性

引 论

就前此所论事物存在实在性两个逻辑层次的核心内容说，它们都有两个极端：一是从事物存在实在性到它作为双重化统一体生命世界实在性；二是从生命多样性实在性到生命世界实在性。前一个逻辑层次两个极端的统一，归结为新式的唯物主义本体论与唯心主义本体论的统一，对旧式的唯物主义本体论与唯心主义本体论相对立的否定。后一逻辑层次两个极端的统一，则归结为生命世界始末相统一的三个层次。

这样，我们便可以提出如下一系列提问：

所有事物存在实在性的最终本原是什么呢？

所有事物存在实在性作为双重化统一体生命实在性的最终本原是什么呢？

生命多样性实在性的最终本原是什么呢？

生命世界实在性的最终本原是什么呢？

新式唯物主义本体论与唯心主义本体论相统一的全部逻辑内容的最终本原是什么呢？

生命世界始末相统一的三个层次——原始层次、第一中间层次和第二中间层次的统一全体性的最终本原是什么呢？

这六个提问所针对的主题看来是不同的，但所提问的问题，却都是同一的，都是有关它们的最终本原是什么的问题。于是问题便在于它们各自的最终本原是不同的，还是相同的呢？

我们一开始所言，已经可以表明，所有这些问题，都包含在事物存在实在性两个逻辑层次的各自两个极端的统一性中，而这种统一性，又必须包含在事物存在实在性的两个逻辑层次的统一性中，这个统一性则又是事物存在实在性本身所固有的，不同层次逻辑内容，从而从事物存在实在性开始的一系列提问，又都包含在事物存在实在性这种逻辑内容中。这就说明，归根到底这些问题都是有关所有事物存在实在性的提问，提问的不同方式，只不过逐渐丰富了提问的内容而已。从而所有这些提问所指向的那个最终本原，必然是同一个最终本原，提问的不同方式，也只是充分表明了最终本原所能包容一切的巨大丰富性。它仍可归结为所有事物存在实在性，亦即整个自然界或世界的最终本原是什么。这是本体论的终极性问题，它归结为所有事物存在实在性的最终本质是什么的问题：前者的最终本质，也就是它所谓的最终本原。既然所有事物存在实在性的不同层次本质，对我来说，同时就是它们的不同层次本体，所以它们的最终本原，便可称其为本原性本体。当然，它必然同时也就是自然界或世界的本原性本体，因为自然界或世界的实在性，是所有事物存在实在性的总和统一性。

由于这里涉及的是所有事物存在实在性的本原性本体问题，所以便不从事物存在实在性出发，而从自然界或世界出发。

在这里，必须说明，对我而言，自然界就是世界，它区别于通常所谓地球上所有那些人事社会实在性总和的那个世界，后者只是我所谓社会性自然界。但我认为自然界或世界又不同于宇宙，宇宙仅是最大的一个事物存在实在性，它与一切小于它的事物存在实在性同为事物存在实在性，只不过是一个事物存在实在性而已。而所谓自然界或世界，是包容宇宙在内的所有事物存在实在性，作为生命的总和统一性，亦即前所谓生命世界。所以，二者在内涵上是不同的。我们随着用语的通顺要求，有时说自然界，有时说世界，例如提到生命实在性的总和，我说生命世界，不说生命自然界，实质上二者的意思是一样的。记住这一点，以后便可变换着使用这两个语词，不令人发生疑惑。

那么，到底什么是自然界的本原性本体呢？自然界随着事物存在实在性的已知不同逻辑层次，也必相应有其已知不同逻辑层次：事物存在实在性的双重化统一体作为生命的总和统一体，必然就是它的第一个逻辑层次，而它作为生命多样性的整个生命世界，则是它的第二个逻辑层次。这是可以从事物存在实在性的已知不同逻辑层次中演绎出来的。在自然界的第一个逻辑层次中，是否能深思明辨地从中找出自然界的本原性本体呢？回答是否定的，因为对它究根到底，它也只不过再归结为自然界的第二个逻辑层次。从而，问题便在于是否能够从自然界的第二个逻辑层次上，深思明辨地从中找出自然界的本原性本体呢？这个问题却不能立即答复，而是一个值得去探讨的问题。

在自然界的第二个逻辑层次中，整个生命世界的最深层次，便是那些构成所有宏观生命存在实在性的最深层次的，微观基本粒子生命实在性，从而是否可以说，这样一些足以构成自然界的巨量微观基本粒子生命实在性，就是自然界的本原性本体呢？对此，我们便可以说，它们诚然是自然界最深层次中的实在性，除此而外，除了所谓微观（真空）生命实在性之外，自然界在其最深层次上，便是一无所有了。但是，它们也是一些事物存在实在性，是一些它的第二逻辑层次上的有关微观形体性的事物存在实在性，从而它们不够所谓本原性本体的资格，所以它们也不是现在所要探求的本原性本体。

是否可以说，前所谓微观清虚（真空）生命实在性，是自然界的本原性本体呢？如果这样，它便首先能产生那些微观阴、阳、中三性的基本粒子生命实在性，然后它间杂于它们之间的，协同它们一起显现为世界万物。但是实际上，我们已经说过，它的能量是负能量，是只能表现为它本身那样一种正能量等于零的能量，它与其负能量的统一，连任何微观基本粒子生命实在性都产生不出来，这又何能作为显现世界万物亦即整个生命世界的本原性本体性呢？加之，它与那些阴、阳、中三性基本粒子生命实在性一样，也是事物存在实在性，并且它与所有宏观清虚（真空）事物实在性，在性质上是一样的：后者在宏观世界万物中不能成为自然界的本原性本体，当然它也不能成为显现自然界的本原性本体，这是显而易见的事实。

不过，有一点，在这里却必须加以突出和阐明，微观层次上的阴、阳、中三性基本粒子生命，和清虚（真空）生命，虽然不能成为自然界的本原性本体，但它们都是宏观上整个世界万物的逻辑先在性始基——从逻辑上说，它们必须是后者的原始起点。在事物存在实在性的第二个逻辑层次中，我们已经阐明了生命世界始末相统一的三个层次，就中第一个生命世界始末相统一的原始层次，便已经表明了这一点。因为在那里，所谓上自宇宙下至所谓原子生命实在性的始因，就是这里所说的阴、阳、中三性基本粒子生命和微观清虚（真空）实在性，不过在那里它们的表现，还包括所有原子生命实在性在内而已。但始基与本原性本体不同，前者一旦表现为别的实在性，例如原子、分子及其他宏观事物实在性之后，它便质变为他物实在性，不再是它本身了；而后者不管表现为什么，却始终作为它的绝对本质而贯通其始终，以至于它本身在实质上必须归结为后者——它的本原性本体，才是一个可能的现实性。

现在，便可以看到，无论从自然界的第一个逻辑层次，还是从它的第二个逻辑层次，都不能找到本原性本体。充其量，从中最后只能找到一种世界万物或生命世界的始基逻辑先在性而已。这同时也就是说，我们决不能从事物存在性两个已知逻辑层次中，找到它的本原性本体，来以此为基础构成事物存在实在性最后一个逻辑层次——本原性本体的全部逻辑内容，便是它的最后终极逻辑层次。

照这样说，所谓自然界的本原性本体，是不在自然界或它的两个已知逻辑层次之中了。但这样说，又是一个自相矛盾，现在所要探索、论述的正是自然界或世界万物的本原性本体，如果它不在其中，这个问题连同前面一开始所提出的有关它那六个问题，便一齐都变成想入非非的虚幻了。我个人有百分之百的信心说，这是绝对不可能的。

实质上，说在自然界的两个已知逻辑层次中，找不到本原性本体的影子，这不过是说，在它们的直接性内容中，亦即在构成当前所谓自然界的，有关事物存在实在性两个逻辑层次的直接性内容中，找不到它的影子而已。正确而合理的提法，应该是：本原性本体，是在自然界的两个已知逻辑层次之中，但同时又不在它之中——本原性本体是超越空间、时间的东西。

所谓空间，不过是一切事物存在实在性，在其既相连续又相中断中的一个体系统一性而已：它归结为它整个长、宽、高的三维延扩之量。

所谓时间，不过是这个体系统一性存在的自身持续过程而已：它归结为它任一起点上的既往、现在和未来的一维延扩之量。

所谓本原性本体是超越空间、时间的东西，就是说，它是超越这个体系统一性的自身持续过程的东西。

毫无疑问，自然界及其两个已知逻辑层次，是在这个体系统一性的自身持续过程中的实在性，超越了它，又能从何途径去探讨本原性本体及其存在呢？

不要怕，途径是有的。斯宾诺莎说，否定就是肯定：只要否定了自然界及其两个已知逻辑层次，我们必然便进入了本原性本体及其存在的超时空世界，这不会是一个什么也没有的非存在。而且它同时还是一个时空性的发生、展现过程。

（一）论事物的本原性本体自身

开宗明义：必须明确，本原性本体自身，是一个逻辑先在性。

扬弃了自然界及其两个已知逻辑层次，便进入了本原性本体及其存在的超时空世界。世界万物的实在性，都是巨量事物存在实在性，为了使论述的脉络清楚，且从对自然界的在其存在性中的事物本身的扬弃开始，简称对事物的扬弃，这便是所谓"本原性本体自身"的超时空性。

这个超时空性，有两个不可分割的方面：一是对事物的形体性核心的扬弃；二是对这形体性核心的基本属性的扬弃。此二者的统一，才构成了本原性本体自身的整个超时空性。

那么，在这里首先的问题，便在于对事物形体性核心的扬弃，结果会归结为什么呢？亦即它的归宿何在呢？所谓"形体核心"，就是什么东西的长、宽、高三维延扩之量，与这"什么东西"的内在统一的外在表现。从而，对事物形体核心的扬弃，便是对它本身长、宽、高三维延扩之量那个统一性的外在表现的扬弃。在这个扬弃性中，是否便没有任何剩余的东西留存下来，而且出现了一个什么也没有的非存在呢？回答是否定的。实质上，这个扬弃只扬弃了事物的形体性核心那个外在表现，却并没有扬弃在它之中那个无所不在的统一实在性，亦即在它的形体性的三维延扩之量中那个"什么东西"。这是在以前所从来未论到的一个问题。这便涉及它的形体性核心那个外在表现被扬弃了，那个剩下来的东西，到底会是什么呢？这便是当前问题的关键。

事物的形体性核心，就其内容而言，是为其不同层次的本质所充溢，而本原性本体则是它的最后终极层次的本质。这就是说，在这个形体性核心中，那个无所不在的统一实在性，归根到底，就是本原性本体核心的扬弃，就是说，扬弃本原性本体这个三维延扩性，它在其中无所不在的统一性，便收缩为它本身。从而，事物的形体性核心扬弃之后，不是什么也没有了，而是剩下了在其中那个无所不在的本原性本体统一本身，这不是别的，它就是一个超越三维空间、超越形体性的本原性本体自身。所以，本原性本体自身，便必然是一个属质统一性。但这是个什么东西呢？它只能是一个几何学所谓的没有长、宽、高三维延扩之量的"点"，但却不是一个单纯数学理想化的属量空间之点，而是一个在其存在性中能够显现事物的本原之点——本原性本体；本原性本体，就是这样一个点，可称其为实点。

不过，在其存在性中的事物，不仅有三维延扩之量的形体性核心，而且还有它的一维延扩上的时间之量，从而它是有著时间性的。因此对它的扬弃，同时还要扬弃它的时间性。这种扬弃，随着对形体性的扬弃，便转化实点的永恒性：实点没有时间性，是超越时间的，但它却是永恒的——永远如它自身那样的一个逻辑先在永恒性。

其次，随着事物四维空间（包括时间一维在内）那个形体性核心扬弃为实点——本原性本体，则它的基本属性——物理属性与精神属性，也便同时扬弃为本原性本体——实点（以后只称其为本原性本体）的基本属性。本原性本体是超时空的，它的基本属性便也是超时空的。

这便是本原性本体自身的整个超时空性。在它这个超时空性中：就本原性本体与其物理属性相联系的统一体而言，它是一个本原性物质本体。

就本原性本体与其精神属性相联系的统一体而言，它是一个本原性精神本体。

本原性本体作为此二者的内在统一性，便是它双重化其自身的本原性双重化统一体：这个统一体的精神一面是约束其物质一面的调整原则，从而它的物质一面的活动表现，必为其精神一面活动表现所制约、所节制，所以它是一个本原性生命的属质统一性，并显现为世界万物，在其中作为无所不在的实体生命的存在。实体不同于物体，它是本原性本体这个最深层次上的自身规定，世人多以物体解之是错误的。什么是实体？实体就是本原性本体在任何物体中的无所不在性，是后者的内在真体——真体生命。它的精神活动表现性——感受性，永远是精神活动表现的核心，因而它同时也是最先出现的原始精神活动表现，无论精神活动的主体是时空世界中的事物，还是超越时空世界的本原性生命，都是如此。高级精神活动表现，如像显现感觉、知觉感性，显现概念、理念的理性，只有在本原性生命展现出了它的内在表现深度，而在其所表现的时空现象界中显现出了它的高级生命现象表现的时候，才能合乎逻辑而相对应地展现出来。但这些高级精神活动表现，也时刻离不开感受性的核心，没有它的主宰，任何精神活动表现，也就不成其为精神活动表现了。可以这样说，感受性就是精神活动表现的终极本质或本原。感性和理性，只不过使感受性从广度、深度上更加丰富、更加意味无穷的条件而已。所以本原性生命的精神活动表现，或者说它的调整原则，也只能是它作为本原性精神体一面的一个感受性——二者的性质是相互适合的。

这样，本原性本体自身，便是本原性生命——实体生命。

那么，什么是本原性本体的存在呢？

本原性本体的存在规律，与事物那个存在规律是一样的。这就是说，本原性本体作为"一"，它的数量规定在零以上而为正整数的，就是本原性本体的存在。这个存在，当然也便同时是本原性生命的存在。从此便可转入整个自然界的本原性本体领域。

（二）自然界作为生命世界的本原性本体存在性

自然界可分为无机自然界、有机自然界和社会自然界，它们在其统一性中散而为所有事物存在实在性。既然已从事物存在实在性中分析出了它的本原性本体实在性，那么所有这本原性本体存在性的总和统一性，不就是自然界的本原性本体存在性吗？但问题没有这么简单。

所有本原性本体实在性，在其既相连续又相中断的总和统一性中，并不能构成一个自然界的本原性本体存在性，因为自然界中作为生命世界（以后简称自然界）的所有事物存在实在性，是大小不等的，它们的本原性本体存在性的总和，不能与本原性本体自身的总和相等，它也只是前者的共相而已。因此，就自然界的所有大小不一的事物存在实在性的本原性本体而言，它们就是对整个自然界的扬弃。它们必然一一相互融合，形成一个新的属质统一性，这才是名副其实的自然界的本原性本体存在性。

这个存在性，也像单纯事物存在实在性的本原性本体存在一样，既有物质属性，也有精神属性，这是自然界一切事物存在实在性，这样两种属性的本原性根源。所以分别说就是：

自然界的本原性本体存在性与其物质属性相联系的统一体，便是一个物质性自然界本原性本体实在性。

自然界的本原性本体存在性与其精神属性相联系的统一体，便是一个精神性自然界本原性本体实在性。

物质性自然界本原性本体存在性与精神性自然界本原性本体存在性的内在统一，便是自然界本原性本体存在性双重化其自身的一个双重化统一体。它的精神一面，是它的物质一面的调整的原则。从而，它的物质一面的活动，必为其精神一面的活动所制约、所节制。这就是说，自然界的本原性本体存在性，也是生命，是自然界的本原性生命。

自然界的本原性生命，透过自然界也使它表现为自然界一切事物作为生命存在性，二者的内在统一，便是一个物活论的自然界。在我看来，物活论比物死论好得多，因而自然界的物活论，当然也比自然界的物死论好得多。自然界，在中国哲学中称其为天，那么自然界的本原性本体存在性，就可以相应的称其为本原之天了。宋明理学家程颐、程颢认为人有人心，物有物心，天有天心，前二者以后者为基础，而是它的自身分化。天心者、世界万物之心与自然界为一体之谓也——在自然界中，无处不是物，无处不是心。我同意这种观点，除了天心之外，我还要补充一个本原性的天心——自然界作为天的本原性本体存在性的精神一面，就是天的本原性天心：前者是后者的现象表现，后者是前者的内在实质。此二者的统一，常见于大自然界所表现出来的异常灾祸，如不寻常的大旱、大水、大风等，这都是天威发怒的表现。因此，中国有句古话说：国之将亡，必有恶兆；国之将兴，必有善兆，说的就是这个道理。《三国演义》第一回开首说："建宁二年四月望日，帝御温德殿。方陞座，殿角狂风骤起，只见一条大青蛇，从梁上飞将下来，盘于椅上。……须臾，蛇不见了。忽然大雷大雨，加为冰雹，落到半夜方止，坏却房屋无数。"这虽然是小说上说的，不能认其为真，但这说的是东汉末年衰败时所出现的现象，却与上面中国古话所说的前一方面相符合。所谓天人感应者，人性所为，对其他万物之心，必有可见与不可见的相通而已。

在自然界中，有科学所谓力、能量、万有引力、万有斥力（此者虽然一定存在，但从来没为科学家们所想到）、阴阳电性等存在性，当自然界的直接性被扬弃之后，便都一齐归宿于自然界的本原性本体存在性——本原之天作为生命实在性的生命表现力，本原之天与其生命表现力规律系统的统一，便是中国哲学所谓道——道也者，自然界本原性生命，显现自然界的规律系统之谓也。

程颐还曾说过，在天为道，在物为理。所谓在天为道是什么意思呢？对程颐而言，当事物存在实在性的规律，是在自然界之为天的时候，它就是道。而对我说，则在这个基础上还要进一步说，当它是自然界之为本原性天——自然界本原性本体存在性作为生命的时候，它都是更深层次上的道。那么，所谓在物为理，又是什么意思呢？对程颐说，亦即天之为道，必体现于世界万物中，而为万物之理。对我说则是在此前提下，同样还要认为本原之天的规律，必显现为世界万物，故曰在物为理。

自然界的本原性本体存在性，是对自然界及其两个已知逻辑层次的归根返本的扬弃，既然本原性本体自身是一个"实点"存在性，则它与自然界本原性本体自身相统一便是一个世界实点存在性。它既是一个本原性本体自身的存在性，也是一个世界实点存在性，它显现世界万物，二者的统一，便是世界实点的能动性。此亦为最深层次的"在天之道"，何而能"在物为理"之谓也。这是事物存在实在性第三个逻辑层次的一个终极性问题。

（三）世界实点的能动性

世界实点的能动性，是本原性本体存在性，与自然界的本原性本体存在性的内在统一。它显现世界万物，因为它们必返归于它，而是对它们的扬弃——扬弃了世界万物，就是一个世界实点的能动性。

既然本原性本体存在性、自然界本原性本体存在性，都是一个双重化其自身的，双重化统一体的生命实在性；那么世界实点也是如此，因而同样既有物质属性，也有精神属性，这便有如下事实出现：

就世界实点与其物质属性相联系的统一性而言，它是一个物质性世界实点实在性。

就世界实点与其精神属性相联系的统一性而言，它是一个精神性世界实点实在性。

它作为一个物质世界实点实在性与精神世界实点实在性的内在统一体，其物质性一面的活动，必为其精神一面所制约、所节制，使它成其为一个世界实点生命实在性。所谓世界实点能动性，便是它作为一个世界实点生命实在性的能动性。

这个能动性，便是世界实点生命实在性的生命表现力。它贯通前者之中而是排斥与吸引两个方面的统一性。其所以必然如此，因为如果它仅是一个排斥力，那么世界实点生命实在性，便在其永恒的自身排斥中，散而为无了；如果它仅是一个吸引力，世界实点生命实在性，便在其永恒的自身凝聚中，同样也要聚而为无了，从而便无所谓超时空、超形体性核心的世界实点生命实在性的可能存在了。此者不存在，便无我们现在所谓的世界万物——自然界了。这是不可能的，因为我们生活在世界万物之中，而自知它是必然存在的。

超时空、超形体性核心的世界实点生命实在性，也与本原性本体实在性自身一样，是一个永远如它自身那样的一个永恒性。

使它又与前者不同，而有自己的变异、发展过程，这便从此进入世界实点生命能动性的展现过程了。

世界实点生命实在性，为它内在生命力所驱使，必然要表现为一个四维延扩体，因而便进入它的时空性之中。就中空间的三维性，构成它的三维延扩体本身，时间的一维性，则构成它的自身持续的存在过程，这便是空间、时间的产生。此二者是自然界实点生命实在性的首次动变产生，而它源此也投入它的空间、时间的自身规定里去了。这个自动的四维延扩体，是一个原始混沌体。

世界实点生命实在性，在它那四维延扩体中，无所不在，是它的一个内在实体而永恒动变。

这个四维延扩体，以后的变异或发展会出现如下两种情况：

第一种是世界实点生命实在性的生命实在性的生命表现力——在其统一性中的排斥与吸引，在它所表现出的四维延扩体中，变成一个平均分配的布局，因而便使它膨胀为一个不动的而毫无表现力的东西——世界实点生命实在性，在它之中的无所不在性，也相应地是一个僵死的实体。

第二种是世界实点生命实在性的生命表现力——在其统一性中的排斥与吸引，在它所表现出的四维延扩体中，变成一个非平均分配的布局，因而便使它膨胀为一个能活动的而充满表现力的东西——世界实点生命实在性，在它之中的无所不在性，同样相应的也是一个生气勃勃的实体。

这两种情况第一种情况必然首先出现，因为排斥与吸引在最初出现的四维延扩体中，必然同时发生作用，从而斥则斥，吸则吸，必然形成一个二者相均衡的一个平均分配的布局。当前的问题，便在于这如何能打破其自身这种僵局，而进入第二种情况中去呢？这必然要存在的，否则还提它做什么，对它一字不提，便更为好些。现在，就来试图解决这个问题。

当世界实点生命实在性所表现出的四维延扩体，处在其排斥与吸引在其中均等分配的布局时，必然要产生异乎寻常的极大张力。这便使世界实点生命实在性在这四维延扩体中，必然通体感受到极度的不快适，所以便起而抗之，使这到处产生一张一合的细微放松波动：张则伸，因而排斥大于吸引；合则聚，因而吸引大于排斥；张合之间，剩下的东西，便是阴阳中和的中性，从而通体便转化为有清虚（真空）间杂其中的阴阳中基本粒子的阴阳大化的动变过程。于是打破了这种四维延扩体的沉寂僵局，这便使前所谓第一种情况，进入了前所谓第二种情况。

当世界实点生命实在性，这样进入第二种情况中的时候，它的生命表现力，亦即它的在其统一性中的排斥与吸引，便从中解放出来了。从而，便制约、节制它前此所表现出的四维体延扩体产生从此到彼的一系列内在波动或动变性。[①] 我们无须对它们一一进行阐述，只须就世界万物的内在不同层次的固有微观布局，来对它进行一个概括的统观便可以了。世界万物这些微观布局是：

1. 基本粒子层次，此即构成所有宏观事物存在实在性的，有微观清虚（真空）间杂于其中的最深层次的微观布局。

2. 原子层次，此即构成所有宏观事物存在实在性的，有微观清虚（真空）间杂于其中的第二微观布局。

3. 分子层次，此即构成所有宏观事物存在实在性的，有微观清虚（真空）间杂于其中的第三微观布局。

4. 宏观层次，此即构成所有宏观事物存在实在性（包括宏观清虚（真空）在内）的自然界的宏观布局。

以上四个层次，是普遍相互包含的——基本粒子层次包含原

[①] 这种变动性，大致都源于四维延扩体中的排斥与吸引，虽然不是均等分布的，但却变为分布得极不协调。

子、分子层次，它们包含宏观层次，反过来说从下到上也是如此。

据此，便有如下事实出现：

世界实点生命实在性，发展了的四维延扩体的内在巨大波动和动变性布局，一旦发展到与世界万物的微观基本粒子层次布局相对应、相统一，它便显现为在此层次上的阴、阳、中三性基本粒子和微观清虚（真空）世界，它在其中无所不在，是前者的内在实在体而永恒动变。

它同时也必然与世界万物的微观原子、分子层次布局相对应、相统一，它便又显现为在此二者层次上的原子、分子世界，它在其中无所不在，是前者的内在实体而永恒动变。

这个宏观世界，与前所谓两个微观世界互为对方的对立统一全体性，便是上自宇宙下至所有微观客体的世界万物总体——自然界。世界实点生命实在性，在其中无所不在，是它的内在实体而永恒动变。无论在时间的长流中，它过去是些怎样的发展阶段和未来又会是些怎样的展望历程，这都出自这实体的动变性，并在它们之中，仍是无所不在，是它们的内在实体而永恒动变。

但是，自然界的发展是一个无限的过程，而它的起点，却是从世界实点生命实在性的原始四维空间混沌体开始的。这便产生一个问题：在这个混沌体未产生之前，又有什么存在呢？什么也没有，世界实点生命实在性，只是一个逻辑先在性的本原，它脱离了它的表现，它也不能自身存在着。照这样说，自然界便是从绝对什么也没有的虚无中产生的了。这是荒唐透顶的一个不可能性。为了如实地理解自然界的无限发展过程，我们只有设想它是一个产生、灭亡（回归原始起点）的一个循环不已的无限过程。人们会说，这是循环论，我则说，这是一个合理的循环论，舍此而外，别无他途。

世界实点生命实在性的生命表现力，在世界万物既相连续又相中断延扩体中表现为万有引力与万有斥力的均等统一性、阴阳基本粒子的电性和一切事物存在实在性的固有生命表现力——就其做功的本领说，亦即它们的固有能量。它们都是世界实点生命实在性的生命表现力——排斥与吸引的不同现象表现。特别值得一提的是，如果只有万有引力，没有与其均等的万有斥力渗透其中同时起作用，或者相反，便都不可能有世界万物延扩体的存在。实证科学并不是完善无瑕的，它也有它的片面性。

这样，便完成了事物存在实在性第三个逻辑层次核心问题的最深邃的逻辑内容。它贯通事物存在实在性的全部逻辑内容。它贯通事物存在性的全部逻辑层次，而指向我们的出发点——时空世界中的所有事物存在实在性及其原始性，亦即所有事物存在形象实在性。世界实点生命实在性的物质属性与精神属性，在事物存在形象实在性中，便显现为它们的物质属性与精神属性。它们在这两种属性中与之相联系、相统一，便既是物质性的又是精神性的双重化统一体的生命。它们的内在结构，归根到底，便是世界实点生命实在性，在其中与之相联系的布局。所有事物存在形象实在性，都是一些普遍性、特殊性、个体性的统一体，从而它们的直接性内容与事物存在实在性逻辑层次的统一性进一步的共相基础——共相的共相，也必然是一种普遍性、特殊性、个体性的统一体。它的内容便是客观逻辑。它贯通全部前此所论而为此者不能违背的客观逻辑规律，因此，现在它便集中归宿于我所要阐明的客观逻辑精要。

第 三 章

客观逻辑精要

从前,我曾就逻辑而论逻辑说:逻辑者,联系成序的普遍规律也,有关它的理论体系,即为逻辑学。并且认定客观实在性,就是所谓"联系成序的普遍规律"的负荷者,从而又可以说,揭示、阐明客观实在性的联系成序普遍规律的全部逻辑内容,就是逻辑学了。

据本书导论有关逻辑学所说的类分,这便是一种客观逻辑学了;但这又是极度不正确的观点。

客观实在,不是别的,它便是事物存在实在性与其不同层次本质的统一,而这统一全部逻辑内容的展现,却是事物存在实在性三个非客观逻辑学的逻辑层次的统一。可见,以前我就逻辑而论逻辑的一些概括性观点是不正确的,这使它等同于哲学本体论的、非逻辑及非逻辑学层面上的东西了。

那么到底什么是客观逻辑学的对象,客观逻辑学到底是怎样一种理论体系呢?

知识共相的对象共相的原始性,是事物存在形象实在性。

事物存在形象实在性的直接性内容,与它的逻辑层次是统一不可分的,二者互为对方的共相对立统一性的共相基础。便是一个贯通这共相统一性全部逻辑内容的"共相的共相",可称其为客观逻辑共相。与此相对,共相便可称其为非客观逻辑共相。客观逻辑共相以事物存在形象直接性内容为中介,而与事物存在形象相统一。

客观逻辑共相，在事物存在形象实在性的不同逻辑层次上，分别表现为它的不同层次由浅入深那种区别性的共相，此为逻辑共相自身规定系统，它便是前者所包容的不同层次丰富内容。事物存在形象实在性，是一个普遍性、特殊性、个体性的统一，它必然也是如此。它及其在这三个环节中的种种联系，便又使它转化为客观逻辑。可以这样说，客观逻辑，是客观逻辑共相的规律体系。客观逻辑学就是以客观逻辑为对象的理论体系。但我们只能论其梗概，故称客观逻辑精要。

只从表现客观逻辑不同环节的外延包容上，来显示它们的相关性，此为外延客观逻辑；只从它们的内涵上，来显示其相关性，此为内涵客观逻辑，二者在其相关性中，可称其为外延客观逻辑与内涵客观逻辑。

前二者的统一，同归于客观逻辑共相的统一性，便是客观逻辑内容。以前我们常说某某的逻辑内容，便是它通用于客观世界一切实在性的表现。

这样，客观逻辑，便分为：

客观逻辑共相的本质；

客观逻辑的外延逻辑与内涵逻辑；

客观逻辑的逻辑内容。

客观逻辑精要，便是要对客观逻辑这三个内在区分，进行扼要阐述。

一　客观逻辑共相的本质

为了阐明客观逻辑的本质，首先要从一种简单事实上，来展示客观逻辑共相与非客观逻辑共相的区别性。明确看到这个区别性，对理解客观逻辑的本质是非常必要的。因为客观逻辑，是完全立足于客观逻辑共相这块基石之上的。为此，为了阐明它们的区别性，且从客观性的两种不同类分上开始。

第一种——客观性就是事物存在形象实在性共相本身，从而前者的类分，即为后者的类分，这可展示如下：

客观事物存在实在性 { 非社会性事物存在形象实在性 / 社会性事物存在形象实在性

第二种——客观性不是事物存在形象实在性，而是客观性本身，从而类分便转化为客观性的类分，这可展示如下：

客观性 { 事物存在形象实在性 / 事物存在形象实在性的多样性

从这两种类分的展示中，就可以明显看出：

在第一种类分中，类分的各项——非社会性事物存在形象实在性与社会性事物存在形象实在性，都统一于被类分的主项——事物存在形象实在性之中了，类分是它本身固有的类分。这便可明确看到，事物存在形象实在性，它并不包含于类分的项目之中，而是类分各项的一个共相主项，这便是一个非客观逻辑共相。记住：客观非逻辑共相，在其任何等级上，都不包含于类分项目之中，它是被类分的主项，而为不同等级的共相。

在第二种类分中，类分的各项，都包含事物存在形象实在性在内，它与它的殊相多样性一起，同时都归属于客观性那个被类分主项。那么，这个被类分主项，应该是怎样一种客观实在性呢？它既然是事物存在形象实在性与其多样性的一个共相，而包含了前者于自身之中，那么它便是一个包含前二者的共相，这只能是一个客观逻辑共相，而事物存在形象实在性那个与其殊相实在性相区别那个共相，只是一个非客观逻辑共相。

记住，客观逻辑共相，在其任何等级上，都必然使任何等级上的事物存在形象实在性共相，转化为它们一个特殊方面，使之与其多样性相对立，而为它的类分项目。

于是，前面所展示出的两种不同类分，便初步确切地表明了客观逻辑共相与非客观逻辑共相的基本区别了。客观逻辑共相，在事物存在形象实在性的不同逻辑层次上，有其不同的表现。

客观逻辑共相，在事物存在形象的第一逻辑层次上，它表现为事物存在形象实在性与事物存在实在性的共相，它既是前者，也是后者，同时又是从前者到后者的逻辑大成，故为事物存在实在性客观逻辑共相。

客观逻辑共相，在事物存在形象的第二个逻辑层次上，它表现为事物存在实在性与其在它基本属性中的，双重化统一体的一般生命实在性的共相，它既是事物实在性，也是一般生命的实在性，同时又是从前者到后者的逻辑大成，故为生命实在性的客观逻辑共相。

客观逻辑共相，在事物存在形象的第三个逻辑层次上，它表现为生命实在性与生命多样性的存在实在性的共相——生命多样性实在性的客观逻辑共相。它既是生命实在性，也是生命实在性逻辑发展的大成，故为生命实在性的客观逻辑共相。

客观逻辑共相，在事物存在形象的第四个逻辑层次上，它表现为本原性本体生命实在性与自然界实点生命实在性——自然界本原性本体生命的共相，它既是本原性生命实在性，也是它发展大成——一个自然界本原性本体生命存在实在性的客观逻辑共相。

如上四论，可以简化为这样一论而指向客观逻辑本身。事物存在形象的第一个层次，可以归结为事物存在实在性；事物存在形象的第二个层次，可以归结为事物存在实在性的双重化统一体生命；事物存在形象的第三个层次，可以归结为生命世界；事物存在形象的第四个层次，可以归结为自然界实点生命实在性。所谓客观逻辑共相，就是事物存在实在性，事物存在实在性的双重化统一体生命，生命世界和自然界实点生命实在性四者的共相；

前四者已经是事物存在形象实在性的不同层次共相，所以这共相便必须是共相的共相——客观逻辑共相。

这便可以看到，客观逻辑共相的包容性，是如何的丰富和深厚了。实质上，客观逻辑学的对象，简单概括地说，就是客观逻辑共相。

如果说所有各种事物存在实在性的总和统一性，便是自然界，那么现在我们又可以说，所有客观逻辑共相的总和统一性，则便是一个逻辑性自然界了。相对地说，前一自然界，就可相应地称为非逻辑性自然界。这并不是说，在非逻辑性自然界之外，另外还有一个逻辑性自然界，而是说同一个自然界可以具有这样两种不同的规定性：就逻辑性自然界而言，只不过它使逻辑性自然界的普遍性，亦即它的多样性共相，下降为自己类分中的一项殊相实在性而已，而它在前者之中，却是一个普遍性，是一个共相实在性。这就是说，逻辑性自然界与非逻辑性自然界的区别性，只在于此而已。

现在的问题就是，归根到底，什么是客观逻辑共相的本质呢？它不是事物存在形象实在性，而在其中；它不是事物存在实在性的双重化统一体生命，而在其中；它不是生命世界，而在其中；它不是世界万物的绝对本质——自然界实点生命实在性，而在其中，那么它便不是别的，它必然就是使它们得以运转不息的内在轴心。就像火车没有蒸汽，汽车没有汽油，马车没有轴心而不能运转一样，它们没有自己的轴心——客观逻辑共相，同样也都变成了僵化的死物。这同时就是说，逻辑性自然界，是非逻辑性自然界的轴心。当然它也是各种殊相事物存在形象的轴心。这就是客观上共相的共相作为客观逻辑共相的内在实质。

说自然界实点生命实在性，显现天地万物，实质上也就是说，天地万物的逻辑共相，显现天地万物，因为它是自然界实点生命的轴心。

言至于此，这便涉及宗教世界的内在本质问题了。从古至今，学者们都在不同程度上试图去解释宗教世界，想使它从想象天国中返归人尘世界，便都不能说是成功的。包括马克思、恩格斯在内，也是如此。因为一般说来，他们都将宗教的实质，归之于人之异化，这个范围未免相对于宗教所指向那个世界万物的广大领域来说，是过于狭窄了。神是主宰世界万物的，神的天国也是与世界万物相联系的，而凌驾其上的一个属神世界；但人却只是世界万物的沧海一粟，他能在地球上主宰、改造部分地区的事物存在形象实在性，他能改造整个世界万物吗？这点对整个世界万物来说是微不足道的属人能动性，怎能被异化为主宰整个世界万物的神及其属神世界呢？我看是不可能的，神的拟人学说，是无从成立的。俗语说，人为万物之灵，但这话是错误的，因为世界万物都有精神属性，都有灵性，都不是死物。说人的灵性是世界万物的最高灵性则可，说人是万物之灵则不可。拟人学说的宗教观，大概是本源于此。从原始社会以来，便产生了原始神话，以后随着人类文明的发展进入阶级社会后，原始神话便逐渐发展为宗教，但在原始社会中，它的世界观是物活论的，原始人把一些他们面对的事物存在形象实在性，都崇拜为神，例如一块石头也是神，也都对它进行崇拜。这便充分说明，宗教与宗教之神，不是来自于拟人观的。

实际上，原始人的物活论神话观，不是来自于拟人观，而是来自世界万物本来就有一种使它作如是想的、令人莫测而神秘的客观景象实在性。这种实在性的客观性一直延续到现在，所以原始人的原始神话后来发展为宗教，而宗教却在其发展中又一直保留到今天。现代虽然各种科学已经十分发展了，但仍然没有彻底根除世界万物这种令人神秘莫测的客观景象，从而有许多著名科学家们还照样在信奉宗教。甚至有些科学家能举出好多事实，是科学所解释不了的。你总不能说，这些科学家们信奉宗教，是来自他们的拟人观吧。要彻底根除宗教，有待于科学进一步的巨大发展。但有一种非常奇怪的现象，从古到今的中西方哲学家们，却大多数不信仰宗教，而是要力图以哲学知识去解释整个世界。现在进一步看，问题不在于前所谓宗教的来源问题，而在于世界万物中，是什么东西能相当于宗教所谓的神及其天国呢？这个问题，不但科学家们从来没有解决，而且哲学家们也从来没有解决。要说解决，这便只能又复归于拟人观：说神就是人的异化，天国也就是属人社会和异化。但这是不能解决问题的。

那么，归根到底，神及其天国，应该返归为现实世界中的什么实在性呢？

客观逻辑共相，是自然界一切事物存在形象最深邃的实在性，因此，便可以说，自然界中所有客观逻辑共相的总和统一性——逻辑性自然界，便是宗教所谓的天国，它就应该返归于前者的实在性中去。而所谓自然界本原性本体生命实在性的客观逻辑共相，便是宗教所谓的神——上帝，用中国传统的术语说，亦即中国人民所谓的玉皇大帝，上帝或玉皇大帝的实在性，它也就应该返归于前者的实在性中去。至于在天国里，还有什么自上帝或玉皇大帝以下的各种天使、天神等，它们可返归于前面四论中所谓事物存在形象实在性的，其他三个客观逻辑共相层次中去。

这样，便彻底而合理地否认了传说所谓神及其天国实在性，使它返归于世界万物最深邃的三种根本上去了。这三种根本——三种客观逻辑共相，都是在一切事物存在形象实在性中的三个最深邃的本质，它们在不同的深度上制约、支配前者的产生、发展和一切活动，亦即左右世界万物的一切生命表现，它们不是天国和神的故乡，又能有什么是天国和神的故乡呢？天国和神，不是别的，就是它们的异化，是它们在世界万物表现中的异化。

所以，在逻辑性自然界中，到处都是天国，到处都是上帝或玉皇大帝，也到处是天使或其他的神，只是它们所在的层次不一样而已。这种观点，在宗教人士和神学家们听来，不能不是谬论，简直谬论极了——谬论透顶！但在我看来，这不是谬论透顶，而是至上真理。

既然事物存在形象实在性，既有物质属性也有精神属性，那么它最深邃的内容——客观逻辑共相，当然也不能不既有物质属性也有精神属性。于是与此相对立，便不能不有如下事实出现：

客观逻辑共相，与其物质属性相联系、相统一，它便是一个物质性逻辑共相。

客观逻辑共相，与其精神属性相联系、相统一，它便是一个精神性逻辑共相。

此二者的内在统一，它便归结为一个客观逻辑共相双重化统一体的统一生命实在性，简称客观逻辑共相生命。它的精神活动一面调整、节制它物质活动一面的统一性，便是它的逻辑能动性，是它作为客观逻辑共相生命的逻辑能动性。这个逻辑能动性，不但贯通它的不同层次，而且也贯通它的普遍性、特殊性、个体性三个环节的统一，亦即它同时贯通整个客观逻辑。它与其个体环节相统一，它便是一个个体客观逻辑共相生命实在性。但它的特殊性环节，却包含一层道理在内，对此却必须略加阐明。所谓客观逻辑共相的特殊性，是它的一个自身发生差别的逻辑原则，从而它在其这个环节上，必然以它逻辑先在性的模式为基础，从逻辑上分化为它本身作为神的，类、属上的一系列不同实在性。因此，说它与其特殊性环节相联系、相统一，这同时就是说，它与这类、属上的一系列不同实在性相联系、相统一，这便等于说它与这些不同类分的事物存在形象实在性相联系、相统一。在这个统一性中，便可以由此进入客观逻辑的外延逻辑与内涵逻辑的领域中去。

二 外延客观逻辑与内涵客观逻辑

当前这个问题,是客观逻辑精神的核心,而且也是相当复杂的,不易一连片的阐述清楚。虽然外延客观逻辑与内涵客观逻辑,都以客观逻辑共相为基础,但它们的区别性很大,为了醒目起见,我们还要分别立题论述。

(一) 外延客观逻辑

所谓外延客观逻辑,就是外延客观逻辑学的对象,对我们来说,亦即外延客观逻辑精粹的对象。它是单纯从客观逻辑共相及其类分不同环节的外延相关性和相关性中介的外延包容性,来体现它们之间的联系的。传统上所谓的形式逻辑学,一向被人视为有关一般思维规律的科学,从而它便应该是一种外延主观逻辑学,但它与所谓外延客观逻辑学,也与我们所谓外延客观逻辑精要相类似。实质上,它们的性质是一样的,区别只在于前者是主观一般的,后二者仅是客观的。

外延客观逻辑有三个基本规律,贯通于此后的全部内容。既然客观逻辑的核心是逻辑共相,而它的对立物则是非客观逻辑共相,则这三个基本规律,便可表达如下:

客观逻辑共相是客观逻辑共相——同一律;

客观逻辑共相不是非客观逻辑共相——矛盾律;

客观逻辑共相或者是客观逻辑共相,或者是非客观逻辑共相——排中律。

这三条规律是最普遍的,通用于世界万物及对它的各种论述。

再者,由于传统上人们缺乏外延客观逻辑的核心观念,所以这三个基本规律,都是用像 A、B 之类的符号来表达的。这一点，必须看到和理解才好。有了外延客观逻辑这三个基本规律之后，便可以以此为基础，来开始所谓"客观逻辑精要"的以下论述了。

外延客观逻辑精要，首先要扼要而简化地完成外延客观逻辑的概念论：外延最大而包容性最大的客观概念，是种客观概念；而它在其类分层次上的不同客观概念，是类客观概念；最后类客观概念在其属分上的不同客观概念，则是属客观概念。这里所说种、类、属等客观概念，不是像黑格尔那样，说它们是客观存在的，而是说它们是其客观存在对象的客观思维表现。此所以为客观逻辑学或客观逻辑精要之谓也。

种客观概念的外延最大，但其内涵却抽象而稀薄；类客观概念的外延较小于前者，但其内涵却较具体而浓厚一些；属客观概念的外延最小，但其内涵却最具体而最浓厚。因此，种、类、属概念的外延与内涵成反比：外延越大，内涵越抽象；外延越小，内涵越具体。

但种、类、属这样一些客观概念，都是客观概念一般，从而便都含蕴于客观概念一般之中，而是它不同层次的区分。这样，便必须按着这个顺序，来阐明客观概念一般，客观种概念、客观类概念、客观属概念的内涵。

什么是客观概念一般的表现对象呢？回答说，客观逻辑共相是一个普遍性、特殊性、个体性的统一体，但它首先是一个普遍性，特殊性只不过是这普遍性所具有的自身区别的一个原则而已。因此，在其普遍性中的客观逻辑共相，便是客观概念一般的表现对象。所以客观性的语词概念性，是客观概念本身。从而若一般地问，什么是客观概念一般，便可以回答说，客观逻辑共相的思维反映，便是客观概念一般，可以这样说，客观概念一般，实质上就是客观逻辑共相本身作为其普遍性的思维反映。

什么是种客观概念的表现对象？回答说，客观逻辑共相第一层次上的两个区分——社会性客观逻辑共相与非社会性客观逻辑共相两个客观性，便是它的表现对象。所以，种客观概念必须为二，它们是思维表现前两个客观性的语词观念性，是客观概念本身第一层次上的区分。从而，若一般地问，什么是客观种概念，便可以回答说，客观概念第一层次内在区分的任何一种——无论是社会性客观逻辑共相的思维反映，还是非社会性客观逻辑共相的思维反映，都是种客观概念。可以这样说，种客观概念，就是客观逻辑共相，在其特殊性第一层次自身分化的思维反映。

什么是类客观概念的表现对象呢？回答说，客观逻辑共相第二层次上的四个内在区分——社会性上层建筑人员的客观逻辑共相、社会性基础人员的客观逻辑共相和非社会性有机物、无机物的客观逻辑共相，便是它的表现对象。所以，类客观概念必须为四，它们是思维表现前四个客观性的语词观念性，是客观概念本身第二层次上的区分，亦即种客观概念的内在区分。从而，若问什么是类客观概念，便可以回答说，客观概念第二层次区分的任何一种——无论是社会性上层建筑人员、社会性基础人员的客观逻辑共相，还是非社会性有机物、无机物的客观逻辑共相思维反映都是类客观概念。可以这样说，类客观概念，就是客观逻辑共相，在其特殊性上第二层次自身分化的思维反映。

最后，什么是属客观概念的表现对象呢？回答说，客观逻辑共相第三层次上的八个区分——不同类型社会上层建筑人员、不同类型基础人员的客观逻辑共相与不同类型的非社会性有机物、无机物的客观逻辑共相，便是它的表现对象，所以，属客观概念必须为八，它们是思维表现前八个客观性的语词观念性，是客观概念本身第三层次上的区分亦即类客观概念的内在区分。从而，若问什么是属客观概念，便可以回答说，客观概念第三层次区分的任何一种——无论是不同类型上层建筑人员、不同类型基础人员的客观概念，还是不同类型的非社会性有机物、无机物的客观概念，都是属客观概念。可以这样说，属客观概念，就是客观逻辑共相，在其特殊上第三层次自身分化的思维反映。

种客观概念中所反映的社会性客观逻辑共相与非社会性客观逻辑共相，意思是说：前者即为社会性人与其殊相多样性相统一的共相基础，故称其为社会性客观逻辑共相；而后者也即为非社会性殊相事物与其多样性相统一的共相基础，故称其为非社会性客观逻辑共相。

类客观概念中所反映的社会性上层建筑人员、社会性基础人员的客观逻辑共相，意思是说：前者即为处理社会共同体中公共事物的代表（他们代表人民，也包括代表他们自己作为人民在内）与其区别性相统一的共相基础，故称其为上层建筑客观逻辑共相；而后者即为从事基础社会事业的人们，与其区别性相统一的共相基础，故称其为社会性基础人员客观逻辑共相。至于所谓非社会性有机物、无机物的客观逻辑共相，它们即为与其多样性相统一的共相基础，故称其为非社会性有机物、无机物的客观逻辑共相。

属客观概念中所反映的不同类型社会性上层建筑人员、不同类型基础人员的客观逻辑共相，意思说：前者即为处理社会共同体公共事物的不同类型代表，与其内在区别性相统一的共相基础，故称其为不同类型社会上层建筑人员的客观逻辑共相；而后者即为从事基础中社会事业的不同类型个人，与其内在区别性相统一的共相基础，故称其为不同类型基础人员的客观逻辑共相。至于不同类型非社会有机物、无机物，它们即为各自与其内在区别性相统一的共相基础，故称其为不同类型非社会性有机物、无机物客观逻辑共相。

种、类、属概念中所反映出的，所有那些不同的客观逻辑共相，都是客观逻辑共相的不同层次类分——它的不同层次殊相客观逻辑共相。客观逻辑共相，是共相与共相的共相的内在统一，则所有它的不同层次殊相客观逻辑共相，却都是任何一种殊相，与其内在区别性相统一的共相基础。

但到底我们怎样去规定客观概念一般及其种、类、属客观概念的内涵规定性呢？对客观概念一般说，要指出它反映其对象的本质联系，以此为基础，便形成这样一系列规律：种客观概念的内涵规定性是前者加种差，类客观概念的内涵规定性是种概念加类差，属客观概念的规定性则是类加属差。上面我们已经阐明了客观概念一般及其种、类、属等客观概念类分及其定义的问题。但无论是客观概念一般本身，还是它的种、类、属客观概念本身，都是一些单纯精神性的属质统一性，它们与其存在是有区别的。传统逻辑学的最大缺点，即在于它只谈概念及其类分的属质统一性，而不谈它们的存在问题。这样一来，问题可就大了。以客观性为例，客观概念一般的共相，只是一个"一"，从而它所反映的客观性共相，也只是一个属质统一性的"一"，但客观性的存在是无数的，它们都有一个客观性共相表现于其中，从而那个客观性共相本身作为"一"便分身无术，它如何能表现于那无数的客观存在之中呢？这是不可能的，同时在其前提下也是一个无法解决的问题。

这个问题解决的关键，即在于不但要谈客观概念及其类分，而且还要谈到它们的存在。它们的存在规律，是与客观事物的存在规律，完全一样的。它们这种存在规律，是存在于属人精神属性中的潜在性能，不是说它现成存在其中[①]。据此，便有以下事实出现：

客观概念一般本身作为"一"，它的零上数量规定，便是它的存在。

种客观概念本身作为"一"，它的零上数量规定，便是它的

[①] 例如我们看到十个人，我们就知道这是十个人，这便是一个概念的存在规律在我们精神属性中的潜在性能的表现。

存在。

类客观概念本身作为"一",它的零上数量规定,便是它的存在。

属客观概念本身作为"一",它的零上数量规定,便是它的存在。

在这四种存在中,后三种存在都以客观概念一般那个存在为基础,而是互相包容的。传统哲学有一个片面性的偏见,认为普遍性作为共相,是存在于特殊性作为殊相之中的,但却从来不知后者也同样存在于前者作为它的逻辑先在模式之中,简而言之,亦即特殊性也存在于普遍性之中的。实质上,后一观点比前一观点是更重要的,更应该为我们所注意、所看重。因为,普遍性作为共相,是特殊性作为殊相的逻辑先在模式:我们可以脱离特殊性殊相,而能单独思维到普遍性作为共相的实在性,却无法脱离普遍性共相,而能去思维到一种单纯特殊性作为殊相的实在性——二者孰重孰轻,便洞若观火了。

在这个前提下,便可以说:客观概念一般存在性包容于种客观概念存在性之中,后者也包容于前者之中而相互包容;种客观概念存在性包容于类客观概念存在性之中,后者也包容于前者之中而相互包容;类客观概念存在性,包容于属客观概念实在性之中,后者也包容于前者之中而相互包容。这样,便转化为一个客观概念存在性一般的一个概念存在系统。

在这个存在系统中,不管客观概念一般的存在有多少,它的数量必然与种客观概念存在性的数量相等——世界上有多少个种客观概念存在性,便有多少个客观概念一般存在性。以此类推,类客观概念存在性与属客观概念存在性的数量规定相关性,也是如此。而且它们的数量规定,都与前二者的数量规定相等。其所以如此,就是因为它们是依次相互包容的。从而下式成立:

客观概念存在性的数量——种客观概念存在性的数量——类

客观概念存在性的数量——属客观概念存在性的数量。

客观逻辑共相存在性及其不同层次殊相客观逻辑殊相存在性的数量规定相关性，也是如此。而且它们的数量，都与前式四者的数量相等。唯其如此，前式四者才能是此四者——相对的思维反映。

完成了客观逻辑的概念，接着便要来论客观逻辑的判断论。既然客观逻辑共相是一个普遍性、特殊性、个体性的统一体，那么思维反映它的客观逻辑概念一般，及其种、类、属等概念也必然同样都是一个普遍性、特殊性、个体性的统一体。阐明这个统一性任何一个环节，与其余两个环节的各自相关性，便是客观逻辑的判断论。所以，客观概念一般这样一种自身分化，实质上就是判断。判断的主词语言观念性，称为主词；它的谓词，则称为谓词，判断就是主词与谓词的统一。

判断是表明客观概念一般及其类分不同环节的相关性，则这种表明本身，便有两种不同的形式：一为用系动词"是"的肯定与否定——是与不是来表达主词与谓词的联系性——是者，表现主谓词的观念性，可以对立统一而为一的能动性之谓也，它的否定性，即为"不是"，此谓之曰主词所是主谓判断论；二为用所在、大小的关系词"关系"的肯定与否定，来表达主词与谓词，此谓之曰主谓关系判断论。前者是根本的，它是我们的主要论题；后者是次要的，也是我们想略加涉及的论题。

这样，便必须首先主要阐明主词所是主谓判断论。

客观概念一般的普遍性、特殊性、个体性三个环节，可以自上而下和自下而上地分为如下六个环节：

就其自上而下而言，它便必然分为——普遍性、特殊性、个体性三个环节。

就其自下而上而言，它又必然分为——个体性、特殊性、普遍性三个坏节。

这样上下两个方面的三个环节，加起来便是客观概念一般的上下六个环节。客观逻辑的判断论，必须在这上下六个环节的基础上，顺序产生它的不同主词所是主谓判断系列。

从前三个自上而下的三个环节——普遍性、特殊性、个体性的区别性与联系来看，便有这样一系列主词所是主谓判断产生：

在普遍性是特殊性时而不是个体性；

在特殊性是个体性时而不是普遍性；

在个体性是普遍性时而不是特殊性。

从后三个自下而上的三个环节——个体性、特殊性、普遍性的区别性来看，又有这样一系列主词所是主谓判断产生：

在个体性是特殊性时而不是普遍性；

在特殊性是普遍性时而不是个体性；

在普遍性是个体性时而不是特殊性。

为了简略起见，这六个主词所是主谓判断，都使其在肯定性的基础上，包含了它们的否定性形成。

这六个主词所是主谓判断，便是在客观逻辑共相基础上的，客观概念一般在其三个环节——普遍性、特殊性、个体性自上而下与自下而上的联系所构成的六个判断。它们虽然是其数为六，但它们对世界万物说，却是无所不包的。它们的主谓联系规律，都是由主谓概念外延的相关性形成的。

必须要明确，前述六个主词所是主谓判断，这说的不是这种判断的类分，而说的是它的任何构成的一些普遍规律。任何这种判断类分，譬如说康德的判断表，都为这些普遍规律所制约而包含其中的。这二者的区别，决不能有丝毫的混同。否则，便会提出问题说，如上所言，怎么没有提出像全称、特称、单称及或然性、突然性等主谓判断呢？实则二者是风马牛不相及的。

至于谈到主谓关系判断，可以就客观逻辑共相及其第一层次类分——社会性客观逻辑共相与非社会性客观逻辑共相三者的语词观念性，对它略加说明就行了。

所谓"主谓关系判断"，它表现的不是主词概念及其指称是否可以归结为谓词概念及其指称的统一性，而表现的是二者独立自在的相互关系。这种关系就如：

客观逻辑共相的存在逻辑上先于它的不同环节的存在，而后者不能逻辑上先于前者的存在；

客观逻辑共相不同环节的存在逻辑上后于客观逻辑共相的存在，后者不能后于前者的存在；

客观逻辑共相高于或大于它的不同环节的存在；后者不能高于或大于前者的存在；

社会性逻辑共相的产生时间上后于非社会性客观逻辑共相的产生，后者不能晚于前者的存在；

非社会性客观逻辑共相的产生时间上先于社会性客观逻辑共相的产生，后者不能早于前者的存在；

社会性客观逻辑共相高于非社会性客观逻辑共相，后者不能高于前者。

上面六个主谓关系判断，表明的都是主谓两端分别存在的相互关系，而不是从外延上将主词概念归结为谓词概念统一性。这样看来，好像主谓关系判断便不是外延逻辑的判断，而是一种内涵逻辑的判断了，实则不然。主谓关系判断，要点在于两端的在前、在后、在上、在下等关系上，而这些关系的内涵却并不展开，而只从它的各自的外延包容性对两端的适合性上，去体现两端的联系，所以它仍然是外延客观逻辑的一种判断。

总之，还可以这样说，无论是客观主词所是主谓判断，还是客观主谓关系判断，就其整体说也都是以它们内涵的各自外延包容性，而面向它们各自所指向的客观性联系，从而它们并没有展现出这种客观联系在内涵上的内容。既然外延客观逻辑精要的客观概念一般的存在数量是与其种、类、属等客观概念的存在数量相等的，那么以客观概念一般为基础的所有不同形式客观判断的存在数量，便必与前者的存在数量相等，潜在于属人精神属性之中。从而在这个基础上，便只会进一步又产生外延客观逻辑的不同客观判断的联系，这便是它的推理论。

外延客观逻辑的推理论，一般可以分为演绎推理与归纳推理。现在且从前者的论述开始。

客观概念一般，是它的普遍性、特殊性、个体性三个环节的内在统一，如果说外延客观逻辑的判断论，是表明这个统一性的任何一个环节，与其他两个环节外延相关性的各自联系形式，亦即表明这个统一性的自身分化，那么它的演绎推理论，则是首先表明这个统一性的这种自身分化回归其自身的不同逻辑形式。

这种逻辑形式的第一种形式，亦即所谓外延客观逻辑演绎推理的第一式，是要体现客观概念一般的个体性、特殊性、普遍性三个环节互是对方的连续统一性，因而它的逻辑形式便是：

个体性——特殊性——普遍性

具体使其展开说，便又是如下这样一个推理：

个体性是特殊性；

特殊性是普遍性；

所以个体性是普遍性。

这便完成了客观概念一般的自身分化，向其自身回归的第一种形式。

据此，便可以举出这个第一式演绎推理的如下事例：

马是动物；

动物是有机物；

所以马是有机物。

演绎推理的第二种逻辑形式，亦即外延客观逻辑的演绎推理论的第二式，由于在前面第一式演绎推理中，个体性以其特殊性为中介而最后上升为普遍性，从而它便要体现客观概念一般的普遍性、个体性、特殊性三个环节互为其对方的连续统一性，因而它便必然是：

普遍性——个体性——特殊性

具体使其展开说，则又是如下这样一个推理：

普遍性是个体性；

个体性是特殊性；

所以普遍性是特殊性。

这便完成了客观概念一般的自身分化，向其自身回归的第二种形式。

据此，便可以举出这个第二式演绎推理的如下事例：

有些有机物是所有动物的个体性；

所有动物的个体性都是动物；

所以有些有机物是动物。

演绎推理的第三种逻辑形式，亦即外延客观逻辑的演绎推理论的第三式，由于在前面第二式演绎推理中，普遍性以个体性为中介，下降为特殊性，从而它便要体现客观概念一般的特殊性、普遍性、个体性三个环节互为其对方的连续统一性，因而它必然是：

特殊性——普遍性——个体性

具体使其展开说，它便成为如下这样一个推理：

特殊性是普遍性；

普遍性是个体性；

所以特殊性是个体性。

这便完成了客观概念一般的自身分化，向其自身回归的第三种形式。

据此，便可以举出这个第三式演绎推理的如下事例：

任何一个动物的存在性是一个有机物的存在性；

一个有机物的存在性是一个个体性；

所以任何一个动物的存在是一个个体性。

与外延客观逻辑这三种演绎推理的逻辑形式相区别、相对立的是外延客观逻辑的归纳推理。在归纳推理中，个体性成为联结特殊性与普遍性的中介，从而它的逻辑形式是：

特殊性——个体性——普遍性①
　　　　　个体性
　　　　　个体性
　　　　　个体性
　　　　　个体性
　　　　　……

具体展开其内容说，也就是：经过对大量个体性的观察归纳得知，所有的个体性都是特殊性，这是大前提，而所有这些个体性则又是普遍性，这又是小前提，因而便得出结论说，凡属特殊性皆是普遍性。

可见，归纳推理也是在以其观察归纳的途径，去实现客观概念一般的自身分化，向其自身的回归。

黑格尔在《小逻辑》中，举出了归纳推理的一个现实例子说："金是金属，银是金属，同样铜、铅等皆是金属。这是大前提。于是小前提随着产生：所有这些物体（亦即指那些个体性而言——笔者注）皆传电。由此得到一条结论：所有金属皆传电。"②

通常人们总认为，演绎推理的大小前提，都是来自于对实际的观察归纳。这种看法是错误的，因为对个体事物的观察归纳，永远也观察归纳不完，它如何能由此观察归纳出演绎推理的大小前提的不同等级普遍性呢？这是根本不可能的。

---

① 这个归纳推理的形式，是取材于黑格尔《小逻辑》，当然演绎推理的诸形式也是如此，但却将黑格尔将它们视为只是表层属质的推理形式，改为本质性全部的基本推理形式。

② ［德］黑格尔：《小逻辑》，贺麟译，商务印书馆 1980 年版，第 368 页

实质上，任何不同等级的普遍性判断（包括演绎推理的大小前提在内），都不能成立于归纳推理的。前面所表明的那个归纳推理，只不过是包含于属人感性日常经验中的一种精神活动的表现而已，而任何精确的普遍性判断，却必须从以属人感性日常经验为基础的理性直观才能产生出来。属人日常经验与理性直观的内在统一，是属人一切认识活动的成知能动性、是属人成知的基本原则。这也就是说，任何演绎推理，也都是成立在这种属人成知能动性的基本原则之上的。

但是，无论是外延客观逻辑的演绎推理，还是它的归纳推理，在它们的基本逻辑形式中都是：小前提的判断性，是包含在大前提的判断性中，结论的判断又都是包含在前二者相联系的统一性之中。此为外延客观逻辑的演绎推理与归纳推理的统一性。既然客观逻辑精要所有不同形式的客观判断存在数量，等于客观概念一般的存在数量，则所有不同形式客观推理的存在数量，也必与前二者的存在数量相等，而存在于属人精神的潜在性之中，在它们这个统一性中，它所包含的所有判断性，都是由其不同环节的外延相关性所组成。因此，这个统一性只是以它的外延包容性，面对客观性而仅指向其客观联系内涵上的内容。要表明这种内容，便必须从外延客观逻辑的概念论、判断论、推理论的统一性，过渡向客观逻辑的内涵逻辑。

这样，便从外延客观逻辑的，演绎推理论以外延判断论为中介，而与外延客观逻辑的概念论相统一的领域，进入外延客观逻辑的内涵逻辑领域。

（二）内涵客观逻辑

内涵客观逻辑，就是内涵客观逻辑学，对我们来说亦即内涵客观逻辑精要，所要表现的对象。客观逻辑，基本上便是客观逻辑共相，在其普遍性、特殊性、个体性三个环节中的自身规定。

因此，只要就其自身规定中的客观逻辑共相的内涵及其基本类分——社会性客观逻辑共相与非社会性客观逻辑共相内涵的相关性，便可以全面来表现内涵客观逻辑的客观内容了。

客观逻辑共相，是最高的共相属质统一性，因为它是事物存在形象共相的直接性内容与其四个逻辑层次相统一的共相，是共相的共相。从而，后两个方面，在它们既相连续又相中断的区别性中的，互为对方对立统一全体性，便是最高客观逻辑共相属质统一性的五个纵向质量交错线。

但是，客观逻辑共相，不但有其纵向质量交错线，而且还有它的横向质量交错线。它的普遍性、特殊性、个体性三个环节，在其既相连续又相中断区别性中，互为其对立的连续对立统一全体性，则是它本身的三个横向属量统一性，这便是它的横向质量交错线。客观逻辑共相本身，在其两个纵横二向质量交错线中，便包含了内涵客观逻辑两个逻辑上的质量互变规律。

客观逻辑共相的基本类分——社会性客观逻辑共相与非社会性客观逻辑共相，它们都是最高的殊相属质统一性。因为，它们都是不同殊相事物存在形象实在性、非社会性事物存在形象实在性，与其多样性对立统一全体性的两个共相基础，而非前两个本身。所以它高于它们，是最高的殊相属质统一性。

但是，这两个殊相客观逻辑共相，不但有其纵向质量交错线，而且同样也有它们的各自横向质量交错线。它们各自的普遍性、特殊性、个体性三个环节，在其既相连续又相中断的区别性中，互为其对方的连续对立统一全体性，则是它们整个本身的三个横向属量统一性，这便是它们各自的横向质量交错线。在它们这两个横向质量交错的相关性中，却包含了一个时间上的质量互变规律。

这样，在客观逻辑共相的纵横二向质量交错线，与其两个类分——社会性与非社会性两个殊相逻辑共相的横向质量交错线中，便存在着必须要论述的两个逻辑上的质量互变规律和一个时间上的质量互变规律。

现在，且从逻辑上的质量互变规律谈起。

首先，客观逻辑共相有其纵向质量交错线——事物存在形象实在性的直接性内容同它的四个逻辑层次相统一的五个属量统一性，与它本身属质统一性的内在统一；但客观逻辑共相的这种纵向质量交错线，同时在其前提上必须也就是事物存在形象实在性的纵向不同层次属质统一性，同时也是它的五个深浅程度、等级高低的五个属量统一性：前者是成立于后者之中的。要论述非客观逻辑共相的纵向质量互变规律，便又必须将它的纵向质量交错线，归结为纵向以事物存在形象实在性——非客观逻辑共相为起点的属量统一性。这就是说，前者逻辑上的质量互变规律，实质上必然亦即它的纵向质量交错线中的一种内在性。

事物存在形象实在性的纵向质量交错线，便是它本身作为属质统一性，与它的直接性内容和它四个逻辑层次相互联系的五个属量统一性的内在统一。在这个统一性中，前者一旦逻辑上经历了后者全部的属量变化，它便立即转化为客观逻辑共相：不能少，也不能多，恰好后者五个属量统一性一同全部到位，它才能转化为客观逻辑共相——只有了后者的直接性内容不行，只有了后者的四个逻辑层次也不行，二者无论缺了哪一个，都只能是一个万事俱备只欠东风的缺憾，只有后者的五个属量统一性全部驾临，它才能立即飞跃为客观逻辑共相。这便是一个事物存在形象实在性的，从量变到质变的逻辑性规律，反过来说，它也即为一个从质变到量变的一个逻辑规律，在这里质变、量变，双双都是一个互为对方的对立统一性。所以称其为逻辑性规律，因为它是逻辑性的，而不是时间性的。这种逻辑规律不是别的，它即为前所谓事物存在形象实在性质量交错线所固有的内在性，是它的本质性内容。

这个内在性或本质性内容，实质上也就是客观逻辑共相逻辑上的一个纵向质量互变规律。之所以如此，是因为在客观逻辑共相的纵向质量交错线中，它的五个属量统一性，同时也就是事物存在形象的五个纵向属量统一性。至于它本身，却又同时必然也是事物存在形象实在性，在其五个纵向属量统一性必须全部到位的逻辑性量变过程中，那个逻辑性质变；当然反过来说，它作为这个质变同样可以是前一种那样的逻辑性量变过程。这同时又进一步显示出了客观逻辑共相是成立于它五个纵向属量统一性一齐到位的基础之上的，唯其如此，一般非客观逻辑共相——具有其不同层次本质的客观事物形象共相之在，才逻辑上质变为客观逻辑共相之在，而与它的五个纵向属量统一性相合一，并构成了它的一个纵向质量相交的交错线。但它的本质性内容，却是非客观逻辑共相转化为比它更高的客观逻辑共相。这是世界万物的最大共相，它再不能有任何上升了。从而，它的或构成它的纵向质量互变规律，也是世界万物的最大、最高的纵向质量互变规律，它也再不能有任何上升了，有的只能是向后倒退地纵向回归质量互变规律。

在这里，必须要明确所谓"质量互变规律"的正确含义。它是说进入新界限的量变，必然与质变同时共在而且是一个相互交织在一起的，互为对方对立统一性的相互共时、共同的变化。例如，刚才所说的客观逻辑共相成立其自身的逻辑性质量变化与它的逻辑性属质变化，不但是相互共在、共时、共同的变化，而且它们又互为对立的对立统一性。当然，这种变化要有一个起点，这便是非客观逻辑共相。

其次，客观逻辑共相还有其横向质量交错线——它的普遍性、特殊性、个体性三个环节的属量统一性（此三者诚然是属质的，但它们作为其数为三的环节，便又是属量的），与它本身属质统一性的内在统一。在这个统一性中，同样也不能多，不能少，只有它的横向三个属量环节都一齐到位时，它才逻辑上转化为一个普遍性、特殊性、个体性的统一体，这便是它逻辑上的一个横向质量互变规律，量作为这样一个内容，表现为它的一个横向质量交错线。它逻辑上的横向质量互变规律乃至它的横向质量交错线，也是世界万物最大的逻辑性横向质量互变规律和质量交错线。

最后，客观逻辑共相的逻辑上纵向质量互变规律，与其逻辑上横向质量互变规律，是统一不可分的，二者是一个互为对方对立统一的全体性，它既是前者，又是后者。二者在其对立统一性中，既表明了客观逻辑共相是何以可能的规律，也表明了它作为一个普遍性、特殊性、个体性的统一体是何以可能的规律。显而易见，这两个质量互变规律在客观上的存在数量是与客观逻辑共相的存在数量相等，亦即也与客观概念一般的存在数量相等。客观逻辑共相既然是世界万物最大的共相，那么它这两个逻辑性纵横二向质量互变规律，便包容了世界万物所有的其他逻辑上纵横二向的质量互变规律在内了。现在面临的问题，就是要接着论述客观逻辑共相第一类分——社会性客观逻辑共相与非社会性客观逻辑共相的，一个时间上的质量互变规律了。

所谓社会性客观逻辑共相，是就社会性人及其多样性存在形象实在性的共相而言的；所谓非社会性客观逻辑共相，则是就非社会性事物存在形象及其多样性实在性的共相而言的。但是，既然社会性事物存在形象实在性，是从非社会性事物存在形象中发展出来的，那么社会性客观逻辑共相，便必然也是从非社会性客观逻辑共相那里发展出来的。阐明从前者到后者相关性的质量互变规律，便必然是一个时间上的质量互变规律。

在这里，需要一个从非人到人的一个原始起点，但这个原始起点是什么，迄今为止还没有为历史学家、人类文化学家所确定。一般的说法是，人类大概是起源于一种远古时代的类人猿。

因此，我们也只好采取此说，以类人猿为起点。

据此，便可以说，类人猿必然是当时那个非社会性客观逻辑共相中，一个属于动物界的最高尖端拱顶，再没有比它更高的实在性存在了。据说，类人猿是群居谋生的，它们在和大自然界长期斗争的挣扎中，便逐渐发生着越来越多的属量变化。这种变化的积累和发展，最后终于达到了这样一个界限：只要超越这个界限一步，人类及其社会便在原始形态上产生了。而人类及其社会的产生，就是成之于对这个界限的超越。这便是远古时代最初的原始人和原始社会的存在实在性。既然有了人的产生，这便有了属人一般与其多样性的共相——社会性客观逻辑共相的存在了，不管最初它是怎样的简陋。由于它是从远古时代的非社会性客观逻辑共相的尖端拱顶——类人猿的量变过程中所发生的一个质变，所以它是一个从非社会性的客观逻辑共相到社会性客观逻辑共相的时间性质量互变规律，同时也是一个时间上的质量交错线。这个时间上的质量互变规律和质量交错线，虽然不能说包容天地万物，但它却包容全部人类历史及其花样翻新的种种质量互变规律和质量交错线，因为所有这一切，实质上都是前者的固有潜在性的历史展现，从而它是包容这一切于自身之中的。

但这还是一个有关社会性客观逻辑共相，如何产生的个别时间性质量互变规律，而非一个客观逻辑共相所能包容的普遍性时间性质量互变规律。的确是这样，不过我们要以此为模式、基础，来形成我们所需要的时间性质量互变规律，这就是：无论是社会性客观逻辑共相，还是非社会性客观逻辑共相，它们作为两个属质统一性，都有其量变过程。一旦这过程，达到它们各自界限的临界点，它们便又都必发生各自新的质态，都各自有了质的变化。这便是客观逻辑共相，在其第一类分中的两个普遍质量互变规律。它们是以前面那个质量互变规律的个别性为前提为基础的。

客观逻辑共相不能有时间上的质量互变规律，它们是无变化的。但又可以说它们有变化：它们有的这样表现它们的特殊性，有的又那样去表现它们的特殊性——它们就是这样一个变与不变的怪物。

客观逻辑共相的逻辑上纵向质量互变规律、它的逻辑上横向质量互变规律，以及它的时间上第一层次上类分的质量互变规律，在其内在统一基础上的共相，便是它的一个质量互变规律一般。这个规律的内容，可以这样来表明：客观逻辑共相的属质统一性，亦即它的质，一旦发生量变的过程，最后必然要达到一个临界点，而转化为一个质变过程。既然客观逻辑共相，是世界万物最大的共相，它不能再往上升了，那么这个质量互变规律一般，便只能是它的一个倒退到非客观逻辑共相的逆向质量互变规律。唯因如此，不能把它摆在首位，只在这里顺便一提便可以了。

在所有这些质量互变规律中，包含着一系列不同形式的对立面，如像非客观逻辑共相与客观逻辑共相、社会性客观逻辑共相与非社会性客观逻辑共相、纵向与横向、质与量等针锋相对的对立面。它们可被概括为对立面一般。由此，便直接可以进入内涵客观逻辑的对立统一规律中去。

凡属对立面，它们都是其一必是另一个的否定，反过来说也是如此。此二者在其既相连续又相中断的相关性中，存在着一个与二者直接相联系的界限，它们直接触及这个界限，而处在它的两边。因此，它们都以这个界限为中介既相连续又相区别，但又各都以对方为自身的自在性：只要它们展现出了各自的自在性，它们便都各自转化为对方。这就等于说，它们只能自在其界限的两边不动，一旦动了，它们便要各自都要超越了界限，而过渡到对方。像这样一种两个对立面都以其界限为中介的相关统一性，便是内涵客观逻辑的对立统一规律。

在这个对立统一规律中，它不但可以包含上面所谓的一系列不同形式的对立面，而且还可以包含外延客观逻辑的概念论、判断论、推理的一系列内涵逻辑内容在内。客观概念一般及其种、类、属等概念的相关性，各种不同形式的客观判断和各种不同形式的推理，事实上都可以归结为一些不同形式的对立统一规律。例如外延客观逻辑中的所有主词所是主谓判断，都是以"是"或"不是"为中介，去联系两端不同的主语与谓语的，实质上这都可以使它们变为其两端的对立统一性，而包含在对立统一规律之中。再如在外延客观逻辑的演绎推理中，所有此种推理的大前提与小前提，以及二者与结论的关系，也都是一些对立统一性，同样可以包含于对立统一规律之中。如果进一步审视一下归纳推理的内容，便可以看到情况也是如此。

所以，我们前面说过，要想理解外延客观逻辑的一些客观判断、客观推理所指的，客观逻辑的一些客观判断、客观推理所指的，客观性逻辑内容是什么，便必须要依靠内涵客观逻辑，其理由就在于此。我们甚至可以将外延客观逻辑的所有不同形式演绎推理，都转变成一种以推理本身为中心的质量互变规律。其可能性就在于可以将推理本身的一些等级不一的属量统一性（因为它们是推理本身的三个不同环节），从而由此便可以说：只要这些属量统一性，全部到位了，便立即形成了推理本身。显而易见，这就是一个一般的质量互变规律。

在对立统一规律中包含两个对立面，它们是相互否定的和对立的。从这一点出发，便可以进入否定之否定这一规律的领域中去，这是内涵客观逻辑最后一个规律。

现在，可以根据传统的说法来这样设想，在对立统一规律中的第二个对立面否定了它的第一个对立面，此为第一个否定，接着它的第一个对立面，又否定了那第二个否定，使其又回归第一个对立面上去，此为否定之否定；这便出现了前一否定。我国传统哲学教科书，一贯这样来理解第二个否定对第一个否定的否定，认为结果便是在更高、更丰富的内容上，回到了第一个对立面。但我认为这样的理解是不对的，正确的理解应该是：第二个否定对第一个否定的否定，不是在前一意义上回到了第一个否定，不是在前一意义上回到了第一个对立面上去，而是扬弃了第二个对立面的相对独立性，而使其回归于和第一个对立面相统一的全体性。它高于第一、第二两个对立面——它既是第一个对立面，也是第二个对立面，此为对立统一规律的全体性。所以，所谓否定之否定的规律，是如此这般地与对立统一规律相联系，而且是不可分的。

在这样一个否定之否定的规律上，便最后达到了内涵客观逻辑规律的终点。但内涵客观逻辑，是与外延客观逻辑统一不可分的——任何一个语词概念性，都既有其内涵，也有其内涵的外延，从而它所指向的对象，也既有其内在含蕴，又有其含蕴的包容性。在这样一个统一性基础上，便必然要过渡到外延客观逻辑与内涵客观逻辑的统一性中去。

（三）外延客观逻辑与内涵客观逻辑的统一性

面对客观性，无论人们在日常生活交往中谈话，还是政治家的报告和演说，还是教授、学者的讲课和论著，都离不开外延客观逻辑与内涵客观逻辑的统一性。这就是说，面对客观性的谈话、报告、演说、讲课和著书立说乃至写一篇论文，所有这些属人思维主观活动，都时时刻刻离不开他们所说、所论的内涵与外延的内在统一性。这些统一性，乃至进一步扩大说，所有类似如上所言这样一些统一性，都一劳永逸地包容于外延客观逻辑与内涵客观逻辑的统一性之中。这便是提出这个统一性的巨大意义。

这个统一性，是通过外延客观逻辑与内涵客观逻辑作为一个整体的，贯通其始终的一些基本范畴而实现的。因此，提炼出在这个统一性中的那些基本范畴，便是非常必要的了。这些范畴，例如下表：

客观逻辑范畴表

客观逻辑共相	非客观逻辑共相
社会性客观逻辑共相	非社会性客观逻辑共相
属量统一性	属质统一性
肯定与否定	是与不是
逻辑性量变与质变	时间性量变与质变
对立和统一	对立统一的全体性

在上表中，是与不是的范畴，本来是可以包含于肯定与否定的范畴之中的，但由于考虑到外延客观逻辑中的主词所是或不是的主谓判断，与其客观关系判断相区别的重要康德宇宙论先验理念的第二性，所以便把它单独列在上表中。

外延客观逻辑与内涵客观逻辑，通过它们上表所列那些范畴为中介的统一性，就其所包容的内容而言，它便转化为客观逻辑内容的实在性。

三 客观逻辑内容

面对客观性，客观逻辑内容是普遍的、是无所不包的。自本书从"导论"（它主要面对的也是客观性）开始以来，不断地常提到这或那，这种或那种的逻辑内容，都是对客观逻辑内容的不同运用形式，这便足见它的普遍性与包容性之大、之广了。它的普遍性是它的外延之量，它的包容性是它的内包之量；它的外延之量与内包之量，必然是相等的。此二者的统一，就是它界域含蕴性，也便是客观逻辑共相的界域含蕴性，不过它在前者的内涵与外延的统一性中，尚不能充分表现出来而已。现在，它充分表现出来了，它便表现为客观逻辑的逻辑内容，而仍以客观逻辑共相为其主体性——客观逻辑内容,只能是客观逻辑共相的客观逻辑内容。

客观逻辑共相的客观逻辑内容,首先是在它本身之为一个普遍性、特殊性、个体性统一体这个层次上的第一位逻辑内容。

它的第一位逻辑内容,便是外延客观逻辑的一切逻辑规律和形式,与内涵客观逻辑的基本规律相统一的全体性。这是在它本身层次上的直接界域含蕴性,从而是第一位的。

进一步看,诚然非客观逻辑共相是客观逻辑共相,而包容于后者之中;但反过来说,所有的客观逻辑共相,必须也就是所有的非客观逻辑共相:后者是显现着前者,在既定的条件下,二者的界域含蕴性在数量上是相等的,而存在于它们相互显现于对方之中。因此,非客观逻辑共相的一切逻辑内容,必然间接地也就是客观逻辑共相的逻辑内容,是它的间接逻辑内容,从而前者的界域含蕴性,同时便成为后者的间接界域含蕴性。

客观逻辑共相的间接逻辑内容,必须对它加以精简而概括地细密展开。

事物存在形象实在性,是它最初的原始层次间接逻辑内容。

事物形象与其存在形象的直接性内容,是它第二层次的间接逻辑内容。

事物存在形象实在性作为其纵横二向的,不同环节交错线,是它第三层次间接逻辑内容。

事物存在形象实在性扬弃为事物存在实在性,是它第四层次的间接逻辑内容。

事物存在实在性,在与其物理属性、精神属性相统一中,同时作为物质性事物存在实在性,与精神性事物存在实在性双重化统一体的生命实在性,是它第五层次上的间接逻辑内容。

这个生命实在性,表现为生命多样性的生命世界及其三个生命世界始末相统一的三个层次,这是它的第六个层次上的间接逻辑内容。

事物存在实在性的本原性本体自身的存在，是它的第七层次上的间接逻辑内容。

事物存在实在性的总和统一性，作为自然界的本原性本体实在性，是它的第八层次上的间接逻辑内容。

事物存在实在性的本原性本体实在性，与自然界的本原性本体实在性的统一，作为显现世界万物的自然界实点实在性，是它第九层次上的间接逻辑内容。

首先，它的第一、第二、第三层次的间接逻辑内容，可以归结为事物存在形象实在性的一个总体内容——事物存在形象实在性的第一逻辑层次的直接性内容。从而便变成它的第一层次上的一个间接逻辑内容——事物存在形象实在性的直接性内容。

其次，它的第四、第五、第六层次的间接逻辑内容，可以归结为事物存在形象实在性的第二逻辑层次上的生命世界的总体内容。从而便成为它的第二层次上的间接逻辑内容——逻辑性生命世界。

最后，它的第七、第八、第九层次的间接逻辑内容，可以归结为事物存在形象实在性的第三逻辑层次上的，自然界显现世界万物的实点实在性。从而这便变成它的第三层次上的一个间接逻辑内容——逻辑性自然界实点实在性。

这样，前所谓客观逻辑共相的九个层次上的间接逻辑内容，便转化为它的三个层次上的间接逻辑内容。真正确实地说来，它原本是它这三个逻辑层次上的间接逻辑内容的共相统一性。

客观逻辑共相实在性在其本身界域中的直接性逻辑内容，与其三个不同层次上的间接性逻辑内容的对立统一的全体性，便是客观逻辑共相实在性的全部逻辑内容。它在它的全部逻辑内容中，便达到了它的界域含蕴性的顶点，而将其界域含蕴全部表现出来了。

什么是客观逻辑共相的最深邃本质？回答说，它不是别的，它就是古希腊哲学所谓的那个令人琢磨不定的逻各斯；什么是客观逻辑共相的直接逻辑内容？回答说它只不过是逻各斯的规律而已；什么是客观逻辑共相的间接逻辑内容？回答它不是别的，它就是逻各斯的规律表现而已：如果说后者也是规律，那么前者便是规律的规律——客观逻辑共相作为共相的共相，当然它的规律就不能不是规律的规律了。

世界万物存在实在性，所以都必须服从客观逻辑，都必须与客观逻辑规律一致，而不能违背这个逻辑规律，就因为它是客观逻辑共相——共相的共相，是规律的规律。世界万物同作为所有事物存在形象实在性的共相，作为这共相的普遍规律，离开了共相的共相，规律的规律，它们便无从成立而一齐都归之于什么也没有的空无了。这就是说，没有逻各斯，没有逻各斯的规律，便没有世界，没有是非、没有善恶丑美，简直什么也没有！

世界万物以其最深处的逻各斯规律，通过它们的精神属性（包括人在内），显现为它们自在自为的自由——自由不是只有人才有，普遍都有，只是它们自由的等级不同而已。一旦它们受到外力的强制，它们的自由便受到限制乃至丧失。这对非人的他物说，会感受到不快适，而对人说则是受伤或愤怒。但在物竞天择的规律起作用的条件下，万物的自由又表现为：外来的侵犯，起自对方的自由，但受侵者也有反抗的自由。至于受侵者力有所不敌，那也只能说，强则取胜值，败者取败值，它活该如此，没有什么道理可讲的。对人说，人在其社会内部会受到社会伦理规律和法律的保护，但国与国之间，自原始社会的不同共同体以来，直到今天，仍是强权是公理的强力规律在起作用，从而总的来说，也是如此。在今天虽有国际道义在起作用，但还不能从根本上改变这种形势——哪个国家敢于放弃军队而不顾呢？

从本体论客观逻辑内容的深度说，逻各斯及其规律性，是包容其非客观逻辑内容全部深度于自身之中的顶峰。只要考虑到客观逻辑是非客观逻辑共相的不同逻辑层次的共相，是共相的共相，这一点就很清楚了。本体论学说的发展，没有顶峰——谁也不敢说，我的本体论是顶峰；但它的对象客观性，却必须有顶峰存在的。在其顶峰之上，本体论便不能前进一步了。

世界万物，在其永恒的时间之流中，动变不停，流转不息，叹茫茫，谁主尘浮？这主宰者是有的，反正不能是你，它是内在于世界最深处的逻各斯规律性，你瞎惊叹什么，简直是无病呻吟！

说到这里，便可以说，已经从梗概上完成了对客观逻辑的基本论述。下面且对行文中看来好像是个矛盾的问题，作一下解释。

在以前曾说过，从将事物存在形象实在性，扬弃为事物存在性这一层次算在内，它的逻辑层次是四个。但前面又说是三个，这不是自相矛盾吗？说法的差别性是有的，但却不是自相矛盾。说它的层次是四个或三个，这是从不同视角上去看的差别性：对同样一个真理性，可以从不同侧面，用四分法来识别它的内在区别性，也可以用三分法——黑格尔所说的正、反、合三分法去识别它的内在区别性，只要不损坏真理的内容，怎么分都可以。真正的问题是在于你说的是不是真理，而不在于你用四分法还是三分法，甚至用二分法或什么也不分而只连成一气到底，也是可以的。不过，若常用黑格尔的三分法，人们便会嘲笑说，真像个黑格尔。黑格尔怎么的，难道他还不如你们的——言之无物的海市蜃楼，说老实话，我每每自叹，自叹找不到正、反、合连接的关节点，如果我能做到这一点，我写什么都愿用正、反、合的三分法。

还有一个问题要明确，我们只能用语词的观念性，亦即用概念，来表达客观性，客观性只能为概念所指称。所以，本体论与认识论的区别性，就在于前者的概念是指称客观性，后者的概念则是指称意识或认识。在本体论中，我们无法把事物存在形象实在性及其不同方面的区别性本身，搬到行文中去，只能用表现它们的概念来指称它们。所以，当我们说本体论的对象是如何如何的时候，我们只是在用表现它们的概念在指称它们。例如说到"客观逻辑共相"，它已经是一个概念，但强调的却不是它作为概念的实在性，而是它所指称的那样个实在性，从而它便作为这样一个对象性，为所谓的客观概念一般所表现。对人说，要表达客观性（表达主观性也一样），只能用客观概念这种双重化其自身的途径来实现，这是没有其他办法的办法：不这样，你又能怎样呢？这一点，为学者必须要清醒地自觉到的。不然的话，如果认为这也是同语反复，没啥意思，那么你最好什么也不说，什么也不想，什么也不写，因而什么也不做，你便成了真而又真、纯而又纯、高而又高的僵化无为君子了——这样的君子，还不如死了的好。

第二篇

认识论

本体论以客观上事物存在形象实在性为对象，而必涉及它的总和统一性——自然界。

认识论以主观整体性认识存在形象实在性为对象①，而必涉及它的总和统一性——主观世界。

在这里，为了表明认识论的意义，客观与主观必须同时被提到（从而这是一个适当的所在），来阐明它们的内涵逻辑内容。

客观与主观那个所谓的"观"，当然是属人之观。但人作为社会性事物存在形象实在性，即是社会性物质实在性与社会性精神实在性的双重化统一体，因而属人之观就是人在其双重化统一体中，他的社会性物质实在性一面制约其社会性精神实在性一面的一个"观"。它既是属人精神实在性的观，也是属人物质实在性的观。只将这个观看成以社会性人的精神属性为中介的一个"观"，这是不知社会性人（下简称人）为何物乃至认为它不是物而为非物的一个观，这是人在其南柯一梦中的呓语，不足为道也，它为无从成立的精神实在性、物质实在性的独立化，从而亦即为唯物主义与唯心主义的对立片面性留下了余地。而我们所谓这个观，便是人以其认知意志冲动为基石的主观能动性，它与属人精神性实在一面相联系，而为其物质性实在一面实现其活动的内在调整原则。

如上所言那个真实属人之观：就其以包括人在内的事物存在形象实在性为对象而观之，此谓之曰客观——客观者，人的精神能动性对存在于它之外的实在性有所观之谓也。无论在哲学本体论中，还是人在其日常生活实践中，所谓的事物存在形象实在性，都只能是在这属人客观中的事物存在形象实在性。故可称其为客观事物存在形象实在性。

当然，这个客观，又可进而分为感性的与理性的。客观事物

---

① 整体性认识存在形象实在性，是事物存在形象实在性的感性表现，后简称认识存在形象实在性；属人不同感观的感受，则称感性材料，不以前者称之。

存在形象实在性，本是感性客观的一种确定性，它在理性"客观"的确定性中，会有一系列客观性的观念变形。

如上所言那个真实属人之观：就其以属人的认识存在形象实在性为对象而观之，此谓之曰主观——主观者，人的精神能动性对在它之中而为它所表现的实在性有所观之谓也。无论在哲学认识论中，还是人在日常重用经验实践中，所谓的认识存在形象实在性，都只能是在这属人主观中的认识存在形象实在性，故可称其为主观认识存在形象实在性。

当然，这个主观，又可进而分为感性的与理性的。主观认识存在形象实在性本是感性"主观"的确定性，它在理性"主观"中，也会有一系列主观性的观念变形。

客观与主观的对立统一，是一个互为对方自在性的全体性：它既是含有主观自在性的"客观"，也是含有客观自在性的"主观"。这样两个全体性的共相基础，不是别的，它就是那个所谓"真实属人之观"——人的精神能动性。

在真实属人之观中，它的对象既可是"客观"那个观的对象——客观事物存在形象实在性，也可是"主观"那个观的对象——主观认识存在形象实在性。就这两个方面的统一性言之，可称其为主客观对象实在性。主客观对象实在性，就是真实属人之观的对象。

客观与主观对立统一的全体性，便是真正属人之观——人的主观能动全体性：它的两个环节不管哪一方侵入了对方的界限，便都是不合理的客观主义与主观主义，但错误却归根于人的主观能动性的不同片面性形式。

说到这里，便必须对与认识直接相联系的一个语词观念——意识，阐明它与认识的区别与联系。认识必逻辑上先于意识而存在，意识只不过是认识的表现——有了认识，它才能同时立即表现为意识。人的自称，便是"我"，从而我有了"认识到了什么",我才能同时立即表现为"我意识到了什么":我任何认识都没有,我便没有任何意识——有了"我识别到",才能有"我意识到"。认识与意识,是不容混同的。

在这个前提下,便可以说,真正属人主观,必然首先展示出"客观"之观的认识,而表现为属人第一位的意识——客观意识,这便是我们一般的客观日常生活实践的意识和理论上的本体论意识。

只有我们有了真正属人主观的"客观"之观的认识,而表现为客观意识的时候,我们才能有真正属人之观的"主观"之观的认识,从而才能有我们的日常经验意识和理论上的认识论意识。之所以如此,这乃是因为真正属人之观的"主观"之观的对象,是认识,是认识的表现——意识,就其原始对象说,便是认识或意识存在形象实在性。因此,只有真正属人之观的"客观"之观的客观意识展示出来的时候,它的"主观"之观,才能有其对而观之的对象性。例如认识或意识存在形象实在性,它原本是真正属人之观的"客观"之观,面对其客观性原始对象——事物存在形象实在性的一种原始客观认识或意识。从而有了这种原始客观认识或意识,才能有真正属人之观的"主观"之观的,对而观之的原始对象实在性:此者,不是别的,它就是对前者有关其原始对象那个事物存在形象实在性的,原始客观认识或意识的"主观"之观的原始认识或意识。

就认识总是同时表现为意识而言,如上所论就是说,必须首先有了一般属人日常客观经验实践自我意识和属人观念性的本体论自我意识,才能有一般属人日常主观经验实践自我意识和属人观念性的自我认识论意识。属人日常客观经验实践自我意识,可以综合地归结为属人观念性的本体论自我意识;属人日常主观经验实践自我意识,也可以综合地归结为属人观念性的认识论自我意识,从来传统上简称此二者为本体论和认识论。

这便可以看到，本体论是人的第一自我意识，认识论则是人的第二自我意识。前者是真正属人之观的客观之观的理论体系，后者是它的主观之观的理论体系。在我们已完成的"本体论"篇章中，我们只是用本体论上的客观话语，去论述其客观对象，而无暇顾及于这第一自我意识本身如何体现它的客观之观的属人主观能动性认识或意识形式，所以它也必须在人的第二自我意识——认识论中，论到它的逻辑内容。

人的第一自我意识——本体论，与人的第二自我意识——认识论，都是属人的自我意识，前二者只是它的基本类分。

在这个基本类分中：本体论既然已经完成了从事物存在形象实在性开始，直到它各方面的逻辑内容的阐述，那么这一系列阐述，实质上也就是以认识或意识存在形象实在性——它即事物存在形象实在性的主观表现——为开端的一系列观念性认识或意识的体系。这样，在本体论中，便早已潜伏着认识论的逻辑内容在内了。此谓之曰潜在的认识论，因而本体论，又可称其为潜在的认识论。在这个意义上，便可以说，认识论只不过是潜伏于本体论中的潜在认识论的自在自为的表现或显现而已。这便是本体论与认识论的内在统一，但不能据此便说它们是一个实在性：在本体论中的认识论自在性，不能等于它的自在自为的表现或显现，这二者既相联系又相区别，却不能归结为一个实在性。

从认识论的基本出发点，应该是属人自我意识（其中包括其为属人自我认识的实质在内），在全面地论述了自我意识之后，便要论述它作为认识或意识的逻辑层次。最后，二者的统一，便归宿于主观逻辑精要。从而认识论便内在地区分为：

  自我意识；

  认识或意识的逻辑层次；

  主观逻辑精要。

第 一 章

自我意识

　　自我意识，就是由真正属人之观而产生的认识或意识，由于人的自称是"我"，这认识或意识是从人作为我自己的内在精神属性表现出来的，所以称其为自我意识，具体说，自我意识，就是真正属人之观的"客观"与"主观"两个方面所形成的客观意识与主观意识的共同基础。所以，无论人对世界万物的意识，还是对属人意识本身进行反思的意识，都是自我意识：由于它的主体是人，所以可以称为人的自我意识。

　　任何人在任何时候，都以"我"而自称，即使他在无事可做、无人相处，而孤寂一人时，他也会自觉到他是一个我，因而所谓"自我意识"，就是人以自称而表明其存在的一种自觉性属己认识或意识。

一　自我意识本身

　　在我国哲学界中，有一种观点将人的自我意识的殊相表现之一——人对自己的自我意识，规定为哲学的实在性，并从这个狭窄视角上去规定本体论所应有的意义。说穿了，这种观点不过是说，既然人的自我意识殊相表现之一是人对自己的自我意识，那么它的对象就只能是人自己，是人自己的属人本质，从而此者的理论形态，则即为哲学。照这样说，人的自我意识还必表现对世界万物及其基本类分，及至整个自然界的认识或意识，这算不算是人的自我意识，它的理论表现还算不算哲学呢？大胆而冒昧做个推测，我想对方会回答说，当然算！不过，这只是人的附属自我意识，它附属于人对自己的自我意识，而在表现人作为类本质的生存条件，所以，它的理论表现，对哲学说也不过如此而已。我想，求其理由，这只能是：所谓世界万物、自然界等等，只不过是属人世界万物，是属人自然界，从而，我们曾描述过的最大广延体——宇宙，也只不过是一个属人宇宙而已。总之，人是自然界或宇宙的最高目的因，是它的内在核心或中心，一切都是为人而产生、而存在的，这才是它们的本真意义。哲学不是别的，它就是以人对自己的自我意识为基础，去研究人类的类哲学的逻辑内容。按着亚里士多德的观点，目的因实质上就是有关实在性本质的形式因。现在，人既然是自然界或宇宙的最高形式因，因而他也便是自然界或宇宙的最高形式因——自然界或宇宙的本质，就在于是属人本质的实在性。毫无疑问，这是一种新式的人为世界中心的世界中心论。

进一步看，如果认为从人对自己的自我意识中，可以推出马克思主义的本体论，就是以属人本质及其解放之道为对象的本体论，这是体现了本体论发展的一场革命，这岂非就是说，马克思主义的历史唯物主义，就是马克思主义的本体论吗？但马克思主义哲学，除了历史唯物主义之外，还有辩证唯物主义，它的理论又是什么呢，难道它不是较之历史唯物主义更高、更为一般的马克思主义本体论吗？它说，物质是第一性的，意识是第二性的，难道这就是说，第一性的物质便是指人而言，它的意识是人的精神属性的表现，所以人作为物质是第一性的，它的意识是第二性的——难道这就是马克思主义哲学无所不包的普遍物质原理吗？我们看不是的。我们认为，它是说：世界万物的本质是物质的，物质在其发展中，发展到了人的时候，才以人为主体产生了人的意识，所以意识是物质发展的产物，因而才说物质是第一性的，意识是第二性的。这才是马克思主义的本体论基本原理。可见，从来就没有以人对自己的自我意识为基础的，以属人类本质为对象的本体论，普遍的类哲学只能是一种属人社会哲学。实质上，国内还有不少相关的理论，想将人类之在，改成主体性、主体间的问题，认为以此便可以建立一种普遍的、一般的哲学理论了。但这就现实而言它是不可能的。所谓的主体性，人们既不敢使其归之于康德、胡塞尔的先验理性，更不敢使其归之于非人肉体的灵魂实在性，他们还得说主体性就是人。从而，不管怎样说，说来说去，还是归宿于人的哲学原理，而想以此来否定传统本体论的实在性。像这样一些观点，自称是本体论的革命，我们看这种革命，还是没有的好，还是老老实实不革的好。

所有这些实质上取消传统本体论的观点，都与过分强调人的学说有关，这种学说将人凌驾于自然界之上，而认为人不但不是物，而且也不是动物：动物所有的生存景况都是出自遗传，人则是出自于自己的创造性。但我就搞不懂，将人放在自然界中，放在动物的界限中，作为此二者发展的高峰，就会妨碍或阻止人具有这些特点吗？这些特点又以什么来说明，人不是在自然界之中的实在性呢？谁能说在动物的界域中，不会出现属人景况那种实在性呢？又有谁能说凡属动物的景况都是出自遗传呢？实际上，说人是动物，是自然界的物，并不影响属人动物与非人动物，属人之物与非人之物的本质区别性，为什么非把人凌驾于自然界之上，变成无处有其在、有其成的孤家寡人呢？我看这是无道理可言的。

唯因这样把人孤立于万物之外，所以才说人对自己的自我意识的理论表现就是哲学，这二者相互循环，永远都是这样一个互为因果的片面实在性。但在我看来，哲学不是与人对自己的自我意识相联系，而是与人的一般自我意识相联系的。唯因如此，它才能保持住自己的普遍本性，而不至于殊相化，殊相化到属人自我意识殊相表现之一的程度。

简单说属人自我意识，是属人本体论自我意识与属人认识论自我意识的共相，凡是人所意识到的客观、主观实在性，便都是人的自我意识，是人从自己精神属性中自我表现出来的意识实在性。绝不能说，只有人对自己表现出来的主观实在性，才是人的自我意识：后者只不过是包容前者之中的一小部分而已，从而这一小部分怎能代替全体，而成为人的自我意识呢？这是绝对不可能的。

总之在我看来，属人自我意识，可以定义为：

凡是从人的自我精神属性那里产生的一切认识或意识实在性，便是人的自我意识。

这便是属人自我意识逻辑内容的基本概括。照这样说，人们会提出这样的问题：一个人被他人以强力逼迫去偷、去抢、去骗人、去打人等等，他在去这样行动的那些不法意识，是不是属于他的自我意识界限之中的实在性呢？回答说，当然不是；但他能够接受这些外来的逼迫那种意识，却就是他的自我意识的一部分——他的自我意识，天然就是这样一个懦弱的，没有自强自主的自我意识。这一点必须分别清楚，不要有任何的混淆。

属人自我意识，有其自身的内在结构，它的组成因素是：

出自属人精神属性认知理性意志冲动的认识或意识[①]；

人在其认识或意识中的自觉性；

人的自称——我或自我。

前二者的统一，统一于我或自我的基础之上。这便构成了一个属人自我意识结构的实在性。在这个结构中，属人自我意识表现其对象的能动性，便显现为它的意向性——意向性者，属人自

[①] 这里所谓"理性"，即等于属人精神属性的全部机能，包括感性在内。因为感性显现客主观对象，同时也便将它们内在之理显现其中了。

我意识指向其对象，宣称对象便是如此这般的指向性之谓也。所以，凡属人的认识或意识，都有意向性。

根据属人自我意识的定义及构成，那么人在家庭、学校、社会所学来的一些认识或意识，算不算他的自我意识，如果也算，它们是怎样转化为属人自我意识的呢？这个问题，的确很重要，是属人自我意识之所以为自我意识的关键，因为人的与生俱来的认识或意识，实在是太少了，甚至可以说等于零，而人所具有的认识或意识，可以说几乎都是学来的。

认识或意识，具有同化人的巨大同化性，只要人学来的认识或意识，能够与人的精神属性彻底相统一，而使它运转自如地表现它们、产生它们、运用它们，它们便转化为人的自我意识了。所以必须明确，前所谓属人精神属性产生认识或意识那个"产生"，是在这个意义上说的，是等同于"表现"或"显现"的，而譬如说与这种创造性或那种创造性的产生应归于谁那个产生，在意义上是不同的。这个转化，便充分表现了认识或意识的巨大同化性，它与认识或意识的内在统一，便是所谓的"文化"——文化者，认识或意识能同化人之谓也。所以，属人自我意识的发展，必具有明显的文化特征。在这里顺便说几句，即好多自称是研究文化哲学的人，却不知文化到底是什么的内涵意义。实际上，所谓"文"，是指日常经验、认识或意识乃至各种科学而言，而所谓的"化"则就是前者能同化人的性能，它们都可以称之为"文"，所以文化者，文能同化人之谓也。

但是，就人学来的认识或意识说，还有另外一种情况，即一个人学了一肚子的学问，而他与其所学相统一者，是极其微小的。这便形成一种人与所学发生极大脱节的实在性，即人的所学虽多，但却不能转化为他制约其行为的自我意识实在性，所以这些学问在他脑子里便变成一些死学问了。所谓文如其人和文非如其人，就是说，前者是所学与人相统一的，后者则是相反：所学与其人相脱节的。我们不能片面强调实践产生知识，也不能片面强调知识产生实践，正确的观点应该是：实践必为知识所制约，从而这可以说知识发动出了实践；相反，人在实践中必能增加知识，这又可以说实践丰富了知识。而这种知识起源上的统一性，仍不能避免这种情况的发生：诚然，一个人的实践是怎样的，他的自我意识也便是怎样的，——前者是好的，后者也必然同样是好的（奸邪之徒伪装善行，必有漏洞，只是不易被人发现而已）；不过这种行为上为好的主客统一性，还仍然是所学与所行相脱节了。就是说，人的所学，还没有充分见之于实践，不然的话，他会做得更好。为了能使所学与所行相统一，除了要有人格上的保证之外，最好的办法便是要投身于实践，它会使你的所学逐渐与你或你的自我意识达到统一。这里所说实践，是就社会上各式各样的实践的共相而言，不是单就生产实践而说的。

一般地说，属人自我意识的作用，是人作为一个精神实在性，必为其作为一个物质实在性的调整原则的最好例证。或者也可以说，是真实属人之观的最好例证。

无须多说，属人自我意识的存在规律，与客观事物存在形象实在性的存在规律一样，而且有多少人存在，便有多少属人自我意识的存在。

无须多说，属人自我意识，也必然是一个普遍性、特殊性、个体性的统一体[①]，因而它可等同于"导论"所谓知识共相。

它在其特殊性一环节上，便可自行分化为它的特殊形式，这便是属人客主观自我意识。

二　客主观自我意识

客主观自我意识，便是真正属人之观的客观自我意识与主观

[①] 这一点，在本章今后的论述中，无暇顾及，请读者牢牢记住。

自我意识：前者是本体论自我意识，后者是认识论自我意识。体现前者的意识形式，是体现本体论的主观意识形式；体现后者的意识形式，则是体现认识论的主观意识形式。但是这种主观意识形式，却必与体现本体论的主观意识形式相联系、相统一，自成一个主观意识形式系统，因为它们都是自在自为的意识形式。从而，主观意识形式所体现出来的认识论，必然包含对体现本体论的主观意识形式的论述。本体论虽然号称真正属人之观的第一自我意识，这是就它所表现的客观逻辑内容而言，不是就它的主观表现形式说的。必须要明确，所谓真正属人之观，就其所能体现的逻辑内容而言，它既可是本体论的，也可是认识论的，但就它本身说，它就是属人自我意识，是客观性与主观性的共相本身。所以，属人自我意识的类分，也就是这个共相的类分。

现在，就从这个共相论类分中的客观自我意识论起。

客观自我意识，在其本质上就是本体论主观自我意识形式。在本体论中，本体论自我主观意识形式，一贯在表现它的客观对象——事物存在形象实在性的不同逻辑层次及其最终的统一基础，它本身却没能而也不可能成为论述的对象。但在完成了本体论课题之后，它作为属人自我意识的类分之一的意识形式，却首当其冲地成为前者的论述对象。既然它是完成本体论课题的本体论的自我主观意识形式，则它的逻辑内容便与本体论的逻辑内容，必然相互联系而是统一不可分的。因此，必须使它与本体论的逻辑内容相联系，来论述它的逻辑内容。

属人本体论自我意识形式，是一个理性思维的属人本体论自我意识形式，它只以属人感性确定性——事物存在形象实在性为对象，不问其如何为感性所确定、所显现的问题。它只以理性思维去力图认识到、意识到其对象的直接性内容及在它不同逻辑层次上的实在性，而最后使之归宿于客观逻辑的基本内容和顶峰上去。这就是属人本体论自我意识形式，对本体论的体现。若问它到底怎样具体去体现前述那些内容及其逻辑联系，这都在本体论的篇章中已经论述过了。可以这样说，我对本体论的全部阐述和发挥，就代表了我作为人的一个本体论自我意识形式。

有了如我所论述的本体论，便有了一系列有关客观性的一般认识、意识系统，因而这是在本体论中的潜在认识论，它的自在自为的展现，便是认识论。它的口吻不是客观性是如何的，而是有关它的认识、意识是如何的，本体论不同感性确实性的感性认识一般是如何的。认识论则必须从这里开始，进而便以此为基础，步入理性思维的观念性认识、意识的广大领域中去。一般地说，认识论是有关一般认识、意识（必须是与认识相联系的意识，而不是其他如像伦理意识、为人实践意识等）的产生、本质的发展规律的第二哲学分支。于是，这便有一个体现它的属人认识论自我意识形式的存在，它分为感性和理性的两个部分。如果说属人本体论自我意识形式的理性思维起点，是从事物存在形象实在性出发，那么认识论自我意识形式的理性思维起点，便是从它感性环节反映事物存在形象实在性的，认识或意识存在形象实在性出发，二者从各自的起点出发，步入各自的不同层次规律领域，其步调是相同的，差别只在于一是指向客观性，一是指向认识或意识。因为，在这两个领域中，本体论只不过是潜在的认识论，认识论只不过是这潜在性的自在自为的表现。例如本体论会问世界万物有没有最后的本原性本体，认识论则会问观念性认识，有没有一个终极，应该不应该有一个反映本原性本体而能包容其他一切认识在内的绝对概念。这就是二者的一个同步性。再譬如说，本体论所谓事物存在形象实在性，如果在深度上有四个或三个逻辑层次，那么认识论反映它的认识或意识，也应该有四个或三个逻辑层次。这又是二者的一个同步性。一个个别研究本体论和认识论的哲学工作者或哲学家，我敢于保证他的本体论是怎样的，相应地他的认识论也便是怎样的。

再者前所谓客观意识与主观意识之分，意思是说，意识在前者那里指向客观性中的实在性，意识在后者那里指向主观性中的认识。二者虽然一与本体论相关，一与认识论相关，但既然二者都是有所指称的认识，认识论便都应该过问。过问它们的产生与本质和意义。当将二者转换成属人本体论自我意识形式，与属人认识论自我意识形式时，也是如此。甚至各种不同本体论的认识体系，既然都是认识，而且还是联系成序的有规律的认识，其中，正好表现了认识发展的规律，甚至其中一些观念，它们正好应该是认识论去研究的对象，以便认识它们的产生条件、本质、意义和真谬，并总结认识发展规律。可以毫不夸大地说，哲学史、本体论应该成为认识论的重要研究对象。也可以这样说，没有日常经验的本体论与哲学本体论，就压根儿不会产生哲学认识论。

正因为如此，本体论从古希腊到西方中世纪一直都占统治地位，但在本体论中会遇到一些难以解决的疑难，便会使人回头转向其意识本身，逐渐又发展出认识论来。及至以后从近代以来，有些哲学体系既是本体论，也潜在是认识论。康德的《纯粹理性批判》，首先应该是先验唯心主义的本体论，然后在这个前提下，它又同时是先验唯心主义的潜在认识论。从费希特、谢林到黑格尔等人的哲学体系，便更明显地表现出它们都既是更为发展了的唯心主义的本体论，又是更为发展了的潜在唯心主义的认识论。这些情况就充分说明，本体论与认识论不可分割的统一性。而这个统一性，也正应该是属人认识自我意识形式，去加以体现的对象，亦即我所谓与本体论相分离了的，那种独立自在认识论的对象。使认识论统一于本体论中这种哲学理论，虽然体现了本体论与认识论的统一，但却有其巨大的缺点，它是不合理的。因为，它只是作为本体论而仅仅潜在地体现了认识论，而认识论却应该是使其潜在性成为现实性。这就是说，认识论是应该与本体论相分离，而成为第一哲学原理的一个分支。所以，我们所谓的认识论，是为属人认识论自我意识的形式，所体现出来的那个独立自在的认识论。从而，与认识论相区别的本体论，便必然是前所谓属人本体论自我意识形式，所体现出来的哲学理论实在性。

属人本体论自我意识形式与属人认识论自我意识形式的内在统一，便回归为一般属人自我意识的内在性。于是，在这里，问题便又出现为：具有这种内在性的一般属人自我意识，它到底是何以可能呢？这便是自我意识溯源。

三 自我意识溯源

属人自我意识，便是真实属人之观与其对象的内在统一，亦即人的认识或意识。从而对它的溯源，就是要探索属人认识或意识是怎样产生的起源。属人认识或意识，是其对象的表现，它的起源则必涉及前者与后者的相关性问题。但这个相关性，从其可能性与现实性相统一的整体视角上看，又可分为：

外在相关性；

内在相关性（它分为前期与后期）；

外在相关性的全体性。

（一）外在相关性

现在，就从外在相关性论起。所谓外在相关性，就是说认识或意识的对象，必然处于认识或意识之外，而是客观上的事物存在形象实在性。就可能性说，认识或意识所表现的对象，必然就得是这样一个客观上的实在性；就现实上说，哲学本体论从产生、发展以来，它就是为这样一个客观上的实在性所制约，而是它的表现对象。此二者的统一，便说明认识或意识与其对象的外在相关性，首先是在哲学史上，长期处在统治地位。从古代希腊哲学到中世纪乃至现代很长一个时期，哲学家们所从而出发的研究对象，都是客观上的事物存在形象实在性，无论是纯粹哲学上的，还是宗教神学上的，都是如此。这可称之为西方哲学上的认识或意识与其对象的外在相关性历史时期。

在这个时期中，当然是属人本体论自我意识形式，首先起而长期发生作用之后，继则又有属人认识论自我意识形式从中分化出来，与前者共同发生作用。这样，便逐渐形成自近代以来的，经验论本体论与认识论和唯理论本体论与认识论的对立。当然，在其中既有唯心主义及心物二元论的，也有唯物主义的。乃至曾出现过还不成熟的心物统一论的高峰。所谓经验论与唯理论，对我个人来说，它们的内涵逻辑内容是：经验论过分强调了感性的能动性的作用，认定认识或意识本质上都是起源于感性机能；唯理论则过分强调了理性的能动性，认定认识或意识本质上都是起源于理性机能。但是，感性机能只能产生感性认识或意识，却不能产生理性认识或意识；理性机能也只能产生理性认识或意识，而不能产生感性认识或意识——认识或意识，只能起源于感性能动性与理性能动性互为对方对立统一性的全体性：认识或意识是感性与理性两种认识或意识的共相基础，它只产生于这个全体性，是它的固有表现。不过，这还不能扬弃经验论与唯理论的对立，二者的内涵逻辑内容又会转化为在这个全体性中，感性与理性的作用，到底是孰轻孰重的问题。就我而言，我看是理性的作用重于感性的作用，因为这个全体性仍为仅仅立足或出发于最初那个感性作用的感性经验之上，它完全出自、成之于理性作用的思考，前者只不过是它的一个开端。

然而这样扬弃了经验论与唯理论之后，照样还有一个这一时期哲学发展的基本问题——认识或意识与其对象的外在相关性问题，必然会残存下来。这个问题，现在却不是我们去解决它的时机，它的意义方兴未艾，因为它对该时期哲学发展的相关性，还有待来使它一一加以展开。不然的话，它的提出，便是多余的了。

哲学产生与发展，从一开始便不自觉地生根于认识或意识与其对象的外在相关性基石之上，便有这样一个难以解决的问题，潜在其中，长期没有为哲学家们所意识到。对中国以往的哲学史而言，可以说从整体上看，它一直都没意识到，没有因此自觉产生过哲学发展上的历史转折——虽然间或常常有过由此自觉性所出发的哲学理论呼声，但却都总如石沉大海，没有引起海上巨浪滔滔的反应。这大概是由于在中国广大领土上始终是封建专制的自然经济所致。这个问题是：既然认识或意识的对象，是外在于它而在其自身的外面，它到底是如何能认识或意识到其对象实在性的呢？以至于知道本体论的对象就是世界万物的事物存在形象实在性，认识论的对象则是以此为中介而反射到主观性上的认识或意识形象实在性呢？认识或意识的属人本体论自我意识形式，与认识论的属人自我意识形式，到底是如何去实现了本体论与认识论这两个开端的对象性呢？这个认识或意识与其对象的外在相关性问题，无疑的基本上是贯通西方自古希腊到近代很长时期的哲学发展的一个属人自我意识问题。当然，这中间也曾出现过如像中国哲学史那样的中断性，这便是古希腊哲学中的智者学派，它的创始人普罗泰戈拉认为："人是万物的尺度，它存在时，事物存在；它不存在时，事物不存在。"① 这完全是当前所谓这个属人自我意识问题的对立物，它及其后继者，也为时不久，便石沉大海了。

此外，对如上所论，会提出这样两个问题：一为这样一来，怎样去理解笛卡儿的哲学思想？二为我们所已经完成的"本体论"篇章，不是也不自觉地立足于认识或意识与其对象的，外

---

① ［德］第尔斯：《前苏格拉底残篇》，D80，B1，转引自北京大学哲学系外国哲学史教研室编译《古希腊罗马哲学》，生活·读书·新知三联书店1957年版，第138页。

在相关性的基石之上吗?下面,是我们对这两个问题的回答。

就第一个问题说,笛卡儿诚然是从"我思"的无可怀疑性出发,提出了他著名的"我思故我在"的命题的。但在他这样做之前,他却是首先从客观上一切事物存在形象实在性乃至中世纪哲学所谓的"上帝"出发进行他的哲学思考的。只是他感到这些对象,都是可以怀疑的,他才开始想去寻找一个无可怀疑的哲学出发点,他才进入他所谓"我思故我在"命题的思考中去的。更何况,他认为在这命题中的那个无可怀疑的"我在"是一个没有形体和时间性的精神实体,结果实质上是确定了一个无从成立的非存在。之所以如此,这乃是因为如果它是超时空的永恒性,它就不是实体,而是一个显现世界万物的自然界实点的本体实在性。但后者却必须是一个既是物质本体实在性,又是一个精神本体实在性的双重化统一体。实质上笛卡儿是使它与其物质性一面相割裂,将它片面化为一个仅与人的思维可以自称的"我思"相联系的人化精神本体,这是无从成立的非存在。若进一步说,即使它成立,也只有它在"我思"现象中的无所不在性,它才成为一个精神的实体,使它直接等同于后者,这也是无从成立的非存在,是前一非存在的延续或中点。

笛卡儿这个哲学谬误,是在于他不理解,我是人的自称,"我思"即"人思":前者是不可怀疑的,后者也是不可怀疑的。如果他能理解这一点,他便可以由此直接演绎出世界万物的真实性存在,而不必借助上帝。这时即使还保留灵魂与肉体的二元论,也无须什么都依靠上帝了。上帝是什么呢?上帝是从逻各斯的精神性一面割出来的,高高在上的单纯精神性逻各斯的人格化。借用莱布尼茨的话说它是单子的单子,而人化精神本体,即可称其为独一无二的单子。莱布尼茨的单子论是杂多论,有了人化精神本体这个单子无须杂多,便有了一切:既然唯心主义认为世界万物本质上是精神的,则它们只能是人化精神本体之在的现象表现，而它在这一切表现中无所不在，是作为它们的实体而存在，因而要说这精神实体是无形体、无时空性的，便是荒唐之极了。这样表明人化精神本体能动性，才算符合其本性，因为它是显现世界万物的自然界实点的单纯精神化，它不显现世界万物，又能有什么来显现呢？由于笛卡儿将世界万物实在性，单纯把握为一个物质世界，所以它们的广延性、时空性便都是物质的——没有什么广延性、时空性会剩给人化精神本体直接作为精神实体的了，它只好作为一个无此规定的永恒性，但实质上是永恒的非存在了。——这是笛卡儿肯定了此非存在的综合统一性终点。

不能认为笛卡儿是首先建立起了一种唯心主义的主体哲学思想——"我在"的精神实体不但等于非存在，而且他的哲学旨趣，也不在于通过"我思"的无可怀疑性，去确定"我在"作为精神实体这样一个非存在，更重要的一面是他想通过"我思"的无可怀疑性，去确定属人肉体及其他世界万物无可怀疑的实在性。但他又敏感地自觉到属人"我思"固然是无可怀疑的，可它不是完满的，从而在这个不完满的实在性对面，相对地必然存在着一个完满的实在性。它不是别的，它只能是上帝。笛卡儿从怀疑上帝开始，到这样肯定了上帝实在性之后，他便有理由说上帝是不会骗人的，上帝无限的力量制约我们意识到了包括属人肉体在内的世界万物实在性，那么它们便是真实的实在性。此后，他便走向他的自然观及天体起源——旋涡说的理论中去了。

于是，通体来看，笛卡儿从开始怀疑一切，到他最后又回归为肯定一切，乃至从他的物理学、宇宙论来看，他是立足于认识或意识与其对象外在相关性的基石之上的。它的整个哲学思想体系，可以称其为本体论与认识论相结合，相交织（但却不是统一）的心物二元论哲学思想体系。它决不是一种唯心主义的主体哲学思想体系。现代西方哲学兴起了一种主体、主体间的哲学思潮，从它的视角看来，当然便要取其一点不顾其余，将笛卡儿视为一种唯心主义的主体哲学思想体系了。可以这样说,"我思故我在"一命题的出现,无论怎样重要,无论对以后近现代哲学的影响有多大,但它对笛卡儿本人来说,只不过是从他开始怀疑一切引言到他最后又肯定一切的哲学之境之间的,一个非常富有智慧性的插曲而已。我们不能而且也不应该将这插曲看成笛卡儿哲学剧目的正式表演。

其次,就前面提出的第二问题说,我们所完成的"本体论"篇章,的确也是立足于认识或意识与其对象外在相关性的基石之上的。但我们不是自发的,而是自觉的,并且知道本体论的原始对象,必然是事物存在形象实在性。何以知之?回答说我事先在有关第一哲学原理的整个意识系统中,就早已知道这一点,或者说我所固有的认识论自我意识形式,就必然包括这个知道在内。正因为如此,在"导论"中,我知道贝克莱所谓事物存在形象实在性,是属人不同感觉的集合这种观点,是一个知识与其原始对象的混同。不过,我对此者何以必然如此的所知,还不能在这里说出来,因为目前还没有达到理应论述它的逻辑进展。这将在属人自我意识的第三部分——外在相关性的全体性中,必然会对它有个粗略的论述,而在将来有关认识或意识的逻辑层次中,便会出现对它的全面论述。

西方哲学的发展,自近代以来,便一直在认识或意识的外在相关性这块基石上,不断地阔步前进。但为时不久,便与它的前进步伐相交错,出现了体现认识或意识与其对象的内在相关性的哲学思想发展,并且好像顺水行舟那样,一路活跃到西方的现代哲学,而使立足于外在相关性的哲学,偃旗息鼓了。这充分说明了,哲学家们已充分意识到后一条哲学进路的难以解决的哲学问题。于是,认识或意识与其对象的外在相关性,便踏入了认识或意识与其对象的前期与后期内在相关性本身的轨道。

(二) 前期内在相关性

在内在相关性中，哲学形态，只能是唯心主义的。可以这样说，认识或意识与其对象的内在相关性，才是成熟而纯化的唯心主义的家园，也是现代西方哲学所谓主体哲学思想的根基。但西方这种唯心主义在它自己的家园中，却从不同形式上陷入了认识或意识与其对象相混同的谬误。既然设定了认识或意识与其对象相区别的内在相关性，不管它是否可能或合理的，这却不是被设定起来的内在相关性固有本性的表现，恰恰相反，这正好是背离了它本性的一种显示。严格地说，在其家园中的真正成熟而纯化的唯心主义哲学体系，初期还没有产生过。应该说，传统上所惯称的，古代柏拉图的唯心主义已经是很高了，实质上是高于亚里士多德的。但以理念去译相当于它那个希腊文，似乎是不正确的，而应该将它译成理式或理型才是正确的——将它译成共相那个"相"，也不恰当，因为规律或理都有其殊相，因而理式或理型，当然也是如此。不过这样一来，它的哲学性质，还得重新考虑。

在论述认识或意识与其对象的内在相关性中，将展示出在其家园中的成熟而纯化的唯心主义的各种形式，同时也将表明所谓"主体哲学"，在客观上只能是什么。

所谓认识或意识与其对象的内在相关性，就是说，认识或意识的对象，不是外在于认识或意识之外，不是在它的外面存在的。毋宁说它是属人精神活动的表现，是内在于属人精神属性中的这样一种潜在性。无论是属人身体及其外在活动的实在性，还是其他所有事物存在形象实在性，都是由属人精神属性的精神活动显现出来的实在性。这样一来，作为其精神属性的负荷者或主体性的属人存在又能是什么呢？既然包括人体及其活动在内的世界万物实在性，都是由它的精神属性的展现——精神活动表现出来的，那么它只能是一个显现世界的本原性的单纯精神本体存在性了。就其能显现世界万物实在性说，它便相当于一个单纯自然界精神实点（凡属本体都是实点）存在性，而否认了它同时也应该是一个自然界物质实点实在性。于是人在其属人本原性上，便是世界万物实在性的本原——一个人作为单纯自然界精神实点存在性。

人作为单纯自然界精神实点存在性的外在显现，便表现为它的现象界。在现象界中，它便与人体的现象相贯通，表现为有肉体的现象之人，而它作为自然界精神实点存在性显现世界万物的能动性，便表现为是它的精神属性的精神活动，显现世界万物实在性这样一种现象能动性——属人精神属性的能动性，现在便变成这样一个以自然界实点为基础的现象能动性。在这个意义上，人的确是一个超越自然界的超越者的存在，而不能等价于任何其他的自然物实在性，因为所有自然物实在性，在既定最初的前提上都是内在的，都是为人的精神属性活动所显现，而内在于属人精神世界中的东西，都不是外在于它之外的存在性。现在属人精神属性活动，便等价于这个现象能动性，二者是一个不可分割的一体性。

这样，内在于其中的事物存在形象实在性，为人的精神活动所觉知，它便是这种感性认识的对象，从而它不等于贝克莱所谓的观念集合体的实在性。前者是内在感性对象，后者则是有关它的原始认识或意识——感性认识或意识，但后二者都是在属人精神世界中的内在性。这便出现了一种认识或意识与其对象的内在相关性。在这种内在相关性中，认识或意识如何能把握其对象的问题，便迎刃而解，不再是一个难以解决的疑难了。之所以如此，这乃是因为对象原本就是属人精神活动的表现，当然它能毫无疑难地去把握它的。所以，现代西方有不少的哲学家，普遍都意识到甚至公开提到，如果对象是外在的，是外在于属人精神世界之外的实在性，那么就难以说明它怎能为人所认识、所意识的问题了。

认识或意识与其对象的内在相关性，是成熟而纯化的唯心主义的家园。其所以如此，这乃是因为在将世界万物实在性，归结为内在的，而不是外在的，这首先意味着它们是属人精神属性活动的产物；这势必导向将属人实在性，夸大为显现整个自然界的，单纯精神本体实在性——单纯自然界精神实点实在性，这正是一切成熟而纯化的唯心主义所指向的对象界域。而这个界域，也正好就是认识或意识与其对象的内在相关性的一个界域——在这个界域中，无论从本体论上看，还是从认识论上看，都没有唯物主义的立足之地。

成熟而纯化的唯心主义，可分为非现象主义的唯心主义与现象主义的唯心主义。后者无论在本体论上，还是在认识论上，都只停止在深浅不一的现象界中，甚至声言本原性本体界，是可望而不可即的。但前者却不听邪，却非要像岳飞立志要直捣黄龙那样，去直捣它的本体界为快。如果将贝克莱所谓事物存在形象实在性，是不同感觉的集合体，改成后者仅是属人内在精神显现前者反映，则它的唯心主义本体论、认识论，便都是现象主义的，不是主观唯心主义——真正说来，主观唯心主义无从成立，无所谓主观唯心主义的本体论和认识论。而费希特、谢林和黑格尔的唯心主义本体论与认识论相统一的理论，则便都是非现象主义的。此外还有在方法上只行对现象学的单纯描述，而排斥任何理论解说和论证的现象学派，实质上也只是现象主义的现象学，这并不排斥它也可以有对本体界的单纯描述。但这一点是为现象学派的现象学家们，深恶痛绝的，我看这也是毫无道理的，不过是在走本体界可望而不可即的现象主义道路而已。

与认识或意识因其对象的内在相关性相反，它的对立面——外在相关性，却本质上是唯物主义的家园。成熟而纯化的唯心主义将事物存在形象实在性，看成内在于我们之中的精神性的现象；唯物主义与其相对立，将它看成外在于我们之外的物质性现象。前者与认识或意识相联系，是内在相关性；后者与认识或意识相联系，则是外在相关性。与此相联系这种唯心主义将事物存在形象实在性的本原性本体，仅看成人化精神本体①，而与本原性本体双重化统一体的精神本体一面相统一；与此相对立，唯物主义则将事物存在形象实在性的本原性本体，仅看成客观物质本体，而与本原性本体双重化统一体的物质本体一面相统一——二者各自都与认识或意识相联系的统一性，也一为内在相关性，一为外在相关性。因此，前后两个内在相关性的统一，与前后两个外在相关性的统一，互相排斥、互相对立：在后一统一性中，绝找不到世界万物作为内在于我们的精神性现象，也找不到它的人化精神本体，而只能找到外在于我们的物质性现象和它的客观物质本体。所以说，认识或意识与其对象的外在相关性，是唯物主义的家园。

至于说，古希腊的大哲学家柏拉图和亚里士多德的哲学思想，也是立足于外在相关性的基石之上的。但既然柏拉图所谓的理念，应译为理式或理型，则它便应该是一个客观实在性——理式或理型者，是本原性本体与其显现世界万物的规律相统一之谓也。诚然，柏拉图有将理式或理型与世界万物相割裂的倾向，但他所谓理式或理型作为世界万物背后的真实存在者，也可以理解为理式或理型，归根到底是前者的本原。而亚里士多德将这理式或理型析而归二：形式与质料，说二者的结合，是构成世界万物的基本原因。从而这两位西方古代著名哲学家的哲学观点，在我看来基本上是唯物主义的，而不是唯心主义的。虽然他们有时也谈到神，但这不是他们哲学中主要的内容和精神实质。

---

① 人化精神本体，即前所谓将自然界实点的精神一面使它与其物质性一面相割裂，仅看成人与其精神属性的本原那种观点。

至于说，笛卡儿的哲学二元论，也是立足于外在相关性的基石之上的。但他整个哲学体系中的占统治地位的一面，仍然是唯物主义的。

如果将成熟而纯化的唯心主义范围扩大，使它扩大到西方古代的一切唯心主义和西方中世纪的宗教神学唯心主义上去，便可以说，哲学派别的基本划分——唯心主义、唯物主义和二元论，都不是以内在相关性为基石，就是以外在相关性为基石。这就是说，内在相关性是成熟而纯化的唯心主义的家园，而外在相关性则是此前一切哲学分派，特别是唯物主义的家园。但认识或意识与其对象的内在相关性是当前的论题，从而还必须在迄今所论的基础上继续下去。

认识或意识与其对象的内在相关性立足点这块基石，就现实而言，它自从产生以来在很长时间直到康德为止，都是不彻底的，它们免不了与外在相关性这块基石相联系。之所以如此，这乃是因为立足其上的哲学家们，对其所立足在上面这块基石本身的实质性意义，还没有自觉的深刻理解。他们没有想到它们会使人转化为单纯人化本原性精神本体存在性，乃至转化为单纯显现世界万物的自然界精神实点存在性。从而，他们只将内在相关性这块基石放在属人精神属性活动的基础之上，而人则只能变成一个支撑精神属性活动的一个主体性——一个与前者的统一性相联系的有限性精神实体或灵魂存在性（因为人体也是作为这存在之中的一个外在表现）。这个实在性，实质上等于笛卡儿"我思故我在"那个我在精神实体，原本是个空无。可简称其为人心。

在这个前提下，贝克莱认为对人显现着的各种事物存在形象实在性，即被感知，所以它是不同形式的观念（实即感觉）集合体。而感知者则是人心感性精神能动性：它不先显现前者而后感知，而是前者即为它的感知。这在原则上符合了属人精神属性活动只能产生知，（不管是感性的还是理性的），而不能产生其对象（感性的或理性的）的必然性，但却陷入了知与对象相混同的谬误。贝克莱完全采取唯名论的立场，认为现实上只存在着个别的所知对象性，内在或精神性殊相的一般概念，只不过是用以指称或代表它们的标记。贝克莱进而认为有规则、有秩序地出现于人心中的一些实即感觉集合体连同这人心本身，都是起源于全知全能的上帝：据前所言，上帝也不能不是这样一个在其知与对象相混同谬误中的唯名论大心。简略说，若将贝克莱那个存在即感知，改为感知是其对象的反映，则所谓存在便是被反映的对象——出自属人精神属性活动的，那些内在性或精神性个别存在实在性，这便是一个名副其实的唯名论现象主义的唯心主义。他所谓全知全能的上帝，也就必然相应地是一个唯名论现象主义的精神性上帝。但后者却是一个在外在相关性中的实在性，从而贝克莱的内在相关性唯心主义，便是这样的又与认识或意识与其对象的外在相关性那块基石相联系、相统一。这就是说，立足于内在相关性基石之上的唯心主义，却仍还具有立足于外在相关性基石之上的残余在内。

在贝克莱之后，接着便是休谟的内在相关性哲学思想。休谟的内在相关性出发点，不是贝克莱所谓观念，而是包括观念在内的知觉。他将知觉分为印象与观念，而批判贝克莱说，观念并不是人心中的原始性，它的原始性应该是印象，而不是观念，后者来自于前者，它只是对前者的一个摹本。实则贝克莱用观念一词，本指感觉而言，休谟所说的印象也实即感觉，贝克莱只是用词不当而已。那么休谟所谓的观念，又是什么含义呢？如果说感觉是人心在其感受到什么中的一种自觉性，那么休谟所谓观念便是人心在其思维到什么中的一种自觉性：前者强烈和生动程度是最大的，后者（如像表象和概念）强烈和生动程度则是微弱的。就休谟也必然认为，对人显现着的事物存在形象实在性，即被感知、是不同形式的不同印象集合体说，印象即感觉，因而在这一点上，他与贝克莱一样，都可归之于在其知与对象相混同谬误中的现象主义的唯心主义。但在这相同点的下面，休谟与贝克莱便分道扬镳了。

贝克莱认为概念是指称各种个别殊相被感知对象的标记，休谟则称概念为观念而认为，它是表现各种个别殊相被感知对象的摹本。

贝克莱认为感知之知与概念之知，都是出自人心或有限精神实体实在性，休谟则认为所谓"人心"，只不过是"那些以不能想象的速度互相接续着、并处于永远流动和运动之中的知觉的集合体，或一束知觉"①，至于它的负荷者——主体性或实体，是不可知的。

贝克莱认为人心的能动表现性，出自上帝那个大心，休谟则认为超越知觉之外的客观性，无论所谓的物质实体，还是上帝那个精神实体，我们只能对之沉默不语，而也是不可知的。

贝克莱认为，因果性概念是用以指称连续出现的不同被感知对象的标记，休谟则认为因果性观念的逻辑内容是不可知的，它只不过是对经常连续出现的不同被感知对象性的一种习惯信仰。应该强调这一点，对康德是深有启发的。

从休谟与贝克莱的对比中，便可以看到，除了如上所言的第一点，休谟的确高于贝克莱。但余者与他同于贝克莱的起点（对它的改善同于对贝克莱的改善）相联系，都说明他除了承认印象、观念及二者相统一的知觉和它的殊相多样性等集合性联系为可知的实在性之外，超越了这个界限，他便认为什么都不可能知道，而是不可知的。但上面所言第二点的不可知性，却是真理，因为其属知对象，都是非存在。无论笛卡儿所谓的精神实体，还是单纯的物质实体，都是非存在。这样看来好像休谟是完

---

① ［英］休谟：《人性论》，关文运译，商务印书馆2003年版，第282—283页。

全立足于认识或意识与其对象的内在相关性这块基石之上的。但他所谓不可知的上帝，人心乃至物质实体等等，他只说它们作为认识或意识的外在相关性的实在性，是不可知的，而没有肯定和论证它们是不存在的。从而他的哲学思想，仍然是与认识或意识与其对象的外在相关性相联系的，可称其为这个时期的，怀疑论现象主义的唯心主义思想体系。

（三）后期内在相关性

这个时期最后一个哲学家，便是康德。

康德所谓"物自体"，实质上是对人显现着的事物存在形象实在性自体与人心或灵魂自体的共相，不过他的《纯粹理性批判》，是先从前者的不可知开始，进行了为该书核心部分的论述。必须明确，该书名称中所谓的"理性"，是理论感性与理论理性的共相，包括他所谓"先验感性"在内。实质上，这就是整个属人精神属性活动实在性。

康德不相信，属人精神属性活动，能够如实地表现出客观上事物存在形象实在性，也不认为它就是贝克莱、休谟所谓的"不同观念或印象的集合"那种实在性，因而设定了它在其本身的自体实在性。这样便使康德自称是革新的"批判哲学"思想，一开始便只与认识或意识的外在相关性基石联系上了。康德他本立足于洛克的经验论立场，以为认识是起源于感觉经验；但以后他又受了莱布尼茨所谓"理性本身有一些天赋内在原则，它们早已作为一些必然的关系潜在于感觉经验中并起着我们常常感觉不到的某种现实作用"[1] 这种观点的重大影响，形成了他的感性与理性（狭义的）相结合的，所谓"经验是何以可能的"这样一种先验哲学思想。在"导论"中，我们已经阐明了他这种哲

---

[1] 苗力田、李毓章主编：《西方哲学史新编》，人民出版社1990年版，第517页。

学思想，实质上是等于什么也没有、什么也不是的，以非存在到非存在一系列梦呓，现在对此再稍加补充。

既然康德已将空间、时间归结为他所谓先验感性综合单纯感觉之质那些材料的先天原则，那么，他所谓的非精神性的那个物自体，也便是一个既无空间广延形体性，也无其自身持续存在的时间性，从而它也便是一个什么也没有、什么也不是的非存在。后来他批评理性心理学对人心或灵魂的可知性论点，由于人心或灵魂的单纯精神实体本来就是一个非存在，所以他的批评也便是一个空发议论的非存在，一个警幻仙子们主司的无从成立的虚幻之境。而他提出的那些二律背反、证明上帝的存在之不可能等论点，由于所有内在性或精神性事物存在形象实在性，早被他的先验感性论弄成非存在，从而它们的总和统一性宇宙也必是非存在，上帝更原本就是一个非存在，因而它们只能是一些空发议论、无从成立的非存在。康德自称他的哲学是哥白尼式的革命，但在我看来，哲学的园地在没有这个革命前满地黄金，在有这个革命后却变成满地是枯草——不知现代西方哲学史上或哲学界，乃至中国当代哲学界，怎会出现一些为数不少的，只爱枯草、不爱黄金的执迷者呢？他们对康德捧上了天，甚至贬低集德国古典哲学大成的黑格尔，说康德高于黑格尔，不知道这是从那里说起的呢？……不说这些，就说他的那些先验综合理论罢，有哪一条是对的呢？无论存在性是外在的还是内在的，难道它的时空存在形式，它的范畴规律，是因什么神圣外在加给它的吗？不是的，谁都会说不是的，人们会说，你这样说就不对了，康德是在以次构造认识或存在，不等于说外在加给它什么。这倒说的也对，但我觉得他的论述总有这种倾向存在。不然的话，他为什么会说，外物作用我们的感官，它在我们心中首先出现的是一些无时空性的感觉之质呢？难道感觉能真正没有时空性吗？

在康德的《纯粹理性批判》中，也存在着知与其对象相混同的问题。只要将他所谓"经验所以可能"及其每个阶段的构成,使它与其所表现的内在性或精神性对象区别开来,而明确了二者相关性的事实,这便是一个物自体及其最高本原——上帝不可知论的现象主义的先验唯心主义。之所以说它是现象主义的,因它限制理性,不准它超越经验一步而是经验论;之所以说它是先验论的,因为它是以理性(广义的)中一些先于经验而存在的天赋观念——范畴体系(包括时空范畴在内)为根基的。

完全排除了认识或意识与其对象的外在相关性残余,是费希特、谢林和黑格尔及现代西方的成熟而纯化的唯心主义。就前三个人而言,他们的哲学思想是非现象主义的唯心主义。他们实质上是已自觉地达到了前所谓人化本原性精神本体,乃至人化自然界精神实点的立足基石(从现象上说,亦即以人为中心的立场),也可简称其为人化精神本体。因为它们也将自己的立足基石只与属人精神统一起来,而是后者的片面夸大。所以,能完全在认识或意识与其对象的内在相关性界限内,表达它们的非现象主义的唯心哲学思想。这种哲学思想,可以说是已经登上了成熟而纯化的唯心主义的最高峰。

费希特的非现象主义的唯心主义,是从"自我"出发,但它不是一般人的意识,更不是任何属人意识事实,毋宁说它就是人化精神本体自身。在这里本原性本体,所以被称为人化精神本体,不仅是因为它是单纯精神性的,尤其是因为求其来源,它原本就是由于内在性相关性的前提,而必使对属人精神属性活动主体——人有所变异那种夸大或异化。动物有感觉而面对客观,不会想到动物化精神本体;植物、无机物有感受性而面对客观,不会创造出植物化、无机物化精神本体,只有人才能面对客观,从其意识的高度自觉性上,这样想到人化精神本体——一切非现象主义的唯心主义所谓的精神性本原,实质上都是人化精神本体。笛卡儿也是如此:唯因他是人而有意识,他才能想到他的"我思故我在"那个"我在",是一个精神实体。在这里会出现这样一条规律：实在性越高,越会犯错误。

费希特称其基本哲学思想体系为知识学,他在《知识学》中,提出了三个基本原理：自我设定自我；自我设定非我；自我在自身中设定一个可分割的非我以与一个不可分割的自我相对立。① 三个原理主语中的自我,都是人化精神本体。而第一原理谓语中的自我,是就在其意识中的自称"我"而言——在任何时间、任何空间中,自我显现人的意识必同时显现人的自称,这也是普遍的、必然的,故可作为它的谓语。第二原理中的非我,即为属人自称"我"的对立面：有了"我",必普遍而必然地有其对立物"非我",故曰"自我设定非我"。但这样,便会发生矛盾,自我是我便不能是非我,是非我便不能是我,所以便必须有第三原理来解决它——费希特在我与非我之中,引入了量的概念,认为它们都是可分割的,从而第三原理的谓语,理应就是可分割的我与可分割非我的相互对立和规定,以便表现其中必各自有一部分是属于第一原理、第二原理谓语中的我与非我的。于是第三原理便调解了前二个原理的矛盾,使其对立统一于自身了。

在这个基础上,费希特便进而在自我——人化精神本体中将我分为理论之我与实践之我。前者的客题是：我设定自己是受非我规定的。② 后者的客题：我设定自己是规定非我的。③

理论之我的课题,是理论哲学,它就在于解决其行程中不断产生的矛盾。实践之我的课题是实践哲学,它也就在于解决其行程中不断产生的矛盾。前一进程我在非我制约下产生世界及其发展,后一进程在我制约非我下产生非我的产业化及其发展。在实践哲学中,费希特认为实践自我是一个趋向改变非我的不断努力

---

① ［德］费希特：《全部知识学的基础》,王玖兴译,商务印书馆1986年版,第ⅵ页。
② 同上书,第45页。
③ 同上书,第166页。

的过程，但它总不能达到目的，因为规定非我的过程是无限的。不过努力是冲动，冲动伴随感情，只有感性才能将无限性努力的空白填补起来，使人体会到无限努力所趋向的绝对实在性。这样自我通过实践自我而又回到它自身，回到人化精神本体自身。这一切内容，都是自我——人化精神本体在其我与非我两个环节中的内在相关性。

谢林不直接从人化精神本体出发，而是从它表现为一种唯心主义真实属人之观的两个不同环节——客观与主观的统一出发，但这个统一性，仍然是要回归为人化精神本体的，因为实质上主观与客观的统一的最深内在性，就是人化精神本体。从而谢林认为主观与客观的统一是一种精神力量，它表现为它的活动状态，它便在其活动状态中返归自身，而对它的活动状态进行直观。它的直观分为感性的与理性的，它在其感性直观中，不是显现为一些不同的感觉，而是显现为对它的活动状态的整个属知感性形象。在这个前提下，感性直观便能转化为理性直观，而在直观这整个感性形象的不同层次内在性，这便表现为它的一系列创造性直观，直到穷尽主观与客观相统一的内容为止。于是创造性直观便转化为对它直观到的全部内容进行从表现现象到概念、从概念到判断、从判断到推理的一系列理解活动，直到穷尽了对前者的包容性，使其与一开始的起点——主观与客观的统一作为一种精神力量，实质上亦即人化精神本体相统一为止。这便展现出了前者的全部逻辑内容，而实现了一种在前者中知与对象的内在相关性。

谢林的主观与客观相统一的思想，对黑格尔产生了巨大的影响。黑格尔在吸取了这一思想的精髓的前提下，考虑到传统上从来都将真实的东西或真理把握为实体，他认为不仅要如此，而且还要将实体进而把握为主体。这样，黑格尔便又将主观与客观相统一的真实性或真理性，转化为一个能动的主体性。这个主体性当然不是外在我们之外的东西，而是内在于我们之中的实在性，实即人化精神本体。它显现为精神性世界万物，而在其中作为精神性实体永恒动变，因而精神性世界万物也要随着永恒动变。费希特抛弃了康德哲学中的赘物——物自体，似乎也消除了时空性与感性材料的二元化割裂。但他却没有消除范畴规律与事物存在形象实在性的二元化割裂。谢林主客观统一的思想消除了这个基本性二元化割裂的谬误，黑格尔则在这个基础上，这样展现出了他的本体论与认识论相统一的辩证理论体系，完成了成熟而纯化的唯心主义大业。黑格尔将这在永恒动变着的精神性世界万物，与其存在不加识别或混同，单纯将它们的共相作为存在来把握，由此便开始了他的《逻辑学》论述。为了简略起见，我们仍采用他的《小逻辑》为题材，只是此书将相当于"存在"的经文，译为"有"，我们也只好将存在转换为有了。在这里，我们不想就其体系多谈，只以非常简化的形式，相加略论。

《小逻辑》的内在区别，分为第一层次区分、第二层次区分、第三层次区分。所有这些不同层次的层次的区分及其内容，实质上黑格尔都体现了逻辑上、时间上的，质量互变规律、对立统一规律，而使其包容于对立统一全体性——正、反、合的精神性内涵客观逻辑规律（辩证法）中去。这是黑格尔的伟大之处，也是他哲学中的还不全面仍失之于丰盈不足的片面性合理内核[①]，否则他的哲学就不成其为成熟而纯化的唯心主义的一个最高峰了。

在他哲学中还存在着知与其对象相混同的重大缺点。在一切的唯心主义看来，事物存在形象实在性，都应该是精神性的事物

---

① 这里所以说是"片面性合理内核"，是因为精神性内涵逻辑规律同时还应该是物质性内涵客观逻辑规律，二者的统一，正好就是内涵客观逻辑规律。因为它们基础——客观共相的共相，既是精神性的，也是物质性的，从而它的规律，也应该是如此。再者，黑格尔没有共相的共相这一概念，所以，这些规律，都是在事物共相的基础上论述的。

存在形象实在性，但这也不能像黑格尔所断言那样，它的本质是总念（概念），它在客观上也是一判断，及至理念之知的对象也是理念（反过来说也行）等等。只要将总念或概念换成精神性理式或理型（唯心主义所谓理式或理型），认为前者是后者的观念表现；只要将客观上的判断换成对象的精神性自身规定，认为前者是后者的观念表现；只要将理念换成理式或理型与其"有"相统一的那个精神性"理式或理型大全"，认为前者是后者观念表现，如是等等，便可纠正黑格尔那些知与其对象相混同的缺陷了。至于黑格尔仍继承了西方哲学传统上那种不问对象属质统一性与其"有"的区别性，及至使二者混同的缺点，便不好纠正了，纠正则牵涉到体系的变动。

黑格尔将上帝降了格，使它从逻各斯的尖端，下降到显现世界万物的人化精神本体——独一无二的单子层次上去了。它在世界万物中作为统一精神实体而存在：在世界上上帝到处存在，无所不在——黑格尔的上帝，不是高高在上的人格化上帝，而是人化精神本体作为实体的实在性。黑格尔唯心主义地扬弃了上帝：上帝死了。上帝不是死于唯物主义之手，而是死于唯心主义之手，死于德国古典哲学之手。

至于谈到现代西方内在相关性的唯心主义哲学，我们只能说它的确完全止步于内在相关性的哲学基石上，但它的一些哲学思想体系，都是一些成熟而纯化的现象主义唯心主义，它们甚至宣称，像世界万物的最终本原问题，是哲学现实性所不能解决的问题。在内在相关性的哲学基石上，这些哲学大致可分为分析哲学、现象学哲学和存在主义的哲学。分析哲学，重点在于对有关现象领域的语义分析；现象学哲学，则在于用其所持有的单纯描述的方法，去对出自属人内在性的现象存在领域，单纯进行描述；存在主义哲学，实质上站在人为世界中心的立场上，去对人在其生活实践上的心理情态，进行系统的论述，海德格尔就是如此。当然，如果世界真是出自属人内在性，而只是一个内在性世界，不是一个外在于属人精神之外的外在世界，那么人为世界中心的立场，就是对的。从而人便具有优先于其他对象的绝对优先性，应该成为哲学的一般核心对象。不论派系，一般地说，西方的主体哲学思想，就是这样来的，可称其为现象主义的唯心主义主体哲学思想——存在主义的哲学思想，也是一种现象主义的唯心主义主体哲学思想，可称其为存在主义主体哲学思想。

就康德认为物自体不可知，世界只是以一些感觉材料为前提，而由属人先验理性（包括先验感性在内）构造出来的来看，康德的哲学思想，也可以说是一种现象主义的先验唯心主义的主体哲学思想（只可惜它是什么也没有的空无，或至少是哲学园地上的满地枯草）；但无论如何，笛卡儿的哲学思想不是任何主体哲学思想，而只是一种外在相关性的心物二元论哲学思想。

无论是现象主义的唯心主义，还是非现象主义的唯心主义，其为成熟而纯化的唯心主义则一。它的所有哲学思想都是立足于内在相关性这块哲学基石之上的；所有这些哲学思想，都是唯心主义的本体论与其潜在认识论的统一。

（四）内在相关性批判

成熟而纯化的唯心主义，不管它能有多少内在派系分支，都是立足于内在相关性这块哲学基石之上的，这是毫无疑问的。但现在我们要问，它真有显现前者的潜在性能吗？回答这个问题，便要对它进行深入的分析。

属人精神能动性，就其本性说，只能产生人的认识或意识，而不能产生独立自在的精神性事物存在形象实在性。之所以如此，这乃是因为它原本就是人以知来自觉调整其行为的这样一个调整原则的本原。照这样说，难道精神性事物存在形象实在性，是不存在的吗？回答说是存在的，而且是必然存在的。但它只能存在于它的双重化统一体中，而既是物质性事物存在形象实在性，又是精神性事物存在形象实在性，它离开前者的独立自在性，是无从成立的，反过来说也是一样。所以，寻求二者毫无联系的纯粹物质现象或纯粹精神现象之在，那是在何处也找不到的。二者相互排斥的独立自在，实等于什么也不是什么也没有的非存在；但这并不是说，这是个绝对的空无，只不过是说其中无物、无量、无在而已。从而，它便恍恍惚惚，若有若无，只要对它再来个否定，前二者立即便破空而出，立即相互投入对方，电光闪烁一般，化为二者的双重化统一体了。

　　这就是说，精神性事物存在形象实在性，是不能为属人精神能动性所显现，它只能存在于客观上事物存在形象实在性的双重化统一体之中。将事物存在形象实在性扬弃为事物存在实在必一，也是如此。与此相联系，将属人精神能动性，最终归结为人化精神本体实在性，它的精神活动，也不能显现精神性事物存在形象实在性，而只能显现对此者的属知实在性。但是所谓人化精神本体是否能够真正存在呢？回答是否定的。所谓能够显现本质上是精神性的那个世界万物的人化精神本体，归根到底就其具体性说，原本就是自然界实点在与其精神属性、物理属性相统一中，便即是精神本体，也是物质本体的双重化统一体里的精神本体，不过是使其脱离后者并加以人化的一个独立自在而已。这样一种独立自在实在性，同样是一个什么也不是、什么也没有的非存在。但这也不是说，它是绝对的空无，只不过说其中无此所是、无此所在而已，从而它更恍恍惚惚，若有若无，只要它再来一个否定，前者便作为精神本体破空而出，立即电光闪烁一般，与物质本体相统一，投入自然界实点的双重化统一体实在性中去了。

　　这就是说，本质上是精神性的那个世界万物的独立自在，则不存在的，它只能与物质性世界万物相统一，而存在于世界万物的双重化统一体实在性之中。从而人化精神本体的独立自在，也是没有的，它照样只能存在于自然界实点的双重化统一体之中。

与前论相对比，也没有唯物主义所谓独立自在的物质性事物性事物存在形象实在性，当然也没它所谓物质本体及至人化物质本体的独立自在，前者与精神性事物存在形象实在性相联系，都存在于事物存在形象实在性的双重化统一体中；后者则是作为物质本体与精神本体相联系，存在于自然界实点的双重化统一体中，乃至西方的唯物主义从来没有深入到其物质本体的境界中去（这不是它立足其上的外在相关性基石的本性，而是它唯物主义思维的无能）。所有这一切，除了最后一点之外，都是唯物主义的基本谬误，但都与外在相关性基石的本性无关。

这样看来，无论立足于内在相关性基石之上的现象主义的唯心主义，还是非现象主义的唯心主义，基本上都是谬误，但却时时都闪动着耀人双目，能够使人从精神性与物质性的共相去理解的真理之光，尤其后者。它的这种谬误，来自于它们立足其上的内在相关的本性，而不是偶然的。

所以，内在相关性基石，是产生哲学谬误的根源。它诚然有产生一切成熟而纯化的唯心主义的潜在性，但真正说来这不是它的道行，而是它的魔性。如果说外在相关性基石，是天帝那个修行还未到功德圆满就被钉在十字架上的圣子，以至于引来内在相关性基石的统治，那么这块基石就是天帝的对立面——魔鬼撒旦。扬弃内在相关性基石，剩下的便是它的真实性。它与外在相关性基石的对立统一全体性，便是外在相关性基石的全体性。或者这样说也行，外在相关性基石与内在相关性基石的对立统一全体性，就是外在性相关性基石的全体性：在这个全体性中，前者在十字架上苦修得功德圆满了，因而便扬弃了后者的魔性，使它只能在其合理的意义上而起作用，从而它也改变了它产生哲学谬误的本性。

此二者的对立统一全体性，就是外在相关性的全体性。

（五）外在相关性的全体性

外在相关性这块基石，是属人认识或意识的最终来源，因为认识或意识的对象，都是外在于属人意识之外的对象，包括认识论的对象，也是如此：诚然它以认识的产生、发展为对象，但在其产生、发展中的认识本身的对象，却仍是一种外在相关性的对象。我们研究前者，却不能不求之于对这种对象的感性直观和理性直观。

在这里，首先要解决的问题，是对象的自身给予问题。对象既然是外在于意识之外的实在性，它到底是怎样给予我们的呢？传统哲学所以能够产生这样一个疑问，这乃是因为它们有这样一个错误观念：对象作用于我们的感官，便形成一个表现它的主观意识——主观形象或表象来指向它，从而它是以前者为中介而给予我们的。但是问题又在于：你怎知这主观形象或表象，是与对象相一致，而不是仅仅相对应呢？这就是问题的难处。实质上，这是人们作茧自缚，自设障碍，而不是原来对象自身给予的客观性。这个客观性原本是：视感观，是我们最基本的感观，从而我们是通过视感观，直接看到了在一定场景中的这个或那个、这些或那些外在事物存在形象实在性本身的情景，所以我们直接面对的，不是我们的主观形象，而是这样外在于我们的一些客观实在性本身的形象。不但如此，而且它们的场景、它们本身及其不同部分的相关性和所在、动静等等，都内在地放射出与其相联系的种种动态情状，而成为使人们能够步入认识它们的向导。例如一个杯子放在桌子上，它便放射出它的形体是核心，其他方面都是这个核心的表现，以及它与桌子之间的上下制约等动态情况，所以我们一看见它便能立即知道它是一个放在桌子的杯子，而不是一个桌子放在杯子上的东西。

我们可以说，正因为认识或意识与其对象的外在相关性的哲学系统，不知外在于我们之外的客观性是如何能为人所知的自身给予性，也想象不出这客观性的如何能为人所知的动态情状，所以哲学的发展才将外在相关性基石弃而不用，把它钉在十字架上，转身采用了内在相关性这块专能产生哲学谬误的基石——魔鬼撒旦。但所谓"动态情状"，是既为外在相关性——圣子基督所必须，也为内在相性的魔鬼撒旦所必须，从而它也是二者的对立统一——外在相关性全体性的首要问题之一。凡是属人认识或意识的产生、发展都离不开事物存在形象实在性的动态情状，这是中外传统哲学所从来没想到的认识论问题。

既然外在性相关性基石，是属人认识或意识的最终来源，那么为什么还需要在其合理性中的内在性相关性基石，作为它的一个环节，使其变为外在相关性的全体性呢？

面对客观性，外在性相关性基石，只能使我们产生事物存在形象实在性（包括事物存在实在性在内）。当我们从它出发，进一步展开本体论的知识体系时，我们不能步步都一次一次地去与事物存在形象实在性直接相面对，来进行我们的本体论思考：从古到今，从今到未来，我们确信是无人会这样做的。既然如此，人们究竟会怎样做呢？做法只有一个，那就只能是面对在其大脑记忆中的事物存在形象实在性，静静地在对它进行思考或研究。但这样以前者为认识对象，那就是一种内在相关性的实在性了，因为你思考的对象不是外在的，而是内在的，从而你的意识活动，与在你大脑记忆中的相关性，不就是一种名副其实的内在相关性吗？对此的回答，谁都会说，是的，一点也不错。这样，内在相关性基石，便接着最初的外在相关性之后，必然地出现了，二者对立统一的全体性不是别的，它便是一个包含内在相关性在内的一个外在相关性的全体性。这就说明任何外在相关性的认识活动，是离不开内在相关性这块基石的合理运用的。

面对主观性，内在相关性基石，只能使我们产生认识或意识存在形象实在性（也包括认识或意识存在实在性在内）当我们从它出发，进一步展开认识论的知识体系时，我们诚然步步都以它为对象，而始终处于内在相关性这块基石界限之内的，无须过问外在相关性，而与这块基石相联系。在这个意义上，可以说认识论的体现，是完全立足于内在相关性这块基石之上的。但是，进一步看，却就不然了——所谓认识或意识存在形象实在性，是其对象事物存在形象实在性的主观表现，这一点是它的根本或本质，因而它离开了后者的独立自在性，便要化有为无而是一个非存在了。而且为了丰富、充实理性认知和发展的感性基础，便必须认识主体亲自直接和间接（通过文字记载）进入外在相关性的王国，去与其对象相接触搜集足够的材料不可。这样，认识论思想体系的实现，归根到底，也还是离不开外在相关性这块基石的。这与认识论原来那个内在相关性基石相统一，这便又是一个外在相关性的全体性。这便又说明，任何内在相关性的意识活动，也都是离不开外在相关性这个基础性实在性的。

这个认识论的外在相关性全体性，与前所谓本体论的外在相关性全体性的，互为对方的对立统一全体性，便是一个普遍性的外在相关性的全体性一般。但认识论，本是本体论所固有的潜在认识论，自在自为的展现，从而它的外在相关性的全体性，也同时必然是本体论外在相关性的全体性所固有的潜在性，自在自为的展现——普遍性的外在相关性的全体性，便由此可归结为本体论的外在相关性的全体性与其这个自在自为展现的统一：它不是别的，它实等于向认识或意识（自我意识一般）的外在相关性全体性的复归。在这个复归中，外在相关性那块基石，作为从十字架上解放了的圣子基督，始终是内在相关性那块基石的内在基础，而使它作为魔鬼撒旦的魔性消失为内在相关性的内在真实，消失为认识或意识不可缺少的必然环节。于是，解放了的圣子基督便与这已表现出来、已成为现实的,内在相关性变其魔性为天光霞彩的新生实在性,携手同归于自我意识一般或认识、意识共相的天帝,而与其相统一、相合一了。

从这里开始:一切外在相关性的那些功德不全的杂多,一切单纯内在相关性的那些夹杂这样或那样真理因素片断哲学谬误,都一齐消失于无影无踪,有的只是在自我意识一般的天帝统一性、合一性中,以其来源上的事物存在形象实在性的双重化统一体,与其本原性自然实点的双重化统一体相联系、相吻合为对象的,载歌载舞的认识乐园,在其客观逻辑的逻各斯规律基础上,发出促进认识论再前进的天国乐音了。

这便是认识或意识的逻辑层次——它将我们导向认识论的认识或意识的逻辑层次领域中去了。

第 二 章

认识或意识的逻辑层次

无论是本体论,还是认识论,它们作为哲学的理论体系,便都是认识或意识王国基础性事实的自身规定。那么,什么是认识或意识王国基础性事实呢?

凡属对我们显现着的一切实在性或任何实在性,都是为认识主体的认识或意识所显现的,这就是说那在对我们显现着的一切实在性的"显现能动性",就是我们的认识或意识,是我们作为人的属人认识或意识。没有属人认识或意识,人便空无所知,人面对的就是一个什么也没有的沉寂,即使包括人在内的一切实在性或任何实在性,还是照样在那里存在着。

所谓对人显现着的一切实在性或任何实在性,意思是说:

就真正属人之观的客观之观而言,它就是客观上的事物存在形象实在性是也——人是"观"的主体,他在此观中居主位,事物存在形象实在性,则居客位或宾位;观是人在其主位上对在客位或宾位上的存在者之观,故曰客观上的事物存在形象实在性。

就真正属人之观的主观之观而言,它就是主观上的认识或意识存在形象实在性是也。人在此观中是对他自己作为主位上的主体之观——"主观"本身的意识表现之观,故曰主观上的认识或意识存在形象实在性。

显而易见,那在显现着一切实在性的认识或意识,是属人精神之观的能动性，亦即人的精神能动全体性，它与其对象必然相联系的一体性，便是认识或意识王国基础性事实。凡属人的认识或意识，便只能是前者与其对象相联系的一个认识或意识王国基础性事实：后者是前者的逻辑先在发源地，它与认识或意识时间上的起源不相同——无论说认识或意识起源于感性，还是说它起源于理性，都与它不同，这都设定了感性或理性对认识或意识说的时间先在性，而它则不能如此设定。它只能设定自己是永远与认识或意识不可分离的，而是认识或意识所必不可缺少的一个逻辑先在基础。无此基础，什么认识或意识也产生不了。

显而易见，这里所谓"人的意识"，既不是单指人的感性意识（感性），也不是单指人的理性意识（理性），而是指兼此二者的普遍性——属人认识或意识共相，它既是人的感性认识或意识，也是人的理性认识或意识，是将此二者一劳永逸地包容于它自身之内了。它是二者的更高对立统一的全体性。

因此，所谓认识或意识王国基础性事实，也便与前所论相应地必既非感性的、也非理性的，而只是一个认识或意识王国基础性事实的共相了。但除了此一层的关系之外，它还可以是本体论的认识或意识王国基础性事实，也可以是认识论的认识或意识王国基础性事实。对此，是否能够将前者扬弃为后者的一个内在环节而返归为二者的共相，以便以它为支柱，来论述认识或意识的逻辑层次呢？这便是在这里提出它的宗旨所在。

认识论不是孤立于本体论之外的，它原本是本体论的潜在性——潜在认识论的自在自为的展现，从而它必包含本体论为其一个内在环节的事实在内，它的理论体系，也必须体现有关它这内在环节的认识或意识规律。与此相联系，认识论的认识或意识王国基础事实，也不是孤立于本体论的认识或意识王国基础性事实之外的，它原本便是本体论的认识或意识王国基础性事实的潜在性——潜在认识论的认识或意识王国基础事实的自在自为展现。从而，它也必须包含后者为其一个内在环节的事实在内，它的理论体系，同样必须体现它这内在环节的认识或意识规律。这就是说，认识论的认识或意识王国基础性事实，必然能以本体论的认识王国基础性事实为其内在性，而返归为二者的共相——认识或意识王国基础性事实。所谓对"自我意识"论述的整个逻辑内容，在其根底上便是一个认识或意识王国基础性事实。

认识或意识实在性与其对象的统一性，本来就是一个认识或意识王国基础性事实。在它的基础上去论述认识或意识的逻辑层次，会更方便一些，因为它的每一层次都涉及它的对象，二者的统一，恰好就是一些不同层次的认识或意识王国基础性事实。其所以如此，乃是因为意识王国基础性事实，是前所谓外在相关全体性的固有逻辑内容——认识或意识与其对象的外在相关性的全体性，只能是始终一贯地其对象必为人的认识或意识所表现出的，对人显现出的，对人显现着地任何实在性：这便是一些认识或意识王国基础性事实。

一　感性认识或意识王国基础性事实

开宗明义，首先必须阐明所谓感性认识或意识王国基础性事实，是一种什么实在性。它首先就是：对我们显现着的任何客观上的实在性，都是为我们的感性认识或意识所显现的，从而它便是前者与后者的一个对立统一体。这就是说，它必然一开始便是一个属人精神能动性——真正属人之观的感性客观一面，表现其对象的感性认识实在性，所以它的对象必须即为一个本篇导论所说的客观事物存在形象实在性。

但事物存在形象实在性，原是本体论所从而出发的论述对象，而这对象只能是在真正属人之观的客观之观中的对象，因而它必须就是在这客观之观中的客观事物存在形象实在性——这样一个感性认识或意识王国基础性事实的感性认识实在性的对象。在这里便出现这样一个问题：感性认识或意识王国基础性事实的，这个客观事物存在形象实在性的对象，必然是一个不能用任何感性语词观念所取代的 X，它是怎样认识或意识这个实在性的呢？这是感性认识或意识王国基础性事实中的一个首要有待回答的问题。

其次，感性认识或意识王国基础性事实，还是这样一个实在性：任何主观之观的对象实在性，也都是为我们的感性认识或意识所显现的，从而它又是这里所谓前者与后者的对立统一体。这也就是说，它必然是一个属人精神能动性——真正属人之观的主观一面的，表现其对象的感性认知实在性，所以它的对象必须是一个认识或意识存在形象实在性。

但认识或意识存在形象实在性，原是认识论所从而出发的论述对象，但它却同时必然就是客观事物存在形象实在性的主观表现，从而它是怎样形成的问题，必然就是前面所谓认识或意识王国基础性事实中的那个首要有待回答的问题。这就是说，认识论必须过问或开始于本体论中的认识论问题。只有这样，才能表明，回答它从而出发的对象——认识或意识存在形象实在性的本质问题：本体论不过问它从而出发的原始对象的构成问题，认识论却理所当然地必然要深入其对象构成，而才能继续深入其对象的更高不同层次逻辑内容中去。

可以这样说，本体论感性认识或意识王国基础性事实，是认识论感性认识或意识王国基础性事实的逻辑先在基础，这可归结为：

客观事物存在形象实在性之知，是怎样在真正属人之观的感性客观中，被觉知到的？

这里所谓的觉知，当然是感性觉知。但感性觉知，是一个感性觉与感性知的对立统一体。我们面对客观性，首先发生的是感性觉,而它是一个连续的过程,只有它在连续性中发生了中断,它的前此整个过程或最后终点,才转化为一个感性知。从而,此知便是一个感性觉(就觉的过程而言),与感性知(就感性觉的中断性而言)的对立统一体。在这个前提下,所谓感性觉知:便或者是为觉的整个过程所构成的感知,因而人便感知到了一些客观实在性;或者是为觉的整个过程那一终点所构成的感知,因而人便感知到了任何一个客观实在性。前所谓 X 对象的感性觉知,也不外是这两种情况。为了方便起见,且取后者的为展开其逻辑内容的主题——它的对象只能是某一个 X。

具体来说,人面对这个对象,必然首先由他的感官核心——视感官发生作用,使他看到了一个在其一定场景中的客观事物存在形象实在性轮廓。之后,他又可以通过他的其他感官,感知到在这个轮廓中的实在性,有无颜色、有无音响、有无气味、有无味道和软硬程度等不同方面的存在性。从而,他所有这些感觉之知,必然使他都综合到前此他所感知到的,那个在其轮廓中的实在性中去。这便形成了他的一个表现那个 X 对象的客观知觉形象实在性。它的形象就其形式说,是真正属人之观那个客观之观的精神性的,而就其内容说,却就是它直接觉知到的那个 X 对象存在本身的形象。我们用"事物存在形象实在性"的语词观念性来指称它,也可在此前面加上"客观"的定语,称其为"客观事物存在形象实在性",因为它是在属人客观之观中被感知到的,这种指称的内涵,即为它表现的是 X 对象存在本身的形象。最后这个形象,便被保存于属人客观之观的精神性记忆里。

在这里,必须再一次强调这样一点:人在其知觉形象的存在性中,是直接看到了那个 X 对象存在本身,从而是直接与它本身打交道的。它绝不是仍处在属人知觉形象实在性的客观之观外面,使得人直接只与他的知觉形象存在性打交道;这样一来,他的知觉形象存在性，便与它可能不一致了，却可能只与它一一相对应了。本体论上，认识论上的不可知论，便是发生在这样一个误区之中。

诚然，我们的知觉形象存在性，似乎会有与这个 X 实在性不一致的地方：例如各种颜色在客观自在性那里，只是它反光的波长大小的区别性；各种声音，在客观自在性那里，也只是它一种空气震动的区别性，如此等等。但这些情况，只是发生在对我们的关系之中，它的这些自在性，在对我们的相关性里，便自在自为地表现为不再是颜色和声音等实在性了。从而，这仍然是它固有性能的表现，所以它仍然在这个意义上，同我们的知觉形象存在性是一样的。

这样被觉知到的事物存在形象实在性，必然从它本身那里，对人浮动着它的一系列动态情状。这所谓"动态情状"，我不是指客观事物存在形象实在性的运动或变化而言，而是指无论它是动的还是静止不动的，它都对外洋溢着不同视觉上的动态情状，而充满了活生生的气氛。现在可对它做如下的描述。

事物存在形象实在性，无论在其时间之流中还是在其空间布局上，本身都对我们洋溢着不同视觉上的动态情状：

从时间之流看，它与其动变性的相关性，是它的一种时间之流动态情状；从空间布局看，它之为这事物形象与那事物形象的相关性，又对我们放射着空间布局的动态情状。

这个时间空间动态情状的统一共在系统或结构的属质统一性，便指向事物存在形象实在性自身内部的空间性动态情状。例如：说它好像在"桃花笑春风"，这说的是它原初自身内部的整个空间性动态情状；说"它是粉红的"，这说的是它原初自身内部整体与部分相关性的空间性动态情状；说"它的某一方面大于另一面"，说的是不同部分相关性的空间性动态情状。就它自身说，事物形象与存在，存在与其场景等相关性，都直接就是它原初自身内外不同部分的相关性空间动态情状。所有这一切统称事物存在形象的原初自身内部空间性动态情状。它在其系统和结构中，便又既是其时间之流动态情状，而有其动变性，也是其空间布局动态情状，而有其所在性。这个统一性便是客观事物存在形象实在性的，原初自身内部空间性动态情状的变换性。

在这变换性中，所有一般动态情状的共相，无论是空间性的还是时间性的，便都是事物存在形象实在性与其一切自身区别的相关能动性，是它的自身规定能动性。正是这能动性使它的一切自身区别性，转化为它的自身规定性。

现在，且对这些动态情状加以简化或补充。它们可归结为：客观事物存在形象实在性所是所为动态情状，它的不同个体相关性关系动态情状和它的不同深度的动态情状。它们是制约我们认识或意识所以可能和不断深入的向导。作家会因为它们在脑中不断地闪烁出现，将对象形容得惟妙惟肖；理论家也会因为它们在脑中不断地启示，将对象论述得合情合理。

知觉形象实在性，是对客观事物存在形象实在性的感性表现，因而在后者中那些动态情状，在前者中也照样存在。只是人们一向都仅注意自己的知觉和对象，而对它们都渺无所知，好像它们并不存在似的。要说真君子，它们才是真君子，无怨无悔，不声不响，只在那里默默然、慨慨然付出贡献。人们说，那些著名作家的行文，真是妙笔生花；我则说，要是没有在他们大脑和对象中那些动态情状在起作用，什么妙笔生花，也得粉身碎骨，一败涂地。

凡是在其动态情状中的客观事物存在形象实在性，或者说客观事物存在实在性也行，都是一个既是物质实在性，也是精神实在性的双重化统一体——物质与精神的对立，我们早已将它扬弃到十万八千里以外去了。因此，表现客观事物存在形象实在性本身的知觉形象实在性，也相应的必须既要表现前者的物质实在性一面的直接性，也要表现它的精神实在性一面的直接性二者的统一，作为感性觉知双重化统一体，便一齐回归知觉形象实在性的直接可能性中去。这种直接表现客观事物存在形象实在性的知觉形象实在性，便是外知觉形象实在性；构成它表现前者不同方面直接性形象的不同感觉形象实在性，则称为外感觉形象实在性，它们是构成前者的因素。无论是前者还是后者，它们都是位居属人客观之观的客观感知实在性。

有了外知觉形象实在性，便可以这属人客观之观的感知实在性为对象，进行主观之观的感性反观活动。客观之观的意向性指向客观事物存在形象实在性，因而就其内容说，是非心理的；这主观之观的意向性却只指向客观感知实在性，因而无论就其内容说，还是就其形式说，便都是心理的。在这里，人们可以说外知觉形象实在性是一定不同外感觉形象实在性的集合，但这又是一种非辩证的片面说法，实则应该说它是一定不同外感觉形象实在性，既相连续又相中断的内在统一体，这便是内知觉形象实在性。同时，构成它的原先被称为外感觉形象实在性的不同因素，也随之变成内感觉形象实在性——同一个知觉形象实在性和感觉形象实在性，只因它们联系于属人客观之观与属人主观之观的区别性，它便转化为外知觉形象实在性、外感觉形象实在性，与内知觉形象实在性、内感觉形象实在性的双重区别性。

必须牢牢记住：

外知觉形象实在性、外感觉形象实在性者，知觉形象实在性、感觉形象实在性与属人客观之观相统一之谓也。

内知觉形象实在性、内感觉形象实在性者，知觉形象实在性、感觉形象实在性与属人主观之观相统一之谓也。

此二者的统一，可以称其为内外感的知觉形象实在性与感觉形象实在性。但就其内容说它便反归为真正属人之观的全体性逻辑内容，可以称其为感性觉知双重化统一体：它既是属人客观之观的外知觉形象实在性与外感觉形象实在性，也是属人主观之观的内知觉形象实在性与内感觉形象实在性。总之一句话，真正属人之观的双重化统一体，便是内外感知觉形象实在性、感觉形象实在性相统一的内在逻辑内容。在其中，属人自我意识那种"我认识或意识到什么"的自觉性，便转化为内外感上的知觉形象实在性的自觉性，而表现为人有知于此的自觉性。

于是，在真正属人之观的感性觉知双重化统一体中，使必然永远存在着外感上的外知觉形象实在性、外感觉形象实在性，与内感上的内知觉形象实在性、内感觉形象实在性的区别与联系，它们可归结为一个属人外感与内感相互区别与联系的实在性。这样，便又出现了我们所谓外感与内感和康德所谓外感与内感的根本排斥和对立。

康德所谓外感，是属人先于其感性经验而存在的，先验感性机能的先天知识——空间概念，它以此直观、综合来自物自体无空间性，无广延形体性的感觉材料，因而构成对我们显现着而可以对它进行客观之观的事物存在形象实在性。这就是他所谓外感之感的功能。但事物存在形象实在性，生而便有自身及其内在差别性的持续性和变化性，因而属人先验感性机能又有时间概念的先天知识，早已作为此者的前提，将它们直观、综合到前后相继的时间连续性中去了——没有时间，前者对我来说便不可能存在和不可理解的。前者在物自体（物之在其身而非在我们感性经验中）那里的情形，到底是怎样的，我们空无所知；我们所知者，仅是它在我们感性经验里的时间性现象而已。这便是康德所谓内感之感的功能。所有康德这些说教，都是警幻仙子所主司的警幻之境的幻影，是康德在其南柯一梦中的呓语。之所以如此，再全面说一遍，理由如下：

没有空间性、形体性的实在性，便是什么也不是、什么也没有的非存在，有的只是康德的梦呓——即使那逻辑先在而与本原性本体相统一的自然界实点存在性，在现实上也必须有其三维延扩之量的空间性、形体性，它只能在其中作为无所不在的实体而在动变不已。任何客观实在性，无须你加上空间的先天或先验概念，它才对人说成为实在性，空间性原本就是它的存在形式。无论就感性经验而言，还是就物自体而言，都是如此。反之，没有任何实在性为其支撑点的空间，也是无从成立的，这也是康德的先天或先验（后者是对感性经验普遍有效的空间概念性先在而言）梦呓。在这种梦呓中，便没有什么被直观、被综合的，从而直观、综合也无从成立，化而为它的非存在了。尤有甚者，这实质上等于将真正属人之观的客观之观的实在性，化为它的非存在了。

与此完全相同，没有时间性的任何实质性的持续性和变化性，照样是一个无持续性、无变化性的非存在，有的只是康德的梦呓。实际上，无须你加上时间的先天或先验概念，它们才对人说成为可能、成为可理解的，时间性原本就是它们的存在形式。这也无论对感性经验说，还是对物自体说，都是如此。反之，没有任何实在性的持续性、变化性的时间性，同样是无从成立的，这也是康德的先天或先验梦呓。在这种梦中，便没有什么对象持续和变化的自身规定，可被直观、可被综合的，从而直观、综合的发展，也是无从成立，化而为从原先的非存在到非存在的零加零了。尤有甚者，这实质上是等于将真正属人之观的客观之观的自身规定，化为从起点上便等于零的"等于零加零等于零"了。

在康德这个"非存在王国"中，非存在不断地花样翻新，重叠又重叠，构成了现代西方哲学界和国内某些老一辈的权威人士所谓"康德高于黑格尔"的哲学思想。但所有这一切，还不是当前的主要论者，毋宁说问题的针对性是在于：康德将空间概念看成外感的先天功能，而将时间的概念看成内感的先天功能。这即使在他先验感性论的"非存在"王国中，也是无道理可言的，是谬上加谬的"非存在王国"中的一个崭新而更上一层楼的感性新谬论，是"非存在王国"中的基本谬论。

就如康德所言，属人外感上的原始对象——客观事物存在形象实在性，是由自先验感性的天赋空间概念，对以物自体为基础而出现于人心中的一些单纯感觉材料的综合而成的；这种先验过程，同时存在于我们对外感性地"觉知到什么"的内在性根底之中，是为普遍人所意识不到的。但在我们对外的感性直观中，我们不仅能感到客观事物存在形象实在性本身，而且还能感知到它存在的持续性与变动性。虽然对康德说，这只有在有了体现其中的时间先验综合，才是可能的；但这由此而成为持续性、动变性，都是显现在外感对象——客观事物存在形象实在性上的东西。它与后者统一不可分，是必然同外感一起给予我们的。而康德却将这时间上的先验综合功能，使其与外感相区别，称其为先验感性论的内感，这就使人百思不得一解了。实质上，这个时间上的先验综合功能，也是属于康德所谓"外感"上的实在性——康德的先验感性论，简直丝毫也没触及与其相联系的，如康德心里真正所设想的那种内感实在性。

我猜想，康德这种错误，是起源于他将内感混同于我们感知的感性自觉性了，将这属人内部的感性觉知自觉性，看成了他所谓的内感实在性。但这样一来，他所谓的外感实在性，就其能为我们所感知而言，也是完全出自这种感性觉知和自觉性，从而它也同样适用于康德所谓外感实在性，也使后者包容于它自身之中了。这样，便出现了一个外感与内感同归于感知自觉性的混同，并使二者也成为混淆不清而又无从成立的非存在了。这个非存在，便是康德先验感性论"非存在王国"中的基本谬误——在非存在王国中的任何实在性，也都只能是一个非存在。这是一个不可抗拒的哲学公理。

在这里，基本问题是在于内外感本身与其感性觉知自觉性的混同：前者是属人精神的感性机能，它显现其内外感上的知觉形象实在性（内外感上的感觉形象实在性，可扬弃为构成它的内在感性因素）；后者则是它显现为此二者的感性意向性——感性自觉性在其现实性中，原本就是属人感性精神能动性必指向其感性表现的意向性，它与前者是不容混同的。它指向前者的表现对象——真正客观之观的事物存在形象实在性。康德实质上是在尚不能彻底排斥此种认识与其对象外在相关性的情况下，而又要强行所愿地将这客观性视为无时空性的不可知物自体的（无时空性的物自体必然是什么也不在、什么也不是的空无，故必为不可知）。在此前提下，他首先将这客观性不同方面而见之于感性觉知中的不同感觉性，从中割裂出来，然后他又将此一分为二：一是由物自体所激起的人心中亦无时空性的单纯感觉材料；二是由此残存下来的不同感觉性的时空存在形式，使之归属于他所谓广义理性的，先验感性功能所固有的先天时空概念，而终于形成以此去对前者进行直观的综合，这才必然造成前所谓这样一种内外感本身与其感性觉知自觉性的混同的。这是康德在写出此一混同之前，已非一日之寒的事前思考方式：他事前研究问题的思考方式是怎样的，他实现出来的哲学理论观点，也便是怎样的——在后者中，潜存着他在前者中一贯的所以造成后者的研究、思考方式在内。所以，要理解这种混同，便必须从这两方面的统一去把握。

在康德这个亦为非存在的混同中，却又必然也能包含着这样一种对人有所启发的消极真理之光：在属人内在精神能动性那里，只能存在着这样一种成知活动及其可能再行发展的潜在性，而不能由此产生出所谓客观事物存在形象实在性来。这就是说，在这种混同中，感性认识或意识与其对象的外在相关性，更全面而深邃地被表明为是根本不能的，可能的只有感性认识或意识与其对象的内在相关性。唯因如此，康德哲学一方面继承、发展了贝克莱、休谟哲学思想的核心；另一方面又淹没了他们，而成为此后西方唯心主义哲学发展的一块基石。现代西方现象主义的唯心主义哲学，是费希特、谢林、黑格尔以本原性人化精神为基石的，非现象主义唯心主义的对立物，它在近代哲学传统中，便恰如其分地正好找到了康德哲学这块基石为其立足的根据。所以一般地说，在它看来，康德哲学必然高于黑格尔哲学——对此说实令人难以理解，但细思之下，也是可以理解的。可以这样说，康德先验感性论的内外感本身与其感性觉知自觉性的混同，对现代西方哲学说，具有举足轻重的地位。它的种种说教，原则上无非都是这个消极的真理之光，在它们之中反射出来的不同形式的折光。

然而进一步看，不仅康德所谓"内感"不是什么内感，只是一个属人感性觉知与其内在自觉性的混同；而且他所谓"外感"，也不是什么外感，却只是一个作为唯心主义家园的，认识或意识与其对象那个内在相关性，所以能表现其自身的一个原始中介环节的感性歪曲表现。所以说它是这样一个感性歪曲表现，是因为它将这中介环节的直接感性表现——近现代唯心主义所谓客观事物存在形象实在性，必作为不同感性集合体的实在性，割裂为一是无时空性的单纯感觉材料，一是先验时空概念的外在相加，而结果将它弄成非存在。必须明确或记起我们以前所说过的，前所谓康德那个由其先验感性外感综合而成的客观事物存在形象实在性，实即为贝克莱、休谟所谓不同感觉集合体，因而实即一个康德式的感性知与其感性对象的混同。现在我们应称其为康德或外感知觉形象实在性与其感性对象的混同。这个混同，当然也是一个非存在。康德先验感性的外感学说与其内感学说，同为一个属人感性觉知与其内在自觉性的混同，便必然最后又一起同归于内在相关性的魔窟，而表现为自康德之后的西方唯心主义哲学发展。在我们看来，康德之后的费希特、谢林、黑格尔等人的哲学思想，仍然是这个发展的最高峰。随着人们不能正确对待黑格尔哲学这份珍贵遗产，而不问青红皂白一味指向对它的批判，便出现了黑格尔哲学的解体过程。在这个基础上，便响起什么康德高于黑格尔，什么要回到康德上去等等的摇旗呐喊之后，最后终于雨过天晴，掀起了现代西方现象主义的一代唯心主义哲学思潮，使得在康德之后的哲学发展，从其最高峰上跌入了最低峰的峰连峰似的这种主义或那个主义地蔓延不已。黑格尔再也抬不起头来（虽然也出现过新黑格尔主义，但它回天无力），康德便成了它传统上的崇拜偶像。

在西方现代哲学这种发展过程中，的确也出现了某些有创见的哲学家：布伦塔诺、胡塞尔，提出了心理现象与物理现象相区别的基本之点，在于前者有意向性而后者无此规定性；罗素的逻辑原子论，提出了以语词为单元的原子事实与分子事实、原子命题与分子命题的划分，并以博学多识的姿态描述了天文学的宏观景象，都发生于属人脑中枢，从而实质上是对内在相关性这块哲学基石提出了一种新式论证；巨子维特根斯坦道貌岸然，对哲学研究做出结论说，能言说者则说之，不能言说者就沉默，实质上也就是说，见之于语言者可言之，而对事物自身者不可言矣——此者何谓也，康德的物自体不可知而已，如此等等，言不胜言。但是所有这一切，都未超越康德以其先验感性论为基础的，所谓不能越出经验所以可能的界限，越出则为非理、非法的法旨，而是在这一界限中的唯心现象主义爬行蠕动，其真理性怎能比得黑格尔哲学高峰上的苍松翠柏，那是很明显的。因此，我们还是从这里，回到原来康德的问题——内外感的是非探讨上去。

既然康德内外感的学说，并未说明外感的实质，也未说明内感的实质，二者只是认识或意识与其对象的内在相关性魔窟，展现其唯心现象主义的一个中介环节，那么到底什么是真正的外感与内感的实在性呢？在我们看来这个实在性是：

所谓外感者，不是别的，它就是真正属人之观的感性客观之观，它面对客观事物存在形象实在性，显现前所谓外感知觉形象实在性。

所谓内感者，它也不是别的，它就是真正属人之观的感性主观之观，它面对客观事物存在形象实在性，显现前所谓内感知觉形象实在性。

这种外感与内感的观点，便排斥了康德外感与内感学说中的时空概念与感性相割裂的不合理性，达到了二者的内在统一。不过，我们可以从中看到，即使康德的内外感合一性的缺陷，得到纠正，它也只不过仅仅多了我们所谓内感的实在性，因为二者都归宿于他所谓作为不同感觉集合的事物存在形象实在性，这正是我所谓内感知觉形象实在性。

外感上的知觉形象实在性，与内感上的知觉形象实在性的对立统一全体性，便是前所谓感性觉知或意识形象实在性。现在则充分表明了它既是外感上的知觉形象实在性，也是内感上的知觉形象实在性，是这二者的这样双重化其自身的双重化统一体。它最后作为感性觉知的大全，都是为属人感性机能所显现出来的，它与其表现对象——客观事物存在形象实在性的内在统一，便最终完成了所谓感性认识或意识王国基础性事实的全部逻辑内容。这一点，又可以这样来表现其实质：对人显现着的一切客观事物存在形象实在性，都是为我们的知觉形象实在性所显现的。

从这里，便可进而过渡向着直接知觉形象实在性相联系的，非终极理性认识或意识王国基础性事实的理论领域中去。

二　非终极理性认识或意识王国基础性事实

人觉而有知，这知是在感性的限度内，它的成知之势，基本上是被动的：人无论在哪里，他一抬头、一转身，不问他是否愿意，总有在一定场景中的某些事物存在形象实在性，相互映射地现入眼睑。即使人有意分神凝视或以其他感官试之，则这瞬息间的主动性，立即转化成为对象所制约的被动性（它如何被人感知的内在能动性，并不出现在感知的自觉性中）。所以，客观事物存在形象实在性的内外相关性形象，在被感知的属知实在性中，胡塞尔便称其为前谓词判断。

但当这知是在非终极理性的限度内，它的成知之势，却基本上是主动的：在这时，对象的制约性虽然仍为它的前提，但它却不是在被动感性地显现对象自身给予的形象，而是在能动地提示潜伏于这对象形象之中的内在之理，以表现此者不同深度的观念性所在，从认识或意识上对它进行规定。所以，只有在非终极理性之知中，才能构成显现对象的非终极不同层次本质的观念性及其自身分化与回归，形成观念、谓词判断和推理的属知实在性。所有这一切，都离不开非终极理性在其成知之势中的主动性。或者这样说也行，即将对象的单纯自在性，展示为在其对人关系中认识或意识上的自在自为性，这只能靠非终极理性本身在其成知之势中的主动性。

总之，任何对人显现着的事物存在形象实在性的非终极不同层次本质实在性，都是为人的非终极理性认识或意识所显现的。这个非终极理性之知与其对象相联系的理性觉知一体性，便是一个非终极理性认识或意识王国基础性事实。

如果说在感性认识或意识王国基础性事实中的感性觉知，是一种感觉或知觉的属知形象实在性，可简称其为属知感性形象；那么，在其中非终极理性认识或意识王国基础性事实中的理性觉知，则是一个趋向摆脱感性形象而进入其纯属逻辑内容的观念性发展过程。它指向其最终鹄的——概念觉知。简单地将理性觉知归结为概念觉知，这是不正确的。这种观点，不但不知道从感性觉知进入非终极理性的中介是什么，并且也不知理性觉知可分为非终极性与终极性的，而非终极理性觉知并不能达到概念之知的高峰；它只能达到还正在中途发展着的，从而并不能与属知感性形象绝缘的起点与中点性概念觉知。须明确，无论在日常经验里，还是在理论领域里，人们通常所谓的"概念"，并不是在概念觉知高峰上的概念之知，它实质上却仅是一种起点上的概念之知，它连中点概念还不够。实际上，除了导向非终极理性觉知的中介之外，非终极理性觉知就是起点与中点性概念觉知。

非终极理性觉知，便必出自非终极理性，因为一般理性觉知出自理性，既然前者分为非终极性与终极性的，那么它也必须有此区别性，从而与它的非终极理性觉知相对应、相联系的实在性，便必须是一个非终极理性。这便从以上所论中提这样一个问题，到底什么是前所谓"非终极性理性"呢？这个问题，冠盖所谓"非终极理性认识或意识基础性事实"的整体性，只有揭示出了它的逻辑内容，才能进而揭示这个整体的逻辑内容。

现在，且来分析终极理性与其理性觉知的实在性。

这个问题，必然要同时涉及终极理性，一变而为二者的共论，从而这实质上是一个终极理性与非终极理性的问题。

一开始，我们是在直接与知觉形象实在性的相交点上，提出"非终极理性认识或意识王国基础性事实"这个整体性来的。从而冠盖它这整个性的"非终极理性"，也便必然是一个与知觉形象直接相联系的理性实在性。与它相联系而统一不可分的另一面，则是超越知觉形象的终极理性。若进一步问它的实质是什么，这必须还要联系西方哲学来阐明它，较为更能充实它的逻辑内容，因为这个问题，原本是从西方哲学提出来的，尤其是德国古典哲学，应该说是将它正式公然提出来的故乡。当然在这里，还得从康德说起。

康德《纯粹理性批判》的南柯一梦哲学思想，虽然在梦外是一个"非存在王国"，但就在其梦中而言，却是它的真实哲学观点，是它固有的哲学梦呓。正是在它这"梦呓"中，它却首先提出了感性、知性与理性三种属人认识或意识能力的基本划分。它的"先验感性论"，提出了感性认识或意识能力；它的"先验逻辑"则提出了知性与理性的认识或意识能力：在先验逻辑的"先验分析论"中，提出了知性的认识或意识能力；在先验逻辑的"先验辩证论"中，又提出了理性的认识或意识能力。这里所谓理性与此三者相统一的广义理性有别，这三者都是它的分支。感性构成康德所谓"感性之知"的实在性，它相当或对应于我们所谓知觉形象实在性，但却没有其本身的内在规律（内在之理）或条理，仅是一些有了时空性的不同感觉集合体。① 知性以感性经验为基础，构成使其有了内在规律或条理（亦即康德所谓范畴或中国哲学所谓理）的知性经验实在性，它的总和统一性，在康德看来，就是自然界。② 理性则最后又以知性经验的总体性为基础，提出它的内在支撑性——心灵、它作为自在之物所显现的世界及其终极本原——上帝等三个超感性经验、知性经验，因而是完全超越经验的理念实在性；但理性又只能以知性变感性经验为知性经验的规律——范畴，去体现对它们的认知。这样，它们的逻辑内容便永远达不到，而使理性陷入不同形式出自它本性之幻象的种种矛盾中去——超验之境是不可能使我们产生确定认知的。我们还是回到知性经验的发展中去，理性必然指向的三个超验理念，只不过可以作为前者的调整原则，使其有所根、有所据，而不是凭空显现则已。但这根、这据，休想去认知它。从而，在理念领域中，康德便下达了一个禁令：不许超验一步以求知！当然感性经验、知性经验乃至超验理念，对康德说，都既是知、也是其对象，是知与其对象的混同。这一谬误，

---

① 康德最初以不可知物自体为基础的感觉，是没有时空性的，这一点不要忘记。
② 康德认为，就自然界而言，属人认识或意识不是在认识或表现自然界的规律，而是前者的知性规律，赋予了自然界以规律。

是自贝克莱以来西方近现代哲学的共同特点，无须再行多言。但是从这里，便可以来阐明什么是非终极理性的问题了。

康德所谓的内外相统一的感性经验，是康德的感性觉知，它相当于我们所谓内外感——客观之观与主观之观相统一的知觉形象实在性：主观之观上的知觉形象实在性，作为客观之观上的客观事物存在形象实在性的感性表现。此即我们所谓的感性经验——感性觉知。二者的区别，是在于前者的时空性，是康德先验感性功能外在加给它的；后者的时空性，是它所固有的，二者一起都是我们所谓感性功能的直接表现。既然康德所谓的知性，是直接继起于他所谓的感性经验而与其直接相联系，则继起于我们所谓感性经验而与其直接联系的非终极理性，便必然也相当于康德那个知性，乃至可以进一步说它就是一个我们所谓的知性。所谓非终极理性不是别的，它就是一个知性，问题只在于它与康德所谓知性的基本区别是什么。

我早已说过，康德所谓的知性，无非是一个思维成知的能动性。这个成知能动性的逻辑内容，现在可以概括为：思维以其先天范畴，去综合康德的感性经验使它成其为有条理有根据的内在性的知性经验。它同时也是康德如此这般的客观事物存在形象实在性，因为他的知性经验是与其对象相混同的：知性经验与此相混同，康德的知性，便又等同于我们前所谓外感之感的感性，因而又转化为一种知性的取消主义。

与此相反，我们所谓的知性，却仅是思维在揭示内外感相统一的知觉形象实在性——知觉形象实在性，亦即我们所谓感性经验的内在规律：觉知形象实在性有意向性，它必指向客观事物存在形象实在性，从而这又等于我们所谓知性，是在揭示客观事物存在形象实在性的内在规律。但这二者却不是一个知与对象的混同，不是一种知性的取消主义。

我们所谓知性与康德所谓知性这种区别性，进一步看又可以归结为：康德所谓知性，仅是指向认识或意识与其对象的内在相关性；我们所谓知性，却是指向认识或意识与其对象的外在相关性的全体性——前者是产生谬误的魔窟，后者是产生真理的宝库，从而康德的知性只会产生谬误的知性经验，我们的知性却只能产生真实的知性经验。

既然康德的知性经验，必为理性超越它的超验之境所限制，那么我们所谓与非终极理性作为知性相区别的终极理性，便相当或对应于康德这里所谓的理性——终极理性，必然要归结为这个理性，它就是这个理性的实在性。它与康德这个理性的区别性，仅在于：后者指向的是心灵，它的内在世界和上帝这样三个超验理念，前者指向的是属人精神属性、它所表现的客观世界及其本原性本体三个层次上的客观实在性。这便是我们所谓理性与康德所谓理性的分界线。

于是，现在便有了我们所谓感性、知性与理性，与康德所谓感性、知性与理性的相互排斥和对立。此三者在费希特、谢林和黑格尔那里，又各自有其特殊的不同表现形式。

康德所谓不可知的物自体，以前曾将它归结为一个什么也没有、什么也不是的非存在，这里就它的无时空形式的存在而言。现在可以补充说，若就它的属质统一性与其存在相统一而言，它却就是一个前一章中所谓的人化精神。据此便有：

人化精神作为费希特的自我为非我所限制的理论能动表现性，在其展现过程中，最初便显现为对其展现的自我感性直观，这便是费希特所谓的感性。此后，它在其整个展现中向自我直观的回归，则就是它所谓的知性。他在其非我为自我所制约、所动变的实践能动性表现性的展现中，最终又对其回归为自我本身的直观自觉性，却就是它所谓的理性。

谢林将费希特的自我为非我所限制的理论能动表现性，与非我为自我所制约、所动变的实践能动表现性，改变为主观性与客观性相统一的一个精神能动表现性，它在其展现过程中，第一次回归自身的直观自觉性，则便是他所谓的感性。而它在其感性表现中又反观这展现过程，进一步系列的第二次创造性的直观自觉性，则便是他所谓的知性。最后创造性的直观自觉性达到了顶峰，便又产生它从中概括性的一系列回归自身的概念构造活动，这又是他所谓的理性。

黑格尔在其《小逻辑》中的"概论逻辑学性质"里，将知性视为与辩证的或消极理性的方面相区别的第一个方面；但这不是我们现在所论述的知性，它是与辩证性或辩证法相对立意义上的知性。就现在所论意义上的知性，则是体现他的《小逻辑》或《大逻辑》的整个体系的内在区分之中。可以这样说，此二书的"存在论"是它的感性方面①，它的"本质论"则是它的知性方面，而它最后作为前二者相统一的"总念论或概念论"，却就是它的理性方面。这便是黑格尔继康德之后，集德国古典哲学大成所谓的感性、知性与理性。

统观前论，进而批判地从根本上说：

康德以其不可知物自体为基础的，感性经验、知性经验和超验理念，都是无从成立的，从而他所谓那样的感性、知性和理性，也是无从成立的。所有这一切，仅是他的"非存在王国"。

费希特、谢林与黑格尔，以其人化精神本体为根基的那些说教，就其"人化精神本体"的根基说，也是无从成立的——这一点在本篇第一章中，早已经以本体论篇章中的本原性本体学说为立足点论述过了，为它奠定了不可动摇的根据。从而他们的种种说教特别是体现其中的感性、知性与理性的实在性，同样都是无从成立的，而与其根基一起，还是要返归康德的"非存在王

---

① 黑格尔在这个方面中，论述的核心，是某物与他物二者的统一——自有及其量的区分与尺度等问题，故其性质是感性的，是感性表现的直接性内容。本书第一篇第一章的论述，实质上也是感性的。

国"，使它有了多样化的形式。

唯一真实而又能够存在的，只有我们所谓的以知觉形象为基础的感性经验、知性经验与理性的超验之知——对显现世界万物的本原性本体之知；它们才是颠扑不破的真理。从而，体现其中的感性、知性与理性三种精神能动实在性，也才是它们正确而合理的内在性。在这三种属人精神能动性中，感性实质上是我们所谓真正属人之观的感性客观之观与感性主观之观的内在统一；知性与理性，则是我们前所谓非终极性理性与终极性理性的本质性规定。但当前的主要问题，是我们提出的"非终极性理性与其理性觉知"的问题。现在已经有了足够的条件，使我们转到这个问题上来。

非终极性理性作为知性，它的认识或意识表现，无论进展到它自身界限内的怎样高度，它却根绝不了属知感性形象的存在性，而不能使它的认识或意识表现彻底理性化。这是它的基本特点：仍称它的认识或意识表现为经验，其理由就在于此，不过它是由理性思维活动所形成的，高于感性经验并与概念领域挂上了钩的更高知性经验而已。知性经验者，是理性思维对感性经验已经有了不同程度的理性化之谓也，是已经知道了它的某些非感性所是的理性内容，但却并未完全超越感性经验的界限，进入它的超验领域中去。从属人认识或意识的功能上看，所谓非终极理性，就是说它还是一个不完满的理性——理性者，能有知于世界万物的内在之理的精神能动性是也，它的所知不能完全是属理之知，故谓之曰非终极理性。但它毕竟已经有知于世界万物之理了，所以它是已经迈入理性的界限而是一个理性能动性了，不过它却是一个不完善的理性。至于谈到思维，我们又可以说思维者，理性功能的展现之谓也，所以，非终极理性，又可称其为非终极思维；称前者为知性，只不过是说它对世界万物之理有所知而已，从而非终极思维，又可称为知性思维（非反辩证法意义上的）。

非终极理性之为非终极思维，正因为它是非终极的，是知性的，所以它所显现的理性觉知还是不能彻底超越感性经验，而在其中始终残存有属知感性形象的足迹。这可从其本身所固有的逻辑内容，使其明显地一一表现出来。

知性的思维展现功能，必然首先展现的是表象。表象者，以认识或意识形象实在性的形体性为核心，将其不同方面的形象扬弃为它的内在属性而又与它相统一之谓也。所以，表象觉知，就其实质而言，就是对本体论所谓事物存在形象实在性的一种知性觉知表现。在这种知性觉知表现中，诚然已将其中形体性不同方面的感性形象，扬弃为它的内在属性了；但这形体性觉知本身，却仍然是一个属知感性形象实在性。这就是说，知性的表象觉知，是没有脱离属知感性形象实在性的。

表象觉知，处于感性经验与知性经验之间，它与前者直接相联系，而是进入知性经验的入口或中介。但它为什么不属于感性的领域，而属于知性的领域呢？这乃是因为感性只能面对认识或意识形象实在性，往复注意不已；它虽然能注意到它的不同方面相联系的形象，但注意的结果，最终仍然在注意的想象中，复归为一个认识或意识形象实在性，而不能将其转化为一个所谓"表象觉知"实在性。只有在知性的思维能动性中，它才能一方面将认识或意识形象实在性不同方面的形象，进而扬弃为不同的属性；另一方面同时又使它们与其中的那个形体性觉知核心相统一，这才能完成一个表象觉知实在性。因此，表现觉知实在性，作为一个从感性经验到知性经验的入口或中介，便必须属于知性经验的领域而为它的开端，却不能属于感性经验的领域而为它的终点。

表象觉知不同于感性觉知。后者即认识或意识形象实在性，它只能在感性的能动性中，通过注意凝神，使其完成一种感性觉知的感性联系，而构成像一幕幕影视似的一种经验形象自身分化与回归的判断与推理。前者却能在知性思维的分析综合中，使其完成一种表象觉知的理性联系，而构成一种知性表象自身分化与回归的判断与推理。二者一是感性的非谓词判断领域；一是知性的谓词判断领域的开端。

继这个谓词判断领域开端而起的，是知性的概念觉知，但它不能完成概念觉知的大成，只能完成它在与其逻辑发展中的起点、中点的概念觉知，这是知性谓词判断领域中的核心。

起点的概念觉知，是直接生起于表象觉知，是它超越其自身的延续。这个生成的实在性是在于：它仍保持表象中的形体性觉知，但却将它的所有属性，归结为一种据说是本质联系的本质属性，使其与它相统一，这便形成了起点概念觉知。可以这样说，通常人们及至学术界所谓的"概念"，不是别的，它就仅是这里所谓的起点概念觉知。甚至传统上的形式逻辑学，也是如此。为了突出起点概念的逻辑内容，对这些观点有必要进一步做一些分析与阐明。

起点概念，作为通常人们乃至学术界所谓的概念，在传统形式逻辑学中，一般说是对它做了这样一个定义：概念是对客观事物存在实在性的本质联系的思维反映。但是，客观事物存在实在性的起点，也就是我们所谓的客观事物存在形象实在性，二者的统一，便归结为内外感相统一的知觉形象实在性的表现对象了。而对它的知性思维表现，即为表象。从而，说概念是对客观事物存在实在性的本质联系的思维反映，实质上这等于说，它不仅不成其为概念，而且也只是我们所谓的表象觉知了。这就从传统逻辑学上，进一步阐明了通常人们乃至学术界所谓的概念，不只是等于我们所谓的起点概念，而且从其深度上看，它还只是我们所谓的表象，是我们所谓的表象觉知。所以，归根到底，这便归结为起点概念与表象觉知的十足混同。

继起点概念而显现的，则是中点概念。中点概念是知性能动显现功能的终点，而在中点概念之上的终点或终极性概念，则是超越了知性的显现功能，而进入了终极理性的领域里去了。所以，阐明知性的思维显现功能，现在只在于阐明这个中点概念的实在性。

认识或意识存在形象实在性，是客观事物存在形象实在性的表现，就其整体而言，便再无任何概念觉知，可以从中升起了。从而，中点概念实在性，只能求之于它大大小小的不同层次的内在结构。所谓大大者，大而又大之谓也；所谓小小者，小而又小之谓也。这就是说，无论它的大而又大实在性的不同层次结构的思想表现，还是它的小而又小实在性的不同层次结构的思想表现，便都是中点概念的实在性。所以，中点概念总是与认识或意识形象实在性大大小小的不同层次内在结构相联系的。中点概念虽然扬弃了表现那个形体性核心的感性形象，但它的大大小小内在结构及其构成因素，却仍然是脱离不了它们的感性形象的。概括地说，中点概念据此便可分为宏观上的中点概念与微观上的中点概念两大类型。

具体说，所谓宏观中点概念，就是上自宇宙下至地球及其不同宏观物的，认识或意识存在形象实在性的内在结构的思想表现；而所谓微观中点概念，则是上自分子下至基本粒子等，认识或意识存在形象实在性的内在结构的思想表现。此二者的统一，便是一个中点概念系统。就中自原子以上的一切中点概念，都是由基本粒子与微观清虚实在性的，微观认识或意识存在形象实在性的微观布局所构成，而是脱离不了它的感性形象的。唯独基本粒子中点概念的内在结构，却仅是由其中浓度不一而相连续的微观认识或意识存在形象实在性的微观布局构成的，但它也是脱离了它及其内在性的感性形象的。它是中点概念系统的最深层次。可以这样说，归根到底，在它之上的一切大大小小的中点概念，都是由它与微观清虚认识或意识存在形象实在性的不同层次微观布局所构成的，因而它们在其任何层次中，都是脱离不了感性形象的。

这样，便可以系统地说：

大而又大的不同层次中点概念，是由其不同层次大的中点概念所构成的，此谓之曰大而大的中点概念系统。它自始至终都脱离不了感性形象。

小而又小的不同层次中点概念，是由其不同层次小的中点概念所构成的，它最终归结为基本粒子中点概念，此谓之曰小而又小的中点概念系统，它也自始至终脱离不了感性形象。

前一中点概念系统，相对应地为后一中点概念系统所贯通、所构成，此谓之曰小而又小的中点概念系统，贯通大而又大的中点概念系统的统一性，是中点概念的大成。

在此大成中的所有中点概念，都统称中点概念。中点概念与起点概念的对立统一全体性，便是非终极概念一般。它与表象相统一、相联系而必同归于内外感知觉形象实在性——认识或意识存在形象实在性，而为其不同层次的内在性，这便是我们所谓知性经验。知性经验的基本特点，是它始终摆脱不了感性觉知的感性形象，但它却是基本超越了感性觉知的非终极理性觉知。所以，体现它的知性，便是一个我们所谓的非终极性理性，因为它的能动性，始终超越不了感性觉知的感性形象，它所完成的最高峰只能是以表象为中介的起点、中点概念觉知。此者与表象一起作为非终极观念，便最终返归为知性——非终极理性的能动显现能动性。这就是说，知性作为非终极理性，只能止步于此，再高的认识领域，便超越了它的固有界限了。

表象的表现对象，就是事物存在实在性。正因为后者与前者有这种相关性，所以在本体论中的有关事物存在形象实在性的逻辑层次中，才将从事物存在形象实在性到事物存在实在性的联系，看成它的逻辑层次之一，而包含于事物存在实在性双重化统一体之中。这种客观联系，正所以是从认识或意识存在形象实在性，到表象的主观联系的表现对象。表象觉知作为进入概念觉知的入口，而与起点、中点概念觉知相统一的对象性——对人显现着的实在性，则又都是为这个统一性中的表象、起点与中点概念觉知所显现的，它们各自对应前者不同环节——事物存在实在性及其非终极性本质层次的统一性，便是一个非终极理性认识或意识王国基础性事实。从而，它便分为：

表象觉知的非终极理性认识或意识王国基础性事实；

起点概念觉知的非终极理性认识或意识王国基础性事实；

中点概念觉知的非终极理性认识或意识王国基础性事实。

于是，表象觉知的非终极理性认识或意识王国基础性事实，与起点、中点概念觉知的非终极理性认识或意识王国基础性事实的内在统一，便作为一个双重化其自身的双重化统一体，既表达了非终极理性认识或意识王国基础性事实在其对象上的物质性一面的逻辑内容——物质性事物存在实在性及其非终极性本质层次，也表达了它的精神一面的逻辑内容——精神性事物存在实在性及其非终极性本质层次。这种逻辑内容的觉知，便是它的最高知性觉知。

超越了它的这种知性觉知，便必然进入了更高的总体理性认识领域，区别于知性的理性觉知与其对象的统一——终极认识或意识王国基础性事实之中去了。

三 终极理性认识或意识王国基础性事实

终极理性认识或意识王国基础性事实，实质上就是感性认识或意识王国基础性事实，与非终极理性认识或意识王国基础性事实的对立统一全体性，向其本原性本体觉知领域的回归。所以说是"回归",因为前一个对立统一全体性,原本是这个本体觉知领域的显现——显而反射向其自身,故谓之曰"回归"。

这个回归,实质上,就是直接回归到与知性觉知相区别的理性觉知上来——一个完全而彻底地超越一切经验的超越领域。而超验之知与其对象统一,就是一个终极理性认识或意识王国基础性事实。

在这个事实中的超验之知,便必然指向:

本原性本体自身作为实点的理性领域;

自然界本原性本体作为实点的理性领域;

前二者相统一的展现:自然界整体的理性领域。

这三个领域的逻辑内容不但是终极性的,而且也涉及它及其表现的整体性,正好符合康德所谓与知性相区别的,理性领域的特点。它已在本体论篇章中,为本体论的这种理性分别揭示出来了。现在的问题,便是在于从认识论上,揭示潜伏于这三个领域本体论之知中的,潜在认识论的自在自为的理性表现。

(一) 本原性本体自身作为实点的理性概念之知

这种与知性之知相互区别的理性之知,首先针对的是本原性本体自身作为实点的领域。那么它在这个领域中,如何展现它的属知逻辑内容呢?在这里,我们问的不是这种理性之知的对象本身是什么,像在本体论那样对本原性本体自身,进行这样提问,而问的是这理性之知是怎样展现与确定的,证实超验领域可以产生确实知性。至于这种超验对象本身是什么,本体论早已做了回答。所以这里的问题是与本体论问题相统一的认识论问题。一般说,它指向任何层次上正确认识的必然发展规律本身:在本体论中它是自在的,而不是自为的。前者的问题,也是如此。

这个理性之知的属知逻辑内容,我们在事前便可以从逻辑上知道,它必然是一个先在于我们迄今已拥有的全部认识论之知的逻辑先在性。正因为如此，它一方面在显现着我们迄今已获得的全部认识论之知；另一方面它同时又在不断地扬弃它这一系列的显现性，而使其回归自身——它在前者中，必然同时又是一种指向自身而对前者的一系列扬弃动态。因此，我们只要能从头至尾描述了它这一往一复的显现与扬弃的双重动态的统一性，那么在尾声上，出现的就一定得是这种理性之知的属知逻辑内容本身。

显而易见，这种理性之知的属知逻辑内容那个逻辑先在性，显现我们迄今已拥有的认识论之知的直接性，必然落到我们的感性之知——认识或意识存在形象实在性上去。从而，它在其中趋向自身的扬弃动态，便必然动而为对这认识或意识存在形象实在性的扬弃。它扬弃了此知，并不能归为它自身，而是直接出现了更高层次上的表象之知，它又落到此知之中了。它在表象之知中的趋向自身的扬弃动态，又必然动而为对这表象之知的摒弃。扬弃了表象之知，也不能归为它自身，而是直接又落到知性的起点的概念觉知之中去了。它在其中趋向自身的扬弃动态，又动而为对起点概念之知的扬弃。扬弃了起点概念之知[①]，也不能归为它自身，而是直接又落到中点概念之知里去了。它在其中这种扬弃动态，一旦扬弃了非终极性的概念之知，它便能回归到自身了。现在的问题，便只是在于分析它这种扬弃，是怎样回到自身的。

它扬弃了起点概念之知，它便转化为中点概念之知。但中点概念之知，是大大小小起点概念之知的不同层次结构及其构成因素之知。从而它在其中趋向自身的扬弃动态，一旦动而为对这不同层次结构及构成它们那些从宏观始极到微观终极的，而都不能不是一些直到其基本粒子终点为止的宏微观事物存在实在性布局之知的扬弃，这便必然是它作为理性之知的属知逻辑内容那个逻

[①] 说它能显现认识或意识存在形象实在性、表象实在性、起点与中点概念实在性，就在于它——在其中，而又能逐一对其这样扬弃之。

辑先在性的一个最终扬弃行动。它在其中最终便如下所言那样回归于自身：

首先，它原本是被设定的本原性自身作为实点的理性之知，而来源于本体论的理性之知。因而，说它最终回归于自身，便是回归于这本原本体自身作为实点的认识论之知，是潜伏于本体论有关它的理性之知中的潜在认识论之知，自在自为的展现。

其次，这个本原本性体作为实点的认识论之知，必然又在不同层次中点概念结构中无所不在，作为其不同层次实体之知而存在，并在它的对外关系中动变不已——前者的动变性，起于它的动变性。之所以如此，这乃是因为它们的内在性，归根到底，是为本原性本体作为实点的认识论之知层层所充盈、所构成，前者的布局，必归结为后者的布局，从而前者必为后者层层贯通之：此者，不是别的，它即为本原性本体实点自身之知，作为不同层次中点概念结构实体的认识论之知，同时也是潜伏于本体论有关它的理性之知中的潜在认识论之知，自在自为的展现。

最后，前二者的统一，便既根绝了不同层次中点概念结构的属知感性形象，也根绝了它们不同层次构成因素之知的属知感性形象，使它们一齐都归之于本原性本体实点之知作为不同层次实体之知的属知实在性。从而，非终极理性——知性的不同层次中点概念，便转化终极理性——所谓与知性相区别那个理性的，宏观又宏观、微观又微观那种不同层次概念之知。它们之中的任何概念之知，实质上到此才为理性所完成。可以这样说，从感性到知性、从知性到理性的认识历程，便是概念之知的产生、发展、到最后完成的一个属知过程。逆而言之，从理性到知性，从知性到感性，则是理性概念之知在对知性关系中，可以显现为中点概念、起点概念之知——尚未回归自身全面性的概念之知及其以表象为中介的感性觉知。

一般言之，所谓理性概念之知，无非是它将以形体性之知、它的内在结构之知为其不同属性之知的负荷者，一变而为实体之知的负荷者则已。前所谓那种不同层次概念之知，都是如此。所以前者作为知性概念之知，不能完全摆脱其外在或内在的属知感性形象；后者作为理性概念之知，却完全摆脱了前者的任何属知感性形象，彻底进入了它应有的属知逻辑内容中去。

在这里，我们必须明确，所谓属知感性形象，就其广泛的意义说，它不仅是可以为我们所感知的知觉形象实在性的属知感性形象，而是就大大小小一切知觉形象实在性的属知感性形象而言的。其中，包括我们直接看不到的宏微观属知感性形象在内，但它们的性质，是与前者一样的。我们可改称其为感性经验的感性形象直接性，便可方便于泛指这一切，免于会使人发生疑问和不解了。

在此前提下，为使人更为彻底理解理性概念之知的逻辑内容，不妨不厌其烦的就其普遍性本身一一说明它的不同层次构成如下：

就知觉形象存在形象实在性而言，本原性本体实点之知，在它形体核心中无所不在，却又连续为一的实体之知，而与其精神表现的属性相统一者，此谓之曰知觉理性概念之知的实在性。

就表象存在实在性而言，本原性本体实点之知，在它形体核心中无所不在，却又连续为一的实体之知，而与其精神表现属性相统一者，此谓之曰表象概念之知的实在性。

就起点概念之知实在性而言，本原性本体点之知，在它形体核心中无所不在，却又连续为一的实体之知，而与其精神表现的属性相统一者，此谓之曰起点概念的理性概念之知的实在性。

就中点概念之知实在性而言，本原性本体实点之知，在它结构及其组成因素形体核心中无所不在，却又连续为一的实体之知，而与精神表现属性相统一者，此谓之曰中点概念的理性概念之知的实在性。

知觉理性概念之知实在性与表象理性概念之知实在性，起点概念的理性概念之知实在性与中点概念的理性概念之知实在性，它们同为理性概念之知实在性则一，它们只不过是这同一理性概念之知实在性不同存在形式的层次，它们的内在实质，便同归于这同一个理性概念之知。与知性——非终极理性相区别的终极理性，是理性的大成，因而它的理性概念，也便是概念的大成。知性者，调节人行的小乘教门也，理性者调节人行的大乘教门也。唯因前者为小乘则成知也小成；唯因后者为大乘，则成知也大成——大成也，小成也，无乃公道乎？

这种一般理性概念之知的存在规律，也是它本身作为"一"，其数在零以上者为存在，它在零者为非存在，它据此所有的存在数量是：事物存在形象实在性有多少，它便有多少。例如我们用它指称前者的对象数量很多，而一一指称的动作，便表明了它的存在数量。

如果说知性概念之知，无论是起点概念之知，还是中点概念之知，都可以使它们统一为知性概念之知的下属，那么理性概念之知，便就是与这知性概念之知相区别的理念之知。对我们说，这个理念之知，便是事物存在形象实在性的内在之理——理式或理型的理论表现，而理念是对它的理性意念。从而这个理念之知，是与前者所谓康德的超验理念根本不同的：后者脱离感性，又脱离知性，它的逻辑内容，而是不可知的；前者既不脱离感性也不脱离知性，它的逻辑内容，而是从二者系统发展出来的一个可知性。

这样一个可知性理念，必须既表现本原性本体实点，作为一个双重化统一体的物质本体一面，也要表现它的精神本体一面，从而它本身也是这样一个双重化其自身的双重化统一体。与此相联系，又必须补充说，不但这个理念之知是如此，而且前所谓知性的表象、起点概念、中点概念等属知实在性，也同样是如此，它们也是一些双重化其自身的双重化统一体。之所以如此，这乃是因为所有这一切，都是从内外感知觉形象实在性那个双重化统一体发展出来的——此者，我们早已论述过了。

这种理念之知，与它不同存在形式层次的统一全体性，所显现的理性对象——对人显现着的事物存在形象实在性的内在之理作为理式或理型，都是为终极理性的能动表现作用所显现的，二者的统一，便是终极理性的一个概念认识或意识王国基础性事实。

但是，这理念之知在其不同存在形式层次中的综合统一性，在其存在数量中既相连续又中断的总和统一性，便又构成了一个大而又大又为最大、宏观而又宏观又为最宏观的理性概念，这便是自然界本原性本体实点实在性的理性概念之知。它又是与我们现在所论主题不同的一个新领域。

（二）自然界本原性本体实点的理性概念之知

这个理性之知的自然界本原性本体实点之知，必然也是逻辑上先于我们对自然界的一切感性、知性之知的一个逻辑先在性，它显现后者，并在后者中也一定是一些扬弃动态实在性，而使它趋向回归其自身的一个过程。简而言之，据此便有：

自然界本原性实点之知扬弃了自然界的感性之知，便在属人非终极理性中出现了自然界的表象之知，而它在其中，又复归为一个扬弃动态实在性。

自然界本原性本体实点之知，扬弃了自然界的表象之知，便在属人非终极理性中出现了自然界的起点概念之知、中点概念之知，而它在其中，又复归为一个扬弃动态实在性。

自然界本原性本体实点之知，扬弃了自然界的起点概念之知、中点概念之知的大大小小不同层次宏微观结构，便在属人非终极理性中，出现了一个超越自然界的感性之知、知性之知——

自然界的表象、起点概念、中点概念的超验领域，而实质上是回归到它自身之中了：它自身原本就是这样一个超验领域。

它的这个扬弃行动，便是它作为自然界的理性之知最后一个扬弃行动。从而，它在其中便必然回归为它自身。于是，现在的问题便在于它从头至尾到底是怎样回归其自身的。

全面说，自然界本原性本体实点之知，在它所显现的自然界感性之知——自然界的认识或意识存在形象实在性的形体之知中，作为无所不在的实体之知而存在，并与其精神表现属性相统一者，此谓之曰自然界感性之知的理性概念之知。

自然界本原性本体实点之知，在它所显现的自然界表象之知中，作为无所不在的实体之知而存在，并与其精神表现属性相统一者，此谓之曰自然界表象之知的理性概念之知。

自然界本原性本体实点之知，在它所显现的自然界起点、中点概念之知中，作为无所不在的实体而存在，并与其精神表现属性相统一者，此谓之曰自然界起点、中点概念的理性概念之知。

自然界感性之知的理性概念之知实在性，自然界表象之知的理性概念之知实在性，自然界起点概念的理性概念之知实在性，自然界中点概念的理性概念之知实在性，它们同为理性概念之知实在性则一，它们也只不过是这同一自然界理性概念之知实在性不同存在形式的层次，它们的内在实质，便归于这同一个自然界理性概念之知，是自然界此知的大成——自然界之知的超验之知实在性。它进入了表现一般自然界以其本原性本体实点为最后根基的最高境界的理性之知。

自然界理性概念之知的存在，其数为一，因为根据现在我们所拥有的科学知识而言，还不知道在自然界四周螺旋星云很远的那边，是否还有第二个自然界，在第二个自然界四周很远那边，是否还有第三个自然界……，如此等等自然界套自然界的庞大宇宙体系，我们达一点也不能确定，虽然这是完全有可能的。因此，现在我们只能拳拳服膺于现实所有的科学之知，说自然界的存在，其数为一，所以它的理性概念之知的存在，也是其数为一。

其数为一的自然界理性概念之知的实在性，既然是表现自然界一般的最高境界之知，则如下的属知关系式成立：

自然界一般理性概念之知——构成自然界一般宏观结构的理性概念之知——构成自然界一般分子层次微观结构的理性概念之知——构成自然界一般原子层次微观结构的理性概念之知——构成自然界一般基本粒子层次微观结构的理性概念之知——自然界一般在此一层次的最终微观结构中的内在统一实体之知，与其精神表现属性相统一的属知实在性。

在这有关自然界一般的宏观、不同层次微观结构中，都有与其相应的宏观清虚事物存在形象实在性，与不同层次微观清虚事物存在形象实在性，间杂其中。说自然界本原性本体实点之知，在构成自然界一般的每一层次结构之知中（不管它是宏观的还是微观的），作为无所不在的实体之知而存在，就是说它在这些结构的清虚、浊实统一全体性之知中，作为无所不在的实体之知而存在。这一点，必须要明确。

还有，基本粒子结构内在性，与其他微观客体——分子、原子的结构内在性不同：前者直接便是本原性本体实点实在性，在其中作为无所不在的实体性，后者的直接性，却是一些清虚，浊实微观客体的组合。从而基本粒子的内在结构之知，直接就是一种微观理性概念之知。这一点，也必须要明确。

如果说，自然界的知性概念之知，也同样是那些全部起点概念之知、中点概念之知的总和统一性——自然界知性概念之知，它的起点概念之知、中点概念之知，也必须都是它的下属；那么自然界的理性概念之知，便就是与这自然界知性概念之知相区别的自然界理念之知。对我们说，这自然界理念之知，便是自然界的内在之理——自然界理式或理型的表现。从而自然界理念，便是这自然界理式或理型的意念。这个自然界理念之知，是与前所谓康德的超验宇宙理念根本不同的：后者不仅脱离感性又脱离知性，它的逻辑内容是不可知的；前者既不脱离感性又不脱离知性，它的逻辑内容也是从二者系统发展出来的一个可知性。

这样一个可知性的自然界理念，同样也必须既表现自然界本原性本体实点，作为一个双重化统一体的自然界物质本体一面，也要表现它的精神本体一面，从而它本身同样也是这样一个双重化其自身的双重化统一体。从这里，便可以演绎出康德所谓就其逻辑内容不可知的心灵超验理念来，使其变成一个完全可知性的超验心灵理念实在性。

自然界本原性本体实点作为一个双重化统一体实在性，它的物质本体一面与其精神属性一面相统一，便是自然界的一个超验客观物质实在性。

自然界理念作为一个双重化统一体的，表现前者的精神实在性一面与其精神表现属性的统一性，便是一个自然界超验心灵理念实在性。但唯因它是属于整个自然界的，所以它要显现为自然界大大小小的一切事物存在形象实在性，作为一些双重化统一体的精神性一面的不同等级心灵实在性，它们当中的属人心灵之知，而与自然界超验心灵理念实在性相统一者，便是与康德所谓不可知超验心灵理念相对应的，我们所谓一个可知性的超验心灵理念实在性。所以，前者对我们说，只是自然界超验心灵实在性的一个最高级的顶峰，它与后者相联系、相统一，便一起同回归为自然界理念的双重化统一体中去。这个双重化统一体，是理性的概念之知的最高峰，因而也是包容感性与知性的感性之知、表象之知、起点和中点概念之知在内的尖端拱顶，是属人认识或意识的最高逻辑发展，虽然它还不是全面的，不是最后的完成。对于这个高峰，我们可以这样来形容它：

它如耸立在高峰上的猛鸷,
高声对世人俨然欢呼说:
尔等须知,每当时钟敲响一下,
就是世上一切的告别!
唯有我——独立而不殆,
无论过去、现在和未来特别是未来——
未来呵,未来呵!
未来连同现在与过去,
它的属人之知,
全都隶属于我。

这个自然界理性概念双重化统一体,这样欢呼并不为过,事实上的确如此,拿破仑也曾作为这样的欢呼,但他却指的不是人的认识或意识,而是与其相统一的主宰权威。他好像不但要主宰我们所谓社会性自然界那个世界,而且还要主宰整个自然界那个世界,这就未免太狂妄了。人诚然能局部改造自然界,去主宰这些生命,但人也能这样去主宰整个自然界那个统一的宇宙生命吗?这真是狂妄得要发疯了。令人奇怪的是,在我们哲学界中,也出现了这样狂妄的疯人:说什么人是超越自然界的,人是主宰生命的生命;但人也是主宰整个自然界那个世界生命超越者吗?我看不是的,相反,属人生命倒是为这个世界生命的发展和未来命运所产生、所主宰的。即使未来科学的发展,能使人主宰宇宙生命,那也是宇宙生命潜在性的自在自为的表现,人还是在自然界之中的。

这个自然界理念之知,也全部为与知性相区别的终极理性所显现的,它与其对象——自然界的终极本质相统一,便是一个终极理性自然界理念认识或意识王国基础性事实。

然而,自然界理念之知,是离不开一般的理念之知的,只有后者贯通前者，而是一个对立统一全体性，它都是一个具有现实性、现实作用的自然界理念之知，它才能显现为自然界之知的直接性。此二者的统一——以前者为基础而返归后者的合二为一的能动表现性，便是自然界作为一个整体的宇宙论的认识论理性之知。

（三）自然界宇宙论的认识论理性概念之知

前所谓自然界本原性本体实点实在性，实即本体论中所谓自然界实点实在性。为了突出它的实点即本原性的本体的含义，所以在"实点"的前面加上了"本原性本体"的定语。自然界本原性本体实在性，作为其双重化统一体的精神性一面高峰，本来是直接显现为自然界各种殊相属人之知的，但我们却将它们扬弃为其共相之知的自在性，只就其共相而论之。不过只要使它们作为其共相的自在性展现出来，这属知共相便体现其中，同时也展现出各种殊相之知来了。因为它们原本是以这共相为逻辑先在范本，从其特殊环节那里多样化地产生出来的。它们在其总和统一性中的共相，便是前所谓一般的自然界之知，是本体论的自然界之知。所以，自然界认识论上的理念之知，是以本体论的认识论之知为前提的。

自然界的宇宙论之知，也原本是包含于本体论中的本体论之知，但它同时也是潜在的自然界宇宙的认识论之知，是此知的自在自为的展现。它在自然界理念的理性概念之知的基础上，以自然界认识或意识存在形象实在性的整体性为对象，而在其意向性中最终指向自然界存在形象实在性的整体性——世界的直接性和内在性。因而，它与自然界理念的理性概念之知相区别，从中提出的问题，必然就是康德所谓宇宙论先验理念的问题。此二者的区别仅在于：后者的逻辑内容，表现为二律并驰的统一。因此，自然界宇宙论的认识论理性之知，实质上就是一种对康德宇宙论先验理念中那些二律背驰冲突的扬弃，是此扬弃在其认识论意义上的理性概念之知。

这样，便决定了对它的论述，仍然必须联系康德而展现。并且康德的论述，是在本体论与认识论相统一的形式上进行的，为了方便起见，这个展现也是如此。

康德宇宙论先验理念的第一种二律背驰的冲突是：

正题	反题
世界在其时空性中是有界限的。	世界在其时空性中是无界限的。

这就是说，在康德看来，要去认识他从理性提出的，已知世界整体作为他所谓宇宙论的先验理念（实即相当于本体论的已知自然界），便必然要产生世界是有限与无限两种观点的相互冲突。从而，就这个认识界域说，是不可知的，是不能产生确定可靠的知识的。之所以如此，因为要认识世界，便需要一种从起点到终点的综合；但这样综合的结果，却只能是一个有限的世界。于是便产生这样的问题：在这个有限世界的界限外面，又是什么呢？它不会是什么也没有的绝对虚无，而只能是这个有限世界的延续。这样，无论延续到那里，总是还得有在它的界限之外的外面，从而便陷入综合的无限进展之中，结果在时空性中的有限世界便又转化为一个在时空性中的无限世界。所以，要从宇宙论上认识世界整体直接性，就只能产生这样一个世界为有限与无限的冲突，而不能有确定认识的结局。

然而在我们看来，问题在于世界本来便既是有限的又是无限的，这并不是一个矛盾或冲突，而根本不在于来自认识上综合的有限性与无限性。说世界是有限的，是因为世界万物在其时空性中的存在，普遍都是一个时空点与其他时空点既相连续又相中断的相互制约统一体。如果在世界的与其时间性相统一的某处之外，所有如此这般他处的连续性是无限的，则它便永远不会有一个制约它而存在的最终时空起因存在：此因无在，则它与此因之间的连续系列，也无从存在，从而世界万物统一体的存在，便无从成立而化为空无。这就是世界的有限性。说世界是无限的，是因为世界必然作为这个根据充分的有限世界，由于其本原性本体实点实在性，在其中连续无所不在那种吸引与排斥的实体性张力，同时使它在形态上是显现为类似椭圆形的圆形物实在性。从而，从其任何一时空点出发向前延伸不已，最后也一定得是一个周而复始地回到原地的无限循环运动：延伸是永远达不到尽头，它也永远没有自己的有无其存在的始点与终点、边缘与外边。这就是世界的无限性。

所以，世界在其时空中的统一性，不是像康德所说那样，是一个有限与无限的二律背驰冲突，而是一个有限与无限的二律统一和谐。

这是第一个自然界宇宙论的认识论之知——它的理性概念之知。

康德宇宙论先验理念的第二种二律背驰的冲突是：

正题	反题
世界万物中的每一个物体，都是由单纯的部分组成的，除此之外不再有任何东西存在。	世界万物中的任何物体，都不是由单纯的部分所构成：没有任何地方有单纯的东西存在。

这就是说，在康德看来，要去认识他从理性提出的，已知世界整体作为他所谓宇宙论先验理念，便必然要产生世界万物中任何一物都为单纯部分所构成，同时又可以说不为其所构成而无此

单纯性两种观点的相互冲突。从而，就这个认识界域说，也是不可知的，是不能产生任何确定可行的知识的。之所以如此，因为任何一物虽然可以被看成由单纯部分所构成；但就此物的形体性而言，则又是一个空间延扩体，此者的三维延扩之量，可以无限分割，便由此排除了它由单纯部分的构造性。即使设想它不是可以无限分割的，有此单纯部分，这也超越了我们的知觉，超越经验的可能性，不能证实其存在。所以，要从宇宙论上认识任何物的构成，就只能产生这样一个它为单纯性所构成，同时却又无此构成单纯性的冲突，而不能有确定认识的结局。

然而，从康德对其反题的证明中，可以看出他的经验论局限性：超越了属人知觉经验可能性的实在性，便不能证明其存在了。但从《纯粹理性批判》的本体论意义上看，他原是认为任何事物存在形象实在性，都是由感性的时空概念，对以物自体为基础的属人感性材料的综合而成的。这个原则也理应通过思维与想象的展示，使它实用于康德现在所谓构成任何物的单纯部分。之所以应该如此，因为在这个原则中的事物存在形象实在性，必然相当于他现在所谓的"任何物"，从而这个原则也理应贯通它的单纯部分。不能因为它是先验宇宙理念中的"任何物"，便有所改变。如果这个原则不适用于此者，那么此者便等于康德那个无时空性的不可知物自体了。如是则康德便陷入前后不一贯的思维混乱，他已不能为自己辩解说，前一原则只适用于属人日常可知的经验可能性，使其丧失了原来所谓经验何以可能的普遍性。从这个原则上说，世界万物中一切，都应该是有其三维空间延扩的形体性的。因此，单纯从三维延扩的空间之量上看，任何物的形体性可以无限分割这一点，必为大大小小的微观原始物基本粒子实在性所中断，它们可以相互转化和淹没，便不能分割，从而并不影响前者可以有构成它的单纯部分：此二者风马牛不相及的两回事，康德使此二者相互混同了。据此，康德便不能而也不应该在他前面的正题之外，又提出一个否定它的反题——反题是无从成立的，此乃康德想入非非的一个非存在。

再者，康德的提法也不确切，语不达意。实质上，康德想说的是世界万物中任何或每一由他物所构成的物，都为其单纯部分所组成。但后者也是物，是单纯物，前者则是由单纯物所构成的复杂物。真空清虚之物的实在性，也是单纯物，它有量上的大小之别，但不是由他物结成的。在复杂物的构成中；无论是宏观的还是微观的，都缺不了这种单纯物的实在性。所以，复杂物与单纯物的区别性，不在于其属量大小的统一性上，而在于它是否为他物所组成的统一性上。单纯物的内在结构，是直接为本原性本体实点在其中无所不在的布局所形成，因而直接便是它的实体性。复杂物的内在结构则异于此：它归根到底直接为单纯之物所形成，它必须以单纯物为中介，才能最后返归其实体性。因而微观清虚之物与微观基本粒子之物，与其他微观原子、分子之物的基本区别，就在这里。唯其如此，亦即唯因它们直接与本原性本体实点实在性相联系，它们才成为单纯物的实在性，这样一来，便出现如下的规定：

单纯物实在性，是本原性本体实点实在性的直接性表现。

复杂物实在性，是本原性本体实点实在性以单纯物实在性为中介的间接表现。

可以这样说，自然界之为一个整体实在性，归根到底，都是由巨量单纯物实在性的组合而成的。

这是第二个自然界宇宙论的理性之知——理性概念之知。

康德的第二个二律背驰冲突，据此便也可以使它转化为一个二律统一的和谐：反题中的"不存在有单纯物实在性"的说法，原本就是个谬误，而否定同时便是个肯定：只有在否定了这个谬误的前提下，才有正题中的"任何复杂物都为单纯物所组成"的客观事物存在，从而这又转化为肯定就是个否定。所以，这个二律背反的冲突，实质上必然是个正题之真律否定反题之谬误，才有其为二律统一存在的和谐——正题之真必然是一个否定反题之谬的实在性；但反题之谬却不能必然是否定正题之真的实在性。虽然人们可以异口同声说正题所指为谬，反题所指为真。但谬就是谬，不能变为真；真就是真，不能变为谬，不能取消真谬的界限。

康德宇宙论先验理念的第三种二律背驰的冲突是：

正题	反题
世界除了自然规律的因果作用之外，还有自由的因果作用。	自由因是没有的，世界上的一切，都出自自然规律的因果作用。

这就是说，在康德看来，虽然在他的第二个二律背驰冲突中，使构成世界的单纯物实在性，脱离了他在《纯粹理性批判》中的，先验感性论综合原则；但在世界整体中的因果联系——世界万物的因果联系，却仍然服从他在前书中的知性与此相联系的因果综合原则，康德称其为自然规律的因果联系。但康德在此之外，又设定了另外一种自由的因果联系，二者对立便形成了他所谓第三个二律背驰冲突：在正题中这两个因果联系，同时被肯定；在反题中则否定了自由因果联系的实在性。从而，康德认为就这个认识界域说，它是不可知的，是不可能从中得出确定认识的结局的。

然而，在我们看来，世界万物的因果联系，是不能各自孤立地分为自然规律的因果联系，与自由因的因果联系的，二者必须统而为一，实质上只是一个统一的因果联系在起作用。它既是自然规律的因果联系，也是自由因的因果联系，是一个二者对立统一的全体性。其所以如此，这乃是因为世界万物作为整体性的世界，必然是一个双重化其自身的双重化统一体，它既是自然界的物质实在性，也是自然界的精神实在性，而后者是前者的调整原则。据此，应有如下事实出现：

就世界双重化统一体的物质性一面说，它作为自然界物质实在性的活动，必然为其物理属性所制约，因而这便是一个世界整体的自然规律因果联系实在性。这对世界整体中的任何事物存在形象实在性的物质性一面说，也是如此。

就世界双重化统一体的精神性一面说，它作为自然界精神实在性的活动，必然为其精神属性的选择作用所制约，因而这便是一个世界整体的自由因的因果联系实在性。这对世界整体中的任何事物存在形象实在性双重化统一体的精神性一面说，也是如此。

如上所言两个方面的内在统一，便是世界双重化统一体和任何事物存在形象实在性双重化统一体的一般因果联系，在此种因果联系中：世界双重化统一体的任何在先的动变性，必然是它作为自然界物质实在性一面的自然规律因果联系，对应于它作为自然界精神实在性一面的自由因之因果联系，同时双双并作的表现；而它的继起的动变性，又一定得是为它在先的此种表现所制约，其本身也是这个继起动变性的自然界物质实在性一面的自然规律因果联系，对应其自然界精神实在性一面的自由因之因果联系，在双双并作的表现。此二者的统一，便是一个双重化其自身的双重化统一体——自然界的一般因果联系，就是这样一个自然规律因果联系与自由因之因果联系相统一的双重化统一体。若再就任何事物存在形象实在性而论，情况也是如此，它在先的实在性与它在后的实在性之间的因果联系，也是二者的自然规律因果联系与自由因之因果联系相统一的双重化统一体。

在这种自然界双重化统一体中，应该说，它的自由因果联系一面，主宰其自然规律因果联系一面，使它转化为被前者所调整了的自然规律的因果联系。但它的基质所在，仍是自然规律的因果联系。

在世界中，无脱离自由因果联系的自然规律因果联系，也无脱离自然规律因果联系的自由因果联系：二者作为两个独立王国，各行其是，未之有也。有的，只是世界不同等级的因果联系，等级的高低，取决于自由因果联系一面在其中所占比重的高低——如果后者的比重，远远超过了其中单纯自然规律因果联系在起作用的比重，它便完全转化为一个社会性自然界，因果联系实在性，而表现为人作为社会性自然，在其社会性自然界中的因果联系了。它是自然界因果联系的最高峰。

这样，便系统而全面地论述了世界内部因果联系统一性，而扬弃了康德使其割裂为自然规律因果联系与自由因的二律背驰冲突。自由因无须有待于实践理性，才是论述的课题，实质上它应该是理论理性的课题。自由因首先必须适用于自然界，然后才能适用于它高峰上的属人实在性，而使哲学表现为社会性自然哲学。

这是第三个自然界宇宙论的认识论之知——理性概念之知。

康德的第三个二律背驰冲突，也可以据此使它转化为一个二律统一的和谐：使其正题中的自然规律因果联系与自由因相统一，而否定其反题中的无自由因那个谬误，便构成了一个肯定便是否定、否定也是肯定的二律统一的和谐了。诚然包括康德等人，会说也可以认为正题为谬，反题为真。但这里也是谬就是谬，不能变成真；真就是真，不能变成谬——糊涂蛋的想法，不能改变真谬的界限。

康德宇宙论先验理念的第四种二律背驰的冲突是：

正题	反题
有一个绝对必然的存在者属于世界。	无论在世界之中，还是在

世界之外，都无此绝对必然的存在者。

这就是说，在康德看来，一旦要去认识世界作为一个整体本身的内在最深层的属物存在者根基，便要陷入"有一个必然性存在者属于世界"和"无此存在者属于世界"的二律背驰冲突。从而就这个认识界域说，是不可知的，是不能产生确定可行的知识的。之所以如此，因为在正题、反题中的两个规律，都有其充分根据表明它们都是正确的，其中哪一个也否定不了另外一个。

但在我们看来，正题肯定世界有一个"绝对必然的存在者"是正确的，而反题否定世界无此存在者是谬误的。因为，构成整个世界的最深属物层次，是一些微观基本粒子实在性和间杂于其中的一些微观真空清虚实在性，它们在其既相连续又相中断的必然相关性中，便必然形成一个使多为一的统一体。这不是别的，它便是构成整个世界那个必然的存在者；反之，没有这样一个存在者，世界是无从成立、无从存在的。

这是第四个自然界宇宙论的认识论之知——理性概念之知。

康德的第四个二律背驰冲突，也可以据此使它转化为一个二律统一的和谐：使正题之律否定反题之律，这便也是一个否定就是肯定、肯定也是否定的二律统一的和谐。诚然也包括康德在内的一些糊涂蛋，会说也可以认为反题是真，正题是谬。但在这里同样是：真就是真，不能变成谬；谬就是谬，不能变成真，不能改变真谬的界限。

综合以上所论"自然界宇宙论的理性之知"，这便是：世界为有限与无限相统一的实在性，世界有其构成单纯物的实在性、世界有其自然规律因果联系与自由因相统一的实在性和世界有其最深层次上的必然存在者实在性。这四个理性之知实在性，虽然就其论述的形式说，原本属于本体论之知，但它与其认识论上的自然界理性概念之知相统一，便是四个自然界宇宙论认识论上的理性概念之知了。

此四知顺序的对立统一性，是表现自然界直接性不同方面的理式或理型的理性概念之知，从而二者的统一，便是自然界宇宙论的理念之知。

这个理念之知，与其对象——自然界直接性的统一，便是一个自然界的宇宙论终极理性概念认识或意识王国基础性事实。

这样，在终极理性认识或意识王国基础性事实中，便有这样三个不同的终极理性认识或意识王国基础性事实：终极理性的概念认识或意识王国基础性事实、终极理性的自然界概念认识或意识王国基础性事实和终极理性的自然界宇宙论的概念认识或意识王国基础性事实。

于是，终极理性的自然界的概念认识王国基础性事实，与终极理性的自然界宇宙概念认识或意识王国基础性事实相统一，最终便同归于终极理性的一般概念认识或意识王国基础性事实之中，而与其相统一。这便是终极理性认识或意识王国基础性事实的全部内在逻辑内容。

这个逻辑内容，与非终极理性——知性的表象觉知、起点概念、中点概念的认识或意识王国基础性事实的统一性，进而又与感性认识或意识王国基础性事实的统一性，便最后达到了与内外感上的知觉形象实在性的内在联系，而一起回归为感性认识或意识的实在性——认识或意识存在形象实在性了。在这个回归中，真正属人之观的精神能动表现性，便在前者里无所不在，而为它的内在实体动变不已；前者的动变性，永远归宿于后者的动变性。这便完成了认识或意识的逻辑层次的全部逻辑内容。

在这认识或意识的不同逻辑层次中的共相，便是认识或意识共相的共相——主观逻辑共相。在这个主观逻辑共相的基础上，认识或意识的逻辑层次，便最后归宿于有待论述的主观逻辑精要。

第三章

主观逻辑精要

真正属人之观的客观之观的原始对象——本体论知识共相的对象共相的原始性,是客观事物存在形象实在性。

真正属人之观的主观之观的原始对象——认识论知识共相的对象共相的原始性,是主观认识或意识存在形象实在性。

但主观认识或意识存在形象实在性,是客观事物存在形象实在性的表现,从而它是显现后者的原始真理性。什么是真理?真理就是属人认识或意识实在性,对其对象的正确表现,而与它相对立,便是谬误:属人认识或意识实在性对其对象的不正确表现。属人认识或意识存在形象实在性,便是真理的原始形式——感性真理的起点。

在这个原始真理性的基础上,便有:

客观事物存在形象实在性的直接内容——它的不同环节交错线,与其逻辑层次互为对方的对立统一全体性的共相基础,便是一个贯通这原本为客观共相统一性全部逻辑内容的"共相的共相"——客观逻辑共相。

主观认识或意识存在形象实在性的直接性内容——属人自我意识内在区分的统一性,作为外在相关全体性的认识圣殿,与其逻辑层次互为对方对立统一全体性的共相基础,便是一个贯通这原本为主观共相统一性全部逻辑内容的"共相的共相"——主观逻辑共相。此其一。

但主观逻辑共相，必然也是客观逻辑共相的表现，从而它便是显现后者的逻辑真理，而客观逻辑共相则为其本身的所是逻辑真理。

与客观逻辑共相对比，客观共相已称其为非客观逻辑共相。

与主观逻辑共相对比，主观共相则便称其为非主观逻辑共相——非主观逻辑真理：一般所谓的普遍真理。此其二。

但客观逻辑共相与非客观逻辑共相的区别，是本体论中的客观逻辑领域与非客观逻辑领域相区别的基石。从而，主观逻辑共相与非主观逻辑共相的区别，便必然也是认识论的主观逻辑领域与非主观逻辑领域的区别。

客观逻辑共相的自身规定系统，便是客观逻辑。

主观逻辑共相的自身规定系统，则便必然是主观逻辑。此其三。

但前所谓其一与其二的统一，归宿于其三，这便是说：

客观逻辑精要，既然以客观逻辑为对象，则主观逻辑精要，就要以主观逻辑为对象。

这两种逻辑的区别是在于：主观逻辑以主观逻辑共相作为逻辑真理的基础，是真理逻辑；客观逻辑则总是以客观逻辑共相为基础，而为是非逻辑。

这也是一个适当的机会，让我们来略加阐明是非与真谬的区别。在我看来，是非是本体论的范畴，它的意向性指向客观世界的任何实在性的所是所非；而真谬是认识论的范畴，它的意向性指向主观世界的任何实在性的所是所非。但系动词"是"与"不是"却凌驾此二者之上，是适用于一切实在性的：是者，任何实在性，与其规定性相统一的内在能动性之谓也，"不是"只为它的否定形式。不过，就它们与主客观的主词相联系的统一性而言，它们仍是主客观的是与不是。

这样，主观之观的真理逻辑，必然就是识别真谬的真理逻辑，同时又必然是客观之观的是非逻辑表现，二者的统一，便是真理逻辑与是非逻辑主客统一性的全部逻辑内容。从而以主观逻辑为对象的主观逻辑精粹的理论体系，便由此最后与以客观逻辑为对象的客观逻辑精粹相对应，必然就是：

只从主观逻辑不同环节的外延包容性上，来显示其相关性，此为外延主观逻辑。

只从主观逻辑不同环节的内涵上，来显示其相关性，此为内涵主观逻辑。

外延主观逻辑与内涵主观逻辑的统一，便同归于主观逻辑共相的统一性，便是主观逻辑的逻辑内容。在认识论中，以前我们常说某某属知逻辑内容，便是它通用于主观世界一切实在性的表现。

这样，主观逻辑便分为：

主观逻辑共相的本质；

主观逻辑的外延逻辑与内涵逻辑；

主观逻辑的逻辑内容，简称主观逻辑内容。

主观逻辑精要，便是要对主观逻辑这三个逻辑内容，进行扼要阐述。

但是就主客观两种逻辑精要的相关性而言，主观逻辑精要所固有的逻辑内容，必然是客观逻辑精要所固有的逻辑内容的表现，因为主观逻辑是表现客观逻辑的逻辑真理，它的逻辑内容，必然是表现这个逻辑真理的一个系统。因此，主观逻辑精要，便一贯要重在真谬区别的论述，所以，实质上它又是一种真谬逻辑的扼要理论展现——主观逻辑精要，便是真谬逻辑精要。

一　主观逻辑共相的本质

主观逻辑是表现客观逻辑的逻辑真理系统，而它的基石，则又是主观逻辑共相，从而主观逻辑共相，便必然是表现客观逻辑的基石——客观逻辑共相的基础性逻辑真理。为了阐明主观逻辑的本质，便要从它出发，来展示主观逻辑共相与非主观逻辑共相的区别性。明确看到这个区别性，是非常必要的。因为主观逻辑，是完全立足于主观逻辑共相这块基石之上的。

客观逻辑共相，与其客观非逻辑共相普遍相联系的原始起点，是客观事物存在形象实在性。既然主观逻辑共相，是表现客观逻辑共相的逻辑真理，那么与它普遍相联系的非主观逻辑共相的原始起点，便只能是主观认识或意识存在形象实在性。从而，就可以在这个始点上，更加简要明确地表现主观逻辑共相与一般主观属知共相的区别性。

主观认识或意识存在形象实在性，也如客观事物存在形象实在性那样，可以分为社会性主观认识或意识存在形象实在性，与非社会性认识或意识存在形象实在性，从而，下式成立：

主观认识或意识存在形象实在性 $\begin{cases} \text{社会性主观认识或意识存在形象实在性；} \\ \text{非社会性主观认识或意识存在形象实在性。} \end{cases}$

但主观认识或意识存在形象实在性，可以归结为一个含义更广泛的实在性——属知主观实在性，从而，又有下式成立：

属知主观实在性 $\begin{cases} \text{主观认识或意识存在形象实在性；} \\ \text{主观认识或意识存在形象实在性的多样性。} \end{cases}$

在前一分类表中，主观认识或意识存在形象实在性，是类分的主项，而不在它的类分之中，它是它被类分各项的共相——一个主观非逻辑共相。记住，主观非逻辑共相，在其任何等级上，都不包含于类分项目之中，它是被类分的主项，而为它的不同等级类分项目的共相。

在后一类分表中，主观认识或意识存在形象实在性，却是被类分各项中的一项，而被类分的主项则是属知主观实在性。那么，它是怎样一种属知主观实在性呢？既然它是主观认识或意识存在形象实在性这个共相，与其多样性的共同基础，是它们的共相，则它便只能是一个认识或意识共相的共相——一个主观逻辑共相了。而且，它同时必然也是适用于前二者的统一——那个属知实在性的直接性内容及其不同逻辑层次的主观逻辑共相。这两个方面的明证性，原本昭然醒目地是一个二而一的事实。记住，主观逻辑共相，在其任何等级上，都必然使任何等级的认识或意识存在形象实在性及其多样性，转化为它的类分项目。

于是主观逻辑共相与非主观逻辑共相二者相区别的属知实在性，从上面两个例证中，便可由此洞若观火了。

主观逻辑共相，是表现客观逻辑共相那个是非基石的真谬基石。从而，后者在客观事物存在形象实在性不同逻辑层次上，有其不同的逻辑表现，则前者也相应地在主观认识或意识存在形象实在性不同逻辑层次上，有其不同的逻辑表现。

主观逻辑共相，在感性认识或意识王国基础性事实，与非终极理性认识或意识王国基础性事实的相交点上，表现为认识或意识存在形象实在性与表象之知实在性两个属知普遍性的共相——它的对象即本体论所谓事物存在形象实在性与事物存在实在性的共相。从而，它相当于前者第一逻辑层次两个这样普遍区别性的共相——前一共相即为一种主观逻辑共相（后一共相则为它的对象：一种客观逻辑共相），它既是认识或意识存在形象实在性，也是表象之知实在性，同时又是从前者到后者的大成，故为表象之知实在性的主观逻辑共相或逻辑真理。

主观逻辑共相，在非终极理性认识或意识王国基础性事实这第二逻辑层次上，它表现为表象之知、起点概念之知与中点概念之知同为非终极性概念之知两个普遍等级的知性经验的共相。它既是表象之知，也是起点与中点概念之知，同时又是从前者到后者的大成，故为起点与中点概念之知的主观逻辑共相或逻辑真理。

主观逻辑共相，在非终极理性认识或意识王国基础性事实与终极理性认识或意识王国基础性事实的相交点原在后者中，表现为表象之知，与事物的理性概念之知、自然界的理性概念之知、宇宙整体的宇宙论理性概念之知的，同为大大小小理性概念之知的共相。它既是表象之知，也是事物理性概念之知和自然界理性概念之知，同时二者的统一又表现为它是宇宙论理性概念之知的大成，故为此知的主观逻辑共相或逻辑真理。

这样，主观逻辑共相在认识或意识存在形象实在性的三个层次中，便显示出了它的三种表现形式：表象之知实在性的主观逻辑共相或逻辑真理，起点与中点概念之知的主观逻辑共相或逻辑真理和宇宙论的主观逻辑共相或逻辑真理。

此三者，在其既相连续又相中断的相关统一性中，便返归主观逻辑共相或逻辑真理的固有内在性，而为它的不同逻辑层次。与此相联系，在本体论中，我们也论述了客观逻辑共相或逻辑所是（主观逻辑共相的内容是逻辑真理，客观逻辑共相的内容，则便应该是而且只能是逻辑所是）的不同逻辑层次。但在那里，它的逻辑层次却被论述为四；如果将其中的"生命多样性实在性的客观逻辑共相"，合并到"生命实在性的客观逻辑共相"中去，它也便是具有三个逻辑层次了。主观逻辑共相或逻辑真理的不同逻辑层次，同它一起贯通整个认识或意识的感性、非终极理性和终极理性三个基本内在区分环节，而在其中制约它们全部表现系统，使其成知能动性性能化为现实——它正所以表现它的对象——客观逻辑共相或所是逻辑真理与其不同逻辑层次的统一性，贯通整个事物存在形象实在性的不同逻辑层次，而也在其中制约它们全部客观表现系统的实在性。

进一步看，如前所言有关主观逻辑共相不同逻辑层次的三论与结语，又可以简化为这样一论：感性认识或意识王国基础性事实，可以归结为内外感知觉形象实在性的统一——认识或意识存在形象实在性，在其意向性中指向事物存在形象实在性的表现性；非终极理性认识或意识王国基础性事实，可以归结为表象之知、起点概念之知和中点概念之知的属知全体性，在其意向性中指向事物存在实在性的双重化统一体生命及其生命多样化实在性的表现性；终极理性认识或意识王国基础性事实，可以归结为事物的理性概念之知、自然界的理性概念之知和宇宙整体的宇宙论理性概念之知的属知全体性，在其意向中指向事物的实体实在性、自然界的实体实在性和宇宙整体不同视角实在性的表现性。此三知与其表现对象已经是三个层次的认识或意识共相与其三个层次的对象共相，从而它们的共相，便只能是一个主观逻辑共相实在性与其表现对象——客观逻辑共相实在性。它们在认识或意识共相与其对象共相的不同逻辑层次趋向统一的联系中，便表现为它们的不同逻辑层次的主客观逻辑共相：主观逻辑共相是客观逻辑共相所是的表现，因而是逻辑真理；主观逻辑共相的不同层次，是客观逻辑共相不同层次所是的表现，因而它们是不同层次的逻辑真理。

（对我来说，大大小小的不同横向广度与深深浅浅的不同纵向深度，都可归结为不同层次的实在性。就是说，自大而小或自小而大，自深而浅或自浅而深，同谓之曰不同层次，差别只在于前者为大的层次与小的层次的相互进展，后者则为深的层次与浅的层次的相互进展而已。在主客观逻辑共相的逻辑层次中，有的层次总是横向广度与纵向深度相交织的。

再者，所谓"所是"，是就主客观实在性作为"什么"而言。但就主客观的相关性而言，主观之观中的"什么"，便被规定为真理，它的对立物是谬误，而客观之观中的"什么"，却只能作为"所是"，它的对立物是"非是"。从而，在这个相关性的界域中，便可以这样说，所是与非是为本体论所特有的两个对立范畴，真理与谬误是认识论所特有的两个对立范畴。实质上，只是在主观实质性与客观实质性同为实在性的普遍性领域中，所是与非是才是普遍通用的——当我们说某一认识或意识事实的所是时，是就它亦即为实在性而言的。本体论的问题是一个是非问题，认识论的问题，是一个真谬问题。）

现在，与主观逻辑共相实在性直接相联系便是它的总和统一性——主观世界（即主观自然界）逻辑共相实在性，它当然也是客观世界逻辑共相实在性的表现。在这里，从它们总体方面这样强调一点：主客观世界逻辑共相与通常所谓主客观世界共相的区别，也只在于：在后者那里，主客观世界与其殊相多样性相区别而是主客观世界的普遍性；在前者那里，主客观世界与其殊相多样性相并列而是主客观两个一般性与非一般的殊性相区别，它们的共相则是主客观逻辑共相。夫是则谓之曰主客观世界逻辑共相。下面，还是回到当前的主题上来。

现在的问题首先就是，归根到底什么是主观逻辑共相的本质，说它是客观逻辑共相的表现，则这表现的实质又是什么呢？它不是认识或意识存在形象实在性，而在其中；它不是认识或意识存在形象实在性的双重化统一体，而在其中；它不是直接表现客观事物存在形象实在性的任何层次，而在其中；它不是认识或意识的绝对本质——理性概念实在性，而在其中，那么它便不是别的，必然就只能是使它们得以运转不息的内在主观轴心（与此相对，本体论所谓客观逻辑共相作为一切客观性的轴心，相应的便应该称其为它的内在客观轴心）。这里也像火车没有蒸汽、汽车没有汽油、马车没有车轴而不能运转一样，它们没有自己的主观内在轴心——主观逻辑共相，同样也都变成了僵化而不能运转的主观之观的永远沉寂。这同时就是说，逻辑性认识或意识，是非逻辑性认识或意识的轴心；当然它也是各种殊相认识或意识存在形象及其不同层次实在性的轴心。这就是主观上共相的共相作为主观逻辑共相的内在实质。

说自然界本原性本体实点的理性概念之知，显现主观世界万物感性、知性之知，实质上也就是说，主观逻辑共相在显现着它们，因为它是它们的主观内在轴心。

说到主观逻辑共相的实质——主观内在轴心，便又使我们想到客观逻辑那个客观内在轴心。在它那里，曾经将它的总和统一性——客观逻辑性自然界（亦即客观世界逻辑共相），看成是宗教上所谓天国的现实起源；而将客观逻辑共相，看成是上帝（对中国来说亦即玉皇大帝）的现实起源，以及其他天使和天神可以视为客观逻辑共相的不同层次等等。既然主观逻辑共相，是客观逻辑共相的表现，是它本身所是的逻辑真理，二者是统一不可分的，那么客观逻辑共相有如前所言那样一些类比的自身规定，则主观逻辑共相必然与此相联系，相统一的一些类比自身规定，又应该是什么呢？这是一个必然要提出而必须予以明确的问题。对此，回答就是：

主观逻辑共相的总和统一性，便是主观世界逻辑共相，而它必然是在显现客观世界逻辑共相的表现性的。从而，它便相当于表现客观世界逻辑共相，作为天庭或天国的存在规律——天国法纪或天条：客观世界逻辑共相本是制约客观世界得以存在、运行的内在轴心规律，使它与客观世界相割裂而独立化以后，它便以主观世界逻辑共相为中介，转化为天国法纪或天条。与此相联系，总是在表现客观逻辑共相的主观逻辑共相，又不能不是相当于表现前者作为上帝或玉皇大帝的，统治天国或天庭，并间接也约束下界——主客观统一世界逻辑共相的主观能动性或统治意识，是他的全知全能实在性了①。上帝的全知全能，即在于他是创造和控制整个宇宙的客观逻辑共相，并以他主观逻辑共相为根

---

① 中国的上帝——玉皇大帝，被想象得不完善的：他的至高无上是权威性的，像中国的皇帝一样。而不是其智能方面的。在这方面他还不如太上老君、元始天尊和如来佛等。这是不合理的，从而，我们也要把他想象得像西方上帝一样，是全智全能的，因为上帝只有一个。

基的主观世界逻辑共相主观能动性，调节着他与他全部创造表现的广深包容性——客观世界相统一之谓也。他愿意如此这般创造世界，他便创造了客观世界；但如果他愿意再毁灭它，只要他将这种创造性、支撑性缩归自身，客观世界同时便如烟消雾灭似的，化归虚无——永远与他相联系、相统一的内在质料因（实质上就是在他之下而在世界万物之上的客观世界实点实在性）。须知，显现世界万物的客观实点实在性，随着它的共相之共相——客观逻辑共相异化为上帝之后，它及其一切表现性，也必随之归属于这个创世主全知全能的权威之内了。而主观世界逻辑共相，一旦与主观世界相分离，它便异化为上帝的全知主观能动性了。但它本是属人主观世界的内在轴心，上帝本身则是非人的客观逻辑共相的异化，从而上帝的客观统一全体性，便是这样一个既非人的异化①，又是人的异化的人非人的怪物了。当然所谓天国与其法纪或天条的主客观统一性，也是如此。天国是什么？既然它是客观世界逻辑共相的异化，而它本身则是此种共相的总和统一性，则它便与上帝是同质的实在性，正如作为自然界的世界，是与世界万物为同质实在性一样。从而，天国的法纪，必出自上帝的全知能动性。

与此相联系，天国里的其他诸种的主观意识（包括被遗忘人世间诸种如像中国传统上所谓的土地、城隍、四海龙王等等的主观意识在内），它们一一与客观逻辑共相的不同环节异化主体性相统一，便是它们的主客观统一全体性。亦即天国除了上帝之外的诸神本身的实在性。就其为主观逻辑共相不同层次在表现客观逻辑共相不同层次的主客观统一性的异化而言，它们便与主观逻辑共相不同层次的现实表现——主观世界的逻辑层次和客观逻

---

① 这里所谓人非人的怪物，不是一种人而无人性的、无人格的人，而是一种属人主观世界与客观世界最深逻辑性根基——客观逻辑共相自然界客观逻辑共相的统一体而言。上帝天国与其法纪的统一体，都是在这个广泛意义上的"人非人"的异化。

辑共相不同层次的现实表现——客观世界的逻辑层次那种主客观统一性相联系。但，这种主客观统一性的联系，又必表现为主观世界与客观世界相联系的主客观统一性，因而又出现了它与这个现象界主客观统一性的联系。这便存在着天国诸神与上帝这样一个重大区别性：前者既与主客观世界相统一的逻辑层次相联系，从而又与主客观世界本身的现象界主客观统一性相联系；后者则既超越了主客观世界相统一的逻辑层次而是它的共相，从而又超越了主客观世界的现象界主客观统一性而是它的轴心。此者在红尘之上，是一尘不染的；前者在红尘之中，是风尘仆仆的。天国与其法纪的统一体，都是在这个广泛意义上的"人非人"的异化。诸神与上帝这种区别性，逻辑内容浓厚，不仅是当前的主要问题，而且对它的论述，也必然是对本体论有关这同一问题的巨大补充——它在本体论那里必然具有的不完备性（因为它在那里只与它的客观性相关），原本就应该在当前问题的论述中，天假其缘地使其完备起来。这是它活该完备起来的内在逻辑性天机。俗语说，天机不可泄露；但到它应该而也不能不泄露的时候，就得让它泄露出来。

　　天国诸神，是主客观逻辑共相的不同层次统一性，而上帝则是它们的尖端拱顶——主客观逻辑共相的内在统一性。现在所要论者，是一个以上帝为基础的天国诸神层次论。据此便只有：

　　主客观逻辑共相的第一个层次的统一性，是原始认识或意识存在实在性与事物存在实在性相统一的一个主客观逻辑共相的内在统一体，亦即是所谓表象之知实在性的主观逻辑共相，与客观上事物存在实在性的客观逻辑共相的内在统一。天国诸神的实在性，首先就得是它们的异化，是它们必亦为人非人的异化怪物。这便是天国诸神的一些下层等级。但表象之知实在性，本是以人的是非、善恶意志为根基的属人意识表现，这从属于此心既有人性之善一面，也有非性之恶一面这样两种倾向的左右或驱使。何谓非性之恶？非性之恶者，不问是非、善恶，只以自己的好恶之心、利己之心而去判断孰是孰非、孰善孰恶之谓也——夫是则谓之曰非人性的非性之恶。属人表象之知实在性，受其此心的左右或驱使，则它的属人主观逻辑共相之知①，也必受其此心的左右或驱使。因此，一旦此心与属人表象意识的统一，作为表象之知的主观逻辑共相，普遍化为事物存在实在性的客观逻辑共相的主观意识，则它必然又表现为事物存在实在性的多样化殊相的不同主观意识形式——这可以是一切无机生命例如石头意识，也可以是有机生命例如花类的属花意识、虎豹的虎豹意识等等。所有这些各种表象之知的意识类别，都归本于属人表象意识存在实在性，而受其主观逻辑共项之知存在实在性的终极贯通所制约。这样，它与客观事物存在实在性的客观逻辑共相的统一性，而被异化为一些人非人的异化怪物之后，他们还不能立即成为最下层这一等级上的天国诸神，这异化的过程还没有结束，它只不过仅仅异化出一些下层等级的妖怪来而已（它的全面性必须与世俗神话传说不同，包括人妖在内）。《西游记》所描述的那些妖精，民间传说中的狐仙、青白蛇仙等等，及至西方的下层魔鬼与其民间传说之类，即属此类。这异化过程的进一步发展，便是为数多多的妖怪，都能想修道成材，而步入苦修的修炼之途。当它们修成半仙之体之后，便大多数都应诏飞升天国，成为此一等级中的天使、天兵天将和仆役及被派往尘世间的下层诸神等等。剩下的便逗留人间，有时也兴风作怪，但多数不危害于人。此即《聊斋志异》所志之异的一般实在性，及至西方民间传说之神是也。

下层等级的天国诸神，之所以是下层的，因为他们是出身于认识或意识存在形象实在性与事物存在实在性的最低等级的主客

---

① 不要忘记，表象之知实在性的主观逻辑共相是它认识或意识存在形象实在性两个属知共相层次的共相。关于事物存在实在性的客观逻辑共相及其与前者的其他层次，也要相应地这样看。

观统一性，他们只不过是表象一层次上的主观逻辑共相，与事物一层次上的客观逻辑共相的主客观统一性的异化——如此这般的一种人非人的异化怪物而已。由于他们与尘世直接相连，所以它们的尘念来了，非性之恶未灭；但由于它们出身微贱、地位低下，像下界的士兵、老百姓一样，所以慑于天庭的法纪与上面的管制，一般不敢到或在人世间兴什么浪，唤什么风的。至于如中国传说中的那些土地、城隍、灶王等等，它们又受人世间的香火和礼拜与人世间打成一片。

可以这样说，主客观逻辑共相的第一逻辑层次，是这层次上的一个主客观逻辑共相意识王国基础性事实。它被异化为人非人的异化怪物之后，他们的意识可以无限地高于在这一层次上的属人意识。

主客观逻辑共相的第二个逻辑层次，便是意象认识或意识存在实在性、起点、中点概念实在性的统一性，与事物存在实在性、它们的双重化统一体实在性的统一性之间的，一个更高层次的主客观逻辑共相统一体，亦即是所谓表象之知实在性及起点中点概念之知的主观逻辑共相与事物存在实在性及其双重化统一体的客观逻辑共相的主客观内在统一。天国诸神的实在性，其次便得只能是它们的人非人的异化怪物。这便是天国诸神高于它前一下层等级的第二等级实在性——天国诸神包容性的一个较前者更为高级、更为广泛的中间层次。对这个异化过程，需要分级说得详细一些。

既然在它的前一层次中，表象之知实在性，是以人的是非、善恶意志为基础的属人意识表现，而必然为此心既有人性之善一面，也有非性之恶一面这样两种倾向所左右或驱使，则在它这个中间层次中，无论就在这个层次中的表象之知实在性而言，还是就与它相联系的起点、中点概念而言，必然也是如此。之所以如此，这乃是因为在这个中间层次中的表象之知实在性，也就是前一层次中的那个表象之知实在性，而在中间层次中的起点、中点概念之知实在性，则又都是从表现之知实在性发展出来的。因此，一旦此心与表象意识的统一，也作为当前所谓表象之知与起点、中点概念之知相统一的主观逻辑共相，普遍化为事物存在实在性与其双重化统一体实在性相统一的客观逻辑共相的主观意识，则它也必然又要表现为事物存在实在性与其双重化统一体那个统一性的多样化殊相的不同主观意识——这也可以是一切无机生命例如石头的石头意识，又可以是有机生命例如花类的属花意识、虎豹的虎豹意识等等。所有这个统一性的意识类别，亦都归本于属人表象意识与其起点、中点概念意识相统一的存在实在性，而受到其主观逻辑共相之知存在实在性的终极贯通所制约。这样，它与事物存在实在性及其双重化统一体实在性的客观逻辑共相相统一的统一性，而被异化为一些更高层次人非人的异化怪物之后，他们也还不能立即成为更高层次这一等级上的天国诸神，这异化过程也还是没有结束，它只不过仅仅异化出一些比较更高等级的，具有与表象相联系的非终极性思维机能的妖怪而已（当然包括中等层次的人妖在内）。

　　此者就西方而言，难言实例，只能说它们是天国中级天使的前身。就中国而言，它们便是据传说与其见之于古典小说的，例如开天辟地轩辕、共公之神的前身，《封神演义》《西游记》以及其他此类撰著所谓阐截二教除了老子、元始天尊、通天教主之外的一教诸仙的前身，辅佐唐僧取经的观世音菩萨与这山、那山之仙乃至如来佛座下的十八罗汉的前身、八仙以及其他这山、那山的洞府之仙的前身，乃至四海龙王的前身等等。这些前身不能据传说、撰著以言其实质，只能使其归之为我们所谓比较更高等级的妖怪——属人意识的主观逻辑共相与各种事物的客观逻辑共相的主客观统一性，因而后者转化为主体，前者则转化为其主体的主观能动性的中等精灵。还有，《西游记》中到西天去取经的唐僧之徒猪八戒、沙僧，也仅是这样的实在性而已。他的大徒弟孙悟空却已登上还带有邪气的太乙真仙之境。唐僧诚然是一个出家当了和尚的人，但这和尚的为人却完全同他的属人主观逻辑共相的独立自在主体、属性统一体几乎合二为一了，是一个只有善念、没有恶念的人非妖的人非人异化超尘凡体。他与孙悟空皆非当前所论这一层次上的异化实在性，暂可存而不论。但八仙的前身，也是一些这样的人非人超尘凡体，却属当前界限之内的问题：凡人想入非非想得道成仙，而入深山去修行者，便异化其自身为什么也不是的空幻理想——人非人异化超尘凡体，有的只是一个自愿去苦行的无知之人。这种异化实在性，是妖中的善类。凡属中等层次上的异化者——妖怪，都已无害人之心，只有同类相争的争强好胜之心，因为他们已是不食烟火了。他们的本质不能像阶级论那样，归结为他们的出身，而只能归属于他们的最深第二层次上的主观逻辑共相与客观逻辑共相之统一的多样性。

  总之凡属中等层次上的天国之神或仙类的前身，首先都是一些这一层次上的人非人的异化妖怪。妖怪者，属人意识性能与其主观逻辑共相的统一性的夸大和一般事物与其客观逻辑共相的统一性的夸大，相互结合而为一种独立自在的异化主体性之谓也。如果他们出身于石头，他便是中级石妖，如果他出身于花草、树木，他便是中级花妖或中级树妖；如果他出身于动物，他便是中级狐妖或中级鱼妖、中级熊妖、中级鹿妖乃至中级人妖，如此等等。所以，《封神演义》所谓截教女仙石矶娘娘的前身，便是石头出身的石妖，由于她是石头的中层主观逻辑共相与中层客观逻辑共相的主客统一性的人非人的异化怪物，故属人想象便将其设想为男女性别的女性。其他截教男女诸仙的前身，则多是中级层次上的不同雌雄动物妖，仅有少数则是这一层次上的男女性别的人妖。而阐教的诸仙前身，则都是这一层次上的男女之别的人妖。所有中级层次的妖怪，绝大多数都有趋向修炼的向道心。从而，他们异化过程的进一步发展，便是他们都最终得道成仙，多数被上帝御封或诏往天国成为中级层次或等级（这并不排斥其内部还有大小之分）的天神，如像八仙、托塔天王李靖、哪吒、二郎神杨戬、众星宿、天庭中级诸仙和四大天王、只被遣往下界的四海龙王等等。余者不是所谓西天如来佛座下的菩萨金刚与罗汉等，便是中土、西土（指唐僧取经而行之地）下界深山、荒野中的名洞与名观的诸仙，他们除了静坐禅修之外，便云游四海，享受庄子所谓"逍遥游"的乐趣，但有时也被诏往天庭去赴会或听名流讲经。至于那些未成正果中级层次妖怪，逐渐也必进入这个层次上的半仙之体，在其寰尘之外的山野居所中静修，有时也御风四处走走，以作云游之乐，而却不见闻于人世间也。从人非人的整个异化理论的固有应然性来看，他们也有得道成仙之日，也有诏往天庭或成为如来佛座下的菩萨、金刚、罗汉之日——这两方面的内部构成或结构，不是一成不变的，而是常常动变不已的，传说小说中的天神下界、知觉罗汉转世为济公等等，便说明必有下界的神仙升迁而补充其职之缺。而下界转世者一旦功德完满回转原处之后，我猜想升迁者便复归其来处；但若由于上界成员扩大而升迁者，便是永在上界了。

在这里，便会据上所言，出现这样一个问题：据《封神演义》所言，天国中级层次的诸神，大多数可分为两类，一是由阐教中级层次诸神及其肉身成圣的弟子构成的；二是由截教中级层次诸仙及其弟子与阐教相斗死后的原神被封为神的，我们却说他们都是由其前身得道成仙构成的，这是在二者之间的一个巨大矛盾。这个矛盾，又如何消除和解释呢？是的，表面看这是一个矛盾、一个问题，必须有待我们现在来阐明、来论述的。《封神演义》所谓阐截二教中等层次的诸仙，也是一种异化实在性，不是实有其事的现实性，但它是不合理的，是非逻辑性的，只是单凭作者基于传说的单纯属人想象的产物。我们所谓由他们前身到其得道成仙的过程，是对他们实质的高度哲学理论上的说明或解释，亦即是对这样一种异化实在性从其根底上的进一步阐明，从而二者的不同或相异，是理所当然的。《封神演义》所谓阐教中等层次的诸仙，直接都是由人的修炼而成的；它所谓截教中等层次的诸仙，都是由人与动物、植物乃至无机物的修炼而成的，这可一之为成在物而修炼，因为二者所说的修炼主体，从其共相言之，实质上都是物。但物是不能修炼成仙的，这也就是说，物与其多样性的统一（包括人在内），也是不能修炼成仙的，无论是初级层次上的，还是中级层次上的。的确，仙道或神道（此二者本为同层异名故并提之），是在属人想象中对物的异化，现实绝无其事。但问题在于这异化的逻辑内容应该是什么呢？

物就是物，它的多样性就是它的多样性，二者的统一，永远只是多样化之物实在性的自身同一性：就此而言其仙道成神道的异化，加上些什么坐禅、清淡饮食不问世事的与世隔绝（就人而言）深夜对月礼拜和吐纳、自然而然受天地日月精华之陶冶（对其他动物与无生物而言）等等，这还等于什么也没说的空洞，实等于说它本身生存过程的一些不同层次和怪异，就是仙道或神道。从而就又说，遵循属人道德规律而生活的历史演变某些偏离；对其他物说恪守这非社会自然规律生存之道的某些怪例之类的传奇思想，这就是步入成仙或成神的修炼了。可以说此为中国传统上所谓成仙、成神之途的实践通例，这是非常说不通的。要设想一种区别于此的属物仙道或神道异化理论的真正合理性，便只有顺物区别于自身的主客观上层层次——主客观逻辑共相及其不同层次实在性，使其与物相分离、相隔绝，而异化为一种孤立自在、凌驾于诸物之上的主客观统一性，并使属人意识的主观逻辑共相代替其他非人之物的主观性、普遍化为也是它们的主观逻辑共相，才是可能的，才能成立的。这种人非人的主客观逻辑共相合一为一种主体属性独立自在的异化妖怪，就其中等层次多样性的修炼结晶来说，实质上就是阐截二教诸仙的原神。说截教诸仙死后的原神方被封为天国诸神的，但他们的元神不是别的，却只能就是这中等层次的异化妖怪，他们如果真死了，便一死到底——他们的元神也必死无疑：死了，死了，死者就是他们的元神自身，没有什么能残存下来而被封神的。他们是如此，他们的徒弟也是如此。同样，说阐教诸仙是属人肉身成圣，成为天国中级之神了的，这也只能是说，他们的肉身早已经离开了，早已经死了：死了，死了，肉身成圣、成为天国之神者，就是他们作为人非人的中级层次异化妖怪的修炼成仙。他们是如此，当然他们也必然是如此。据上全部所论，所以，天国中级层次的异化论，不能采取《封神演义》的说法，而只能成之于我们所谓中级层次的人非人异化妖怪的修炼成仙之论。

中层等级的天国诸神，所以是中层等级的，因为他们出身于表象之知，起点、中点概念之知，同为非终极理性之知实在性，与客观事物存在实在性，它的双重化统一体的中层等级的主客观统一性：他们只不过是起点、中点概念一层次上的主观逻辑共相，与客观事物存在实在性双重化统一体的客观逻辑共相的主客观统一性的异化——如此这般的一种人非人的异化怪物而已。

可以这样说，主客观逻辑共相的第二个逻辑层次，是这层次上的一个主客观逻辑共相意识王国基础性事实。它被异化为一些人非人的异化怪物之后，他们的意识，可以无限地高于在这一层次上的属人意识，但他们的概念意识，却始终是非终极性的，始终不能完全摆脱属知感性形象和争强好胜之心的纠缠。

主客观逻辑共相的第三个逻辑层次，简化地说，便是终极理性的理性概念之知实在性、自然界理性概念之知实在性（使宇宙论理性概念之知含蕴其中）的主观逻辑共相，与本原性本体实点实在性、自然界本原性本体实点实在性的客观逻辑共相的主客观内在统一体。天国诸神是最高层次（包括佛在内——不能认为佛离于上帝或外于天国上帝自成一神域），最后便得只能是它们作为自上帝以下的最高人非人的异化怪物那种实在性。由于其中客观逻辑共相的实质是制约客观本原性本体实点实在性成物规律之规律的异化，而主观逻辑共相的实质，是制约物的高峰——属人精神属性成知规律之规律的异化，二者一属主体这种实在性的能动性，一属其意识能动性，从而这便是这种人非人异化怪物的无所不知、无所不能的内在主客两方面相统一的巨大超凡神力了。他们的神力仅次于上帝，而为其座下的最高天神。这种异化过程，当然最初异化出的仍是最高层次上的妖怪；但他们却都尘念已灭，好强争胜之心也多数已经消失，而热衷于潜心修养，功成之日，便转化为高级层次上的天国之神或佛（对我说佛家之佛亦归属天国高级之神是为上帝所统辖）。就中国传统来说，天国的太上老君、元始天尊等（原为《封神演义》中的阐教二祖师），乃至此小说中所谓截教祖师通天教主，以及如来佛与其座下其他诸佛等等，皆属此类。至于前已提到去取经的唐僧和孙悟空，我们现在的解释是：就唐僧而言，他本是如来佛的弟子金蝉子下凡降生为人的，我们可以据我们的思路，将他变换为一个终极主观逻辑共相层次，与超越他全部属人逻辑层次的客观逻辑共相相统一的高级层次妖怪；就孙悟空而言，我们可以用同一思路将他变换为一个终极主观逻辑共相层次，与一块久受日月精华锤炼的顽石，超越其全部逻辑层次的内在客观逻辑共相统一的，一个石猴高级层次妖怪。二者的取经过程，便是他们的修炼，从而由此使他们功成之日，登上了所谓佛家之佛的高级层次的天神的。《西游记》所言，也是一种属人思想上的异化过程，它并不排斥可以有基于当前哲学异化论所需要的这样一种异化过程。总之，所谓天国所属自上帝以下的高级层次的诸神，只不过都是一些如上所论的高级人非人异化怪物而已。

高层等级的天国诸神，之所以是高层等级的，因为他们出身于终极理性概念之知、自然界理性概念之知，与本原性本体实点实在性、自然界本原本体实点实在性的主客观统一性。他们只不过是终极理性的理性概念之知、自然界理性概念之知一层次上的主观逻辑共相，与本原性本体实在性、自然界本原性实点实在性的高层等级的客观逻辑共相的主客观统一性的异化——如此这般的一种人非人的异化怪物而已。

可以这样说，主客观逻辑共相的第三个逻辑层次，是这层次上的一个主客观逻辑共相意识王国基础性事实。它被异化为一些人非人的异化物之后，他们的意识是在集属人意识不同层次大成的基础上，可无限地高于在这一层次上的属人意识，而且他们的概念意识，是达到了终极理性的高度，完全摆脱了属知感性形象和争强好胜之心的纠缠。但他们既可在其终极概念意识基础上，无限地重构、重显非终极理性意识乃至感性意识，也能以此来洞悉一切争强好胜之心乃至利己之心的实质——天地间什么也瞒不过他们的。

这样，以主客观逻辑共相的统一，及其不同逻辑层次为基础，便完成了一种天国上帝及其所属上、中、下三个等级的天国诸神的谱系学。主客观逻辑共相的统一及其自下而上的三个不同层次统一性的异化，实是天国、上帝及其所属不同等级诸神来源的谱系实在性。

在这里，这种异化的核心结构，是在于以下几点相关性：

使制约世界万物所以可能的内在轴心——客观逻辑共相实在性，脱离世界万物而变成凌驾其上的独立自在；它本身单一存在的客观实在性，转化为人格化上帝存在的客观实在，而它在其所有数量上的总和统一体——实质上又是世界或自然界的内在轴心，则转化为凌驾其上的天国。

使制约世界万物的尖端拱顶——人的意识所以可能的内在轴

心——主观逻辑共相实在性，在无限夸大下①，转化为上帝的全知，它与上帝无限的客观能动性相对立、相平行的合二为一，便是上帝的全知全能。这样，便构成了上帝这样一个人非人的异化怪物。

这种主观逻辑共相与客观逻辑共相的主客观统一实在性，必须同时又是一种主体与其精神属性的主体、属性的相关实在性。

这种主体、属性相关性的不同逻辑层次实在性，便是天国上、中、下不同层次天国诸神的实在性——自上帝以下的一些人非人的异化怪物。

只要消除、扬弃了前所谓异化核心结构的以上几点相关性，天国、上帝及其属下诸神实在性，便返归为世界万物的内在轴心——客观逻辑共相实在性和世界的尖端拱顶——人的内在意识轴心：主观逻辑共相实在性，返归为它们的主客观统一实在性。这是一个彻底扫除了或扬弃了宗教神学的哲学科学的异化论，它的事例虽然是中国传统上的，但它的原理却同样适用于西方宗教神学。

不管怎样说，必须明确：实现出这种异化者是人，但上帝及其属下诸神，却仍不能只归之于"人的异化"，它是属人意识的内在轴心——主观逻辑共相与世界万物普遍性的内在轴心——客观逻辑共相互相结合的异化产物。

主观逻辑共相，是表现客观逻辑共相的主观之观的表现。从而，客观逻辑共相是一个双重化其自身的，既是物质性的也是精神性的双重化统一体，则主观逻辑共相必然与其相对应、相适合，也必须是这样一个双重化统一体：这既要表现客观逻辑共相的物质性一面，亦要表现其精神性一面的对立统一全体性，而归属于所谓"真正属人之观"的主观能动性双重化统一体。

---

① 所谓"无限"是不受限制或无所能被限制的意识。

这个主观逻辑共相双重化统一体的存在规律，便同于客观逻辑共相的存在规律，与它相联系、相统一，而一起回归于属人精神属性表现的潜在性之中。我们对它使用多少次，这潜在性便奋起显现多少次。据此，便有：

就主观逻辑共相是表现客观逻辑共相的物质性一面而言，它是一个表现客观逻辑共相物质性的主观逻辑共相。

就主观逻辑共相是表现客观逻辑共相的精神一面而言，它是一个表现客观逻辑共相性的主观逻辑共相。

此二者的统一，便使主观逻辑共相双重化统一体与客观逻辑共相双重化统一体相联系、相统一而起作用，因而便必然遭遇到面对世界万物的洪流，并投身其中，陶铸为在其普遍性、特殊性、个体性中的统一体——主观逻辑实在性，而成为它的内在基石。

于是，论述便可由此进入主观逻辑的外延逻辑与内涵逻辑的领域中去，而使其面临着新的主观逻辑内容。

二　外延主观逻辑与内涵主观逻辑

通常人们都认为逻辑学，是有关思维规律的科学；但这说的却仅是我们现在所指向的主观逻辑学——就其扼要而言，亦即所谓主观逻辑精要。马克思主义经典作家恩格斯更非常明确地就哲学的内涵而阐明此点说，扬弃传统哲学那种包罗万象的不合理性，哲学便只剩下有关思维规律的科学——逻辑学与辩证法，其余的内容就会让位于各种实证科学了。显而易见，这里恩格斯所说的逻辑学，就是主观逻辑学（对我们说是主观逻辑精要）；他所说的辩证法，则便是它的内涵主观逻辑学，这与外延主观逻辑学相统一，便正好就是主观逻辑学或我们所说的主观逻辑精要所要论述的问题。二者的区别，只是在于恩格斯是针对他所谓哲学内涵的合理性而言的，我们是仅就哲学认识论上属人认识或意识的内在轴心"主观逻辑的自身规定"——主观逻辑本身的扼要学理而言的，二者的真谬问题：可以放下不管，只问其同一性便够了。

这就是说，主观逻辑学，亦即我们所谓主观逻辑精要，作为与外延主观逻辑学、内涵主观逻辑学相统一的简化学理，是与恩格斯所谓在前述意义上的逻辑学与辩证法的统一，具有一定相同意义上的同一性。而这个同一性现在指向的对象，便是外延主观逻辑与内涵主观逻辑。

主观逻辑共相，是表现客观逻辑共相的逻辑真理，因而便有：

它的自身规定之一——外延主观逻辑，是表现外延客观逻辑的逻辑真理。

它的自身规定之二——内涵主观逻辑，是表现内涵客观逻辑的逻辑真理。

这两个逻辑真理，便分属于主观逻辑精要的，外延主观逻辑精要与内涵主观逻辑精要所要表述的对象——主观逻辑内容，或者说逻辑真理的逻辑内容。所以，主观逻辑学或主观逻辑精要，不是以客观逻辑共相为基石的客观系统为对象，而是以主观逻辑共相为基石的真理系统为对象。这是制约真理之所以为真理的真正纯粹真理王国，不是制约事物之所以为事物的真正纯粹客观实在性王国。

（一）外延主观逻辑

外延主观逻辑，是主观逻辑共相的自身规定之一，从而它必须与外延客观逻辑自身规定具有贯通其整个的同一律、矛盾律、排中律那样，而具有自己的主观同一律、主观矛盾律、主观排中律（现在可以也在补充的意义上称前者为客观同一律、客观矛盾律和客观排中律)。因为,后者是以前者为客观对象的主观表现。

主观同一律是说,主观逻辑的基石——主观逻辑共相本身,必须永远是它自身的同一性,其公式是:

主观逻辑共相是主观逻辑共相。

主观矛盾律是说,主观逻辑的基石——主观逻辑共相,必须永远排斥它的自身否定,其公式是:

主观逻辑共相不是一般主观共相或客观逻辑共相。

主观排中律是说,主观逻辑的基石——主观逻辑共相,永远只能或者是它自身,或者是它的自身否定,其公式是:

主观逻辑共相或者是主观逻辑共相,或者是一般主观共相或客观逻辑共相。

在有了外延主观逻辑这三个基本规律的基础上,便可以进一步来论述它的主观逻辑内容了。

外延客观逻辑的第一分,是它的客观概念论,则外延主观逻辑的第一分,便必然相应的是它的主观逻辑概念论。而客观概念论的内在区分,是分为种、类和属三个客观层次,那么主观概念论,也必须与此相对应,分为种、类和属三个主观层次。

这是说,就主观概念的第一个主观层次而言,既然客观概念的种层次,是表现客观逻辑共相的整体性客观显现,则主观概念的种层次,便必然是主观逻辑共相的整体性的第一分层"主观显现"。所以,它便是主观逻辑概念论的种概念。

这是说,就主观概念的第二个主观层次而言,既然客观概念的类层次,是表现客观逻辑共相整体性的第二分层"客观意识显现",则主观概念的类层次便必然也是主观逻辑共相整体第二分层"主观显现"。所以,它便是主观逻辑概念论的类概念。

这是说,就主观概念的第三个主观层次而言,既然客观概念的属层次,是表现客观逻辑共相整体性的第三分层"客观意识显现"，则主观概念的属层次，便必然是主观逻辑共相整体性第三分层"主观显现"，所以，它便是主观逻辑概念论的属概念。

客观逻辑共相概念论的第一分层"种概念"、第二分"类概念"，第三分"属概念"的客观逻辑内容，已在本体论的"客观逻辑精要"中一一论述过了；但主观逻辑概念论的第一分"种概念"、第二分"类概念"、第三分"属概念"，虽然已据前者的所种、类、属概念等演绎出来了，但它的主观逻辑内容，却还在未定之天。从而，必须对此展开必要简明的理论阐发，而略其例证不论（此者便以本体论中有关前者的论述为参考）。

所谓主观逻辑共相概念论的第一分"种概念"，就是说，主观逻辑共相的第一层次类分——一级不同殊相主观逻辑共相的实在性，便是此种概念实在性。主观逻辑共相的种概念，是表现客观逻辑共相种概念的主观显现，所以它是主观逻辑共相种概念逻辑真理实在性。

所谓主观逻辑共相概念论的第二分"类概念"，就是说，主观逻辑共相的第二层次类分——二级不同殊相主观逻辑共相的实在性，便是此种概念实在性。主观逻辑共相的类概念，是表现客观逻辑共相类概念的主观显现，所以它是主观逻辑共相类概念逻辑真理实在性。

所谓主观逻辑共相概念论的第三层次类分——三级不同殊相主观逻辑共相的实在性，便是此种概念实在性。主观逻辑的属概念，是表现客观逻辑共相属概念的主观显现，所以它是主观逻辑共相属概念逻辑真理实在性。

外延主观逻辑的种、类、属三个分层的主观概念，在其顺序普遍既相连续又相中断的彼此联系中，便返归它的概念一般统一性，而这为它分层主观概念的共相——主观概念实在性自身，它是表现客观逻辑共相整体性的主观显现，所以它是主观逻辑共相概念逻辑真理实在性。在这个基础上：它的种分层概念内涵规定性，便可归结为它作为主观概念加其主观种概念的种差；它的类分层概念内涵规定性，便可归结为它作为主观概念加其主观类概念的类差；它的属分层概念内涵规定，便可归结为它作为主观概念加其主观属概念的属差。

于是，外延主观逻辑的种、类、属三个分层概念的逻辑真理实在性，与它的主观逻辑共相逻辑真理实在性的内在对立统一，便是外延主观逻辑概念论的全体性：它既是前者，也是后者，是二者不可分割的主观逻辑真理实在性。这便完成了外延主观逻辑概念论的扼要逻辑内容。

在这里，便会产生一个也会潜在地与主观逻辑精要迄今为止的论述密切相关的问题出现，但它却必然要突出为是与整个外延主观逻辑概念论明显相联系的一个问题。这个问题便是：外延主观逻辑与外延客观逻辑的主客观概念论。以及它们不同层次的主客观种、类、属概念与概念一般，全都同出于属人理性思维表现能动性，那么此二者的区别性，又能怎样去识别呢，二者是不会变成同一个主客观无分的逻辑概念论及其种、类、属概念与概念一般的实在性了吗？从而二者的区别性到底怎样会存在，这便好像在属人理性思维表现能动性中，是难以存在的。这个问题只能在外延主观逻辑中呈现出来，而在外延客观逻辑中则只能顺其自然而论述，这样的问题却无从出现的，因为在那里没有外延主观逻辑与它相对应。这个问题，只涉及外延主观逻辑与外延客观逻辑的共轭存在性，从而问题便在于必须从它出发，来解决当前所提出的问题。

外延主观逻辑的基石，是主观逻辑共相；外延客观逻辑共相的基石，是客观逻辑共相；从而同一个属人理性思维表现能动性，在表现这个基本区别性的时候，它便同时分而为：一是显现主观逻辑共相的理性思维表现能动性；二是显现客观逻辑共相的理性思维表现能动性。后者是属于本体论的，它的意向性是以客观事物存在形象实在性为对象，而指向其不同逻辑层次的共相，亦即客观逻辑共相的界域，它的认识论意义是潜在的。而前者是属于认识论的，它的意向性是以主观认识或意识存在形象实在性为对象，而指向其不同逻辑层次的共相，亦即主观逻辑共相的界域，它的认识论意义是自在自为的，正好是前一个潜在认识论意义的自在自为主观显现。从而二者的相关性，也正好是这样一个如前所述的主客观统一性。这便将同一个属人理性思维表现能动性，如何能与外延主观逻辑、外延客观逻辑相联系的两个彼此相关性的内在区别与联系，完全表现出来了。据此，便又有如下所论成立。

外延主观逻辑的不同分层概念及概念一般是与其基石——主观逻辑共相的内在统一；外延客观逻辑的不同分层概念及其概念一般是与其基石——客观逻辑共相的内在统一。从而同一个属人理性思维表现能动性，在表现这两个不同内在统一性的时候，它便也同时分而为：一是显现外延主观逻辑的不同分层概念及概念一般的属人理性思维表现能动性；二是显现外延客观逻辑的不同分层概念及概念一般的属人理性思维表现能动性。后者是本体论的，它的意向性是以其外延客观逻辑不同分层概念及概念一般为对象的，而指向与其相应的主观显现，亦即外延客观逻辑的不同分层概念及概念一般的生成，它的认识论意义是潜在的。而前者是认识论的，它的意向性是以其外延主观逻辑的不同分层概念及概念一般为对象，而指向与其相应的主观显现，亦即外延主观逻辑的不同分层概念及概念一般的生成；它的认识论意义是自在自为的，正好是前一个潜在认识论意义的自在自为主观表现。从而二者的相关性也正好是这样一个如前所述的主客观统一性。这便将同一个属人理性思维表现能动性，如何能与主观逻辑的分层概念及概念一般、客观逻辑的分层概念及概念一般相联系的，两个彼此相关性的区别与联系，完全表现出来了。

前述两个不同方面的统一，便将外延主观逻辑与外延客观逻辑的主客观概念论，以及它们不同层次的主客观种、类、属概念及概念一般，如何能为同一个属人理性思维表现能动性所显现的对立统一性问题，比较精要地系统论述出来了。这便完全排除了外延主观逻辑概念的自身规定实在性，与外延客观逻辑概念论的自身规定实在性的主客观统一性，会在同一个属人理性思维表现实在性中，能发生主客观不分、二者合而为一那种疑难实在性。可以这样说：外延主观逻辑概念论的自身规定，是真正属人之观的主观之观的理性思维的能动表现；外延客观逻辑概念论的自身规定，是真正属人之观的客观之观的理性思维的能动表现，二者互为对方的主客观对立统一性，便同归于属人之观的理性思维能动全体性——它既是在此统一性中的前者，也是在此统一性中的后者，是外延主观逻辑概念论的自身规定系统与外延客观逻辑概念论的自身规定系统的统一整体，是前一系统表现后一系统的逻辑真理系统的主客观统一体。

　　于是，进一步的问题，是在于这个整体性中的两个主客观逻辑概念论自身规定系统的逻辑内容，有何区别呢？

　　设以 X 系统，代表客观上还未进入任何语言思想的客观逻辑共相本身及其种、类、属的规定系统，它既不是外延客观逻辑的潜在（自在）客观概念本身及其种、类、属的规定系统，当然也不是外延主观逻辑自在自为主观概念本身及其种、类、属的规定系统。在这个前提下，便可以说"客观逻辑共相"也是潜在的概念（这要与它作为 X 系统中的"客观逻辑共相"的运用相区别），客观概念一般只是表明它的内涵规定，与它相等同。从而在外延客观逻辑领域中的，包括"客观逻辑共相"在内的一切潜在概念的理论联系，其功用只在于以其内涵指称 X 系统的实在性，也表达此者作为客观上的对象是怎样的。这是它作为外延客观逻辑亦即本体论逻辑的本体论概念（潜在概念）系统的基本特点。与此相反，主观逻辑共相既是作为在 X 系统中的客观逻辑共相的主观表现，它当然也是自在自为的概念，这一点是很明显的。从而在外延主观逻辑领域中的一切自在自为概念，其功用却只在于以外延客观逻辑的潜在概念系统为对象，在表达对它的主观认识或意识实在性是怎样的。这是它作为外延主观逻辑的认识论概念（自在自为概念）系统的基本特点。这就是说，外延客观逻辑及其概念论本身规定系统与外延主观逻辑及其概念论自身规定系统中，任何潜在概念与任何自在自为概念的不同区别性，它是实际存在而且是非常必要的，它们既不容否定也不容混同。将这一点扩大到整个本体论与认识论上来看，那便又转化为论述全部本体论的用语——一些以本体论逻辑性潜在概念为基石的一般非逻辑性潜在概念，与论述全部认识论的用语——一些以认识论逻辑性自在自为概念为基石的一般非逻辑性自在自为概念的区别了。认识论之所以是本体论的自在自为展现，就其根基来说，正是由于后者是以前者为对象的自在自为表现。

主观逻辑的种、类、属概念，也与客观逻辑的种、类、属概念同归于其客观概念一般统一性那样，在其普遍联系的统一性中，同归于主观逻辑概念一般的统一性。而且二者的数量相等，就它们的抽象自身说，都是存在于属人精神属性的潜在性之中的。这就不必多说了。

继外延主观逻辑概念论之后，外延主观逻辑的第二分，便是它的判断论。既然外延主观逻辑的概念论，是外延客观逻辑概念论的主观显现，是它的不同概念分层的逻辑真理，那么外延主观逻辑判断论之于客观逻辑判断论的相关性，必然相应地是如此。因此，只要说出了前者表现后者的逻辑真理实在性，便可完成主观逻辑的判断论。但必须明确或记起这样一点：无论是外延主观逻辑还是外延客观逻辑，都是一个普遍性、特殊性、个体性的统一体。

就外延客观逻辑的主词所是主谓判断论而言，外延主观逻辑的判断论，便有如下的一些主观判断形式：

表现外延客观逻辑的"普遍性是特殊性而不是个体性"的客观逻辑判断的逻辑真理，便是第一种外延主观逻辑主词所是主谓判断。其公式是：外延主观逻辑的"普遍性是特殊性而不是个体性"。

表现外延客观逻辑的"特殊性是个体性而不是普遍性"的客观逻辑判断的逻辑真理，便是第二种外延主观逻辑主词所是主谓判断。其公式是：外延主观逻辑的"特殊性是个体性而不是普遍性"。

表现外延客观逻辑的"个体性是普遍性而不是特殊性"的客观逻辑判断的逻辑真理，便是第三种外延主观逻辑主词所是主谓判断。其公式是：外延主观逻辑的"个体性是普遍性，而不是特殊性"。

表现外延客观逻辑的"个体性是特殊性而不是普遍性"的客观逻辑判断的逻辑真理，便是第四种外延主观逻辑主词所是主谓判断。其公式是：外延主观逻辑的"个体性是特殊性，而不是普遍性"。

表现外延客观逻辑的"普遍性是个体性而不是特殊性"的客观逻辑判断的逻辑真理，便是第五种外延主观逻辑主词所是主谓判断。其公式是：外延主观逻辑的"普遍性是个体性，而不是特殊性"。

为了简化起见，这五个外延主观逻辑的主词所是主谓判断，也与外延客观逻辑的五个主词所是主谓判断那样，都是使其在肯定性的基础上，包含了它们的否定性形式。

外延主观逻辑这五个主词所是主谓判断，便是在主观逻辑共相（主观概念一般）的普遍性、特殊性、个体性基础上的，自上而下与自下而上的联系所构成的。它们虽然其数为五，但它们对属人主观世界的认识或意识多样性说，却是无所不包的。它们的主谓联系规律都是由主谓概念外延的相关性形成的。

在这里也必须要明确外延主观逻辑这五种主词所是主谓判断，说的不是这种判断的类分，而说的是它的任何构成的一些普遍规律。这二者的区别，绝不能有丝毫的混同。否则，便会提出问题说，如上所言，怎么没有提出如像外延主观逻辑的全称、特称、单称及必然性、或然性、实然性等等的主谓判断呢？实则二者是风马牛不相及的。

就外延客观逻辑主谓关系判断而言，外延主观逻辑的主谓关系判断，便有如下的一些主观判断形式：

表现外延客观逻辑的"客观逻辑共相的存在逻辑上先于它的不同环节的存在，而后者不能逻辑上先于前者的存在"那种客观逻辑判断的逻辑真理，便是第一种外延主观逻辑的主谓关系判断。其公式是：主观逻辑共相的存在逻辑上先于它的不同一切环节的存在，而后者不能逻辑上先于前者的存在。

表现外延客观逻辑的"客观逻辑共相不同环节的存在逻辑上后于客观逻辑共相的存在，后者不能后于前者的存在"那种客观逻辑判断的逻辑真理，便是第二种外延主观逻辑的主谓关系判断。其公式是：主观逻辑共相的不同环节的存在，在逻辑上后于主观逻辑共相的存在，后者不能后于前者的存在。

表现外延客观逻辑的"客观逻辑共相高于或大于前者的存在"那种客观逻辑判断的逻辑真理，便是外延主观逻辑的第三种主谓关系判断。其公式是：主观逻辑共相高于或大于它的不同环节的存在，后者不能高于或大于前者的存在。

表现外延客观逻辑的"社会性客观逻辑共相的产生时间上后于非社会性客观逻辑共相的产生，后者不能晚于前者的存在"那种客观逻辑判断的逻辑真理，便是外延主观逻辑的第四种主谓关系判断。其公式是：社会性主观逻辑共相的产生时间上后于非社会性主观逻辑共相的产生,后者不能晚于前者的存在。

表现外延客观逻辑的"非社会性客观逻辑共相的产生时间上先于社会性客观逻辑共相的产生,后者不能早于前者的存在"那种客观逻辑判断的逻辑真理,便是外延主观逻辑的第五种主谓关系判断。其公式是:非社会性主观逻辑共相的产生时间上先于社会性主观逻辑共相的产生,后者不能早于前者的存在。

也是为了简略起见,这五个主谓关系判断,都使其在肯定性的基础上,包含了它们的否定形式。

外延主观逻辑这五种主谓关系判断,便是在主观逻辑共相(主观概念一般)与其普遍性、特殊性、个体性三个自身规定的自前而后与自后而前那种相互关系,以及它第一分类的属"种区分"那种不同形式相互关系所构成的。它们虽然其数为五,但它们对属人主观世界此种认识或意识说,也是无所不包的。它们的主谓关系规律则是由主谓两端的相互适合关系所形成。

也必须要明确,外延主观逻辑这五个主谓关系判断,这说的也不是这种判断类分,而说的是它任何构成的一些普遍规律。任何这种判断类分,例如全称的、特称的及或然性的、实然性的、必然性的等等,都为这些普遍规律所制约而在其界限之中。这二者的区别,也不能有丝毫的混同。

外延主观逻辑的主词所是主谓判断逻辑真理系统与外延主观逻辑的主谓关系判断逻辑真理系统的互为对方统一全体性,便是外延主观逻辑的自在自为判断逻辑真理系统,是外延主观逻辑判断论的主观逻辑内容。在这里,也如同在继外延客观逻辑判断论之后,是其推理论的主观逻辑内容。

既然外延主观逻辑的自在自为判断逻辑真理系统,必然是表现外延客观逻辑的潜在判断逻辑真理系统的主观显现,那么外延主观逻辑的自在自为推理逻辑真理系统,也一定得是外延客观逻辑潜在推理逻辑真理系统的主观显现。这也就是说,外延主观逻辑推理论的主观逻辑内容，是外延客观逻辑推理论逻辑内容的主观显现。但关于它的论述，这里却要略而不言，只将它的主观推理形式，亦即它的主观推理的逻辑真理形式，列举如下：

1. 主观演绎推理第一种的逻辑真理形式；

2. 主观演绎推理第二种的逻辑真理形式；

3. 主观演绎推理第三种的逻辑真理形式；

4. 主观归纳推理的逻辑真理形式（它包含其逻辑上、时间上两个分层在内）。

这四种外延主观逻辑推理的逻辑真理形式，在其一一顺序的对立统一全体性中，便构成外延主观逻辑推理的基本实在性，它与外延主观逻辑概念论相联系，与其相统一，回归于此者全部主观逻辑内容的内在性中去，这便是一个外延主观逻辑的主观逻辑内容系统。在这个主观逻辑内容系统中，外延主观逻辑概念论的不同概念形式，其数相等，它的不同判断形式和推理形式的存在数量，也必与前者相等，而潜在于属人精神能动性中。

由于外延主观逻辑的不同环节——它的概念论内在区分的联系、它的判断论内在区分的联系、它的推理论内在区分的各自内部联系，都是由被区分者之为主观之观的观念性不同外延相关性构成的，所以它们并不能表现出它们自身内涵意义上的主观内涵逻辑内容来。充其量，它们只能表现出它们自身外延意义上的主观外延逻辑内容来。这是外延主观逻辑不同环节的基本特点，同时它们又构成外延主观逻辑本身的基本特点，因为它们的统一全体性本身，正所以是构成外延主观逻辑的主观逻辑内容实在性的。

如同在外延客观逻辑那样，为了使其客观逻辑内容具有其内涵意义上的客观逻辑内容，它本身必须转化为内涵客观逻辑；外延主观逻辑，为了使其主观逻辑内容具有其内涵意义上的主观逻辑内容，它本身也必须转化为内涵主观逻辑。之所以如此，这乃是因为客观逻辑是本体论逻辑，主观逻辑是认识论逻辑，而后者是前者的潜在认识论意义的自在自为展现，亦即它的逻辑真理系统。

（二）内涵主观逻辑

内涵客观逻辑有三个基本规律，属人客观之观的客观质量互变规律、客观对立统一规律和客观否定之否定规律。由于内涵主观逻辑必然是表现内涵客观逻辑的内涵逻辑真理系统，所以它也必须有其属人主观之观的主观质量互变规律、主观对立统一规律和主观否定之否定规律。

内涵客观逻辑的客观质量互变规律，分为逻辑性的与时间性的。与此相联系，便有：

与内涵客观逻辑的逻辑性质量互变规律相对应：首先，一般非主观逻辑共相——认识或意识王国基础性事实，在其纵向不同逻辑层次作为其属量规定的全体到位中，便质变为主观逻辑共相；其次，在其横向普遍性、特殊性、个体性三个环节的属量规定全体到位中，便又质变为负荷此三者于自身的普遍性、特殊性、个体性统一体实在性。这两个主观内涵逻辑纵横二向逻辑性质量互变规律，各都是一个主观内涵逻辑主观之观的逻辑性质量交错线。它们一是既属于一般非主观逻辑共相的逻辑性质量交错线，也属于主观逻辑共相的逻辑性质量交错线；二是既属于这个主观逻辑共相在其普遍性、特殊性、个体性三个环节中的属量规定的质量交错线，也是它作为与其这三个属量规定相联系那个统一体的逻辑质量交错线。这两个逻辑性质量交错线的内在性，便是主观内涵逻辑的纵横二向逻辑性质量互变规律。它是表现客观内涵逻辑的纵横二向逻辑质量互变规律的逻辑真理，所以它是内涵主观逻辑的第一分层逻辑真理。它既表现了主观逻辑共相是何以可能的规律，也表明了它作为一个普遍性、特殊性、个体性的统一体是何以可能的规律。

与内涵客观逻辑的时间性质量互变规律相对应：客观逻辑共相的基本类分，是社会性客观逻辑共相与非社会性客观逻辑共相，则主观逻辑共相的基本类分，也必然相应地是社会性主观逻辑共相与非社会性主观逻辑共相。从而，自非社会性主观逻辑共相到社会性主观逻辑共相的发展过程，便是一个内涵主观逻辑的时间性质量互变规律。但非社会性主观逻辑共相的尖端拱顶，是非人动物——类人猿非社会性主观逻辑共相的实在性，所以这个时间性质量互变规律，实质上则是从类人猿非社会性主观逻辑共相，在一定历史条件下到属人社会性主观逻辑共相的一个演变过程，它与属人之在共轭生。在这样一个历史上的个别时间性质量互变规律的基础上，便会同时显示出这样一种普通化的时间性质量互变规律：无论是社会性主观逻辑，还是非社会性主观逻辑共相，它们作为两个主观属质统一性，都有其量变过程，一旦这过程达到其不同等级的临界点，它们便不是发生各自新的不同殊相质态，就是相互转化为对方。这两种时间性质量互变规律的内在统一全体性，便是内涵主观逻辑的时间性质量互变规律，它是表现内涵客观逻辑时间性质量互变规律的逻辑真理。所以，它是内涵主观逻辑的第二分层逻辑真理。

内涵主观逻辑第一分层逻辑真理与它第二分层逻辑真理的对立统一性，便是内涵主观逻辑质量互变规律的全体性。在这个前提性中，存在着一些具有相关性质的主观环节，如像非主观逻辑共相与主观逻辑共相、社会性主观逻辑共相与非社会主观逻辑共相、纵向与横向、质与量、量变与质变等针锋相对的对立面。它们被概括为主观性对立面一般。由此便可进入内涵主观逻辑第三分层的逻辑真理——真正属人之观的主观之观的对立统一规律和否定之否定规律中去。

就内涵主观逻辑的对立统一规律而言，凡属主观性对立面，它们都是其一必是另一个的否定，反过来说也是如此。此二者在其既相联系又相中断的相关性中存在着一个与二者直接相联系的界限，它们直接都能触及这个界限，而处在它的两边。因此，它们都以这个界限为中介既相连续又相区别。就二者相连续的一面看，它们虽有区别，但又各都以对方为自身的自在性：只要它们展现出了各自的自在性，它们便都各自转化为对方。这就等于说，它们只能处在其界限的两边不动，一旦动了它们便各自都要超越了界限，而过渡到对方。像这样一种两个对立面都以其界限为中介的相关统一性，便是内涵主观逻辑的对立统一规律。

在这个主观性对立统一规律中，它不但可以包含上面所谓的一系列不同形式的主观对立面，而且还可以包含外延主观逻辑的概念论、判断论、推理论的一系列主观内涵逻辑内容在内。主观概念一般及其种、类、属等概念的相关性，各种不同形式的主观判断和各种不同形式的推理，事实上都可归结为一些不同形式的主观对立统一规律。例如，外延主观逻辑中的所有主词所是主谓判断，都是以"是"或"不是"为中介，去联系两端不同的主语与谓语的，实质上这都可以使它们变为其两端的对立统一性和非对立统一性而包含在对立统一规律之中：非对立统一性是它的排斥，是它的对立物，它也是前者的排斥，是前者的对立物，二者是相互包含的，实质上也是一个对立统一规律，是表明肯定同时是其否定一面的对立统一规律。再如，在外延主观逻辑的演绎推理中，所有它的大前提与小前提，以及二者与结论的关系，也都是一些对立统一性，同样可以如上所言那样包含于内涵主观逻辑的对立统一规律之中。当然进一步看，内涵主观逻辑的归纳推理的内容，情况也是如此。

所以，我们前面说过，要想理解外延主观逻辑的一些主观判断、主观推理所指向的，主观逻辑内容是什么，便必须要依靠内涵主观逻辑，其理由就在于此。我们甚至可以将外延主观逻辑的所有不同形式演绎推理，都转换成一种以推理本身为中心的质量互变规律。其可能性就在于可以将主观性推理的大小前提和结论的主观属质统一性转换为主观性推理本身的一些等级不一的主观属量统一性（因为它们是主观性推理本身的三个不同环节），从而由此便可以说：只要这些主观属量统一性全部到位了，便立即形成了主观推理本身。显而易见，这就是一个一般主观逻辑性的质量互变规律。

在这个内涵主观逻辑的对立统一规律中包含两个主观对立面，它们是相互否定和对立的。从这一点出发，便可以进入内涵主观逻辑的否定之否定这一规律的领域中去。这是内涵主观逻辑最后一个规律。

现在，可以这样设想：在主观对立统一规律中的第一个对立面，否定了它的第二个对立面，此为第一个否定；接着它的第二个对立面又否定了第一个否定，这便出现了前后两个否定的相关性——第二个否定对第一个否定的否定，其真正的意义是在于它是第二个对立面回归为与第一个对立面相联系、相统一的全体性。它高于第一、第二两个主观性对立面——它既是第一个主观性对立面，也是第二个主观性对立面，此为主观性对立统一规律逻辑内容的全体性。所以，内涵主观逻辑的否定之否定规律，是如此这般地与它的对立统一规律相联系，而是不可分的。这就是说内涵主观逻辑的对立统一规律、否定之否定规律的内在统一全体性，是表现内涵客观逻辑的对立统一规律、否定之否定规律的内在统一性的逻辑真理。所以，它是内涵主观逻辑第三分层的逻辑真理。

在这个内涵主观逻辑第三分层的逻辑真理上，它便与它的第一分层、第二分层逻辑真理相联系、相统一，最后达到了内涵主观逻辑的终点，达到了它全部主观逻辑内容的系统。但内涵主观逻辑，是与它的外延逻辑统一不可分的——任何一个主观逻辑的语词观念性或不同语词观念性的联系，都有其内涵也有其内涵的外延范围，从而它所指向的对象，也既有其内在含蕴，又有其含蕴的包容性。在这样一个统一性的基础性上，便必然过渡到外延主观逻辑与内涵主观逻辑的统一性中去。

（三）外延主观逻辑与内涵主观逻辑的统一性

外延主观逻辑是表现外延客观逻辑的逻辑真理系统实在性，内涵主观逻辑是表现内涵客观逻辑的逻辑真理系统实在性。这二者的统一，恰好就是主观逻辑的逻辑真理系统实在性，亦即它的真谬逻辑真理系统实在性。与此相对，客观逻辑的逻辑内容，现在可称其为客观逻辑的是非逻辑真理系统实在性。前者，是认识论的，而为自在自为的逻辑真理系统；后者，是本体论的，而为潜在的逻辑真理系统。

本体论的潜在逻辑真理系统：是由它的一些基本客观范畴来完成的，则认识论的自在自为逻辑真理系统，既是前者的自在自为显现，它便相应地也由它与其数量相等的一些基本主观范畴来完成。现在，将它们列举如下：

主观逻辑范畴表

主观逻辑共相	非主观逻辑共相
社会性主观逻辑共相	非社会性主观逻辑共相
主观属质统一性	主观属量统一性
主观肯定与否定	主观是与不是
主观逻辑量变与质变	主观时间量变与质变
主观对立和统一	主观对立统一的全体性

在上表中，主观是与不是的范畴，也如同在客观逻辑那样，本来是可以包含于主观肯定与否定的范畴之中；但由于考虑到外延主观逻辑中的主词所是或不是的主谓判断与其主观关系判断区别的重要性，所以便把它单独列在上表中。

外延主观逻辑与内涵主观逻辑，通过它们上表所列那些范畴为中介的统一性，就其所包含的内容而言，它便转化为主观逻辑内容的实在性。

三　主观逻辑内容

面对主观性，主观逻辑内容是普遍的，是无所不包的，自本篇"认识论"开始以来，不断地常提到这或那、这种或那种的主观逻辑内容，都是对这"主观逻辑内容"的不同运用形式，这也便足见它的普遍性与包容性之大、之广，是与在客观逻辑那里的客观逻辑内容之大、之广，必然是完全相同的。它的普遍性是它的外延之量，它的包容性是它的内涵之量：它的外延之量与内涵之量，必然是相等的。此二者的统一，就是它那个界域的含蕴性。实质上，主观逻辑内容的界域含蕴性也便是主观逻辑共相的界域含蕴性，不过它在后者的内涵与外延的统一性中，尚不能充分表现出来而已。现在，它在主观逻辑内容的界域含蕴性中便充分表现出来了，但却仍然以主观逻辑共相为其内在的主体性——主观逻辑内容，只能是主观逻辑共相内在所固有的主观逻辑内容。

这个主观逻辑共相的主观逻辑内容，当然也是表现客观逻辑共相的客观逻辑内容的一个逻辑真理实在性。

这个主观逻辑共相的主观逻辑内容层次，亦如客观逻辑共相的客观逻辑内容层次那样，可以顺序依照后者表述如下：

首先，主观逻辑共相的主观逻辑内容，是作为一个普遍性、特殊性、个体性的统一体，这便是它的第一层次上的第一位逻辑内容。

它第一层次上的第一位主观逻辑内容，便是它的外延主观逻辑的一切逻辑规律和形式，与它的内涵主观逻辑的基本规律相统一的全体性。这是在它本身层次上的直接界域含蕴性,从而是第一位的。

进一步看,诚然非主观逻辑共相是主观逻辑共相,而包容于后者的否定性之中;但反过来说,所有的主观逻辑共相必须也就是所有的非主观逻辑共相:后者显现着前者,在既定的条件下,二者的界域含蕴性是相等的。因此,非主观逻辑共相的一切主观逻辑内容,必然间接地也就是主观逻辑共相的主观逻辑内容,是它的间接主观逻辑内容,从而前者的界域含蕴性,同时便成为后者的间接界域含蕴性。

主观逻辑共相的间接逻辑内容,也如同客观逻辑共相的间接客观逻辑内容那样,必须进一步对它精简而概括地细密展开——

认识或意识存在形象实在性,是它最初的原始层次间接主观逻辑内容。

认识或意识形象与其存在形象相统一的直接性内容,不管存在数量有多少,都存在于属人自我意识及与其对象相关性的各种立足基石的统一性中,是它第二层次的间接主观逻辑内容。

认识或意识存在形象实在性,必然扬弃为认识或意识存在实在性,但这必须是一个发展过程,是它第三层次的间接主观逻辑内容。

从认识或意识存在形象到表象、起点概念、中点概念(知性概念)存在实在性,是它第四层次的间接主观逻辑内容。

从中点概念实在性到理性概念实在性,这是它第五层次的间接主观逻辑内容。

所有理性概念实在性的综合统一性,便构成整个自然界理性概念实在性,是它第六层次的间接主观逻辑内容。

整个自然界理性概念实在性与其直接性存在的统一体,便构成哲学宇宙论问题,是它第七层次的间接主观逻辑内容。

对哲学宇宙论的四个二律背驰矛盾的合理解决,是它的第八层次的间接主观逻辑内容。

主观逻辑共相这八个层次的间接主观逻辑内容，都是一些既表现其最终客观对象——事物存在形象实在性双重化统一体的，与其一一相对应的物质实在性一面，也表现与其一一相对应的精神实在性一面的主观性双重化统一体实在性。这是主观逻辑共相的第九层次的间接主观逻辑内容。

但它的第一、第二层次的间接主观逻辑内容，可归结为感性认识或意识王国基础性事实的主观内容。它的第三、第四层次的间接主观逻辑内容，可以归结为非终极性理性认识或意识王国基础性事实的主观内容。它的第五、第六、第七、第八层次的间接主观逻辑内容，可以归结为终极理性认识王国基础性事实的主观内容。它的第九层次的间接主观逻辑内容，则分属于感性、非终极理性、终极理性认识或意识王国基础性事实各自的主观内容。从而，它的间接主观逻辑内容，从基本上说，只有这样三个层次。

主观逻辑共相实在性在其本身界域中的直接性逻辑内容与其三个不同层次的间接逻辑内容的对立统一全体性，便是主观逻辑共相实在性的全部逻辑内容。它在它的全部逻辑内容中，便达到了它界域含蕴性的顶点，而将其界域含蕴性全部都表现出来了。

什么是主观逻辑共相的最深邃的本质？回答说它不是别的，它便是客观逻各斯的主观精神性——主观逻各斯实在性。什么是主观逻辑共相的直接逻辑内容？回答说它只不过是主观逻各斯的规律而已。什么是主观逻辑共相的间接逻辑内容？回答说它不是别的，它就是主观逻各斯的规律之表现而已：如果说后者它是规律，那么前者便是规律的规律——主观逻辑共相作为共相的共相，当然它的规律就不能不是规律的规律。

世界万物存在实在性，所以都必须服从客观逻辑，都必须与客观逻辑规律相一致，而不能违背这个逻辑规律，就因为它是客观逻辑共相——客观共性的共性，是客观规律的规律。世界万物作为不同等级事物存在形象实在性的主观性，却只有人的真正属人之观的主观能动全体性，才有表现万物不同层次共相的客观之观，才有反思这样客观之观的主观之观。它通过前者发现万物不同层次的共相，有其客观逻辑共相；它通过后者会发现，属人不同层次共相认识或意识，必为表现客观逻辑共相的主观逻辑共相及其规律所制约。从而人的主观世界也都必须服从它的主观逻辑共相，服从它的这主观逻辑共相的规律，这也是因为它是这主体主观性共相的共相，是这主体性主观性规律的规律。

于是我们看到，在人的真正属人之观的主观能动全体性中，便出现了一个呈现逻各斯及其规律与客观逻各斯及其规律的主客观统一性。这是人凌驾于自然界其他万物之上的宏伟之处。所谓天国、上帝及其他不同等级的诸神，这些幻想实在性最深邃的内在本质，就在于是这个主客观统一性及其不同层次的人非人的异化。其所以说是人非人的异化，因为宗教神学实质上是将客观逻辑共相——客观逻各斯异化为天国、上帝及其不同等级的诸神，而将主观逻辑共相——主观逻各斯异化为它们的全知或接近于此知的主观能动性了。二者的统一便是全知全能或接近于全知全能。所谓全知者，制约一切知识所以可能的主观逻辑共相的现实表现之谓也；所谓全能者，制约一切事物存在实在性所以可能的客观逻辑共相的现实表现之谓也。人不是本原性本体实点实在性的最高自身规定——客观逻辑共相与主观逻辑共相的主客统一实在性，而且前者与后者的统一体，只是一个逻辑先在性，只能表现于世界万物殊相多样性中。人只是这多样性中的最高等级的有限现象实在性；他所具有的主客观统一人知实在性，诚然都为主观逻辑共相及其规律最终所制约；他对应前者的合理物活动实在性，诚然也都为客观逻辑共相及其规律最终所制约，但却永远达不到全知全能——全知全能对人来说是无从存在的。这就是说，现实世界根本就无所谓"全知全能"的实在性。

言至于此，可以说已完成了整个主观逻辑精要，它与前两章的统一全体性，便是整个认识论的逻辑内容。

本体论讲的只是世界万物的同为事物存在形象所是实在性，讲的是"是非"区别性；认识论讲的则只是表现前者的自在自为真理世界，讲的是"真谬"区别性，二者的普遍统一性，是更高的真实哲学领域，是真实与非真实——中国哲学所谓"诚与非诚"的价值领域：它的肯定与否定的统一性，既是客观性是非统一体，也是主观性真谬统一体，是二者的对应统一全体性。这就是说，本体论与认识论的内在统一是价值论。

第三篇

价值论

就《第一哲学原理的科学体系》的本体论而言，它揭示或展现出了客观世界的"所是"系统，而排斥它的"所非"系统。这里所谓"所是""所非"显然不是系动词那个是与不是的能动性，而是已经由它实现了的主谓统一性的意向所指。

就它的认识论而言，它揭示或展现出了属人主观世界的"真理"系统，而排斥它的"谬误"系统。

本体论的"所是"系统与认识论的"真理"系统的内在对立统一全体性都为主客观的"真实"，亦是价值论的"真实"系统：它既是本体论的"所是"系统，也是认识论的"真理"系统。从而后一系统以前一系统为对象，而是它的真正属人之观的精神性表现，二者都是主客观二大分层的真实存在性，它们的共相则为普遍真实的存在性。这正是本书——《第一哲学原理的科学体系》，今后要分章分题阐明的最后一系列终点问题。

但是，针对本书这三个理论系统的这样一种区分，我想或有人一定会提出这样的问题：它们为什么称为"所是"系统而与"所非"相对立，称为"真理"系统和"真实"系统而与谬误、非真实相对立——难道所是与所非，真理与谬误，真实与非真实三者不是一回事，还有什么区别吗？这个问题，以前虽然提到了，都语焉不详，缺乏论据，现在，这是一个适当机会，且对此再略加说明。

通常，所是与所非，简言之则即所谓是非，诚然既可通用于客观事物存在形象实在性及其属人客观世界，也可通用于主观认识或意识存在形象实在性及其属人主观世界，后者又可和真理与谬误相交；但就我而言，却认为毋宁将二者的区别扩大，使是非只适用于客观事物存在形象实在性及其客观世界，使真谬则只适用于主观认识或意识存在形象实在性及其属人主观世界，比较更为合理一些。所以说，就本书的本体论而言，它是一个表现"所是"的系统；就本书的认识论而言，它是一个表现"真理"的系统。

既然"所是"系统与"真理"系统，是一个互为对方自在性的对立统一全体性，那么它应该是一个什么系统呢？据上所述，显而易见，所是与所非，真理与谬误，也必然是一个互为对方自在性的对立统一全体性，此者不是别的，只能是一个真实与非真实的实在性——使所是与所非、真理与谬误各自对应本体论、认识论的肯定与否定而相互区别，而习惯上与前两者相通而被剩下的真实与非真实，便只能是它们的一个互为对方对立统一性的主客观真实的实在性的肯定与否定了，它既是所是而排斥所非，也是真理而排斥谬误，是二者统一的全体性的实质——真实而排斥非真实。所以，"所是"的系统与"真理"的系统，在其排斥它们各自的非是系统、谬误系统中的统一性，便必然就是一个真实的系统，是一个我们今后所要论述的真实理论系统。

这样，便自然而然地出现了此前一开始所谓本体论的"所是"系统、认识论的"真理"系统，和今后要论述的"真实"系统。此三者都在排斥各自的"非是"系统、谬误系统和"非真实"系统。

"所是"的理论系统，是《第一哲学原理的科学体系》的本体论，"真理"系统，则是它的认识论，那么"真实"系统，又应该是什么呢？它不是别的，它就是本书第三篇——价值论中的那个价值系统。这就是说，对我们来说，价值实在性就是真实实在性。那么到底什么是真实呢？中国哲学中的《中庸》一书说："诚者，天之道也；诚之者，人之道也"，这里所说的诚，实质上就是真实，它的意思是说，真实作为诚，就是自然界本原性本体实点与其显现世界万物规律系统的统一，作为天道表现的合理性，而人仿效天道改造自然界的真实行为，就是所谓的"诚之者，人之道也"。但人道即天道，是天道最高峰上的自在自为表现合理性，是最高的天道之诚或真实，是这样一个天道高峰上的天人合一性——中国传统哲学强调天人合一的原理，是它高于西方哲学的伟大之处。所以在《中庸》的作者看来，唯天道的表现则诚，非诚则无物。这就是说，凡属天道的表现则真实，非真实则无物，从而离开了真实，便是什么也没有的非真实。对此，我的理解便是：由于价值便是真实，是天道表现合理性，从而离开了价值，便是什么也没有的非价值——非价值就是非真实或非诚，是背离天道合理性的空无：此处所谓空无者，就其为通天而言的空无之谓也。所以，有关真实作为价值的理论系统，就是真实系统之为价值系统的理论表现——价值论。可能有人会说：这种价值观是荒诞的，但我则认为它再荒诞也较之那些因袭现代西方的哲学精神，说什么主客二分的哲学体系是陈旧的，乃至将认为在属人意识之外还有外物的观点，以及视为二元论等流行主张，是小巫见大巫的。

价值论，首先必须是对本体论"所是"系统与认识论"真理"系统的统一全体性起点——客观事物存在形象实在性，与主观认识或意识存在形象实在性对立统一全体性中作为真实的东西的感性直观。这种直观，必然使人产生美学感受：对真实的感性直观，便是美学感受，它使人感受到美丑实在性。价值的直接性内容论述——真实美学论。

价值论，其次必须是本体论"所是"系统与认识论"真理"系统的统一全体性不同逻辑层次作为真实的东西的理论直观。这种理论直观，必然使人产生有关真实的不同逻辑层次的论述——真实理学论。

价值论的真实美学论，与它的真实理学论内在相统一的全体性，便一同返归为价值逻辑精要——真实逻辑论。

于是，价值论的内在区分，便是：
价值的直接性内容——真实美学论；
价值的逻辑层次——真实理学论；
价值的逻辑精要——真实逻辑论。

第 一 章

价值的直接性内容

——真实美学论

价值直接性内容之为真实美学论中所谓的美丑,必然是由我们主观感性真实性所显现的主客观真实存在形象实在性的完满与不完满感性形象。由于它可分为崇高、非崇高之美丑的实在性与崇高、非崇高之美丑的实在性,它的内容是相当复杂的。这都是包括人在内的主客观之美的实在性,此外还有那在显现着它的各种艺术之美的实在性,二者的统一,正好就是一个天道表现合理性之为价值的直接性内容——真实美学论意向所指向的对象性:美丑的实在性。

一 美丑的实在性与审美感情

美丑的实在性,是天道表现合理性的直接性——真实的起点:客观事物存在形象实在性之为真实(以后简称客观感性真实),与主观认识或意识存在形象实在性之为真实(以后简称主观感性真实)的主客观统一全体性——这既是客观感性真实,也是主观感性真实。它既可从前者那里被直观到,也可以从后者那里被直观到,统而言之,亦即可从它们这一统一全体性被直观到。由于客观事物存在形象实在性与主观认识或意识存在形象实在性，都是一个各自意义上的双重化统一体，所以它们也都是一个在各自意义上的双重化统一体。从而，由此被直观到的美及其本质的统一性，既是物质性的，也是精神性的，是这样一个双重化其自身的内在统一体。真实美学论所论述的价值直接性内容，从头至尾都是这个属美统一性不同环节的双重化统一体。

真实美学论，即传统上所谓其产生较之本体论、认识论都为在后的美学。它所指向的对象统称为美，而表现此美的真正属人之观的精神性显现样态是多样的，如诗词、小说、绘画、音乐、戏曲、话剧、歌曲等各种艺术门类，都是它的不同表现形式。可以这样说，展现美的精神性显现，最初便是在各种艺术类别的观点发展中运动着，可称其为杂多自在自为的美学，是美学升起于世界万物以人为其高峰那个真实生活世界的开端。继此而来者，接着便是力图从理论上阐明这各种艺术类别的美学，又应运产生了，可称其为杂多自在自为美学的理论美学——它既可以是单一性的，也可以是总和性的。但这两种美学都没有触及多样化美的统一性，没有阐明在其不同样态中的美丑统一实在性是什么的一般内涵及其展现的必然性，从而没有上升到哲学的高度，还不能成其为在真正属人之观中的本体论与认识论相统一之为真实的美学实在性，将它简化言之，亦即所谓真实美学论。以后，有的哲学家或美学家认为，对象感性形象不同部分相关性为协调、和谐、对称者便是美，相反者是丑，这说得有道理，但不深刻也不全面。

康德第一次明确了美的实在性，是与属人感性机能实在性不可分的重大问题——感受对象的感性直观过程，可以产生美的实在性；思知对象的理性直观过程，则不能产生美的实在性，并认为对象使人感受到喜悦而快适者则为美，对象使人感受到惊叹乃至淡淡的恐怖舒适感者则为崇高。说美只能产生于感性直观过程，将美分为非崇高之美与崇高之美，这潜在地具有巨大的合理性；但康德实质上是将美对人的显现等同于人的审美感情，将他所谓非崇高之美与崇高之美，等同于不同审美感情——喜悦而快适、惊叹而恐怖指向其对象的对象化，这却是根本错误的。继康德之后，黑格尔对美的实在性作出了一个堪称划时代而在西方后无来者的伟大规定。他认为美不是别的，它就是理念的感性形象——这形象表现世界万物的终极根底，故为美。在这里，唯一值得责难的是，他将本为客观性的理型或理式说成表现它的主观性理念，将主观性理念看成世界万物的终极根据，因而是客观唯心主义的。就我个人一孔之见而言，黑格尔的出现，对西方哲学而言，在一切方面都是划时代的，并没有一个超越黑格尔的海德格尔。要说海德格尔超越了黑格尔，那得说出一种具有马上汗血功夫的论据来才成，只是抬高海德格尔、贬抑乃至对黑格尔有所歪曲的泛泛之论是不行的。再拿胡塞尔与海德格尔师徒来说吧，二者的理论体系，到底谁高于谁，我看还是未定之天：说海德格尔将胡塞尔的现象学认识论，转化为实存主义本体论，这并不足以说明后者高于前者，因为现象学的"现象"实等于实存主义的"实存"，而认识论与本体论，又都是哲学同一层次上的内在区别或不同部分，二者只有先后之分，是不能有高下之分的。总之，不能说海德格尔超越了黑格尔，甚至也不能说它高于胡塞尔——现代西方哲学，只有批判地以康德、黑格尔为基础的哲学体系，却没有超越而高于此二人的哲学体系。[①] 他们二人都仍沿袭着西方美学传统，在美学中只谈美的问题，不谈丑的问题，我则认为二者并论为合理。

　　黑格尔的属美规定（其中也潜在地包含属丑规定在内），现在来批判分析，为时尚早，因为他谈的是美丑本质问题。当前，

[①] 在历史上，后期的哲学体系必高于在前的哲学体系，这是就哲学发展的总体而言，但就在前、在后的具体情况，却不一定这样。不能说西方中世纪的哲学，是高于其古代柏拉图、亚里士多德的哲学；或说西方现代哲学高于黑格尔的哲学。

倒是必须联系康德，仅就美丑的实在性，对它作出应有的论述。

的确，正如康德所言，属美实在性的对人显现，只能为属人感性机能所显现；属人理性机能只有在属美实在性被显现出来之后，对它进行思维，思维它的本质所在的逻辑内容。当然这对丑来说，必然也同样如此。从而，美丑实在性本身，是属于感性的东西，它区别于认识论、本体论的感性实在性，即在于前者是感性真实而可包容后二者在价值论中，亦可为不同感性真实的共相，后二者则只是感性所是与感性真理。可以这样说：君不见美丑实在感性来，直夺理性不复还；君不见理性明镜观美丑，美丑实在变美学——美学者，理性观到美丑之理实在性之谓也，但这却还不是当前的问题。当前进一步的发问是，美丑实在性是如何从感性来到属人脑海之中的呢？但在拙见看来，它现在还没有产生。

既然美丑实在性，是来自于前所谓客观感性真实与主观感性真实的主客观对立统一全体性，而它的共相基础，便是感性真实，则这也等于说，它是来自感性真实，因之它便是感性真实的完满与不完满的感性形象。之所以如此，这乃是因为美丑实在性来自前一对立统一全体性，就是说它是前者的完美、不完美的感性形象。但显现感性真实的机能，是属人主客观感性机能全体性的共相——属人感性机能一般，所以阐明美丑的审美感情，要从此开始。论述之后，再来从美丑实在性与审美感情的统一性上，对美丑实在性，做进一步的规定。

属人感性机能实在性，以视觉机能为核心，它在真正属人之观的主客观视觉统一性中能直接看到具有同一色彩或不同色彩布局的主客观事物存在形象实在性的统一体。但当它这样感觉到如此这般对象实在性时：如果使人心里亦即在人的精神属性中同时涌现出一种喜悦快适之情，或者涌现出一种惊叹恐悚的仰慕、赞扬之情，与此相联系之人便必然看到了美的实在性；相反的如果使人心里或在人的精神属性中，同时涌现出一种厌烦乃至憎恶而要躲开之情，与此相联系之人便必然看到了丑的实在性。美丑实在性不在人的这两种感情实在性中，而在人所感受到的对象——主客观事物存在形象统一体之中，美使它转化为美的感性真实，丑使它转化为丑的感性真实——美、丑便是它们的自身规定，从而实质上它们即为美、丑实在性。

与美、丑实在性相联系而统一不可分的那两种以外感觉为前提的属人内在感情动态，与此感觉的统一，便是所谓的审美感情实在性。它的意向性，必指向一般美、丑的实在性，使后者成为对人显现着的客观性。从而，它便不一般，不是通常在感性、理性能动表现性中的属人感情动态，不是一种附属于感性、理性能动表现性，并必然与之相伴随的感情波动——这其中包括人在实践中的，从起点中经过程到结束的内在感性、理性感情波动在内。因此，审美感情这种特异性的特质，便必须要对它行之以专门别开洞天的强调和论述。而且，还要特别明确，价值的直接性内容，或者说真实美学论，是本体论中的直接性内容与认识论中的直接性内容——属人自我意识的主客观对立统一全体性的最高峰，是它的尖端拱顶，从而真实美学论的起点——美、丑价值的审美感情实在性，又必然是这个高峰的高峰、尖端拱顶的尖端拱顶。所以，对它全面而彻底的阐明，便势必要顾及这个高峰或尖端拱顶的整体性，顾及本体论与认识论的内在感性、理性感情波动实在性的问题。这也是一个适当的所在，使我们可以补充在本体论、认识论中言所未言者。在那里实难涉及感性、理性发生作用时的内在感情波动问题。

一般说来，感性、理性的内在基础是意志，前两者只是意志发动之后贯通其过程的自身规定。属人意志的发动，表现人的情欲冲动而带有浓厚的感情色彩，在此基础上它的自身规定——感性的感觉、知觉作用，理性的思维作用，便随而展现为其所贯通，二者在其既相连续又相中断或区别的统一性，便是二者的一个互为对方的对立统一全体性。它既是意志的情欲作用，也是感性、理性的感觉、知觉作用和思维作用。西方哲学传统上一贯将感性、理性与意志的统一体，割裂为二，因而便产生附着于感情上却以理性为核心或与此相反者的理性主义、经验主义，与附着于感性、理性却以意志为核心的意志主义两种哲学思想的对立。实则感性、理性与意志是一个不可分割的统一体：感性、理性的作用，必为意志所贯通；意志的作用，也必同时表现为感性、理性的作用。君不见感性、理性意志来，感思波动归意志；君不见意志冲动感思生，情欲勃起成感思——说感思，道意志，感思、意志互所需。这就是说，感思必发动于意志而伴随有要去感思的感情动势；意志必贯通于感思而成其自身冲动的所趋所向。据此便有：

就本体论的感性、理性而言，它的客观感性、理性意志先后相继发动，同时与此相对应随着而来者，则是在此基础上的客观感思先后相继出现，伴随有要去客观地感思的感情动势，而指向客观事物存在形象实在性及其全部逻辑内容。意志由此则一分为二：一是与感性相联系的客观感性意志；一是与理性相联系的理性客观意志，二者相继延续。在这个过程中客观理性思知的实在性，总是直接随着客观感性感知的实在性相继展现。

就认识论的感性、理性而言，它的主观感性、理性意志也先后相继发动，同时与此相对应随着而来者，则是在此基础上的主观感思也先后相继出现，伴随有要去主观地感思的感情动势，而指向主观认识或意识存在形象实在性及其全部逻辑内容。意志也由此一分为二：一是与感性相联系的主观感性意志；一是与理性相联系的主观理性意志，二者相继延续。在这个过程中，主观理性思知的实在性，也总是直接随着主观感性感知的实在性相继展现。

就价值论的感性、理性而言，这里有关它们与意志相统一的一般性逻辑内容，与前二者的共相完全相同。但就价值论直接性内容的一般感性与本体论、认识论直接性内容的主客观感性同为感性观之，二者之间却大有区别。后者在为其意志所发动之后，虽然在要去感知的感情动势中，也要闪烁着有关其对象之为潜在感性真实之丑美审美感情的跳动，但却一闪而过，它既不是必须的环节，甚至也形成不了"审美感情"的学理概念——在那里，既无价值论直接性内容"真实美学论"的高峰，则在其发展中，便无从有高峰的高峰——审美感情的概念，是在属人的哲学或美学深思熟虑的构思中，被形成起来的。而前者作为真实美学论的感性，却大异于此。它在为其意志所发动之后，要去感知而在感知的感情动势，却并不在看过之后，直接继之以理性思维为其意志所发动而去思维的感情动势，而是在前一看的过程中，内心跃起一种或快适或不快适、或惊叹或憎恶的内在感情，使人自觉为看到了美丑的实在性，这便是审美感情实在性，是识别美丑实在性的试金石。美学或真实美学论所讲的"审美感情"不是别的，它便是以属人感性机能的感觉或知觉为前提，并与其相统一的一种能够识别美丑的属人内在感情实在性。有了这个统一性，才能有审美感情实在性；有了审美感情实在性，才有对人的丑美显现——若有人在其精神属性中，没有一点审美感情实在性，他便是一个不知丑美的傻瓜。

所以，审美感情及其所趋向的丑美观照，必然也是一种属人认识，是一种美学上能够识别丑美的认识，是美学感性机能的认识。有的哲学或美学家，不承认审美感情及其丑美观照也是一种认识，我看是说不通的——它不是认识，它该是我们的意识吧？从而如果它是意识，则它便必定是认识，因为意识只能是认识的表现。

人的审美感情，虽然是与生俱来的，但随着人一生的成长、生存过程，对不同的人来说，却会有广深二维高度的不同。人的日常经验和理性知识越广泛而深厚,他的广深二维的审美感情便越高,因为在前者的基础上,会使他面对感性真实的感性直观越有透明度,产生越高审美感情的波动和蔓延。相反,人的日常经验和理性知识越狭隘而肤浅,他广深二维的审美感情便越低,因为在前者的基础上,会使他面对感性真实的感性直观越缺乏透明度,产生越低审美感情的波动和蔓延。所以,矿物学家、植物学家和动物学家,各对其感性真实的感性直观透明度,要高于常人,从而对它们能产生高于常人的审美感情。而哲学家能对世界万物同为感性真实与其多样性的统一,在其顺序普遍联系与相互制约中的实在性的感性直观透明度,也要高于其他一切人们,他便由此能产生高于他们的审美感情,去更鲜明地直指凡物各得其所,各在其生存之道中,怡然自得而奋斗不息和想象宇宙真实整体的属美感性形象。

再者,审美感情,不但是感性的,而且也必须要与人的利害感一直没有联系,它才能正确识别丑美实在性。这一点,本体论、认识论趋向认识的感情动势,也必须如此。

人的审美感情,在未被任何私情污染之时,它在其任何层次的透明度上,都是最公正的。只要它说什么实在性是美的,这实在性就是美的;只要它说什么实在性是丑的,这实在性就是丑的。因此,使前所谓美丑实在性的规定,与此审美感情统一起来看时,它便转化为:

什么是美的实在性?美的实在性者,使人喜悦而趋向、惊叹而略带恐悚感的一切感性真实的实在性之谓也。

什么是丑的实在性?丑的实在性者,使人厌烦而逃避、憎恶而惊吓的一切感性真实的实在性之谓也。

此二说何谓也?凡属感性真实的实在性,必有其感性形象,而这不是完满的,便是不完满的——前一美的实在性规定不能属于后者,只能属于前者;后一丑的实在性规定也不能属于前者,只能属于后者，从而二者的统一，这便将前所谓以完满与不完满的观念，来规定美丑实在性的前论，包容其中了。

这是一个美丑实在性，与其审美感情的内在统一。

总之，从根底以上而从下到上说，美学或真实美学论，是本体论与认识论相统一的价值论高峰上的高峰，而它的审美感情及丑美观照，便生起高耸灵霄的以美排斥丑这种最绚丽动人的国色天香的哲学花朵——它是：不谙美理散美香，陶冶万物宇宙貌，因而它便放出无处不在的使人醉心丑美本质研究的万丈光芒。

二　美丑的本质

美丑实在性，不是审美感情的对象化，而是它在识别美丑实在性的一般对象本身。面对感性真实一般，属人审美感情的肯定与否定样态，有多少区别，便有多少美丑的样态存在。前者的统一共相与后者的统一共相相对应，便正好是审美感情与美丑的实在性。美丑实在性的对人显现，不能为理性思维所显现，而只能为感性的感觉、知觉所显现，并为属人审美感性所识别。但一涉及丑美是什么及其本质时，它与审美感情相统一便一起退居幕后，而让位于理性思维的能动性了——它能识别丑美实在性，却不能思维它们的所是或本质。

前面已提到，丑美就是感性真实的完满与不完满的感性形象，不过现在可以进一步说，美丑如是被理性思维所规定的实在性，不是别的，它便是属人审美感情对之所趋、所避那种感性真实的自身规定：前一说法中的完满与不完满的感性形象，实等于后一说法中的感性真实自身规定。二者可以相互往复循环地内在统一，就是它的实质——美丑的本质问题。这一问题，面对理性思维的能动性，可就不像美丑实在性是什么的直接性，那么容易回答了。康德对此没有回答好，充其量他只不过含糊地说出了美丑的不同类型：从它所谓非崇高之美与崇高之美的实在性那里，可以直接推出它们的对立物，可称其为普通丑与奇丑。只有黑格尔唯心主义地触及了这个问题的深奥之处，尚需我们借鉴于此的深思明辨，方能正确阐明这个问题。

黑格尔认为美是理念（或具体概念）的感性形象或感性显现方式。但与美相对，丑是什么呢？黑格尔没有说。据前者的推断，我想这决不意味着丑是非理念的感性形象或感性显现形式，因为丑与美是同一层次或等级上的对立面，而理念与非理念则是前者与其一切非所是更大层次或等级上的对立面，就其中理念的"一切非所是"是可以包括所谓感性真实在内。所以丑绝不能是它的感性形象或感性显现形式，毋宁说（据黑格尔），它倒应该是理念在不同程度上的不完满性的感性形象或感性显现形式。如上所论，可以这样说：这便是黑格尔有关美丑实在性的固有观点。

但是，必须明确，黑格尔的《小逻辑》或《大逻辑》，只是黑格尔唯心主义的自在自为本体论，它诚然杰出地体现了它与认识论相统一的唯心主义辩证法；但唯因如此，包含于其中的黑格尔认识论是潜在的，不是自在自为的黑格尔唯心主义认识论。所以，他所谓理念及其非所是的实在性，也自在自为地是黑格尔唯心主义本体论的，却非自在自为地是黑格尔唯心主义认识论的。从而，经我们扩充后的黑格尔那种美丑实在性，是理念及其不同程度不完满性的感性形象或感性显现形式的观点，也同样仅是黑格尔唯心主义本体论上的一种美丑规定。高出本体论美丑规定，将认识论也包容于其中的所谓价值论直接性内容——感性真实美丑规定，在传统哲学乃至黑格尔哲学，是从来没有的。因此，我们必须批判地阐发黑格尔的美丑规定，使其适用于我们所谓感性真实的美丑规定。

黑格尔所谓理念，实质上是我们所谓真正属人之观，对客观事物存在形象实在性全部逻辑层次——它的内在之理那个客观之观的观念性大全；但他论述的对象却正好不是这个客观之观的全体性，而是前者的实在性，亦即客观事物存在形象实在性，在其最终逻辑层次上而可包容、显现万物的，内在之理的最高统一性。它不应该称为理念，而应该称为理型或理式，理念只是它的主观意念，并是认识论的。即使在黑格尔的唯心主义看来，这个最高统一性，是精神性的，它也只能是精神性的理型或理式实在性，却不能是理念的实在性。黑格尔所谓美的实在性，就应该是这个理型或理式的自身规定。但实质上，包括人在内的客观事物存在形象实在性，是一个既为物质性实在、也为精神性实在的，双重化其自身的双重化统一体，从而它在其最终逻辑层次中的最高统一性，便也是这样一个双重化统一体——一个理型或理式这样一种双重化统一体，因而所谓美的实在性，便首先应该是它的感性形象或感性表现形式，就其真理性说，不能归属于黑格尔所谓理念实在性。所以，黑格尔所谓的美，不但是唯心主义的，而且也只是我们所谓的感性真实的客观感性真实一面的一种自身规定——本体论性的客观之美实在性。它的本质只能在于我们所谓理型或理式之中，而不能在于使认识或意识与其对象相混同的"理念"这一唯心主义本体论错误观念之中。所谓理型或理式的本体论最高统一性，是不仅就它显现世界万物的形体及其属性而言，并且也是就它显现此者的各种动静的动态而言：它是此二者的内在统一，是本原性本体实在性，在此统一性中无所不在的定式。它既然是一个物质性、精神性双重化统一体，则它所显现出的客观感性真实的属美感性形象实在性，也必相应地既是物质性的，也是精神性的，亦即也是这样一个属美感性形象的双重化统一体。

于是，从黑格尔客观之美的规定中，便可批判分析地得出这样第一个结论：

客观之美实在性，是理型或理式双重化统一体的感性形象或感性表现形式：它既是物质性的，也是精神性的。

与此相联系，据我们对黑格尔客观属美规定的猜测或补充，所谓客观之丑的实在性，当然也不是什么理念在其不同程度上不完满的感性表现，而只能是不同程度不完满理型或理式的感性表现——不完满的程度越大，它的属丑感性形象或表现便越大，反之则越少，以至于出现不美不丑乃至不细看或整体看来还是美的等情况。本来我们是就美丑两端在立论的，将这些在其中间的情况，扬弃为它们固有的自在性不论，在这里提一下，也不无好处。确切说，丑作为不完满理型或理式的感性表现，也如美作为理型或理式的感性表现那样，既是感性真实的客观感性真实一面的自身规定，也是既为物质性，又为精神性的双重化统一体，它既是物质性的，也是精神性的。

这样，从我们对黑格尔客观之美的猜测补充中，又批判分析地得出这样第二个结论：

客观之丑实在性，是不完满理型或理式双重化统一体的感性形象或感性表现形式，它也既是物质性的，又是精神性的。

在把握如上所论述与黑格尔美学观点相关的第一、第二结论之论述的时候，必须要明确或记起这样一种区别性：将人作为双重化统一体包含于世界万物的双重化统一体中，这是一回事。而将属人双重化统一体看成真正属人之观的主客观之观相统一的全体性，这又是另一回事。前者是本体论的，后者是认识论的，二者不容混同，而如上所论的逻辑内容，只与前者相关，却与后者无关。只在涉及对它的论述本身的时候，才会触及后者中的真正属人之观的客观之观。这一点，在脑海中必须自觉或不自觉的清楚明白地浮现着，才不会产生混乱。当然，在某种意义上，真正属人之观的主客观统一全体性，也可包含在世界万物双重化统一体——人包含其中，它也便包含其中了。但这是一种更为复杂曲折的关系：若能有知于此，前一点便不成问题了。

但在这里，却会产生这样一个问题：无论就黑格尔唯心主义的本体论理念而言，还是就我用以代替它的本体论理型或理式双重化统一体而言，二者都是显现世界万物的最终本质，它们各都贯通世界万物而无所不在，二者既是美的本质，美只是二者的感性形象或感性表现，那么又从哪里来的不完满理念、不完满理型或理式实在性，而在表现丑的实在性呢？这的确是一个难以澄清的大问题，甚至可以说这不是一个问题，而是一个自相矛盾。但这矛盾是来自我们沿袭黑格尔的属美规定所做的一系列初步批判分析，从而这个矛盾的消除，只有最终完成于对黑格尔观点做进一步更根本上的批判分析和纠正。二者的统一，必然既是一个对黑格尔美学基本观点的批判系统，同时又是对美丑内涵实在性的一个确切规定——黑格尔不应该说，本体论性的客观之美，是理念的感性形象，而应该说，理念分为完满的理念与不完满的理念，美是前者的感性形象，丑是后者的感性形象。我们对它的批判分析，以理型或理式双重化统一体代替理念，也不应该说，美是理型或理式双重化统一体的感性形象，而应该说，理型或理式双重化统一体分为完满的理型或理式双重化统一体，与不完满的理型或理式双重化统一体，美是前者的感性形象，丑是后者的感性形象。于是，无论就黑格尔而言，还是就我们而言，前面的自相矛盾，便可立即消失不见了。对我们如前所言这种彻底纠正，就是对黑格尔如前所言那种彻底纠正的潜在真理。我们不但对在黑格尔唯心主义意义上的客观美丑规定，做了最后终极性的批判分析，而且也同时揭示出了客观美丑的真正内在本质。

这样，便可以确定无疑地设定如下所论：

如果人面对一个或一处（某地）的客观真实双重化统一体实在性，不觉赞赏说"这真美呀"！这就是说，它必然是这客观真实双重化统一体的一个完满理型或理式的感性形象——它既是客观物质性真实的客观之美，也是客观精神性真实的客观之美。最令人奇怪的是，一个其精神性实在性一面的作用可以充分表现出来的，客观真实双重化统一体，例如一个属人真实双重化统一体，他的形体性或容貌可以是相当丑陋的，但他为人行事的感性形象，却又可以是相当美的。这个在属人美丑上的二律背驰，又如何解释呢？你不能说这只是他的心灵美，而非同时又是他的物质美，因为他作为其精神属性的负荷主体性——心灵的意志动向，是由他作为一个非心灵的属人物质真实对应前者实现出来的；就现实性而言，这个美也必须是一个物质性美与精神性美的双重化统一体。我们只能说这个属人真实实在性的本质，是一种社会性自然真实的实在性，而不是一种非社会性自然真实的实在性，从而他在其形体性或容貌上的丑陋，只属于后者而与前者无关，你不能说社会性自然真实的实在性的客观之美，要以非社会性自然真实的实在性的客观之美为根据。因此，这个属人双重化统一体为人行事的感性形象被观之以美，他就是美的，但却是一种社会性的客观之美，他在其非社会性的自然真实一面的客观丑陋，对此不能发生一点作用和影响。丑陋的非社会性实在性，可以是美的社会性实在性——二律背驰，现在变成二律统一。这也便是说，社会性实在性真实的客观之美，在社会性自然界真实的与非社会性自然界真实的共相——自然界真实中，也同样是美的，是它的一种社会性真实的殊相客观之美。总之，一般性客观之美，是完满理型或理式双重化统一体的感性形象，则它的任何殊相客观之美，便也是这个完满理型或理式双重化的统一体，在其殊相多样性中的一种殊相感性形象。它也是既为物质性的殊相客观之美，也为精神性的殊相客观之美，它就是这样一种殊相客观之美的双重化统一体。

如果有人面对一个或一处（某地）的客观真实双重化统一体实在性，不觉厌烦说"这真丑呀"！这就是说，它必然是这客观真实的双重化一体的一个不完美理型或理式的感性形象——它既是客观物质性真实的客观之丑，也是客观精神性真实的客观之丑。同样也令人奇怪的是，一个其精神性实在性一面的作用可以充分表现出来的客观真实双重化统一体，例如一个属人真实双重化统一体，他的形体性和容貌可以是相当美的，但他为人行事的感性形象，却又可以是相当丑陋的。这个属人美丑上的二律背驰，又如何解释呢？你不能说这只是他的心灵丑，而非同时又是它的物质丑，因为他作为其精神属性的负荷主体性——心灵的意志动向，是由他作为一个非心灵的属人物质性真实对应前者实现出来：就现实性而言，这个丑也必须是一个物质性丑与精神性丑的双重化统一体。我们只能说这个属人真实性的本质，是一种社会性真实的实在性，而不是一种非社会性真实的实在性，从而他在其形体或容貌上的美，只属于后者而与前者无关，你不能说社会上真实的实在性的客观之丑，是以非社会性真实的实在性的客观之美为根据的。因此，这个属人双重化统一体为人行事的感性形象被观之以丑，他就是丑的，但却是一种社会性真实实在性的客观之丑，他在其非社会性真实一面的客观之美对此也不能发生一点作用和影响。美的非社会性真实的实在性，可以是丑的社会性真实的实在性——美丑上的这个二律背驰，现在也可以是美丑上的二律统一。这也同样是说，社会性真实的实在性的客观之丑，在社会性自然界真实与非社会性自然界真实的共相——自然界真实中，也必同样是丑的，是它的一种社会性真实的殊相客观之丑。总之，一般性客观之丑，是不完满理型或理式双重化统一体，在其殊相多样性中的一种感性形象。他同样是既为物质性的殊相客观之丑，也为精神性的殊相客观之丑，他就是这样一种殊相客观之丑的双重化统一体。

完满的理型或理式实在性，与不完满的理型或理式实在性及其殊相多样性的共相，便是一般的理型或理式实在性及其殊相多样性本身，从而它即为前二者的对立统一全体性的内在基石。既然客观上的美丑实在性及其多样性，都是完满与不完满的理型或理式实在性及其多样性的感性形象，是二者的对立统一全体性的感性表现形式，那么这个一般性理型或理式及其多样性的基石，便必然是客观美丑实在性及其多样性的共同基础了——无论是客观之美及其多样性的实在性，还是客观之丑及其多样性的实在性，最终只能是生根于它们这共同基础之上，而是它的不同感性表现形式。

言至于此，便可以说以上三论的统一全体性，便基本上在改造黑格尔以理念为基础的美丑规定前提下，完成了我们所谓客观美丑实在性之本质的阐明，亦即完成了对它的本体论性逻辑内容的基本展示。这可简化为这样一句话：凡属客观美丑的本质，不是别的，它就是本原性本体实点实在性，在世界万物中无所不在的一般样式——理型或理式的感性形象。至于客观美丑的殊相多样性，便可直接归结为这样一种感性形象的殊相多样性。

看来对客观美丑本质实在性的解决，现在似乎已经达到了完善的地步，无须再说什么了。但再深入一想，却又出现了一波未平，一波又起的局势。人们会想，理型或理式的实在性，怎会分为完满的与不完满的两种形式的实在性呢？很显然，这个问题还是有待回答的：只有回答了这个问题，前面所论才是能够成立的。

对此，首先我们可以说，本原性本体实点实在性，在其数量上的总和统一性中，作为自然界本原性本体实点实在性，是永恒周而复始地构成世界万物的原始质料因，但它的动力因，却并不是一个可以有理想性的全知全能的上帝，而是在于它自身所固有的排斥与吸引相联系、相统一的，既是物质性的也是精神性的一种表现性双重化统一体。因为，自然界本原性本体实点实在性，原本就是一个既为物质本体，也为精神本体的双重化统一体，这样，它作为其精神本体一面制约其作为物质本体一面而显现为世界万物的时候，这个精神性的制约能动性却始终只能是感受到快适或不快适的感受性。虽然在它显现的高峰上，出现了能思维而有理想的属人实在性，但制约它显现这个实在性的精神一面的能动性，却仍然只是一个单纯的感受性，而毫无一点能思维、能筹划的理想作用在内。

其次，我们又可以说，在这种情况下，自然界本原性实点实在性，在其自身分化的显现过程中，便难免遇到这样两种不同的条件：一是在既定条件下，使它在其所显现的各种不同客观事物存在形象实在性某些个体中，无所不在的理型或理式是完满的，因而它的外在感性形象也是完满的而表现为美；二是在一定条件下，使它在其所显现的各种不同客观事物存在形象实在性某些个体中，无所不在的理型或理式是不完满的，因而它在其中的外在感性形象也是不完满的而表现为丑。

最后，我们便可得出结论，前两种客观实点实在性的内在统一，便产生了世界万物的各种事物存在形象实在性中的美丑区别，并且其本质则是在于显现它们的完满与不完满的理型或理式区别所以可能的实在性。这便说明了客观美丑实在性的基石——理型或理式的实在性，所以能分为完满与不完满两种存在形式的终极根源。

说明了这样一个有关理型或理式实在性的完满与不完满的终极根源之后，我们还要对所谓美丑双重化统一体的实在性，从理论上对它加以展开。

通常人们老爱以女人为例，谈论什么心灵美（又称内在美）、物质美（又称外在美）的问题，而且声言一个女人可以有很高的心灵美，但她的外在或物质外表方面却是相当丑陋的；一个女人可以有很高的心灵丑，但她的外在或物质外表方面都是相当美的——我要娶妻，则舍此取彼。我不得不感叹地说：先生此言差矣！何差之有？听我一一道来。

　　包括人在内的客观真实双重化统一体实在性，既是精神性实在性，也是物质性实在性：前者与其精神性实在性的统一体，就是一般普遍性的心灵——属人心灵只不过是它的最高存在形式；后者与其物理属性的统一体，则是一般普遍性的非心灵物质——属人外表性的物质也只不过是它的最高存在形式。所以，心灵的实在性与物质实在性是统一不可分的，亦即心灵实在性的感性形象作为美丑实在性，是与物质实在性的感性形象作为美丑实在性是统一不可分的，二者也是这样一个双重化统一体实在性。在这个美丑双重化统一体实在性中：无不是心灵美的物质美，也无不是物质美的心灵美，将二者分开它们便一起转化为空无，属人的心灵美与物质美也是如此。据此，可以断言一个人既然娶了一个具有很高心灵美的妻子，那么她在其外在的任何物质性所为表现上，必然也是美的，而是一个既有心灵美也具有物质美的心灵美与物质美双全的好妻子。至于她在容貌上可以是丑陋的，但这是有关她在其非社会性自然一面的缺陷，却与她作为一个社会性自然或人的实在性毫无关系的，它不能有损她的社会性美，这就是说，这个妇人无论在心灵上还是在肉体上，她都是美的——她的心灵美必须偕同她的物质美，而是一个不可分割的统一体。

　　然而，客观美丑本质的实在性，只是我们所谓感性真实实在性的一个方面——客观感性真实实在性的美丑自身规定。从而除此之外，必然还有与客观感性真实性相对而言的主观感性真实，所以有关它的美丑自身规定，尚有待论述。这便是主观感性真实的主观美丑规定问题。

　　所谓的主观感性真实的实在性的起点，就是认识论的原始起点——认识或意识存在形象实在性。就认识或意识存在形象实在性，必然也是一种天道表现的合理性而言，它便是主观感性真实，而与客观感性真实之为本体论性天道表现合理性相区别、相对立。后者有其客观美丑自身规定，则主观感性真实的实在性，也必相应地有其主观美丑自身规定。

在这里，对我们提出的问题，首先必然就是：客观感性真实的完满与不完满的感性形象，是它的直接性客观美丑规定，那么是否主观美丑的规定，也即为主观感性真实的完满与不完满的感性形象直接性呢？回答说，是的，情况正是这样：前者是客观美丑实在性，后者则即为主观美丑实在性。

但进一步看，真正实质性的问题在于：客观美丑规定的本质，是在于它是完满与不完满的理型或理式实在性，以及二者的对立统一全体性基石——理型或理式实在性本身的感性形象，那么主观美丑规定的本质，又应该是什么呢？这正是我们此后要去费神思考和阐明的问题。

既然主观感性真实的实在性，便是认识或意识存在形象实在性，作为它的天道表现合理性，那么当前所提出的问题，必然是在于主观感性真实的最终逻辑层次是什么的问题。而且，它的起点必然要归结为认识论中的认识或意识实在性，最后或终极的那个逻辑层次的实在性。所以，我们的论述，便必须回到有关认识或意识实在性的不同逻辑层次中去。

在认识论中，认识或意识实在性的逻辑层次，单纯从真正属人之观的精神能动性来看，它分为感性、非终极理性——知性与终极理性——理性三个基本逻辑层次。感性是认识或意识存在形象实在性，以及内外感相统一的知觉形象实在性的天道表现合理性——主观感性真实存在性的构成能动性，知性是表象、起点概念、中点概念的构成能动性，理性则基本上是理性概念或理念的构成能动性，余者都可以此为基础从中演绎出来。只是在这里，才涉及黑格尔所谓理念的真实意义，涉及对它改造性的运用。从根本上说，主观感性真实的实在性，在其感性形象上的主观美丑规定的本质，是生根于理性概念或理念这块基石之上，是理性概念或理念的感性形象。既然客观之美丑的基石——理型或理式，可分为完满的与不完满的，则主观之美丑的基石——理性概念，也必分为完满与不完满的，因为后者是表现前者的观念性。从而，分而言之，这也就是说，主观之美的实在性，是完满的理性概念或理念的感性形象；主观之丑的实在性，则是不完满的理性概念或理念的感性形式。其所以如此，这还是因为在主观感性真实存在性，必然是客观感性真实存在性的表现这个前提下，理性概念或理念原本是本原性个体实点实在性，在感性及知性的一切之知中，作为无所不在的内在实体而存在的主观样式实在性，所以它必与前者在世界万物中，作为其无所不在的内在实体而存在那个客观样式实在性——理型或理式实在性相统一，是一个互为对方的对立全体性。它必然既是前一主观样式——理性概念或理念实在性，也是后一客观样式实在性理型或理式实在性。据此，如下前提与结论的相关性成立。

前提：理型或理式实在性分为完满的与不完满的两种形式，客观美丑实在性，是它这两种形式的感性形象；客观之美是前一种形式的感性形象，客观之丑是后一种形式的感性形象。

结论：理性概念或理念实在性也分为完满的与不完满的两种形式，主观美丑实在性，是它两种形式的感性形象：主观之美是前一种形式的感性形象，主观之丑是后一种形式的感性形象。

这个前提与结论相联系的对立统一性，便必然从根本上表明了主观美丑本质实在性，以客观美丑本质实在性为条件、为基础的主客观统一全体性。在这个全体性中，我们必须注意所谓客观美丑的实在性，与前所谓一般心灵美丑实在性的区别与联系——此二者最易混同，而且其区别性也最为重要。主观美丑的实在性，只是真正属人之观的主观之观能动表现作用，它指向主观真实存在性的美丑规定，而非客观真实实在性的任何美丑规定。而一般心灵美丑本质实在性，则与此相反，它只能是真正属人之观的客观之观能动表现作用，它指向客观真实存在性双重化统一体，在其为精神实在性一面的美丑规定，这都是属于客观美丑本质的界限之中的。现在对此再补充这样一点：既然客观美丑本质实在性，也同样既是物质性的，也是精神性的这样一种双重化统一体，这就是说它的心灵美丑本质实在性，总是与它的物质美丑本质实在性相对应、相联系，而是统一不可分的——前者怎样，后者也便怎样。客观美丑实在性，总是一种一般心灵美丑实在性，与一般物质美丑实在性通而为一的美丑实在性。

这样，与一般心灵美丑实在性相区别的主观美丑实在性，便复归于主客观美丑实在性相统一的全体性。在全体性中，就主观美丑实在性与客观美丑实在性的相关性而言，诚然后者只是表现前者的主观形式，但它在其中所以能占有半分天下的一席之地，而且具有不可忽视的重要性，这乃是因为客观美丑的相互排斥，可以分为天然客观美实在性而在排斥天然客观丑实在性，和人造客观美实在性绝对排斥人造客观丑存在的两种必然性。人在改造大自然界的客观事物存在形象实在性的某处境况时，若无与其主观美丑相对比的感性形象，跃起的波动在心，他如何能进行此种改造，使其显现为人造客观之美而排斥人造客观之丑的创造过程实在性呢？这是决定不可能的事情。尤有甚者，如果人没有在我们所谓的意义上的主观美丑实在性，不但客观上的人造美丑实在性无从谈起，而且显现客观美丑的各种艺术实在性，也无从谈起了。

客观美丑实在性与主观美丑实在性的对立统一全体性的共相，便是一般美丑本质——理型或理式与理性概念或理念二者对立统一全体性共相。它为属人审美感情所识别、所显现的统一性，便是对人显现着的美丑实在性。在它之中，到处都洋溢着一种气氛四射的动态情状，二者的统一，便是美丑气质的实在性。美丑实在性，实际上是美丑气质的实在性。

三 美丑气质实在性

美丑的气质实在性，便是美丑的动态情状。动态情状实在性，在这里表现得最为突出，乃至可以说，它就是在其本质中的美丑实在性的动态情状。正是在这个问题上，才直接触及到康德美学的基本属美规定的批判分析。康德实质上也是将美分析为美与丑的——丑是美的必然对立面。实质上，它又将美分为非崇高之美与崇高之美，与此相对应美的对立面，丑便必分为非渺小之丑与渺小之丑。在扬弃了康德美学思想中有移情论倾向这一缺陷的前提下，这是潜在于康德美学思想中的，尚有待正确予以发挥、展开的合理逻辑内容。

所谓非崇高之美的实在性，就是那些使人一见之下，便产生喜悦而趋向这种审美感情的感性真实存在性的不同完满感性形象。在这种感性形象实在性中，总是散发着令人难以概括、类分和言尽的，千奇万态的无数属美动态情状，如像豁然开朗，焕然一新，栩栩如生，如笑如飞，如怨如诉，亭亭玉立，花容月貌，清雅脱俗，富丽堂皇等。非崇高之美的实在性，并不一定如康德所言，都是一些宏观上的细小之物，问题只在于它能使人产生喜悦而趋向的内在感情，在散发着种种美的动态情况。在深秋之夜中，可以有万里碧空，秋风轻而无处不微微动荡，当空一轮秋月至明，洒下满地辉而使整个大地变成一个银色世界：这种综合景象，决不是一种宏观上的细小之物的属美实在性，毋宁可以说它是一种与秋风清、秋月明相联系，而又上覆万里碧空的地球属美实在性了。在泰山之巅上，清晨遥望日出的奇妙景象，这也不是一种宏观上的细小之物的属美实在性，而是那个巨大太阳的运动，在一定条件下而与地球运动相关性所构成的一种太阳运动属美实在性。在我国北方深冬会出现大雪飞扬，"仰观天太虚，疑是玉龙斗"，整个大地都变成一片洁白无瑕，高下起伏的纯洁无垢领域这种综合景象，这同样不是宏观上的细小之物的属美气质，却仍是地球局部领域与大雪纷纷这天气相联系的属美实在性——某些地区的局部领域也够大的了，算不得宏观上的细小之物。"梧桐树，三更雨，一叶叶，一声声，空阶滴到明"的词句，描写了一个美妇人，丈夫远行不归，思念之情使她也不能成寐；正当秋夜三更中雨绵延不停，梧桐树的落叶与下落秋雨相伴随而达到院内空阶的情景与声音，她都想到、听到了，形成了对她显现着的"一叶叶，一声声，空阶滴到明"的凄凉景象，这却又与她孤身一人，夜不能成寐的内心世界凄凉景象，打成一片，延绵不绝——相思之苦，达到了绝无仅有的最高峰。像这样一种以一个妇人为核心又扩充到整个庭院的令人心醉景象，当然不是一个宏观上的细小之物的属美实在性，就不用说了。

所谓非崇高之丑的实在性，就是那些使人一见之下，便产生厌烦而欲避之这种审美感情的感性真实存在性的不完满感性形象。在这些感性形象实在性中，总是散发着更加令人难以概括、类分和言尽的千奇百态的无数属丑动态情状，而且从来也没有人对它进行过这样的有意概括与分析，诗词乃至小说也不常见这类成语，所以对它便言至于此，不再举例了。但必须指明这样一点：非崇高之丑也如非崇高之美那样，是与属丑对象的大小无关。

非崇高之美实在性与其动态情况的内在统一，就是非崇高之美实在性气质，简称非崇高属美气质；非崇高——渺小之丑实在性与其动态情况的内在统一，就是非崇高之丑气质的实在性，简称非渺小属丑气质。

非崇高属美气质与非渺小属丑气质的对立统一全体性，它便既是前者，又是后者。

于是剩下来的，便只有崇高之美实在性与非崇高之丑——所谓与崇高相对的渺小实在性了。现在便应该转身来论述它们。

所谓崇高之美实在性，就是那些令人一见之下，便产生惊叹恐悚这种波动异常审美感情的一切感性真实存在的感性形象。在这种感性形象中，也总是散发着令人难以概括、类分和言尽的千奇万态的崇高动态情状。如像"黄河之水天上来，奔流到海不复还"，以及巍峨险峻而又高耸云雾的山峰这样的实在情景，就是如此。但崇高之美的实在性，也不一定像康德所说的那样，总得是这样一些惊人宏大之物，大小一般乃至细小之物，也同样能表现出崇高的景象：凡是存在者能有非常刺心的动人骇俗而有正气凛然的表现，便都是崇高之美实在性。文天祥誓死捍卫国家被擒，元人爱其才百般劝降，他硬是毅然拒绝，口吟《正气歌》，慷慨就义，这是一种多么令人动心的崇高景象呢？李香君不过是明末的一个名妓，知书达礼，生于乱世而爱南明祖国之心则盛，朝中权奸令其酒席间歌舞，她宁死不从；以后与其选婿侯朝宗分别，寄居尼庵，侯朝宗则投降清廷考至秀才，但他找到李香君时，李则恨其投清无骨气，誓不回归，出家而终——如是种种情节，可以说整体都放射着令人悲欢相关的崇高之光。某版本的《射雕英雄传》影视连续剧，有这样一幕：一对雌雄鸟类，雄者受伤而死，雌者立即殉情碰死，这简直是令人大吃一惊不可想象的崇高！乌鸦能哺育其年老长者，春秋时期名将吴起求将杀妻（因为妻是敌国人，有碍于君主信任），母殁丧不临，"嗟哉斯徒辈，其心不如禽"，相比之下，前者倒可以说是崇高了。崇高之美实在性，所以总是与惊叹恐悚的审美感情识别者相联系，这乃是因为崇高景象，在人一见之下，会使人产生自愧不如，感到自己渺小而且让自己做起来也有些为难、害怕的这样一种内疚心理，崇高的恐悚审美感情不是别的，它就是这种内疚心理的外在表现。

所谓渺小之丑实在性，就是那些在人见闻之下，便产生憎恶拒斥这种波动异常审美感情的一切感性真实存在性的感性形象。

在这种感性形象中,也如非崇高之丑那样,总是散发着更加令人难以概括、类分和言尽的千奇万态的非崇高动态情状。可以这样说,非崇高之美实在性与非崇高之丑实在性,但究其负荷者大小来说,它们相对于崇高之美实在性而言,便都是一些微不足道的非崇高之丑——渺小实在性了。但非崇高之丑实在性,也不可以感性真实存在性的大小来立论,它只不过是说,与崇高相对而是丑之极者。武大郎的长相,潘金莲、西门庆之为偷情乃至于下手害人和那个为二人牵线谋划的王婆的形象,都是丑之极者。在非人的动物界中,一般是具有同类不相残的美德,但为了利益的计较,出现了所谓"二虎相争,必有一伤"的情景,对它们本身来说,也是丑之极者,因为这从根本上破坏了非人动物界的天然规律。非崇高之丑实在性,所以总是与憎恨拒斥这种波动异常审美感情相联系,便是因为它是丑之极品,丑无再丑了。

　　崇高之美实在性,与其动态情状的内在统一,就是崇高之美气质实在性,简称崇高属美气质。

　　非为崇高之丑——渺小实在性,与其动态情状的内在统一,就是非为崇高之丑——渺小属丑气质的实在性,简称渺小属丑气质。

　　崇高属美气质与渺小属丑气质的对立统一全体性,则它便既是前者,也是后者。

　　从这个对立统一全体性和前一非崇高属美气质与非渺小属丑气质的对立统一全体性相关联系中,可有如下一些普遍的统一性成立:

　　非崇高属美气质实在性与崇高属美气质实在性,同为属美气质实在性:前者是此者的低峰,后者是此者的高峰。

　　非渺小属丑气质实在性与渺小属丑实在性,同为属丑气质实在性:前者也是此者的低峰,后者则是此者的高峰。

　　与此两个方面密切相关,前所谓非崇高属美气质实在性与非渺小属丑气质实在性、崇高属美气质实在性与渺小属丑气质实在性两个对立统一全体性，便同归于属美气质实在性与属丑气质实在性的对立统一全体性，它必也既是前者，又是后者。这就是说，感性真实作为价值的直接性内容实在性，归根到底它就是以前两个对立统一全体性为其自在性的，属美气质实在性与属丑气质实在性的一个对立统一全体性。在其中作为天道表现合理性的感性真实存在性，便一分为二：一是完满感性真实的实在性；一是不完满感性真实实在性。

就完满的感性真实的实在性而言，它本身就是天道合理表现的完满性，而是一个全真实在性，是一个无失之于真的真在现实性。而真在现实性，同时便是普遍意义上的善（好），它的外在感性形象必然也是完满的，是属美实在性。所以完满感性真实的实在性，便是一个真善美统一的实在性。

就不完满的感性真实的实在性而言，它本身就是天道合理表现的不完满性，而不是一个全真实在性，是一个无失之于真的真在现实性。而真在现实性，同时便是普遍意义上的善（好），它的外在感性形象必然也是完满的，是属美实在性。所以完满感性真实的实在性，便是一个真善美统一的实在性。

就不完满的感性真实的实在性而言，它本身就是天道合理表现得不完满性，而不是一个全真实在性，是一个失之于真的假在现实性。而假在现实性，同时便是普遍意义上的恶（不好），它的外在感性形象必然也是不完满的，是属丑实在性。所以，不完满感性真实的实在性，则是一个假恶丑统一的实在性。

善恶之道，不仅是人的一个问题，就其普遍意义或普遍性上说，它首先是世界万物实在性所共有的伦理问题——伦者类也，理者道也，伦理者，世界万物各种感性真实存在性的类道理之谓也——人的伦理，当然是它发展的最高峰。我们没有确实的根据，能证实除此之外，还有更高的天国伦理、属神伦理。

真善美统一实在性，是肯定的统一性，假恶丑统一实在性，是否定的统一性，它并不等于非真实、非价值的虚无，只不过是说，它是否定的真实、否定的价值而已。它也是出自天道有此可能的现实表现，故亦可归之于天道表现的合理性。

美丑相统一的全体性存在，便是价值实在性的直接性内容。由此，便可进入有关它的理论内容：价值的逻辑层次——真实理学论。

第二章

价值的逻辑层次

——真实理学论

出自天道表现合理性的感性真实，便是自在自为的价值实在性，而它在其实在性上的感性形象美丑规定，与其自身相统一的全体性，则是价值实在性的直接性内容。但对此内容的理论探索，亦即对它逻辑层次的论述，却不能像本体论、认识论那样，各就其是非、真谬的纵向直至本原而层层阐明之，因为它虽然具有这样理论上的纵向内容，却不宜这样去论述。其所以如此，乃是因为价值论不但是本体论与认识论的对立统一全体性，既可是前者，也可是后者，二者都已扬弃、转化为价值论本身，而且这对立统一全体性的共相，亦即价值论所谓的价值——真实性作为本体论"所是"系统与认识论"真理"系统的共相实在性。在这种条件下，它的纵向深度，只不过是重复本体论与认识论的不同逻辑层次，再将它们一一归结为主客观统一的价值而已。但所有这一切，却早已包含于天道表现的合理性即为一般真实或价值实在性的命题之中了。所以，价值论中的价值逻辑层次，只能是横向的，是价值在这横向上的平面区别于联系。既然它的起点是感性真实作为美丑价值实在性，这是它的直接性内容，那么它的理学内容，便还得要从后者论起——价值的理学内容，首先就是美丑价值进一步的理学内容，这便是美丑作为鉴赏价值的实在性。

一　鉴赏价值实在性

价值实在性，是自在自为的，它作为天道表理的合理性，是价值本原——自然界本原性本体实点实在性，与其显现世界万物规律系统的统一作为天道实在性，无待于外而然其所固然的表现。但任何价值，在世界万物中，必处于以他物亦为价值为中心的固有关系之中，从而自在自为的价值实在性，便转化为相对价值实在性，转化为价值对价值的实在性。只有在相对价值这里，才可以说，价值就是一般真实实在性的有用性或效用性。相对价值的高峰，无过于以属人价值为中心的相对价值，简称属人相对价值，它的天地是广阔的，几乎是无所不包的——什么价值，都可进入它的界域之中，而是它的实在性。其他的相对价值，概括地说，如像属非人动物相对价值、植物相对价值、无机物相对价值（亦即从这些实在性亦为价值作中心的相对价值），等等，它们所具有的界域，不但是顺序越来越狭窄，而且都远不如属人相对价值领域那么宽广、那么深厚（就广度与深度相区别的视角而言）。因此，相对价值实在性的问题，就其殊相表现的主流说，实质上就是一个属人相对价值问题。唯因如此，相对价值实在性的问题，必然是它包含于《第一哲学原理的科学体系》（亦即我所谓"自然哲学"）之中的，一个以非社会性自然哲学为中介，而向社会性自然哲学迈进的过渡环节。

鉴赏价值实在性，是相对价值实在性的第一个层次。

所谓鉴赏价值，就是美在排斥丑，这一实在性的有用或效用性——美丑实在性的有用或效用性，只能是在前者排斥后者的前提下，如此这般相反相成的一个鉴赏性。没有丑，何有美；没有美，何能对而鉴赏之，所以全面地说，对美的鉴赏实在性，必包含对丑的非鉴赏的排斥实在性，从而它必须是一个表现美在排斥丑的显现实在性。这就是所谓鉴赏价值实在性的全面性真义所在。

这里所谓鉴赏价值，当然是就属人相对价值而言的。其他的非人动物真实实在性，是否有其鉴赏价值实在性，就是说它们是否能对任何真实实在性，也具有审美上的鉴赏能力实在性，我们不得而知，就是有也为数很少，据前对相对价值论述的限定或要求，可以存而不论。但我们知道对人说，鉴赏价值不但是存在的，而且是属人生活的一个重要组成部分，这便表现在人的鉴赏价值文娱生活之中，如看小说、读诗、看剧、看电影、看电视连续剧、听音乐，等等，都是人的鉴赏价值文娱生活，都是有关鉴赏美丑实在性的文娱生活。可以这样说，鉴赏价值文娱生活，是属人文娱生活的核心。在我个人看来，各种方式上的打球，如像打篮球、踢足球、打乒乓球和非赌博性的打牌与打扑克等鉴赏价值的文娱生活，是可有可无、无关重要的。而在鉴赏价值文娱生活中，我又最喜欢看京剧、读中外古典小说、诗歌和现代武侠小说，以及有关武侠之类的电视连续剧。与这些及其他所有鉴赏文娱生活相联系的价值实在性，便都是鉴赏价值。鉴赏价值文娱生活，几乎是与人类的产生同时产生的，原始人的原始社会，便盛行有原始艺术的绘画、歌唱等实在性，从而鉴赏价值也几乎是与人类同时产生的。

然而，与属人文娱生活相联系的鉴赏价值实在性，都是人造鉴赏价值实在性，既然价值实在性，有天然价值实在性与人造价值实在性，则相应的对它理论的延伸，也必然要分为天然鉴赏价值实在性和人造鉴赏价值实在性。实质上，天然美丑价值与人造美丑价值的实在性，在属人审美感情制约下被直观——见闻到时，实际上它们同时便已表现为天然鉴赏价值实在性的雏形与人造鉴赏价值实在性的雏形了，以至于它们在人不觉中是先于前二者在显现着，只是由于人看到的只能是前二者，它们便淹没其中不见了。何谓天然鉴赏价值实在性与人造鉴赏价值实在性的雏形？此实在性者，前二者与其被直观到那个显现性所具功效的内在统一，尚未来得及意识到，它的存在重心只落在被识别了的美丑实在性上之谓也。所以，前二者的天然、人造内在二分，必须先于鉴赏价值实在性的天然、人造内在二分被论述。

属人审美感情指向、肯定天然美、人造美同为美的实在性，便可从这感情趋向于它的性质上，断言它是一种鉴赏价值实在性。但它的逻辑内容并未确定，故为鉴赏价值的雏形。

从天然鉴赏价值与人造鉴赏价值实在性的雏形，便可以演绎出完备的天然鉴赏价值与人造鉴赏价值实在性来。

鉴赏者，人在感情地直观到某种实在性甚愿充分感受之谓也。它的对立物，便是不鉴赏——不鉴赏者，人在感性地直观到某种实在性不但不愿去充分感受，而且简直就不愿去感受之谓也。不管是天然还是人造的属美实在性，它们都总是属人从视觉、听觉上愿意去充分感受的实在性，二者的统一全体性，便是这样一种相对价值实在性——鉴赏价值实在性，一种属人视觉、听觉上的鉴赏价值实在性。可以这样说，鉴赏价值实在性，就是一种满足属人视、听感受特有内在需要的相对价值实在性。它的内在的两个环节——属美实在性与属丑实在性，都是各以对方为反面而始能成其自身的实在性，从而对它们的鉴赏，也必然是：要能鉴赏美的实在性，比以能鉴赏丑的实在性而才成其自身的实在性；要能鉴赏丑的实在性，也必以能鉴赏美的实在性才能成其自身实在性——知美之为美，斯亦丑矣；知丑之为丑，斯亦美矣，此言无他，鉴赏价值一分为二，美丑鉴赏之谓也。诚然，属人审美感情，是向美不向丑，但要从真实理学上把握美丑上的相对价值——鉴赏价值，人就得要去观察美的鉴赏性，也要去观察丑的非鉴赏性。这是鉴赏价值之所以为鉴赏价值，而区别于单纯美丑价值实在性的固有特征。

就鉴赏价值的天然鉴赏价值实在性而言，人在视、听上观赏到如像城郊野外、山川草木、江河流域、蓝天白云……以及它们的春夏秋冬变幻和社会性人的行事、社会性大大小小的人事、乃至整体社会与国家的动态趋向等感性形象声象气质时：美则心旷神怡，从视听上甚愿去感受之；丑则心神倏然低落，从视听上斥而不愿去感受之。前者是天然鉴赏价值的鉴赏性，后者是它的非鉴赏性。这种视听涨落，与其面对者美丑的内在统一，便是完备鉴赏价值实在性——天然鉴赏价值实在性的雏形，达到了它之为它的完备形态。

但在这里有这样一个问题，必须要明确：天然美丑实在性，本是天然客观美丑实在性。它所以是鉴赏价值，是由于它能满足属人视听上向美不向丑这种内在需要的相对价值，这是它的功能或效用。从而，这种功能或效用，在于客观美丑实在性自身之中，而不在于属人视听客观之观的能动性之中，它是不以后者为转移的，相反的后者动向倒是应该以前者为转移的，因为它本来是以向美不向丑为其所固有、所应有的实在内容的。不过实际上往往有这样的情况发生：即某些人面对的是一种美的天然鉴赏价值实在性，他们却一见、一听后便对之拒斥，不愿从视听上去感受它；某些人面对的是一种丑的天然鉴赏价值，他们却一见、一听后便对之倾心不已，很愿从视听上去感受它。这样，便形成了一种美丑颠倒，以美为丑、以丑为美的，自相矛盾的属人向美不向丑的实在性。这又是何以可能的呢？回答是这由于他们鉴赏力低下造成的，而属人鉴赏力实在性的高低，是由其审美感情实在性的高低为其内在内容的。如果不是这样，这便只能是由于他们的鉴赏力实在性不是一个纯粹的鉴赏力实在性，其中混入天然鉴赏对象实在性，与他们实用上的利害关系实在性在内而起作用。

就鉴赏价值的人造价值实在性而言，除城市、建筑物、郊外或某地人造旅游区及其他人造物等感性形象声象气质实在性之外，便是在以属人想象中的主观声象气质对比为中介而创造出来的，如像诗词、小说、戏剧、绘画、音乐、唱歌，等等，各种艺术人造鉴赏价值实在性了。人造鉴赏价值实在性基本上就是此二者内在统一的全体性的一些感性形象的声象气质实在性。艺术上的鉴赏价值，是表现客观美丑实在性的理想化或典型。从而创造成功的，它们是美的实在性，便使人从视听上怡然心醉地甚愿去感受之；创造不成功的，它们是丑的实在性，则使人从视听上悚然震惊地不愿去感受之——前者是人造鉴赏价值的鉴赏性，后者是它的非鉴赏性。此种视听伸缩，与其面对者美丑的内在统一，便是完备的人造鉴赏价值——人造鉴赏价值的雏形，达到了它之为它的完备形态。

在人造鉴赏价值实在性中，特别值得一提一论的，我个人认为，也就是戏剧这一人造鉴赏价值实在性。

谈到戏剧的人造鉴赏价值实在性，它的人造美丑逻辑内容，是极其复杂的，不像诗词、小说人造美丑逻辑内容那样单纯。这里所谓的复杂与单纯，不是就它们写作上的难易而言的，是就它们逻辑内容整体上所包含的实践层次来说的。诗词、小说写出来，便只是叫人看、叫人弹唱（就词而言）便完了，再无其他说道。但是戏剧，不但要有剧本写出来乃至只行之于心、记之于心（中国清代以来形成的戏曲剧目多是由艺人这样创成与流传下来的），而且有剧本以后，更重要的还要有舞台表演这一层——舞台表演，是戏剧的核心：没有舞台表演，戏剧鉴赏价值实在性便无从成立、无从存了。我们将通常所谓戏台称为舞台，因为戏剧本应是舞姿贯通始终的。不过，在许多城市，除了一些肤浅的娱乐之外，现在都没有其他的舞台表演了，从而戏曲鉴赏价值实在性，便在这些城市中几乎销声匿迹了。但仅就戏剧艺术种种剧目的剧本创作性，与舞台表演这两个方面作为两个整体性来说，却都具有很高的鉴赏价值实在性，它们就是戏剧艺术的鉴赏价值实在性本身。

就此种艺术种种剧目的剧本创作性而言，它们的逻辑内容，作为一些深深动人的故事，在对人显现着的连续性扬美贬丑属美感性形象上，简直美不可言。就中国而言，特别元代关汉卿等名家留下那些经后人缮改过的剧目，如《窦娥冤》《包龙图三勘蝴蝶梦》，就是如此。就西方而言，我最喜欢看莎士比亚的歌剧作品（当然是中译本的），他那妙笔生花的文章，使得每一剧目都一字字、一行行和一段段，放射出华丽辉煌看来似是铿锵有声的连续性扬美贬丑属美气质来。再者，其他如像歌德、普希金等名家的诗剧，也可以作为剧本来运用。进一步看，在这里，凡属艺术上种种剧目的剧本创作性，不分中外，它们的鉴赏理学性质，都有如下三层实在性：

一是即为如上所谓剧本创作性的人造整体属美鉴赏形象；

二是剧本创作性中各个人物的美丑鉴赏形象；

三是前二者相统一那个创作表现性本身技巧上为美为丑的人造鉴赏形象。

此三者不可分割的统一性，便是戏剧艺术各种剧目各种剧本创作性逻辑内容的内在精华所在。

将这个统一性，显现于戏剧舞台上去，剧本创作性，便转化为戏剧舞台表演。

就戏剧的舞台表演而言，戏剧的剧本创作性逻辑内容，便在剧院内由它的舞台表演，活生生地为一些演员扮成的人物关系连续性，现实地展现出来了。剧本创作性逻辑内容，是内储于心而由一些记忆想象和用文字语言所构成的人造剧目鉴赏价值实在性；舞台表演性逻辑内容，便是在伴奏或有锣鼓声响的前提下，有一些演员扮成的人物关系连续性所构成的人造舞台表演鉴赏价值实在性，而后者正是在实现着前者的实在性。如果前者常称为剧本创作，那么后者便常称为演剧或唱戏。唱戏就是舞台表演，是我们当前进入的课题。舞台表演逻辑内容，在其表现剧本创作性逻辑内容的过程中，便展现出它对人显现着的连续性扬美贬丑属美感性形象的实在性来。这正是它作为人造舞台表演鉴赏价值实在性的实质。

就此而言，我虽然最喜欢看莎士比亚的歌剧和如像歌德、席勒、普希金等人的诗剧，但却最无鉴赏水平去看将它们搬上舞台的某些西方歌剧表演：时而一男，时而一女，时而一男一女。像一根或两根高度不足的电线杆子似的，在那里站立不动——属女的则尖声高叫，属男的则洪声壮喊，属一女一男的，便又是尖声高叫与洪声壮喊，相互交替着破口而出。这样对我来说，简直一点也鉴赏不进去，可以说我的鉴赏力，在这里是等于零了。西方的歌剧实质上不是歌剧，只不过是在其故事背景下的一系列男高音、女高音的抒情歌而已，其中是无戏可看的。与此相反，中国戏剧艺术的舞台表演，则与剧本创作性逻辑内容中不同人物的概括相联系，分为生、旦、净、末、丑五大行当，它们各自都与其所表演人物的性质、内外动态情状相对应，而有其唱、念、做、打的固定美妙程式。而它们这五大程式，又不是各自孤立的，都以"做"为条件表现为：它们各自的唱、念、打，都以它们在什么情景条件下出现的唱、念、打而伴随着"做"——特定与其相联系的美观外在动作方式。尤其是京剧，而且我最喜欢的也是京剧舞台表演。它的五大行当唱、念、做、打的各自程式或极其配合，真是从声、象上显得好听、美观极了，不愧为中国戏剧文化的瑰宝，乃至在我看来，是世界文化的最高峰。在一整出唱、念、做的文戏剧目，或文武兼有乃至单纯武戏等剧目的舞台表演中，与各行当程式灵活运用相联系的各种人物相互映照而一幕幕展出的连续性，使从听看的声象上显现出了扬美贬丑的一种美不可胜言的，整体性京剧舞台表演人造鉴赏价值的属美气质实在性。总之，无论是西方歌剧舞台表演，还是中国以京剧为首的戏剧舞台表演，它们的鉴赏理学性质，也都有如下三层实在性：

一是即为如上所谓剧目舞台表演的人造整体属美鉴赏形象；

二是剧目中表现各种美丑人物的人造属美鉴赏形象；

三是前二者相统一中那些不同人物表现性本身，在技艺上（包括唱、念在内）为美、为丑的人造鉴赏形象。

对于第三点，我想就中国京剧传统上晚期的四大老生马连良、谭富英、杨宝森、奚啸伯谈一点看法。我认为传统上这样的排列顺序，无论从唱演的艺术水平说，还是从资历上说，都是公正无误的。我最喜欢马连良、谭富英的演唱：前者唱也潇洒，表演动作的样态也潇洒；后者在表演动作质朴、稳重、简练的条件下，唱起来朴实大方，酣畅淋漓，嗓音又清、又脆、又亮、又甜，就像秋风清，秋月明，使空间满是清辉所发出的悠扬波动似的，听来使人心醉。谭先生去世后，此种唱功已成京剧舞台的绝响。特别是在"除三害"一剧目的劝说周处一折中，那些老生的唱段，真是叫谭富英唱绝了，简直是后继无人；虽然戏台上仅是二人——谭富英与裘盛戎，但他们的表演动作，却好像充溢整个戏台，一点也不显得冷清。观众的尺度是正确的，当年我在北京时，谭富英、裘盛戎所在的剧团"太平京剧社"票价最高，但都是八九成座或客满。

戏剧种种剧目的剧本创作性，与其此种可以对个别演员产生不同评价的舞台表演创作性的对立统一全体性，就是完整全面的人造戏曲鉴赏价值全体性实在性。人造戏剧鉴赏价值实在性，是它的共相基础。

完整全面的人造戏剧鉴赏价值与其他各种人造鉴赏价值的对立统一全体性，就是人造鉴赏价值全体性实在性。人造鉴赏价值实在性，是它的共相基础。

人造鉴赏价值与天然鉴赏价值的对立统一全体性，就是一般鉴赏价值全体性的实在性。鉴赏价值实在性，是它的共相基础。

在这个共相基础上，我们便复归于标题所谓"鉴赏价值实在性"上来了。与此相对立、相区别的实在性，便是非鉴赏价值实在性——实用价值实在性。

二　实用价值实在性

属人实在性，不但可以包容于鉴赏价值实在性之中，而且他还是能鉴赏、创造此种实在性的鉴赏价值实在性。这就是说：

人是能鉴赏、创造鉴赏价值实在性的鉴赏价值实在性。

从世界万物同为鉴赏价值实在性这视角来看，这就是人，是属人实在性。可以这样说，人就是鉴赏价值实在性的核心——他作为核心性属人鉴赏价值实在性，与其他鉴赏价值相对而言，便返归为互是对方的相对价值实在性。但属人相对价值实在性，在对其他相对价值实在性的相关性中，与其他鉴赏价值实在性是相对关系。之所以如此，这乃是因为属人相对价值实在性是属人感性真实，其他相对价值实在性是非人感性真实，二者一为属人生存价值；一为非人生存价值，二者的相对关系不能单纯由属人鉴赏价值实在性与其他鉴赏价值实在性的相对性来决定。人不能只靠满足其视听内在需要上的美丑鉴赏，而实现其生存价值，除了这二者之外，人与非人的生存价值相对关系，还有别的方面在此关系中的相对性。亦即在此关系中的非鉴赏性相对价值实在性，这便是在人对非人相关性、非人对人相关性中的，其他人与非人相互为用的实用价值实在性。

相对价值实在性，除了鉴赏价值实在性之外，剩下的只能是在最广泛意义上的实用价值实在性。所谓相对价值实在性，即前所谓"人和价值在世界万物中，必处于以他物亦为价值为中心的固有关系之中"的实在性。如果它是非人相对价值,其中人为中心对非人的关系,也内在的地转化为它的反面——非人为中心对人的关系。所以,现在我们要从人对非人、非人对人的双重关系上的相对价值中,探索除了其中的鉴赏价值实在性之外的实用价值实在性。它出于人与非人同为自在自为价值实在性。所以对实用价值的理论阐述,必须从这二者的区别与统一出发。

(一) 天然实用价值实在性

世界万物中的一切实在性,都是天道表现合理性的实在性,因而是真实实在性,是自在自为的价值实在性。就其为天然自在自为价值实在性而言,它便分为属人天然自在自为价值实在性,与非人天然自在自为价值实在性。这就是说:

就人而言,虽然他有社会真实属性,是生于社会真实、成长于社会真实,但此种生成与生长,本是自然界真实然其所固然的一个方面,因为所谓人类社会真实及其发展,亦即社会性自然界真实,原本就是自然界真实统一性自身分化的一个界域。所以,属人价值真实性,是生长于自然界真实,成长于自然界真实的一种属人天然自在自为价值实在性。

就非人而言,虽然它有非社会性自然真实的属性,是生长于非社会性自然界真实,成长于非社会性自然界真实,但此种生长与成长,也本是自然界真实然其所固然的一个方面,因为所谓非社会性自然界真实,同样也原本就是自然界真实统一性自身分化的一个界域。所以,非人价值实在性,也是生于自然界真实、成长于自然界真实的一种非人天然自在自为价值实在性。

但世界万物之为多样性"真实"实在性,在其既相连续又相中断的区别与联系这个统一性中,就其共相言之,它就是自然界或宇宙"真实"实在性,是天然自在自为价值实在性本身。从而,属人天然自在自为价值实在性与非人天然自在自为价值实在性这两大殊相区别,便同归于自然界或宇宙真实自在自为价值实在性。在前一两大殊相区别性与此者的统一性中,二者互为对方为中心的相互为用的相对关系——前者以后者为其总体,后者以前者为其两大分支的相互为用对立统一全体性的共相,便是一个天然实用价值母体实在性。正是它在其一分为二中,便显现为:一是属人天然实用价值与非人天然实用价值实在性的相对性;二是自然界或宇宙的总体性天然实用价值实在性,对前者的相对性。

就属人天然实用价值实在性而言,人有男女相对的异性之别。这个区别性,无疑是天然的,不是人造的。从而属人天然实用价值实在性,首先就是它自然本性上的男女异性之别的天然实用价值实在性,分而言之,这就是男人有男人以自身为中心而对女人的内在身心需要相对性,女人有女人以自身为中心而对男人的内在身心需要相对性——前者是属男天然实用价值实在性,后者是属女天然实用价值实在性。当然,此二者又各都是以自身为属男天然自在自为价值与属女天然自在自为价值为实在性为前提的,二者在此前提下的对立统一全体性,便是男女异性之别天然实用价值实在性的本质。

这种实用价值实在性的进一步发展,纯从自然的观点看来,亦即不管其社会性如何,仍是从它生于自然界、成于自然界然其所固然的视角观之,便是自有人类历史以来,各种形态而迄今基本上则为一夫一妻制的,共相男女异性之间的相互结合以实现其生育的相对实在性。它源于属人男女的天然区别,也不是人造的。从而属人天然实用价值实在性,其次便是它自然本性上的男女异性相沟通的天然实用价值实在性,它势必起于男女异性之别而是必然要发生的事实。分而言之,男人有男人的自身为中心的生育作用而在需要女人的相对性,女人有女人以自身为中心的生育作用而在需要男人的相对性。——前者是属男生育作用的天然实用价值实在性，后者是属女生育作用的天然实用价值实在性。当然，此二者也同样各都是以自身为属男生育作用天然自在自为价值实在性，与属女生育作用天然自在自为价值实在性为前提的。二者在此前提下的对立统一全体性，便是男女异性沟通的天然实用价值实在性。此道，在其历史合理性界限中者为可行、为有道，不在其历史合理性界限中者为不可行、为无道，不宜一律用现代的眼光来看它。

属人男女异性之别天然实用价值实在性，与属人男女异性沟通天然实用价值实在性的对立统一全体性，便是自然界然其所固然的属人性别天然实用价值实在性。

在此种属人性别天然实用价值实在性的基础上，便必然进而显现为人以自己为中心而对非人相对关系中的属人天然实用价值实在性。在这里，所谓相对于属人"真实中心"那"非人真实"实在性，要从最广泛的时空领域去理解，它是除了"属人真实"实在性之外的，其他一切"非人真实"实在性。据此，如下所论成立。

"属人真实"实在性，处在其他一切"非人真实"实在性之中，直接与它所在"地球真实"实在性相联系，而间接以此地球为中介，又与其余"非人真实"实在性的一一相协调的连续性相联系，它立足于这个天然非人真实协调系统之中，而为其可能存在的必要条件。一旦后者的协调发生巨变被破坏了，"属人真实"实在性，也便同时被破坏了。因此，这个协调天然非人真实协调系统，相对于"属人真实"实在性而言，便是它生存价值何以能存在、延续的总体天然立足实用价值实在性。特别值得一提的是，这个实用价值实在性，包括它立足地球可以实现其生命呼吸在内。

属人真实在其这个总体天然立足实用价值实在性中，它直接与其所在"地球真实"实在性相联系。它便同时在其个体的一定社会性联系里，从中取其生存所需而对"地球真实"实在性这个大自然的各种天然物质，进行由单纯采集、猎取，到这样或那样的实现各种创造性改造活动。二者的对立统一历史全体性，都是出自属人真实天然社会本性的表现，这便是自然真实的"属人真实"实在性这一界域立足地球真实的，然其所固然的属人天然社会本性真实的实用价值实在性。须知，属人社会本性"真实"实在性，也是天然的，不是人造的：人造性，出自这种天然性，是它一切历史宏伟表现的自然基础。

与此相联系，地球物质"真实"实在性，便是属人社会本性"真实"展现其创造性所指向的改造对象实在性，因而它便是属人天然改造对象实用价值实在性。

属人天然社会本性真实的实用价值实在性，与属人天然改造对象实用价值实在性的对立统一全体性，便一是人为中心而对地球非人相对关系中的属人天然实用价值实在性，一是地球非人为中心而对人的相对关系中的非人天然实用价值实在性。前者所谓属人性别天然实用价值实在性，由于属人异性男女真实存在性，都是属人真实的实在性，从而这与属人总体天然立足实用价值实在性一起，便包含于属人天然实用价值实在性中，而是它得以代代延续于地球真实之上内在基础环节。

但属人真实为中心而对地球非人真实的相对关系的对立物，便是以地球非人真实为中心而对属人真实的相对关系。在这种相对关系中，便表现为地球真实上的"非人真实"实在性，而以属人真实能动改造作用的实在性为条件，可将其不能天然表现出来的内在潜在性，也能日益扩展地表现出来，这便是地球上的"非人真实"实在性自身，以人为条件而可能发展其自身的属己天然实用价值实在性。它的发展，甚至可以说是"地球真实"实在性，借助自身与其所包容的属人实在性真实的相关性，自己能发展出其自身的自身规定天然实用价值实在性。

进一步看,"地球真实"这种可能发展其自身的自身规定天然实用价值实在性,与在它之上那种可能非人真实天然实用价值实在性的内在统一,便是地球与非人真实相互为用的可能天然实用价值实在性:就中地球真实天然实用价值实在性,是包容地球上非人真实天然实用价值实在性的整体,后者则又是构成这整体的组成部分,从而二者相对待的综合统一性,便正是一个地球真实与非人真实相互为用的天然实用价值实在性,它的共相却仍归非人天然实用价值实在性。

从以人为中心而对地球或其非人之在的相对关系上看,在此界限内的一切非属人天然实用价值实在性,都是出自属人能动性的。

从以地球与其非人存为中心而对人的相对关系上看,在此界限内的一切非属人天然实用价值实在性,则都出自属地球及其非人之在乃至自然界的固有本性的。例如从前一方面观之,人固然有耸立于地球之上的能动性,但这也与地球能托住他的能动性分不开。

此二者的统一,正是非属人实用价值实在性的内在实质。于是自然实用价值实在性便基本上分为属人天然实用价值实在性,与非属人天然实用价值实在性两大类型。

这两种天然实用价值实在性,简言之,亦即属人天然实用价值实在性,与非属人天然实用价值实在性,它们的对立统一全体性,便同归于自然界或宇宙的总体性天然实用价值实在性。

自然界或宇宙的总体性天然实用价值实在性,相对于属人天然实用价值实在性与非属人天然实用价值实在性而言,二者的相关性也是:前者是包容后者的整体性;后者是构成前者这个整体性的组成部分。二者在其相互为体、相互为用的综合统一性中的共相,便是一个天然实用价值母体实在性。天然实用价值母体实在性者,其他一切天然实用价值的母体之谓也。属人天然实用价值实在性与非属人天然实用价值实在性，乃至二者的总和统一全体性，便都是它自身分化的自身规定性。

要而言之：它的某些天然实用价值部分，为属人实在性的规定性时，它们便是属人天然实用价值实在性。

它的某些天然实用价值某些部分，为非属人实在性的规定时，它们便是非属人天然实用价值实在性。

在天然实用价值母体实在性的王国中，一切的相互对待的相对关系，最后都是归结为其与人的相互对待的相对关系，这是必须要明确而牢记在心的。没有这种相对关系，就没有广泛存在而内容丰富的相对价值世界；没有这个相对价值世界，当然便没有它的各种表现形态——形形色色属人天然实用价值实在性、非属人天然实用价值实在性和自然界或宇宙的含有多样化于其中的总体性天然实用价值实在性。诚然，无机生命实在性的相对价值世界，可以说是最宽广的了，它各处遍在，到处可见；但它的客观逻辑内容贫乏，不过局限于力学上的运动与在何处能否安在之协调或不协调的表现而已。自无机生命以上的植物、动物等实在性的相对价值世界，虽然其客观内容逐渐日趋复杂，而其广度却益见狭窄。唯有人的相对价值世界实在性，不但是最广泛的，而且其逻辑内容更是最复杂、最深厚的，它竟能形成世界上最大的一个天然实用价值母体实在性王国。

尤需特别注意的是，天然实用价值母体实在性及其各种表现形态，当然都是相对价值实在性，但它们同时也必须各都是一种自在自为天然实用价值实在性，因为相对价值实在性那个相对性，也是天道表现的合理性——相对价值实在性本身，就其与天道实在性的统一性说，同时也就是一个自在自为的价值实在性。从而它的直接与间接实用表现形态，总体也好，部分也好，亦即天然实用价值母体实在性也好，属人天然实用价值与非属人天然实用价值实在性也好，各就其天道实在性的统一性观之，它们便同时是自在自为的天然实用价值实在性，只是就它们之间的相对关系——总体与部分相对、属人与非属人相对，而最后都归结为对人的相对关系说，它们才是一些相对价值实在性。前面对它们的论述，无暇顾及于此，故在这里对其补充之。顺便说一句，对相对价值实在性的第一分层——鉴赏价值实在性的内在区分说，也是如此：它们都在其为相对价值实在性的前提下，而是一些自在自为的鉴赏价值实在性。

天然实用价值母体实在性，连同它的两个分支，都是它们的双重化统一体实在性。这就是说，它们都既是物质性天然实用价值实在性，也是精神性天然实用价值实在性，是二者的对立统一全体性。

与此者的包容性相联系，属人天然社会本性真实的实用价值实在性，也是一个双重化统一体，它既是属人物质性的社会本性真实的能动性，也是属人精神性的社会本性真实的能动性，后者制约前者而发生作用。当然它的改造对象，也是其本身的双重化统一体。

然而，前所谓属人天然社会本性真实的实用价值实在性——属人天然价值实在性，与属人天然改造对象实用价值实在性——非人天然价值实在性的对立统一全体性，在其现实的展现上，便是最初非人的人造实用价值实在性。因此，便可由此从天然实用价值母体实在性的包容性，过渡向整个人造实用价值实在性的领域中去。

（二）人造实用价值实在性

最初的与人相对而言的人造实用价值实在性，只能是非人的人造实用价值实在性，而且从人类历史的发展来看，人类是从创造非人的实用价值实在性开始的，而且从前面有关"天然实用价值实在性"的论述来看，也是如此。所以，有关"人造实用价值实在性"的论述，最好是从非人人造实用价值实在性开始，亦即从物质性的人造实用价值开始。

所谓物质性的人造实用价值实在性，不是别的，它就是马克思、恩格斯就资本主义的商品而论，所谓的与交换价值相区别的使用价值实在性。因为，他们认为只有生产劳动才创造交换价值与使用价值实在性，从而仅就其所说的使用价值实在性而言，它只能而且必须是非人的，不是属人本身的。正因为如此，所谓非人的人造实用价值实在性，也只能而且必然是他们所谓使用价值实在性。但是他们认为，生产劳动不但创造使用价值实在性，而且更重要的，它还创造与使用价值相区别的交换价值实在性，这又是何所谓也，应该怎样正确去理解它呢？

马克思、恩格斯认为，生产劳动有两种形态：一是保有劳动实效的具体劳动；一是从中完全抽去实效只剩下与脑相联系那种单纯体力支出的抽象劳动。他们原本谈的是资本主义商品生产的劳动，从而认为具体劳动创造商品的使用价值实在性，抽象劳动则创造商品交换的交换价值实在性。上面所说的交换价值，就是这里所说的商品交换的交换价值。

但是，为了深入探讨非人的人造实用价值实在性，却必须进一步对马克思、恩格斯所谓这个具体劳动与抽象劳动、使用价值与交换价值的观念系统实在性，要有深入、正确的理解才成。这是当前问题的一个重要步骤。

就马克思所谓具体劳动与抽象劳动实在性而言，凡属人改造非人之物实在性的创造性，从原始人到现代，自始至终便只能是具有一般样态、姿态的具体劳动，无此样态、姿态便什么非人之物使用价值实在性也创造不出来；甚至单纯与劳力相联系的体力支出或耗费，也无从成立。具体劳动实在性，实质上它理应就是各种殊相具体劳动实在性的共相实在性，从而它理应就是马、恩所说的抽象劳动实在性——它是对各种殊相具体劳动的抽象实在性，再抽象使其失掉一般劳动效能，它变成为什么也不是的非存在，连单纯的鉴赏、体育、玩耍或旅游、消遣等活动实在性也不是了。我要把这些殊相活动实在性，也包括于具体劳动实在性的内涵之中，因为它们创造属人社会生活中的非主干部分。现在所论仅是有关具体劳动对属人社会生活主干部分与其非鉴赏性文娱生活中的具体劳动问题，但补充一句，前所谓人造鉴赏价值实在性，也是出自具体劳动实在性。

就马、恩所谓使用价值与交换价值而言，既然具体劳动实在性是各种殊相具体劳动实在性的共相，那么为它所创造的使用价值实在性，便不能不是各种使用价值共相的实在性。它们所谓的交换价值或价值实在性，实质上不是别的，这理应就是使用价值实在性，它在其商品交换形式中，便转化为交换价值实在性——任何商品交换，不管是资本主义的，还是社会主义的，乃至小商品生产的，就其普遍共相来说，只能是交换双方的使用价值交换实在性，除了使用价值实在性之外，世界上并无别种意义上的生产价值实在性。马、恩所谓以时间或劳动日计算生产性价值或在商品交换中的交换价值之量的实在性，实质上也理应就是对使用价值之量的一种计量方式。凡属劳动，就是具体劳动，它实质上是体力劳动与智力劳动的共相。但马、恩认为智力劳动不能独立创造价值，它只扶助体力劳动，创造所谓生产领域的非人人造用价值实在性——物质性使用价值实在性。体力劳动也须为属人智力所制约，在他们看来，智力劳动的所为，只不过是这个制约性在科技上的提高与扩充而已。他们说货币是等价物，实质上也就是使用价值一般的等价物，这在他们的学说中，便只能是物质性使用价值的等价物。但我们使用劳动及其创造物等概念时，是广义的，是智、体劳动及其创造性的共相，它们既可是智力或精神性的，也可是体力或物质性的。

马、恩所以有具体劳动与抽象劳动，使用价值与交换价值这种双重区别，是由于他们的视角不同：他们是将具体劳动作为殊相劳动，使用价值作为不同殊相使用价值来看待的，因而便有他们所谓具体劳动创造使用价值，抽象劳动创造价值或交换价值的说法。① 这等于说，特殊性殊相劳动创造特殊价值，普遍性共相劳动创造普遍价值。但换成如上所言的视角，它的逻辑内容，便等于前论所言的逻辑内容，不能说这是错误的，而是完全正确的伟大学说。

马克思、恩格斯说，只有属人社会生产劳动才创造价值，别的属人社会劳动，都不创造价值，只提供社会性服务实在性。所以上面对他们有关具体劳动与抽象劳动、使用价值与交换价值系统的阐明，便更加明确深入地表明了非人的人造实用价值实在性，就是他们所谓使用价值实在性。这就是说，人的具体劳动实在性，创造使用价值——非人的人造实用价值实在性。对于这一点，还需进一步分析、阐明它深厚的逻辑内容。

创造马、恩所谓实用价值的属人具体劳动实在性，出自人属于自然界的自然本性。但就人与自然界其他一切实在性的殊相区别而言，人有社会性，从而属人自然本性同时就是它在属人社会性中的社会本性。因此，属人天然社会本性真实的实用价值实在性的现实展现，就是属人具体劳动实在性，其本质则必然是这样一种属人的人造实用价值实在性。与此相联系，马、恩所谓使用价值实在性，既然是为属人具体劳动实在性所创造，因而这便是说，它为属人的人造实用价值实在性所创造。而这种创造实在性所指向的对象实在性，亦即它的天然基础，都不能不是所谓属人天然改造对象实在性，它被改造的现实形态的自身展现必为属人使用价值实在性。这就是说，它在与属人天然社会本性实用价值实在性的相关性中，是为属人的人造实用价值实在性所创造。这

---

① 参看《资本论》，中共中央马克思恩格斯列宁斯大林著作编译局1975年版，第一卷第一章。

就是属人具体劳动实在性，创造使用价值——非人的人造实用价值实在性的实质或逻辑内容。

然而，属人的人造实用价值实在性，在创造非人的人造实用价值实在性时，它必然还同时创造属人总体立足天然价值实在性的，以地球为中心的属人人造社会存在立足实用价值实在性。虽然从属于自然界的人类是天然的，但它的社会存在实在性，从原始社会到现代社会，却从来都不是天然的，而是由人为所成，是人造实在性。我所谓社会存在，是就在其一切社会关系总和中的所有属人实在性的总和统一体而言的，从而人造社会存在立足实用价值实在性，就是说凡属人实在性，必都只能存在于这样一种总和统一体中，而是它的立足人造实用价值实在性。人只有在其社会存在立足实用价值实在性中，他才能创造其非人的人造实用价值实在性。在这里，便可以看到，属人总体立足天然价值实在性，以属人的人造实用价值实在性为中介，转化为以地球为中心的属人人造社会存在立足实用价值实在性。

属人的人造实用价值实在性，同时创造非人人造实用价值实在性，与属人人造社会存在立足实用价值实在性，但实质上它创造后者是逻辑上先在的，它创造前者则是逻辑上在后的。这就是说，他创造属人人造社会存在实用价值实在性，对它创造非人人造实用价值实在性来说，是一个逻辑先在性。二者没有时间上的先后，但前者在地位上却总是要逻辑上先于后者。这便决定了和充分说明了非人人造实用价值实在性有社会性，人只有在其属人的社会联系中，才能去创造非人人造实用价值实在性。这便出现了社会性非人人造价值实在性，与属人人造社会存在实用价值实在性如下一种辩证联系：

唯因非人人造实用价值实在性的创造是社会性的，所以属人人造实用价值实在性，才必须逻辑在先地在创造属人人造社会存在立足实用价值实在性。

唯因属人人造社会存在立足实用价值实在性的创造是个逻辑先在性，所以非人社会性人造实用价值实在性，才得以同时在其中被属人人造实用价值实在性所创造。

此二者的内在统一，归根到底，这充分说明属人人造实用价值实在性的任何创造活动，都是有社会性的，是社会性的社会活动，这是它创造活动的根据。在这个根据中，它使创造非人社会性人造实用价值实在性的人们，在属人人造社会存在立足实用价值实在性中，产生最广义上的社会性劳动交换（简称最广义上的劳动交换）。人们所谓劳动的总和统一性，必可归结为属人人造社会存在立足实用价值实在性的总体劳动作用，从而人们便与它处于既相连续又相中断的相互所需、相互为用的变换过程，而又必在后者之中，这便是一种最广义上的劳动交换。个人们的劳动立足于属人人造社会存在实用价值实在性总体劳动之中，反之个人们的劳动则又是组成它的一些因素。这样运行的结果，便转化为个人们创造成的非人社会性人造实用价值实在性，它又与属人人造社会存在实用价值实在性的此种价值总体性本身，处于既相连续又相中断的相互所需、相互为用的变换过程中，而也必在后者之中，这便又是一种最广义上的价值交换。总和起来说，最广义上的劳动交换、价值交换实在性，是大大不同于通常所谓在属人人造社会存在立足实用价值实在性中的，人与人之间的任何劳动交换、价值交换实在性的。

这种最广义上的劳动交换、价值交换的变换过程实在性，就其最初我们从开始的发端来说，它的全部历程，是从马、恩有关社会生产领域中的具体劳动与使用价值实在性的相关性那里，系统地发展出来的。从而就这一点来说，便可称其为社会生产领域中的最广义劳动、价值交换的变换过程实在性。在它的历史发展中，从其逻辑内容的真实存在性来看，不但它本身与其内在基础——属人人造实用价值实在性共同在发展着，而且它的属人人造社会存在立足实用价值实在性内在环节，也日益显现出它的内在性，而为我们所认识。因此，关于它便必须要进一步再进行一次阐述，使最广泛意义上的劳动交换、价值交换以此为核心，都突破其生产领域的局限，从逻辑上构成一个在其发展上的共相完整整体。

什么是属人人造社会存在立足实用价值实在性的本质呢？它不是别的，它就是地球某处（不管是亚洲、欧洲还是其他大陆的）一个个属人群体的最广义上人造劳动、价值交换的共同体。其所以如此，这乃是因为最广义上的劳动、价值交换实在性，都与属人人造社会存在实用价值实在性相联系，而在其中显现出来的。所以，后者必包容前者，而且是一个如此这般的共同体。前所谓在其一切社会关系总和统一体中的属人实在性，实质上就是在这种最广义上的劳动、价值交换变换关系中的属人实在性。从而，它作为属人人造立足实用价值实在性，便是立足于这个劳动、价值交换的变化关系之中，这便本质上必然是一个属人群体的最广义人造劳动、价值交换的共同体实在性。这便是地球某处任何一个属人群体的人造立足实用价值实在性的本质。

进一步看，这个属人群体的最广义人造劳动、价值交换的共同体实在性，它本身又必然一分为二，分为基础领域的属人群体的最广义人造劳动、价值交换的共同体实在性，与上层建筑领域的属人群体的最广义人造劳动、价值交换的共同体实在性。

就基础领域的属人群体的最广义人造劳动、价值交换的共同体实在性而言，从其起点到其历史发展的综合统一性上看，它固有的真实性逻辑内容，便首先展现为基础领域属人群体的最广义劳动、价值交换实在性，是单纯某种生产性的。[①] 它的发展逐渐有了以农业为基础的分工，并出现了所谓非生产劳动性的服务劳

[①] 必须将原始人的单纯采集或打猎活动，视为一种原始生产性活动，其次则为农业，它的出现便从恒常性上代替了前者。

动——前者创造基础领域的分工性的非人人造实用价值实在性，后者创造这领域的服务价值实在性，如像初期的经商活动。基础领域的最广义上的劳动、价值交换，便由其单纯性，转化为不同生产分工性与服务性三者共在的基础领域的最广义的劳动、价值交换实在性。以后在发展中逐渐产生了体力劳动与智力劳动的分工，而出现了属人智力劳动创造智力价值实在性的事实。它相对前面所论内容中的创造性——属人人造实用价值实在性而言，后者便都是属人体力劳动之创造实在性，从而这便显现为属人体力劳动创造实在性，与属人智力劳动创造实在性的区别与联系，并包容了前面所论的逻辑内容在内。于是，当前所论课题，最后便都归结到如何去阐明基础领域属人体力劳动创造实在性，与属人智力劳动创造实在性的区别与联系上去了。阐明这个问题，必须是当前所论课题的最终解决条件。

基础领域属人体力劳动创造实在性，既然是属人的，它便是基础领域属人体力劳动人造实用价值实在性。但人是一个属人双重化统一体的实在性，它既是一个属人物质性实在性，也是一个属人精神性实在性。因此，属人体力劳动人造实用价值实在性，不是别的，它便是以属人双重化统一体实在性的物质实在性一面为主体，而为其精神实在性一面所制约、所调整的一个物质性人造能动创造性实用价值实在性（简称为物质性属人人造实用价值实在性）。它创造非人人造实用价值实在性。就此看来，前所谓属人人造实用价值实在性，实质上是一个基础领域物质性属人人造实用价值实在性；前所谓属人人造社会存在立足实用价值实在性和非人人造实用价值实在性，实质上也各都是一个物质性非人人造实用价值实在性。因此，前所谓基础领域的最广义上劳动、价值交换实在性，以及它的单纯生产性、生产上不同分工性及各种服务劳动的服务性三者的最广义上劳动、价值交换性实在性的内在逻辑内容，便也必然要归宿于物质性属人人造实用价值实在性，与物质性非人人造实用价值实在性的对立统一全体性上去了。可以这样说，就基础领域的真实性逻辑内容而言，主要便是这个对立统一全体性的实在性；但这不全面，此外还有非鉴赏性文娱生活与在基础里工作的知识分子等的物质性或精神性属人人造实用价值实在性，与物质性或精神性非人人造实用价值实在性。此二者有关非鉴赏性文娱生活方面的，例如打球、下棋之类，可以使其物质性属人的与物质性非人的不同环节，包含于这个内在统一性之中，对它不再提及了，而有关知识分子方面的，却将立即补充进去，它与属人智力劳动创造实在性相关。

基础领域属人智力劳动创造实在性，既然也是属人的，它便是属人智力劳动人造实用价值实在性，但它也与属人双重化统一体的实在性相联系。从而，它本质上是以这个双重化统一体的精神实在性一面为主体，而又为其物质实在性一面所制约、所发动的一个精神性人造能动创造性实用价值实在性（简称为精神性属人人造实用价值实在性），它创造精神性非人人造实用价值实在性。所谓哲学，各种科学及科技，乃至现今小、中、大的学校教学、主要管理人员所创造出的管理价值实在性，都是精神性非人人造实用价值实在性。就此看来，前面所谓在基础领域中工作的知识分子，如像厂长、工程师等人的劳动，也都是一些精神性属人实用价值实在性，它们创造各自的精神性非人人造实用价值实在性，只不过此二者的统一仅是属于基础领域的逻辑内容而已。这便填补了物质性属人人造实用价值实在性，与物质性非人人造实用价值实在性的内在统一，不能充盈基础领域的逻辑内容，而缺乏有关知识分子的精神性属人人造实用价值实在性及其对象化自身的空白。

于是，基础领域属人人造体力劳动创造实在性逻辑内容，与属人人造智力劳动创造实在性逻辑内容的对立统一全体性，便彻头彻尾地表明了基础领域属人群体的最广义人造劳动、价值交换共同体实在性这样一种内在逻辑内容：

一是物质性属人人造实用价值实在性、物质性非人人造实用价值实在性，在其内部中人与人之间的分工性劳动、价值交换实在性。

二是精神性属人劳动人造实用价值实在性、精神性非人人造实用价值实在性，在其内部中人与人之间的分工性劳动、价值交换实在性。

三是物质性属人人造实用价值实在性、精神性属人人造实用价值实在性，作为基础领域二大社会创造界域之间的劳动、价值交换实在性。

总之，前二者与此者的对立统一全体性，便是基础领域的属人群体最广义人造劳动、价值交换共同体实在性的本质。它的对立物，则是上层建筑领域的属人群体最广义劳动、价值交换共同体实在性的本质性逻辑内容。

就上层建筑领域的属人群体的最广义劳动、价值交换共同体实在性而言，也从其起点到其历史发展的综合统一性上看，它固有的真实性内容，是在于对外保卫共同体的安全，对内则维持共同体的秩序等公共事物的体现。其中最重要的是，上层建筑领域两个意识形态——道德法纪实用价值实在性、强制性法规（法律）实用价值实在性的体现：随着共同体的存在，便必须有此两种法纪的产生和共存——原始社会也有强制法纪的存在，可看作是法律的萌芽。因此，便在上层建筑领域属人群体的最广义上劳动、价值交换共同体中，首先展现的某些与生产劳动创造性尚未完全分离的领导人员智力劳动实在性，它们是上层建筑领域最原始的属人人造智力实用价值实在性，而在创造原始属人政治价值实在性。① 它的发展逐渐有了其本身越来越复杂的分工，而与

---

① 在这里，也必须将属人原始社会发展中领导阶层的活动，看成是上层建筑的萌芽，否则它便没有起源了。

生产劳动的基础领域相对分离出来，并产生了这个领域的各种服务性杂役人员（包括所谓在上层建筑领域中的职员在内），形成了仍在继续发展的执政官僚相对独立体系——其中属于前一分离中的执政官僚们，都是上层建筑领域的属人人造智力实用价值实在性，它们创造不同等级属人非原始性的政治价值实在性；其中属于后一分离中的各种服务性杂役人员，则有的也是上层建筑领域属人人造智力实用价值实在性，有的则是此领域中的属人人造体力实用价值实在性，它们则创造上层建筑领域的不同等级体力性、智力性服务价值实在性。因此，综上所述，上层建筑领域属人群体最广义人造劳动、价值交换共同体实在性的逻辑内容，便可归结为上层建筑领域的属人智力劳动创造性，与属人体力劳动创造的对立统一全体性。从而进一步阐明这个全体性的内在本质，也是解决当前课题的最终解决条件。

　　上层建筑领域的属人智力劳动创造实在性，既然是属人的，它便是上层建筑领域的属人智力劳动人造实用价值实在性。但在这里，人也是一个双重化统一体实在性，它既是一个属人物质实在性，也是一个属人精神实在性。因此，以上层建筑领域的人作为一个属人精神实在性一面为主体，而为其物质实在性一面所制约、所发动，这便是一个上层建筑领域精神性属人人造能动创造性实用价值实在性（简称为精神性属人人造实用价值实在性）。以此看来前所谓上层建筑领域的所有属人人造智力实用价值实在性，不管是原始的，还是后起而发展了的，它们作为所谓属人智力劳动人造实用价值实在性，实质上便都是一些精神性属人人造实用价值实在性。它创造为上层建筑领域任何所需的精神性人造实用价值实在性，所以前所谓所有不同等级的政治价值实在性，不管是原始的，还是非原始而在发展着的，便实质上都是此领域中的精神性人造实用价值实在性。所谓上层建筑领域最广义劳动、价值交换实在性的逻辑内容，就其属智力部分说，同样最后也必然归宿于此种精神性属人人造实用价值实在性，与精神性人造实用价值实在性的对立统一全体性上去了。其所以如此，这乃是因为在这个统一性中，二者便处于相互为用的交互作用变换过程中，这正是一个前者包容后者而且是它的本质，后者显示前者而且是它的表现相关性。这种包容、表现的交换变易过程，正所以是必表现为上层建筑领域中精神性属人人造智力劳动的展现，是上层建筑领域的精神性最广义劳动、价值交换实在性的内在逻辑内容。

上层建筑领域的属人体力劳动的创造实在性，既然是属人的，它便是上层建筑领域的属人体力劳动人造实用价值实在性。但在这里，人同样也是一个双重化统一体实在性，它既是一个物质实在性为主体，而为其精神实在性一面所制约、所调整，这便是一个上层建筑领域物质性属人人造能动性实用价值实在性，简称其为物质性属人人造实用价值实在性。以此看来，前所谓上层建筑领域属人人造服务性体力实用价值实在性，实质上是一种物质性属人人造服务实用价值实在性，前者所创造的服务价值实在性，实质上也是一种物质性实用价值实在性。

于是，上层建筑领域的属人人造智力劳动创造实在性逻辑内容，与属人人造体力劳动创造实在性逻辑内容的对立统一全体性，便彻头彻尾表现了上层建筑领域属人群体的最广义劳动、价值交换共同体这样一种内在逻辑内容：

其一是精神性属人人造实用价值实在性、精神性非人人造实用价值实在性，在其内部中的人与人之间分工性劳动、价值交换实在性。

其二是物质性属人人造实用价值实在性、物质性非人人造实用价值实在性，在其内部中的人与人之间分工性劳动、价值交换实在性。

其三是精神性属人人造实用价值实在性、物质性属人人造实用价值实在性，作为上层建筑领域二大社会创造界域之间分工性劳动、价值交换实在性。

总之，前二者与后者对立统一的全体性，便是上层建筑领域的属人群体最广义劳动、价值交换共同体实在性本质。

基础领域的属人群体的最广义劳动、价值交换共同体实在性本质，与上层建筑领域的最广义劳动、价值交换共同体实在性本质的对立全体性，便显现为一般属人群体的最广义劳动、价值交换共同体实在性。历史地看，它在原始社会中，便是萌芽形态国家的实在性；它在以后成文史的发展中，便是一直到现在的日益成熟形态的国家实在性：此者，只不过是前者的高级殊相表现。

在原始形态与日益成熟形态的国家实在性中，就其共相说，都为一般或普遍的物质性属人人造实用价值实在性与精神性属人人造实用价值实在性、物质性非人人造实用价值实在性与精神性非人实用价值实在性的人与人之间的劳动、价值交换所充溢，而为它的内在逻辑内容。这便是一般或普遍形态的国家实在性——一般属人群体的最广义人造劳动、价值交换共同体实在性。因此，前所谓在其基础领域与上层建筑领域中的一切不同形式的人造实用价值实在性之间的劳动、价值交换性，不管是属人的，还是属非人的，更不管它们是物质性的，还是精神性的，便都可从其共相上，归结为它的一般性或普遍性而简化了的内在逻辑内容——物质性属人人造实用价值实在性与精神性属人人造实用价值实在性、物质性非人人造实用价值实在性与精神性非人人造实用价值实在性的，人与人之间的劳动、价值交换实在性。

据此，便有：

国家一般，就是一般属人群体最广义劳动、价值交换共同体实在性，它是为属人真实所创造的。但属人真实是双重化统一体实在性，从而它的创造物——国家一般，也不能不是一个双重化其自身的双重化统一体实在性——它既是一个物质实在性，也是一个精神实在性,是二者的一个对立统一体。单纯将国家看成上层建筑,而认为国家是个意识形态实在性,这种观点是不全面的,它怎能不是一个与其基础中主干经济领域相统一的整体实在性呢?它能是一个没有人民、国土,而单纯是一个上层建筑政治结构实在性吗?这是不可能的。

国家一般,既是一个双重化统一体实在性,则它的内在基本逻辑内容——物质性属人人造实用价值实在性与精神性属人人造实用价值实在性、物质性非人人造实用价值实在性与精神性非人人造实用价值实在性的,人与人之间劳动、价值交换实在性,也不能不随之而必然是一个双重化其自身的双重化统一体实在性,它也既是一个物质实在性,又是一个精神实在性,是二者的对立统一体。就中凡属其物质性逻辑内容实在性,都是以其物质一面为主体,而为其精神一面所制约、所调节;凡属其精神性逻辑内容实在性,则都是以其精神一面为主体,而为物质一面所制约、所发动。必须明确,在这逻辑内容中的属人劳动、价值交换实在性是广义的。它既不是商品生产性的,也不是自然经济性的,它只不过是说,任何国家共同体的人们,都处在我为人人所需、人人也为我所需和我为人人所用、人人也为我所用的变换关系中而已。这是前二者的共相实在性。

国家一般的内在逻辑内容,既是一个双重化统一体实在性,那么构成它的基础、上层建筑领域的一切人造实用价值实在性,无论是属人的还是属非人的,也无论是物质性还是精神性的,也都相应地不能不是一些双重化其自身的双重化统一体实在性。这就是说,它们也同样既是一些物质实在性,也是一些精神实在性,而且也都以它们在双重化统一体中以何者为主体、何者为主体条件的规则,而是物质性的或精神性的。

此者,以前二者的内在统一为基础,而可包容其中的统一性,这便是非鉴赏性的一个人造实用价值实在性的主干系统——

国家系统，贯通这个系统实在性的必然规律，则表现为约束所有人们行为上的精神性属人人造道德纪律、法律纪律实用价值实在性。就二者的作用说，二者分属于基础领域与上层建筑领域。顺便补充一句：人在其社会关系总和中，还可以发生个人们私交上的友谊关系实用价值实在性，对此不必多说，将它包容于前一国家系统之中，便可以了，剩下的，便只有这个国家系统实在性，是何以可能延续、发展的问题了。

这个问题，便涉及属人性别天然实用价值实在性的现实展现了。这种展现，不能脱离一般或普遍形态的国家系统实在性——一般属人群体的最广义劳动、价值交换共同体实在性的系统，而有其单独的实现形态。所谓属人群体，就是在不断发展、扩充中的异性、男女群体实在性。因而在其创造一般或普遍形态的国家实在性，而生存其中时，便同时使属人性别天然实用价值实在性，展现为具有一定社会形式地去实现异性男女之间那种天然性关系的、广义上共相婚姻制度人造实用价值实在性，形成了广义上共相家庭人造实用价值实在性了。以广义共相婚姻制度人造实用价值为中介，广义上共相家庭人造实用价值实在性，是随着一般或普遍形态的国家实在性，为其以文化发展为基础的风俗习惯所渗透的不同历史发展形式，并为其所制约而也有其不同历史形式的。原始人实行群婚制，萌芽形态中的国家实在性，便同时是一个血缘的人造原始性大家庭实用价值实在性。它在长期发展中，逐渐从国家总体分离出来，变成存在其中的一个个非血缘型家庭人造实用价值实在性，乃至迄今它的婚姻制度中介人造实用价值实在性，主要已变成一夫一妻制的人造婚姻制度实用价值实在性。可以说这些家庭人造实用价值实在性，是构成在发展中的任何一种成熟性国家形态实在性的细胞形态。不同历史形式的婚姻制度人造实用价值实在性、家庭人造实用价值实在性，都是广义上共相婚姻制度人造实用价值实在性、广义上共相家庭人造实用价值实在性的殊相表现，是二者的殊相规定性。

在广义上共相婚姻制度人造实用价值实在性中，便进行着人生产人的纯为属人生理上的天然实用价值实在性，但它的存在形式——以婚姻制度为中介的男女异性结合形式，却既是人造的，又是社会性的——人造性有社会性，它只能是一个社会性的人造性。在这里，便自然而然地出现了一种属人天然实用价值与属人人造价值的内在统一实在性。正是这样一个人生产人的天然性与人造性的内在统一性，才是人类得以延续其存在，因而同时也使一般或普遍形态的国家实在性——最广义的人造劳动、价值交换共同体实在性，得以延续下去的。把这个统一性使其普遍化而加以推广，便可以说：

所有各种人造实用价值实在性的统一——国家主干系统实在性，都是人造实用价值实在性。人造实用价值实在性与天然实用人造价值实在性的对立统一全体性，便是后者包容前者、展现前者的，实用价值实在性的自在自为展现。从而天然实用价值实在性，经历了一个为对方所否定而又再否定了对方，这样一个回归自身的否定之否定的逻辑进程，它便是一个人造实用价值自在自为展现的全体性，这是二者对立统一全体性的本真内涵逻辑内容。对此当然又可以说，它既是一个天然实用价值实在性，也是人造实用价值实在性。

（三）人造实用价值实在性的自在自为的展现

人造实用价值实在性的自在自为展现，在任何时候，都是一个天然实用价值实在性的自身展现——它与人造实用价值实在性的一个对立统一全体性，是它体现于后者之中而在支撑后者存在的全体性。就这种展现的总体性说，这便是一个天然实用价值主干系统实在性为其内在根据的，以一般或普遍形态的国家为首的人造实用价值系统实在性。在这里，必须对这个系统构成的总体逻辑先在性，亦即对其自在自为展现，进一步阐明它的具体逻辑内容。

天然实用价值实在性的核心，便是属人天然社会本性实用价值实在性——包括属人性别天然实用价值实在性、属人总体天然立足实用价值实在性于其中的，属人天然实用价值实在性，它的对立物则是以地球为直接基石的非人天然实用价值实在性。二者相联系的一体性，就其中的多样性说，便是一个以属人天然实用价值为根基的，天然实用价值系统实在性。在这个系统中，属人天然实用价值实在性，自在自为地展现为属人人造实用价值实在性——包括劳动及其智力、体力分工在内的人为实在性，以它为中介，天然实用价值系统实在性，便自在自为地展现为包括它在内的人造实用价值系统实在性。这个人造实用价值系统实在性，都是为属人生存价值而存在的人造实用价值实在性：人不是手段或工具，他只能是目的；前者只不过是人以自身为中介的自身规定。

在这个前提下，我们便要说，一般或普遍形态国家实在性，即为属人社会存在人造立足实用价值实在性，它的内在逻辑内容，便是包括属人精神性道德纪律人造实用价值实在性，与属人精神性法律纪律人造实用价值实在性在内的，除了国家之外的一切人造实用价值实在性的总和统一性。但现在要突出地表明的是前二者，是此逻辑内容中其他一切人造实用价值实在性的根本，因为它们是约束人的，而人作为属人人造实用价值实在性，则是这其他一切人造实用价值的核心。它们与在其社会性中的属人人造实用价值实在性的内在统一，便是人的德性实在性。从而在一般或普遍形态国家实在性的一切内在逻辑内容总和统一性中，实质上是人的德性在起根本作用，它在其中制约、贯通其余的人造实用价值实在性，从而，以国家为首的国家人造实用价值系统实在性，便表现为一个属人伦理世界实在性——一般或普遍形态国家实在性，亦即一般广义上属人劳动、价值交换共同体实在性与其逻辑内容的统一，现在转化为一个属人伦理世界实在性，它的运行规律不是别的，便是原本在前者中起根本作用的属人德性，从而它便与属人伦理世界实在性相联系，也同时转化为一个属人伦理规律人造实用价值实在性。此者，不是说伦理规律是人造的，而是说它的显现是人为所致。

凡是属人伦理世界实在性，都为其内部的属人伦理规律人造实用价值实在性所主宰、所统治。它与属人伦理世界同根生，都是出自属人劳动的社会性，却不相煎何太急，而是协同后者发生作用，以保其存在也。

这一点，对原始人的原始性国家形态实在性说，也是如此。它作为一个原始性属人伦理世界实在性的逻辑内容，除了有异性男女之间的社会分工之外，余者都是毫无分工性的属人群体劳动的人造实用价值实在性。在后者与前者相统一中的属人人造实用价值实在性总和统一性，与它们创造出的非人人造实用价值实在性的内在统一，便在其一体性的协同劳动、价值交换实在性中，表现为原始性属人伦理世界实在性。其中任何个人劳动的属人人造实用价值实在性，与前一总和统一性的统一相关性，便是人的德性，更因为它的功能低下不能自立，都必须依赖于其他这样同一的德性，所以它便毫无个人计较上的自利心。从而它在其总体数量中的统一性，便是一种毫无计较心、毫无自利心的属人德性。所以这样一种属人德性实在性，作为与原始性属人伦理世界实在性相联系的原始性伦理规律实在性，便必能与前者吻合无间，也能与其协同发生作用，以保其存在了。

照这样说，非原始性属人伦理世界与其属人伦理规律相关性的实在性，就是混有个人计较心、自利心实在性在内了。回答说：是的，是这样的。原始人不是没有计较心，突出个人的自利心，而是他根本不可能有计较心，突出个人自利心，因为他只有与其他人一起作为社会性的群体而存在，个人社会性的相对群体而言的相对独立性，还没有形成。但这里的问题却在于：个人的计较心、自利心实在性是怎样产生的，它产生后有无自身合理的界限，有则它的历史合理界限是什么？

在原始性的属人伦理世界实在性中，人在其一切社会关系总和里的实在性，从它历史发展规律上看，迟早必然要使人产生个人利害上的计较心、自利心。其所以要如此，这乃是因为原始性属人人造实用价值实在性的创造性，在它一切社会关系总和中的发展，是不能像一、二、三、四一齐开步走那样，以同一速度而均等化、齐一化地在展现着的。毋宁说它必然与此相反，是只能而且决无不能地以不同速度而均等、非齐一化地在发展着。在这样的条件下，一旦这种创造性的作用，发展到远远超越了原始分配方式那种足则各取所需、不足则平均分配的所予与所取，和劳动创造性大小、高低没有任何联系的社会分配实在性，而有了可使人作相反考虑的大量个人剩余劳动，因而个人的相对独立性形成时，人们便在其中必然想到自己的所得，是否与自己劳动上的所予是相称相等的问题。从而，由此便产生了个人们在其利害上的计较心、突出个人的自利心，导向最初私有制的产生，不管人们这种想法是在原始社会发展到何种社会形式下产生的。人们在这过程中，是怎样有了利害上的计较心、自利心的，这其中便存在着它怎样算合理、怎样算不合理的尺度或界限。既然人们是在想到自己的所得，是否与自己在劳动上的所予相称相等，这便是人们当时的计较心、自利心的要害所在。从而由此得出的结论必然就是：个人们的所得，与其在劳动上的所予相称相等则为合理，反之则为不合理——人必须得其所应得，不得其所不应得；否则，相反的想法，不管是自觉的，还是不自觉的，那才是只知有己的自私呢。在这个亦即马、恩所谓各尽所能、各取所值合理界限中，这种与原始人意识不同的计较心、自利心，便像天上掉下来的宝贝一样，它是那样的光华四射，使得计较心算不得计较心，自利心也算不得自利心，这都只不过是天经地义的合理纲常而已。这使它便如日中天，在照耀着在最初产生的私有制基础上的，直到今日还存在的各种阶级社会的发展。

那么，人造实用价值实在性的高、低如何区别，以及阶级社会的产生与发展，又是如何形成的呢？

属人人造实用价值实在性，就是物质性、精神性属人劳动力。就属人双重化统一体的物质实在一面的物质性劳动而言，它创造属人物质性人造实用价值实在性时，也是为属人双重化统一体的精神实在一面的智力所制约、所调整：在单位时间内，用去的智力越多，它的价值便越高，当用去的智力相等两个物质性价值实在性中，其一用去的体力多于另一个，则其一便比另一个高一些。就属人双重化统一体的精神实在一面的精神性劳动力而言，它制造属人精神性人造实用价值实在性时，也同样是为属人双重化统一体的物质实在一面的体力所制约、所贯通的：在单位时间内，用去占主导地位的智力越多，它的价值便越高，当用去的占主导地位的智力相等两个精神性价值实在性中，其一用去的体力多于另一个，则其一也便较另一个高一些。这两个识别物质性精神性人造实用价值实在性高低的原则，都说明决定它们高低的基本因素，主要是智力能动性，体力能动性，只不过在其中起一种辅助作用而已。从而这便充分说明，在属人双重化统一体实在性中，它精神实在一面是逻辑在先而为本质性的，它物质实在一面则是逻辑在后而为非本质性的。这两个原则的共相，便是识别人造实用价值实在性高低的基本原则。在中国人们传统上讲的是物质性劳动价值论，我则主张的是精神性智能价值论。

现在，人人皆知，阶级社会的产生与发展，都是在传统上个人的劳动，有了能维持其生计的剩余劳动的前提下（不问是体力的，还是智力的，是就其共相而言），一群人能以另一群人取其劳动为下代延续的最低水平的生计，这便是属人劳动力的价值，当然智力的要高于体力的，换取另一群人劳动力的使用权，而占有其剩余劳动、剩余创造成果的基础上进行的。前者是统治阶级；后者是被统治阶级。不管这种情形是怎样具体发生和发展的，这也是一种得其所应得，不得其所不应得的历史合理性，因为在其产生、发展的过程中，双方移地而处，对方也必然要这样做，不会有别种样子的——双方彼此、彼此，彼方做的，也正是此方想要做的；此方做的，也正是彼方在同一条件下不得不认可去做的。无论就双方的地位而言，还是就其生计的所得而言，都是如此。这是在一定历史条件下的，光天化日、朗朗乾坤下的正大光明之事。毛泽东说，剥削有罪；刘少奇则说剥削有功。其实这不是什么剥削有罪，还是有功的实在性，而是一个有如日中天的历史性天道表现合理性——等价原则实在性。没有阶级区分上的主从关系，便没有人类的发展，没有人类文化的发展，从而人便永远止步于原始状态，在那里"一、二、三、四"的齐步走吧！

这便可以看到，个人计较心，突出个人的自利心，在其正确的尺度和界限中，不但不是一个损人利己、毫无德性可言的非真实性的人性之恶自私心，而且它便是整个阶级社会发展中的一个属人德性——阶级社会属人精神性道德纪律人造实用价值、属人精神性法律纪律人造实用价值实在性，与阶级社会发展中的属人人造实用价值实在性的内在统一。从而人也便是阶级社会发展中的属人伦理规律人造实用价值实在性。因此，它与阶级社会发展中的属人伦理世界实在性，也同样必然是协同起作用，而在保其存在的。

然而自然界或世界上，不是只有一个属人伦理世界实在性，因而也不是只有一个属人伦理规律人造实用价值实在性起作用。毋宁说，二者的统一，是有其以地球为基地的多数性这样的实在性的。这便又产生这样一个问题：在任何属人伦理世界实在性内部，都有其属人伦理规律人造实用价值实在性的自身规定，在起作用以维持其存在性，那么在不同属人伦理世界实在性之间的相关性，又是应该如何呢？是否它们能永远相互往来，出现所谓颠扑不破邦交属人人造实用价值实在性呢？答案是否定的。

霍布斯说，人对人是狼，彼狼我狼，相互争斗，永无止日，谁也永无安宁，因而便相互立约，产生了契约性共同生活的国家。我说，这不对：属人真实的生存价值实在性，从开始以来，便脱离不了以国家为首的人造实用价值系统实在性的表现——属人伦理世界的实在性——不是人对人是狼，而是不同个体伦理世界的伦理世界对伦理世界才是狼，亦即生存于其中的不同个体伦理世界的人们，对不同个体伦理世界的人们才是相对而言的属狼实体性。任何一个伦理世界实在性，都既是一个伦理世界，又对其他伦理世界实在性说，是对方的非伦理世界；反过来说，也是如此。所以，一个最广义上的劳动、价值交换共同体实在性，或者说一个国家实在性，对内是一个伦理世界，对外则便是一个非伦理世界。这就是说，它对内作为一个伦理世界，受其伦理规律人造实用价值实在性的主宰或统治；它对外作为一个非伦理世界，却受其强权是真理的强力规律人造实用价值实在性的主宰或统治。无须任何理由，只要它感到有信心、感到能操胜算，它便可以对其他伦理世界实在性发动战争，进行掠夺和侵略。当然，受掠夺或受侵略的一方，也有起来反抗的天赋权利，但战争的结果，却只能取决双方以其经济实力为基础的武力大小而定（就原始社会以后直到现在说，还可以有各自国际友邦的声援在内）；强则取胜值，弱则取败值——没有什么可以说的，这也只不过是不同非伦理世界之间狼对狼的一种各尽所能又各取所值而已。在原始性伦理世界的发展中，在其伦理世界内部没有各尽所能、各取所值的起作用；但在其不同伦理世界之间，却一开始便有了狼对狼这种各尽所能，各取所需的非伦理规律在起作用了。虽然以后特别是当代，已出现了国际道义这种力量的实在性，但无改于非伦理世界之间这种狼对狼的基本情势，前者对国际和平诚然起有不可忽视的巨大作用，但它基本上还是要靠这一期间国际上不同集团武力上的势均力敌来维持的。统观人类历史，它就是这样一代传一代地告白于天下的。宋襄公那种所谓仁义之师的愚昧不灵，吃败仗那是活该倒霉的。

任何伦理世界实在性对外同时是一个非伦理世界；任何属人伦理规律人造实用价值实在性，对外同时是一个属人强权为公理的强力规律人造实用价值实在性。这便是人类迄今为止的一切伦理世界实在性的基本规律，亦即属人人造实用价值实在性自在自为在发展着的基本规律。

然而，属人人造实用价值实在性自在自为的发展，是否永远要如此，如果不是，那么什么时候才能结束这种情势的实在呢？这便实质上是一个人类的未来问题。

在我看来，马、恩所谓各尽所能、各取所需的共产主义的真理，就在于它是人类社会发展的一个极限，而不是未来的一个现实性。人类社会的发展，可以越来越逼近这个极限，但却永远达不到它。所谓人类的未来，就是这个逼近其极限的社会状态实在性。

人类社会实在性，便是属人社会存在立足点实用价值实在性，它本质则为最广义属人劳动、价值交换共同体——一般或普遍形态的国家实在性。而这国家与其逻辑内容的统一，就是前所谓以国家为首的人造实用价值系统实在性，它以属人德性为前提，表现为属人伦理世界实在性。因此，在宇宙不遭灾难性巨变的前提下，就这一点，便可以说：

在几千年或几万年乃至更遥远的不定期将来，现在世界上一些以国家为首的人造价值系统实在性的发展，都是高度发展到这样的水平：它们已经能基本上以各尽所能、各取所需的尺度，高水平地满足各个伦理世界实在性中的人民需要（包括其上层建筑领域的一切成员在内）。但由于科学与科技的无限发展，那时总会在各属人伦理世界实在性中，出现某些更高层次的创造领域，不能如前那样充分满足人民需要，仍需有各尽所能、各取所值的尺度，在这些领域中起作用。在这样一些属人伦理世界实在性中，它们的伦理规律人造实用价值实在性——属人德性，也与它们相关联，便相应地发展为一些拳拳服膺于以各尽所能、各取所需的统治地位，而又补之以与各尽所能、各取所值相结合的，伦理规律人造实用价值实在性了。此二者的对立统一全体性，便是我们所想象的为我国近现代前贤们常常谈论的大同世界——人类未来的属人伦理世界实在性。

在这种大同世界中，人类未来各个属人伦理世界实在性，凡属能实现各尽所能、各取所需那些创造领域，私有制对它毫无意义，必然都转化为国有制。至于那些还必须通行各尽所能、各取所需的创造领域，便在私有制与国有制两可之间，怎么处理都行，而不便现在有所断言。所以这些属人伦理世界实在性，在其既相连续又相中断的区别与联系中，又必然融合为一个统一国际性属人伦理世界实在性，从而其中与它相联系的那些伦理规律人造实用价值实在性，也转化为一个统一国际性伦理规律人造实用价值实在性，并内在其中一起发生作用。原先那些各个属人伦理世界及其伦理规律实在性，便由此转化为它的一些统辖地区实在性。内在于这个国际性属人伦理世界实在性及其各个统辖地区中的国家、地区性国家实在性，对前者说便只是在从事国际性行政管理与物资调拨的职能，对后者说也只是在从事地区性行政管理与统筹安排的职务，都无须国防与军队组织，只需要一些治安警察组织就行了。从此之后，战争的现象，便声消迹灭了。战争不是产生于阶级社会的阶级根源，而是产生于不同的属人伦理世界实在性，同时又是互为对方的非伦理世界实在性这一根源之中。

于是，我们便可看到，在这种世界归一的大同世界中，以前那种不同属人伦理世界实在性之间的，伦理、非伦理世界的伦理、强力规律人造实用价值实在性，发生了巨大的根本变化。它废除了非伦理，而保留、扩充了伦理，它排除了强力规律，而保留、扩展了伦理规律。这是一个整个世界翻天覆地的全部伦理化过程。

在这个过程中，以天然人造实用价值实在性为根据的人造实用价值实在性的自在自为展现，便达到了它的最高峰，而完成了实用价值实在性的全部逻辑内容。

实用价值实在性与鉴赏价值实在性的对立统一全体性，便是价值的逻辑层次——真实理学论。它的全部逻辑内容，已完成于从鉴赏价值实在性到实用价值实在性的全部论述之中。从而，价值的逻辑层次——真实理学论与价值的直接性内容——真实美学论的对立统一全体性，便是绝对价值实在性。

三　绝对价值实在性

绝对价值实在性，便是价值的逻辑层次与价值的直接性内容的内在统一，亦即真实理学论与真实美学论的内在统一，虽然这个统一性的逻辑内容，不那么复杂与繁多，为了清楚醒目起见，仍要分题论述，因为绝对价值实在性，是价值论的一个重要观念。

（一）价值的逻辑层次与价值的直接性内容

价值的逻辑层次，是理学真实论，它不是就"感性真实"实在性不同深度的纵向不同层次来立论的，而是就它的不同广度的横向不同层次来立论的。显现价值的直接性内容者，是美学真实论，它是就包括人在内的"感情真实"实在性的自身规定——美丑实在性来立论的。但是就"感性真实"实在性不同广度的横向不同层次来说，它却除了它作为美丑实在性对人的鉴赏性之外，便只有它对人的实用性，二者都是对人的相对性，从而这便将价值的实在性，导向它对人而言或人对它而言的相对价值实在性的界限里去了。所以，理学真实论，论的都是相对价值实在性。

与此完全相反，包括人在内的"感性真实"实在性，在其感性形象中的美丑实在性，却没有对什么的相对性，它自在自为的只是一个美丑区别的实在性。所以，美学真实论，论的都是没有任何相对性的自在自为美丑实在性——相对性只是出现在美丑本身的区别及其不同类分中，在它本身之外，绝无相对性可言。

（二）相对价值实在性的否定

如果使"感性真实"实在性的自在自为美丑实在性，与各种相对价值形态实在性，处在抽象相互否定之中，则前者否定了后者便肯定了自己的实在性，但后者仍处在它自身之外而存在；后者否定了前者便也肯定自己的实在性，但前者也仍处在它自身之外而存在。二者这样相互抽象否定的变易过程，可以无休止地进行下去，但却仍停留原处，毫无新的结果。

但是，我们是从"感性真实"实在性的美丑规律中，演绎出了它除了有对人的鉴赏性之外，它还有对人的实用性，由此才演绎出相对价值各种形态实在性的一个系统来。可见，鉴赏性与实用性及其整个相对价值形态的系统实在性，原是就存在于"感性真实"实在性那个美丑规定的感性形象之中的。我们对前者的论述，只不过论述了后者内在性的展现而已。

现在，我们在真实理学论与真实美学论的内在统一中，使鉴赏性、实用性及其相对价值的系统实在性，回到"感性真实"

实在性的美丑规定那种感性形象中去，与它为一体，这不但是对相对价值实在性的否定，而且也使美丑价值实在性无所不包，转化为一个绝对价值实在性了。

（三）绝对价值实在性

绝对价值实在性，便是实用价值实在性与鉴赏价值实在性的对立统一全体性，回归美丑价值实在性中去而与其相统一的绝对实在性，是价值的逻辑层次与价值的直接性内容的对立统一全体性，是一切价值实在性的大全。就其根源来说，则即为天道表现合理性的大全，是诚之者与诚的统一——人道与天道相统一的大全。

在"感性真实"实在性的绝对价值实在性中，不但包括了一切不同价值形态于自身之中，它还间接包容本体论、认识论的知识价值实在性于自身之中：本体论的知识价值实在性，归结为客观感性真实的知识价值实在性；认识论的知识价值实在性，则归结为主观感性真实的知识价值实在性。此二者在知识论中，应该是哲学专业性的智力劳动者所创造的属人哲学精神性人造实用价值实在性。

这便可见到，绝对价值实在性的无所不包性了。在这个绝对价值实在性中，它的人造鉴赏价值实在性环节，在阶级社会发展中，却早已作为智力劳动的一种分工，进入国家价值的全部逻辑内容中去，而处在人与人之间的劳动、价值交换的变换过程之中了。它的创造，也只有行之于国家，才是可能的。

价值的逻辑层次——真实理学论与价值的直接性内容——真实美学论的对立统一全体性，作为绝对价值实在性，最后便返归为价值逻辑精要。

第 三 章

价值逻辑精要

——真实逻辑论

　　价值的直接性内容与价值的逻辑层次的内在对立统一全体性，便是一个绝对价值实在性。而贯通它的全部逻辑内容不同环节的共相，便是一个价值逻辑基石——价值逻辑共相实在性。这也就是说，贯通价值直接性内容——美丑价值实在性与价值的逻辑层次鉴赏价值、实用价值实在性的共相，亦即所谓的价值逻辑共相实在性。

　　本体论的逻辑共相，是客观逻辑共相实在性；它在天道表现合理性的价值领域中，便转化为客观价值逻辑共相实在性；认识论的逻辑共相，是主观逻辑共相实在性，它在天道表现合理性的价值领域中，便转化为主观价值逻辑共相实在性。而价值论的逻辑共相，则是客观价值逻辑共相与主观价值逻辑共相的共相——一个普遍逻辑共相实在性。其所以如此，这乃是因为本体论指向的客观所是系统与认识论指向的主观真理系统，都是天道表现的合理性——真实作为价值系统的实在性，是二者的普遍共相实在性。二者的区别：只在于一为客观真实的价值性；一为主观真实的价值性而已。从而，这个普遍共相在其直接性内容与其不同逻辑层次的内在对立统一全体性中，便既是前者，也是后者，而贯通、包容它这两个共相方面的共相，便是一个普遍的逻辑共相实在性。所以，价值逻辑共相实在性，必然是一个贯通、包容主客观价值逻辑共相实在性于自身之中的，一个普遍逻辑共相实在性。共相系统实在性，由主客观价值共相实在性上升到主客观价值逻辑共相实在性，再进而由主客观价值逻辑共相实在性上升到普遍逻辑共相实在性——价值逻辑共相实在性之后，即使它一顿足就有十万八千里的神力，它也再飞不出价值逻辑共相实在性这个如来佛的掌心了。这是它的极限。它只能止步于此，最后作为一个天地间一种包容最广、最深的至高无上逻辑力量，在起它运转乾坤、阴阳大化的最大、最高轴心作用了。价值逻辑共相，是终极性的最大、最高逻辑共相实在性。

我们可以用在本体论、认识论中的老方法，来进一步确定价值逻辑共相实在性的内涵规定性。这就是：在这里，也可以设想如像事物存在形象实在性一般与其多样性相对立的实在性那样，来设想价值实在性一般与其多样性相对立的实在性，从而这个对立面的共相实在性，便必然是一个价值逻辑共相实在性，而高出于价值一般与其多样性实在性。这便和它高出于价值的直接性内容与其不同逻辑层次的实在性，是一样的。

价值逻辑共相实在性与其普遍性、特殊性、个体性三个环节的内在对立统一全体性，便构成价值逻辑实在性；当然，它也是本体论的客观价值逻辑、认识论的主观价值逻辑的共相实在性。价值逻辑精要，即在于揭示这个实在性的逻辑内容。

但是，对于价值逻辑，我们不能像对本体论的客观逻辑、认识论的主观逻辑那样，对它的各种逻辑形式去进行详细论述。对此，只想加以扼要地概括阐明，以便留有余地，来阐明有关价值逻辑，与本书整个逻辑系统密切相关的重大问题。这却要以价值逻辑共相实在性为核心。因此，价值逻辑精要的内在秩序必须先要概括地阐明它的各种逻辑形式，然后再论其他。从而它的内在区分便是：

简论价值逻辑的各种逻辑形式；

价值逻辑共相的双重化统一体实在性；

价值逻辑的普遍制约性与归宿。

一 简论价值逻辑的各种逻辑形式

本体论的客观价值逻辑各种逻辑形式，是各种客观逻辑形式；认识论的主观价值逻辑各种逻辑形式，是各种主观逻辑形式，二者都包括它们各自的客主观基本规律——客主观同一律、矛盾律、排中律在内。既然价值逻辑是客观价值逻辑与主观价值逻辑的共相实在，则它的各种逻辑形式，也必然同样包括它的基本规律——普遍性价值同一律、矛盾律与排中律，在通而贯之无所不在地发生其应有的合理作用。正因为对二者的内在统一，要概括地简而述之，所以为了突出、醒目起见，便不妨分题立论，而且还要对基本规律的问题，特加详论。

（一）价值逻辑的基本规律

价值逻辑的基本规律，便是普遍逻辑的基本规律实在性。须知，普遍形式逻辑所谓的同一律、矛盾律、排中律，实质上是普遍逻辑的基本规律，但它却只让它们作为普通外延逻辑的基本规律而被阐述的，却完全放弃了它们对一般内涵逻辑的制约性。其所以如此，这乃是因为传统的普遍逻辑，只有外延逻辑的概念，没有内涵逻辑概念。所以，传统上的普遍逻辑实在性，就人们常说它是思维规律的科学而言，它诚然可以说是一种主观形式逻辑实在性。但实质上它却只能是一种普遍外延逻辑的实在性，从而普遍逻辑的基本规律，便顺其自然，是作为它的基本规律在表现着。

但这不能说是错误的，至多只能说是不周延或有点片面性。

因为，这些基本规律作为它的规律性，并不影响它们仍同时以此为中介又照样指向在它界限之外的内涵逻辑实在性，继续在其中起着它所应有的合理作用，不过这却需要对它们固有的逻辑内容，有个辩证的全面把握而已。

正因为如此，在本体论的客观价值逻辑与认识论的主观价值逻辑中，也按着传统普遍逻辑的做法，将这些基本规律并非以其全面性，论述于客主观外延逻辑实在性的前面，并对它们没做任何的解释。现在，逻辑问题已发展到顶点，迈入客主观价值逻辑的共相——普遍逻辑作为价值逻辑中来了。从而便必须要做到这样的全面周延性：

一是阐明外延价值逻辑基本规律的全面逻辑内容；

二是阐明此种逻辑内容，同样也适用于内涵价值逻辑，而且要使其转化为内涵逻辑的基本规律。

三是阐明前二者的统一，正好就是价值逻辑——普遍逻辑的基本规律，从而由此说明它向客主观价值逻辑基本规律的转化。

在这个前提下，万事俱备，只欠东风——这东风就是外延价值逻辑基本规律的全面性逻辑内容，有明于此，则余者便迎刃而解。

这种基本规律的逻辑内容，全面说，应该分为狭义的与广义的：前者的公式——"是为是，否为否"；后者的公式——"是为否，否为是"。

就"是为是，否为否"——公式而言，外延价值逻辑基本规律应该是——

是为是同一律：价值逻辑共相实在性是价值逻辑共相实在性。就其逻辑内容而言，这等于说价值逻辑共相实在性，是它不超越其界限的一切不同规定性及其包容性的总和。

是否矛盾律：价值逻辑共相实在性不是客观价值逻辑共相与主观价值逻辑共相实在性。就其逻辑内容而言，这等于说，价值逻辑共相实在性的一切不同规定性及其包容性，不是客观价值逻辑共相与主观价值逻辑共相实在性各自的一切不同规定性及其包容性。

是否抉择排中律：价值逻辑共相实在性，或者是价值逻辑共相实在性，或者是客观价值逻辑共相、主观价值逻辑共相实在性。就其逻辑内容而言，这等于说，价值逻辑共相实在性，不是它一切不同规定性及其包容性，便是客观价值逻辑共相、主观价值逻辑共相实在性的不同规定性及其包容性。

这便是外延价值逻辑实在性的，在其"是为是，否为否"一公式中的三个狭义性基本规律的逻辑内容。单纯从这三个基本规律逻辑内容的外延扩充性上看，它们便是三个狭义外延性基本逻辑规律。所以说它们是狭义的，是因为它们是以同一语重叠的同一律为基础的，它的表现形式的包容性，是很狭隘的。

但是，外延价值逻辑实在性这三个在其逻辑内容中的狭义外延性基本逻辑规律，同样也能适用于内涵价值逻辑实在性。之所以如此，这乃是因为任何实在性的外延扩充性与其内涵包容性是统一不可分的，前者有多大，后者也有多大，从而适用于前者的东西，也必适用于后者。这三个狭义外延性基本规律，既然适用于外延价值逻辑实在性，它们的外延扩充性是相称相等的，那么它们便必适用于与后者统一不可分的，并与其外延扩充性也相称相等的内涵价值逻辑实在性。而且，它们也由此可以从其内涵上，同时又转化为内涵价值逻辑实在性的三个狭义内涵性基本规律。

进一步看，就"是为否，否为是"一公式而言，外延价值逻辑基本规律实在性，便又应该是：

是否同一律：价值共相实在性不是价值逻辑共相实在性，是否定着它的对立物——在其不同逻辑层次或与其多样性中的超界共相。从而它就是价值逻辑共相实在性。

是否矛盾律：价值共相实在性不是价值逻辑共相实在性。就其逻辑内容而言，这等于说，价值共相实在性虽然是它的对立物——价值逻辑共相实在性，但二者毕竟是有区别的，所以这区别的同一性——是否同一性，必内在地包含着它的相反环节：是否之间的排斥性，亦即所谓的价值共相实在性，不是价值逻辑共相实在性。

是否抉择排中律：价值共相实在性，或者是价值共相实在性，或者是价值逻辑共相实在性。就其逻辑内容而言，这等于说，价值共相实在性，不是一个即其本身的实在性，便是一个价值逻辑共相实在性。

这便是外延价值逻辑实在性的，在其"是为否，否为是"一公式中的三个广义基本规律的逻辑内容。单纯从这三个广义性基本规律的外延扩充性上看，它们便是三个广义外延性基本逻辑规律。所以说它们是广义的，因为它们是以命题或判断形式的同一律为基础的，其中已经包含了区别同一性的广泛观念在内了。这一点，后当详论。

不必多说，这三个广义外延性基本逻辑规律，同样也适用于内涵价值逻辑实在性，因为它们的外延扩充性，也与其内涵包容性统一不可分，前者有多大，后者也有多大。因此，它们既然适用于外延价值逻辑实在性，当然也同样适用于内涵价值逻辑实在性，并由此同样可以从其内涵上转化为内涵价值逻辑实在性的三个广义内涵性基本规律。

于是，这便可以看到：

与"是为是，否为否"一公式相联系的外延价值逻辑三个狭义基本规律，既可适用于内涵价值逻辑，而同时也可以由此从其内涵上转化为三个狭义内涵性基本规律。此二者的内在统一，便是价值逻辑狭义基本规律。

与"是为否，否为是"一公式相联系的外延价值逻辑三个广义基本规律，同样既可适用于内涵价值逻辑，而同时也可以由此从其内涵上转化为三个广义内涵性基本规律。此二者的内在统一，便是价值逻辑广义基本规律。

现在，有一个问题，在这里是必须要明确的，即价值逻辑狭义基本规律与价值逻辑广义基本规律，在性质上的区别性，是不容混同的。前者是以"是为是，否为否"一公式的界限性为基础的，从而前者为"是为是同一律""是否矛盾律"与"是否抉择排中律"；后者则是以"是为否，否为是"的超界性为基础的，从而后者为"是否同一律""是否矛盾律"与"是否抉择排中律"。两组基本规律各以符号与系动词"是"的相关性表现之，这便是——

狭义组——A 是 A，A 不是非 A 和 A 或者是 A，或者是非 A。

广义组——A 是 B，A 不是非 B 和 A 或者是 B，或者是非 B。

这便可以看到两组基本规律的区别，是可以从各自的是为是、是为否同一律——A 是 A 及 A 是 B，与各自的是否抉择排斥律——A 或者是 A，或者是非 A；A 或者是 B，或者是非 B，这些陈述中明显地表现出来。

狭、广两组各自的同一律，是它们各自的矛盾律、排中律的内在基础（我不同意胡塞尔的说法，他将矛盾律，视为最基本的）。二者各自的矛盾律，都是从各自的同一律演绎出来的：正因为 A 是 A，所以 A 不是非 A；正因为 A 是 B，所以 A 不是非 A。二者结合各自的同一律、矛盾律的统一性，便形成二者各自的非此即彼那种是否抉择排中律——A 或者是 A，或者是非 A；A 或者是 B，或者是非 B。在二者各自这种非此即彼的情势下，最后怎样抉择呢？A 到底是什么呢？前者根据其 A 是 A 的同一律基础，只能抉择它这非此即彼中的 A 是 A 为真理，说 A 始终是 A；后者根据其 A 是 B 的同一律基础，也只能抉择它这非此即彼中的 A 是 B 为真理，说 A 始终是 B。但前者从开始到最终所肯定的真理，却始终是个同同逻辑，是个同一实在性 A 的重叠相关性，而不离 A 本身，所以它的直接意义天地是狭隘的，故称有关它那些命题为价值逻辑狭义的基本规律。而后者从开始到最终所肯定的真理，则始终是个区别同一性的逻辑，是不同实在性 A、B 相关的区别同一性，而超越了 A 本身的界限，故称有关它那些命题为价值逻辑广义的基本规律。它的直接意义天地是最广泛的——凡属命题或判断的形式都与它一样，都是不同实在性相关的区别同一性。

但价值逻辑的狭义基本规律与广义基本规律，却都各自有其不同的功用，哪个也不是无意义的空谈。前者的功用是在于教导人在思考、谈论和行文中，要抓住所针对的对象，不要无意义中偷换对象，扯到了别的上去；后者的功用是教导人在思考、谈论、行文中，要抓住已规定过或说过的有关对象的规定性，不要超越了它的包容性，也扯到与它不相干的东西上去。从而你不能说，他既然是一个读书人，那么武松在景阳冈上打死了一只大虫，像这样的句子，是毫无意义的。

既然价值逻辑实在性，是普遍逻辑，是客观价值逻辑与主观价值逻辑的共相统一性，那么在它的狭义与广义两组基本规律上，再加上客观、主观两个定语，它们自然而然地便转化为客观价值逻辑、主观价值逻辑的两组主客观基本规律了。

价值逻辑的狭义基本规律与广义基本规律的对立统一全体性，便是价值逻辑的基本规律。同样在此二者前面，也加上客观、主观两个定语，它们也同时转化为客观价值逻辑与主观价值逻辑的基本规律了。

价值逻辑的基本规律，必然贯通它的逻辑形式，由此便可转向它的逻辑形式问题上去。

（二）价值逻辑的逻辑形式

到这个问题为止，便要以高度的概括性，来简论价值逻辑实在性的逻辑形式了。这必须要从本体论的客观价值逻辑实在性，与认识论的主观价值逻辑实在性的逻辑形式开始。

客观价值逻辑实在性与主观价值逻辑实在性的逻辑形式，都各自分为外延客观价值逻辑、内涵客观价值逻辑，与外延主观价值逻辑、内涵主观价值逻辑两大类型。就此纲要而论，便有：

既然价值逻辑实在性，原本是客观价值逻辑、主观价值逻辑的共相实在性，那么这样的推论成立：客观价值逻辑、主观价值逻辑的外延价值逻辑的共相，便是价值逻辑的外延价值逻辑实在性；客观价值逻辑、主观价值逻辑的内涵价值逻辑的共相，便是价值逻辑的内涵价值逻辑实在性。

但是，客观价值逻辑、主观价值逻辑实在性的各自外延客主观价值逻辑，又都分为客主观概念论、判断论、推理论的各种内在区分。既然价值逻辑的外延价值逻辑实在性，是客观外延价值逻辑与主观外延价值逻辑的共相，那么这样的推理成立：客主观价值逻辑的客主观概念论、判断论、推理论及其各种内在区分的共相，便是价值逻辑在其外延价值逻辑上的概念论、判断论、推理论及其各种内在区分的实在性。

此外，客观价值逻辑、主观价值逻辑实在性，还有各自的客主观内涵价值逻辑实在性的各种逻辑形式。既然价值逻辑实在性，是客主观价值逻辑实在性共相，那么它的内涵价值实在性的各种逻辑形式，也便必然是后者各种逻辑形式的共相：去其客主观的定语，就是它内涵价值逻辑的各种逻辑形式。

其中特别值得强调的是，它的时间性质量互变规律、逻辑性对立统一规律和否定之否定规律等逻辑形式，是包容主客观在内的普遍性，是主客观内涵价值逻辑此种规律的共相基础。从而，必须明确，内涵价值逻辑实在性，是这些内涵逻辑形式归根到底的故乡。

价值逻辑实在性的外延价值逻辑与内涵价值逻辑的内在统一，便将价值逻辑实在性的一些普遍性及其基本类分的范畴，体现于其中了。现在，且将这个范畴表罗列如下：

价值逻辑范畴表

价值逻辑共相	价值共相
社会性价值逻辑共相	非社会性价值逻辑共相
价值性肯定与否定	价值性是与不是
价值性属质统一性	价值性属量统一性
价值性逻辑量变与质变	价值性时间量变与质变
价值性对立和统一	价值性对立统一的全体性

显而易见，价值逻辑范畴表相对于主客观逻辑范畴表说，都具有超越二者的最高普遍性。

价值逻辑实在性的外延逻辑与其内涵逻辑对立统一全体性的共相，便是价值逻辑内容。

（三）价值逻辑内容

客观价值逻辑实在性的逻辑内容，是一个客观逻辑内容；主观价值逻辑实在性的逻辑内容，是一个主观逻辑内容，从而，价值逻辑内容实在性，也是客主观价值逻辑内容实在性的一个共相，是一个普遍性的价值逻辑内容。换句话说，客主观逻辑内容实在性，是真正属人之观的客观之观与主观之观的价值性表现，价值逻辑内容实在性，则是这二者的共相——真正属人之观本身的价值性表现。

因此，在价值逻辑内容实在性这里，便达到了价值逻辑实在性的最高点，因为客主观逻辑实在性，在其各自的客主观价值逻辑内容上是它们的最高点，而且两个最高点的共相，便必然是前一个最高点。价值逻辑实在性，在其这个顶峰上，再无什么相对于客主观价值逻辑实在性的纵向深度可言了。

客主观价值逻辑共相实在性，实质上是客主观价值逻辑实在性的客主观逻各斯，它们在与其客主观价值逻辑内容的规律相统一，便是制约客主观价值世界的逻各斯规律。

价值逻辑共相实在性，实质也是价值逻辑实在性的一个逻各斯，它在与其价值逻辑内容的规律相统一，便是制约其一般价值世界的逻各斯规律。

这个逻各斯规律，只能而且必然是前两个主客观逻各斯规律的共相——一个超越其客主观界限的普遍逻各斯规律。因为价值逻辑实在性，是客主观价值逻辑实在性的共相。这个普遍逻各斯规律，以客主观逻各斯规律为中介，制约客主观价值世界，而使其最终归宿于一个价值世界。

于是，本体论的所是世界，认识论的真理世界，便以它们各自的客观价值逻辑实在性、主观价值逻辑实在性及其共相——价值逻辑实在性为中介，便最终归结一个天道表现和理性的统一价值世界。

但是这个天道表现和理性的价值世界，在其终点上是以价值逻辑共相广阔而深厚的延扩性、包容性为根基的。从而必须进一步挖掘、阐明有关它迄今所论及的内在详尽逻辑内容。这便是一个价值逻辑共相双重化统一体的问题。

二　价值逻辑共相双重化统一体

《第一哲学原理的科学体系》的整个逻辑内容系统，实质上都可包容于真正属人之观及其基本类分——客观之观与主观之观的能动性中去，因为它是这些能动性的产物。所以，为了论述价值逻辑共相双重化统一体实在性这个有关全书总结的课题，便必须再论真正属人之观的全体性，与这个课题密切相关的前所未详论的一些问题。不然的话，以后必然要时时涉及这样的内容，还得不断地临时阐述。

（一）再论真正属人之观的全体性

所谓"真正属人之观"那个"观"，意义广泛：它不仅揭示属人之观以其视觉为中心的感官之观，而且还揭示属人理性——非终极理性与终极理性相统一的思维之观；观而有得，则一同返归属人自觉感受性。此二者的对立统一全体性，便是真正属人之观的整体实在性。

真正属人之观的整体实在性，传统哲学只将它归结为属人精神属性展现着的精神活动，在其不同层次表现上的实在性，它的负荷者——载体或主体，便只是一个单纯人体的实在性。从而唯物主义都是立足于认识或意识与其对象外在相关性的基础上，而认为人体连同其他所有的非人物体，都是外在于属人意识之外的物质性实在；成熟而完善化了的唯物主义，则基本上都立足于认识或意识与其对象内在相关性的基石上而认为，人体连同其他所有的非人物体，都是内在的，都是内在于属人精神属性展现着的精神活动性的表现之中的，这样属人精神属性便连同它展现着的精神活动性，便都没有了负荷它们的载体或主体性了。于是，传统哲学的发展，便有这样两种真正属人之观全体性的歪曲表现呈现出来：

一是单纯以物质实在性为载体或主体的真正属人之观的全体性实在；

二是没有负荷其载体或主体的真正属人之观的全体性实在。

顺便说明一点，这里所谓"主体"，是与所谓主体客体关系中那个"主体"，在意义上是根本不同的。前者是贯通整个哲学发展而不可缺少的一个哲学范畴，它的意思是说，凡属负荷任何浊实、清虚那个整体核心，都是事物的主体性，它最终必归结为本原性本体实点实在性，而是本原性主体实在性。至于后者，它的意思是说，具有改造自然能动性的人，才是主体，别的东西都是相对于此的客体，它在哲学上并不那么重要，可有可无。我们也曾谈到这种主体客体关系，但实质上却将它改变为属人之物与非人之物互为对方的主体、客体的一种双向主体、客体关系，并且强调这种关系也是为自然界所规定的。对我来说，这种主体、客体关系，只不过是属人之物与非人之物的交互作用而已。马克思说：当人"通过这种运动作用于他身外的自然改变自然时，也就同时改变他自身的自然"[①]。这说的便是一种属人之物与非人之物相互为用之间的这样一种交互作用。

现在仅就当前论题前一意义上的主体而言，我们便要说，就以属人物质实在为载体或主体的真正属人之观的全体性实在而言，虽然与它相联系的唯物主义，基本上立足于认识或意识与其对象外在相关性的正确立足点上，但它将属人实在性，只看成一种是物质实在的载体或主体，则人作为这样一种载体或主体的物质实在的物理属性，是不能显现为属人认识或意识的真正属人之观的全体性的。而这种载体或主体的物理属性，又不能产生其以精神属性为基础的精神活动表现性，从而在这里，所谓以属人物质实在为载体或主体的真正属人之观全体性，便是压根儿不可能的，是无从成立的。

其次，再就没有负荷其载体或主体的真正属人之观的全体性实在而言，既然它产生于成熟而完善化了的唯心主义内在相关性立足点，那么这正好说明这种唯心主义内在相关性立足点，是产生谬误的魔窟这一观点的最好例证，这一观点已经在本书第二篇

[①] 《资本论》第1卷，人民出版社1975年版，第192页。

第一章中，曾经详尽地充分说明了。

这便可以看到，无论是传统上的唯物主义，还是传统上的成熟而完善化了的唯心主义，都不能建立起我们所谓真正属人之观的整体实在性的。那么，从学理上说，到底怎样才能建立起这种实在性来呢？可以扼要回答如下：

如上所述，既然传统上的唯物主义不能建立此种实在性的基本缺点，是在于它将属人实在性，单纯看成一种物质实在，那么我们只要将属人实在性，变换为我们所谓人既是物质实在，也是精神实在的双重化统一体，便可以完全克服传统唯物主义的基本缺点，而开始建立起真正属人之观全体性的雏形了。其所以如此，这乃是因为在属人双重化统一体中，可以使其表现为它的精神实在一面，为其物质实在一面所制约，而就能显现出一种有其载体或主体性的，以属人精神属性为基础的精神活动能动性。这不是别的，它就是真正属人之观全体性的雏形。

有了这个雏形，只要进一步将成熟而完善化了的唯心主义那种内在相关性的魔窟，变换成早已论述过了的全面化的外在相关全体性，它便在其中自然地完善化起来了。其所以如此，这乃是因为这个真正属人之观的精神能动性雏形，在其中不但可以对其外在相关性所指向的对象，进行直观，而且此观还可以借助外在相关性所包容的内在相关性环节，对它深思熟虑，使它逐渐完善起来。这便是真正属人之观全体性的最终告成。

但是，真正属人之观全体实在性，仅仅是属人的，是为人所固有的，此外还有其他的一切非人之物实在性，它们也同样既有自人而下的不同等级物理属性，也有自人而下的不同等级精神属性。从而，它们与其这两种属性对立统一全体性的共相基础，也都是一些双重化其自身的双重化统一体：它们都既是自人而下的物质实在，也是自人而下的精神实在——前者制约后者而为其主干核心的主体能动性，也同样能表现为自人而下不同等级真正属非人之物之观的整体实在性。从一般普遍共相包容性上说，人亦物也，所以从人与其他非人之物同为物的共相视角上看，这便必然而且只能又出现一个真正属物之观全体实在性。它的内在分层，便是自人而下到无机物，自无机物而上到人的不同层次真正属物之观的整体实在性，此二者的内在统一全体性，便是真正属物之观整体实在性的逻辑层次。对此，且试一一简略论之。

就无机物实在性而言，诚然它也是一个既有物质属性、也有精神属性的物活论生命体；[①] 但它的精神属性，却深深埋伏于它那无处不在的无差别性、齐一性、僵死性的物质属性的深渊之中，而丝毫也不见有露于外的迹象。因此自古以来，人们便一贯受其表面的迷惑，认为它是死物。实质上，无机物不见其有精神属性的迹象，那只是一个表面的假象。就其内在性思之，它无处不充盈着最原始的感受性，而同时为其无所不在的物质属性所制约，而在调整着它随遇而发的内外所存、所在、所向的运动与动态情况，这便是一个真正属无机物之观的全体实在性。例如一根线牵扯其两头，都用力向外拉，它便折断了。这个现象的发生，表面看来，是仅由于牵扯其两头的拉力，但这是外因，就其内因而言，则是由于它感受到两头牵扯的张力非常大，从而便感受到一种痛苦不安，于是它便处处一张一弛地力图自动放松自己，所以它便折断为二了。这是它以其无机性真正属物之观的整体实在性，在调整它自己的结果。这就是说，无机生命双重化统一体的精神实在一面，为其物质实在一面所制约的精神能动性是最低的，是最低层次上的真正属物之观的全体实在性。

就有机物的植物实在性而言，它是一个既有物质属性、也有精神属性的双重化统一体物活论生命体，便众所周知、显而易见了。它周身都必然充盈着无所不在更为发展了的内在感受性系

[①] 无须讳言，我的哲学思想，就是一种物活论生命主义的哲学观。

统，后者贯通它的整个内在有机内容，随其感受的连续制约性，而在实现、调整它的生长过程。这便是属有机植物生命之观的整体实在性。例如向日葵是自动面向阳光的，这是它有刺激感应性的结果，是当前所论的最好例证，这是它以其真正属有机物生命之观的整体实在性，在调整它自己的结果。这就是说，有机生命植物双重化统一体的精神实在一面，为其物质实在一面所制约的精神能动性，是高于无机生命的，是较高层次上的真正属物之观的全体实在性。

就包括鱼、虾乃至各种弱小虫类在内的一切非人动物的动物实在性而言，在这里，较之无机物、植物的生命领域，发生了一个飞跃性的质变：在前二者的领域中，只有存在者周身中无所不在的部分与部分之间的感受性，而却没有表现其整体的自我感受性。所以，无机生命与植物生命，不可能具有它们作为一个整体性的自我感。就拿含羞草来说吧，你触及它任何部分，它都往回缩，这也不能说明它有表现其整体的自我感，这仍然是它处于部分感受性中而发生的一种部分反应而已。但所有的大大小小的动物实在性，却不是这样。它们不但内在地充盈着无所不在的感受性，还能通过它们所具有的一定神经节或完满的神经系统反应，而具有表现其整体的自我感受或自我感觉——后者是一些大动物如像猫、狗、虎、豹、牛、马、猪、羊、鸡、鸭、鹅之类所固有的特征。总之，周身充盈着无所不在的内在感受性，而又有表现其整体的自我感受或感觉，这便是一切真正属非人动物之观的全体实在性。这就是说，非人动物生命双重化统一体的精神实在一面所制约的精神能动性，是高于有机植物生命的，是更高层次上的真正属物之观的全体实在性。

在这个基础上所达到的最高峰，便是真正属人之观的全体实在性。它的特点是：不但人的周身内在细胞组织系统，都充盈着制约它们能够相互协调相处的感受性，而且人通过其与大脑相联系的神经系统，不但有表现其整体性在感觉到了什么的自我感觉，而且还能以此为基础发展为人在理解到了什么的理性思维自我意识。从而属物之观的全体实在性，在人这里便达到了最高峰。这就是说，属人双重化统一体的精神实在一面，为其物质实在一面所制约的精神能动性，在属物精神能动性中，是最高的，是真正属物之观全体性的最高层次。这便是真正属物之观的全体实在性。

不但如此，而且真正属物之观的全体实在性的最高层次——真正属人之观的全体实在性，还必然内在地分为主观之观与客观之观两个分层。但其意义却在于：（1）所谓主观之观，是属人双重化统一体精神实在一面对其能动性及其认识或意识表现本身的一种观，也可以简称其为对认识或意识存在形象实在性的一种观。由此这属人精神实在是负荷其精神属性及其认识或意识表现的主体性，故此观谓之曰主观之观。（2）所谓客观之观，是属人精神实在一面的能动性对事物存在形象实在性的一种观，由于后者对前者说是位居被观察的客位或宾位，故此观谓之曰客观之观。而此二者的对立统一全体性，正好就是一个真正属人之观的全体实在性。它的共相不是别的，它就是真正的属人之观。

这样，真正属人之观的全体实在性，便分为无机物生命的、有机植物生命的、非人动物生命的和属人动物生命的，等等，这样四个层次。属人真正之观的全体实在性，是它们中的最高层次。它们分别都与其双重化统一体精神实在性一面的主体性相统一，便都各自是无机生命灵魂、有机植物灵魂、非人动物灵魂和属人动物灵魂等实在性。就它们的共相说，它们又都是属物之观与其双重化统一体的精神实在一面的主体性相统一的属物灵魂。

但是在这里，必须要区别这样一种不同的事实，亦即就人作为其双重化统一体的精神实在一面的实在性来说，它只是一个属人精神实在性的能动性，但凡属它的认识或意识表现，都与其表现对象——事物存在形象实在性一样，却都必须是一些主观性的双重化统一体。我们早已经论述过，凡属认识或意识实在性，必须是既要表现其对象的物质性一面、也要表现其对象的精神性一面的双重化统一体，但对它的深远意义，却未曾论述。这里的关键问题，是在于这样一个认识或意识的双重化统一体实在性，到底是意味着什么呢？

所谓认识或意识双重化统一体实在性，无非就是真正属人之观的全体实在性中那个客观之观，它表现为属人客观世界之知，而其中那个主观之观，则表现为属人主观世界之知，二者对立统一的全体性，便返归真正属人之观的全体实在性，又表现为属人主客观世界之知。真正属人之观的全体实在性的主体，是属人精神实在，则它负荷着这属人主客观世界之知返归它的精神属性，而与它的对立物——精神实在相统一，这便是一个事物存在形象双重化统一体实在性的尖端拱顶——一个属人双重化统一体的实在性。从而这便扬弃了主客观二分本身及其各种以认知意志为基础的主客观世界之知，使其完全统一于属人双重化统一体实在性的物质性、精神性表现之中了。而又使主客二分的合理性，在其中完全无损地仍然保存着。我不知道没有包括人在内的属物双重化统一体的概念，人们能通过什么道路建立其不是主客观二分的新式哲学体系，我更不知道抛弃主客二分的合理性，还有什么可言、什么哲学体系可言。要去学人们所谓现代西方哲学巨匠海德格尔的《存在与时间》吗？但该书对主客二分的抛弃，是以代之以主客观的混同为代价的——主客观的归一，只能是一个区别的同一性，而不能是一个抽象的同一性。

实质上，这个同一性的根基即在于，事物存在形象实在性双重化统一体与表现着它双重性的认识或意识存在形象双重化统一体的内在统一之中。

真正属人之观的客观之观实在性，是显现本体论的属人客观世界及其客观逻辑共相的归宿。

真正属人之观的主观之观实在性，是显现认识论的属人主观世界及其主观逻辑共相的归宿。

真正属人之观的普遍共相实在性，是显现价值论的属人主客观世界共相及其价值逻辑共相——普遍逻辑共相的归宿。

价值逻辑共相的普遍性，贯通主客观逻辑共相而制约为其不同层次真正属物之观的全体实在性所维持的主客观世界双重化统一体的实在性，这便是价值逻辑共相双重化统一体的能动性。有此能动性，才有主客观世界双重化统一体的实在性；有此实在性，才有主客观世界的主观性表现其客观的多样化显现。所有这一切，都是天道表现的合理性，它最后生根于价值逻辑共相双重化统一体的能动性，阐明它的逻辑内容，是问题的关键。

（二）价值逻辑共相双重化统一体的能动性

主客观世界的多样性，最终必为一个价值逻辑共相双重化统一体的能动性所制约、所贯通，因为它们直接归宿于客观逻辑共相与主观逻辑共相实在性，而此二者的普遍性共相，则是价值逻辑共相的实在性。

所谓价值逻辑共相双重化统一体实在性，就是说，它既是一个物质性价值逻辑共相实在性，也是一个精神性价值逻辑共相实在性，是此二者互为对方自在性的对立统一全体性。这个全体性的共相基础，不是别的，它就是价值逻辑共相实在性本身。从根本上来说，全面而彻底地揭示它系统化的逻辑内容和包容性，便可穷尽扬弃主客二分的全体结构和问题。诚然，本书的逻辑体系，表面上仍是按照主客观二分的模式写出的，还不是一个扬弃它的非主客观二分哲学思想体系；但不可忽视的是，它从开始到现在，却处处都埋伏有扬弃主客观二分的契机或伏兵在内。现在价值逻辑共相双重化统一体实在性的最高司令部或统帅，将一声令下，伏兵四起，因而如下所言，将是这一点的集中或总结，而从中要描画出使本书体系转化为一个非主客观二分思想体系的轮廓及其实质，又扬弃了传统哲学中唯物主义与唯心主义的对立。

就价值逻辑共相实在性，综合客观逻辑共相实在性与主观逻辑共相实在性的能动性而言：客观逻辑共相实在性，是一个客观逻各斯，它对其本体论的制约性，则即为一个客观逻各斯规律；主观逻辑共相实在性，是一个主观逻各斯，它对其认识论的制约性，则即为一个主观逻各斯规律。真正属人之观的客观之观、主观之观，一旦有知于此，它便进一步知道前一逻各斯规律以自然界本原性实点存在性为中介，而且是制约客观世界万物统一性规律的规律，后一逻各斯以自然界终极性理性概念之知为中介，而且是制约属人认识或意识这一主观世界统一性规律的规律。既然价值逻辑共相实在性，是客观逻辑共相实在性与主观逻辑共相实在性的普遍性共相，那么二者作为一个主客观逻各斯规律的普遍共相，便是一价值逻各斯规律。从而，它便是前两个制约属人主观世界统一性规律的主客观逻各斯规律的共相——普遍性价值逻各斯规律，它内在其中而且是制约属人主客观世界统一性规律的最高终极性逻各斯规律。可以这样说，没有这个最高终极性逻各斯规律的能动性，如此这般在起作用，前两个主客观逻各斯规律的制约性，便无从成立、无从存在，所以，属人主客观世界也便随之而无从成立、无从存在了——离开了共相作用的殊相作用，天地间绝对是永无其在的。在这里，实质性问题在于：说来说去，到底价值逻辑共相实在性的能动作用——价值逻各斯规律，是如何能主宰属人主客观世界的不能不有其成立、不能不有其存在的合理实在性呢？

既然价值逻辑共相双重化统一体实在性，既是一个物质性价值逻各斯共相实在性，也是一个精神性价值逻各斯共相实在性，那么它作为普遍性价值逻各斯规律，也必然同样既是一个物质性价值逻各斯规律，也是一个精神性逻各斯规律。这一点，是当前所论的全逻辑内容的核心。价值逻各斯规律实在性，也必须是这样一个双重化统一体，它既是物质性的，也是精神性的。

就真正属人之观的客观之观的本体论而言，本体论从而出发的起点，是事物存在形象实在性，就其在数量上的总和说，就是客观自然界存在形象实在性。所以，要以价值逻各斯规律，去解释何以能使本体论客观世界，不能不有其成立、不能不有其存在的实在性，便必须要从前者到后者而成立起来的两个本体论感性实在性开始。

无论是事物存在形象实在性，还是自然界存在形象实在性，就其发生学的视角来看，都是生起于真正属人之观的客观之观能动性。它在其此二者的自身规定的基础上，不但可以进而以其理性客观之观，直观到此二者各自的不同层次及其共相的共相那个统一基础——客观逻辑共相，乃至可以直观到贯通二者殊相多样性的不同层次真正属物之观的全体实在性。将它这个直观进程倒转过来，使其转化为从不同层次真正属人之观的全体实在性到客观逻辑共相，再以后者到事物存在形象实在性和自然界存在形象实在性的逆行过程，便可以获得在真正属人之观的客观之观的基础上，以价值逻各斯规律，去解释本体论客观世界的一些中间环节。从而，如下所论，是颠扑不破的。

价值逻各斯规律以不同层次真正属物之观的全体实在性为中介，真正属人之观的客观之观实在性的初级理性环节，便可从中直观到从无机生命到有机植物生命、从有机植物生命到非人动物生命、从非人动物生命到属人动物生命的一系列不同等级真正属物之观全体性的这些灵魂实在性，在其内在统一全体性上，就是制约、贯通本体论客观世界所以可能成立、所以可能存在的内在灵魂实在性，但它最终必为价值逻各斯规律双重化统一体的精神性逻各斯规律一面所制约、所贯通。所以，本体论客观世界内在灵魂的逻辑内容，是为价值逻各斯双重化统一体的精神性逻各斯规律所主宰的——精神性价值逻各斯规律，主宰本体论客观世界内在灵魂的逻辑内容。

但是，本体论客观世界，也是一个双重化统一体实在性，它既是一个物质性客观世界实在性，也是一个精神性客观世界实在性，二者的对立统一全体性，正好就是一个本体论物质性、精神性双重化客观世界。就此而言，所谓使本体论客观世界所以能成立、所以能存在的内在灵魂，无非就是它的精神实在一面的精神表现在制约、调整其物质实在一面的统一性而已——这便复归于本体论客观世界双重化统一体实在性。所以，说精神性价值逻各斯规律，主宰本体论客观世界内在灵魂的逻辑内容，也不过是说，价值逻各斯规律双重化统一体，在主宰本体论客观世界双重化统一体实在性而已。在此二者之中的物质性、精神性之分，也可以就是二者的各自主客之分，便都扬弃于这两个双重化统一体的相关性之中了。但却仍完整无损地保存其中。

其次，价值逻各斯规律以客观逻辑共相实在性为中介，真正属人之观的客观之观实在性的更高理性环节，便可从中直观到客观逻辑共相也是一个双重化统一体实在性，它既是一个物质性客观逻辑共相实在性，也是一个精神性客观逻辑共相实在性。二者对立统一的全体性，是一个物质性、精神性客观逻辑共相实在性，但它最终必为价值逻各斯规律整个双重化统一体所制约、所贯通——价值逻各斯规律，主宰本体论客观世界的客观逻辑共相内在逻辑内容。

但是，既然本体论的客观世界，也是一个双重化统一体实在性，那么它便为其客观逻辑共相的逻辑内容所制约、所贯通。这就是说：客观世界逻辑共相的物质实在一面，制约、贯通客观世界双重化统一体物质实在一面的外在表现；客观世界逻辑共相的精神实在一面，制约、贯通客观世界双重化统一体精神实在一面的外在表现，二者互为对方自在性的对立统一全体性，便是一个客观世界逻辑共相的双重化统一体实在性，制约、贯通客观世界双重化统一体的实在性。所以，说价值逻各斯规律，主宰本体论客观世界的逻辑共相内在逻辑内容，这也只不过是说，价值逻各斯规律双重化统一体，在主宰客观世界逻辑共相双重化统一体实在性，与客观世界双重化统一体实在性的内在统一全体性而已。在此二者之中的物质性、精神性之分，也可以说是二者各自的主客之分，便都扬弃于这两个双重化统一体相关性之中了，但却仍完整无损地保存其中。

再次，价值逻各斯规律，以事物存在形象实在性、自然界存在形象实在性为中介，真正属人之观的客观之观的最高理性环节，便可从中直观到事物存在形象实在性，是一个既为物质性，也为精神性的双重化统一体实在性；自然界存在形象实在性，也是一个既为物质性，也为精神性的双重化统一体实在性。此二者互为对方自在性的对立统一整体性，便是一个部分与整体相互贯通与制约的对立统一全体性。它穷尽了世界万物的直接实在性，除了它之外，再没有别的东西可以在其直接性上而存在了。但它最终必为价值逻各斯规律整个双重化统一体所制约、所贯通——价值逻各斯规律，主宰客观世界的事物存在形象双重化统一体，与自然界存在形象双重化统一体实在性相统一的逻辑内容。

但事物存在形象作为双重化统一体实在性，是客观上的事物性生命实在性；自然界存在形象作为双重化统一体，则是客观上的自然界整体性生命实在性。二者互为对方自在性的对立统一全体性，便是一个宇宙一些部分生命与其整体生命相互贯通与制约的整个实在性。所以，说价值逻各斯规律，主宰客观世界的事物存在形象双重化统一体，与自然界存在形象双重化统一体相统一的逻辑内容，此亦即是说，价值逻各斯规律双重化统一体，在主宰客观世界双重化统一体的事物性生命实在性，与自然界双重化统一体的整体性生命实在性的内在统一全体性而已。在此二者之中的物质性、精神性，也可以说二者各自的主客之分，便都扬弃于这两个双重化统一体相关性之中了，但却同样完整无损地保存其中。

于是以真正属人之观的客观之观某些中介环节去解释本体论客观世界的课题，到此达于最终的完成。

进一步看，就真正属人之观的主观之观的认识论而言，认识论从而出发的起点，是认识或意识存在形象实在性，就其在数量上的总和来说，就是属人主观世界存在形象实在性。所以，要以价值逻各斯规律，去解释何以能使认识论主观世界，不能不有其成立、不能不有其存在的实在性，便必须要从前者到后者而成立起来的两个认识论感性实在性出发。

无论是认识或意识存在形象实在性，还是主观世界存在形象实在性，就发生学的视角来看，都是生起于真正属人之观的主观之观的能动性。它在其此二者自身规定的基础上，不但可以进而以其理性主观之观，直观到此二者各自不同层次及其共相的共相那个统一基础——主观逻辑共相，乃至可以直观到贯通二者殊相多样性不同层次真正属物之观的全体实在性那种认识或意识的主观形式。将它这直观进程倒转过来，使其转化为从其不同层次真正属物之观的全体实在性那种主观形式到主观逻辑共相，再从后者到认识或意识存在形象实在性和主观世界存在形象实在性逆行过程，便可以获得在真正属人之观的主观之观的基础上，以价值逻各斯规律去解释认识论主观世界的一些中介环节。从而，虽然论述可能要更复杂一些，但如下所论，也是颠扑不破的。

价值逻各斯规律，以不同层次真正属人之观的全体实在性那种主观形式为中介，真正属人之观的主观之观的实在性初级理性环节，便可以从中直观到从无机生命的原始感受性，到有机植物的更高感受性，从有机植物的更高感受性，到非人动物的单纯感性机能，从非人动物的单纯感性机能，到属人动物的感性、理性机能的统一性等等，不同等级真正属物之观全体性的主观表现形式，这些是灵魂实在性主观表现，在其内在统一全体性上，就是认识论属人主观世界认识或意识表现中的精神性存在实在性，是制约、贯通认识论主观世界全面性所以能成立、所以能存在的认识或意识表现实在性。但它最终也同样必为价值逻各斯规律双重化统一体的精神性逻各斯规律所制约、所贯通。所以，认识论主观世界的全面性逻辑内容，是为价值逻各斯双重化统一体的精神性逻各斯规律所制约、所贯通的——精神逻各斯规律，主宰认识论主观世界的全面性逻辑内容。

但是，认识论主观世界，也是一个双重化统一体实在性，它既要表现本体论客观世界双重化统一体的物质实在一面，也要表现其精神实在一面。说它也要表现本体论客观世界双重化统一体的精神实在一面，这是意味着什么呢？这是说它必须表现本体论客观世界这精神实在一面对其物质实在一面的，从原始感受性到属人认识或意识等不同等级主观表现性。而它这精神实在一面在其这种主观性中，便与本体论客观世界双重化统一体的物质实在一面，达到了不同等级相统一的实在性。这便又复归为本体论客观世界双重化统一体实在性。所以，说精神性价值逻各斯规律，主宰认识论主观世界全面性逻辑内容，归根到底也同样不过是说，价值逻各斯规律双重化统一体，主宰本体论客观世界双重化统一体实在性而已。在这里二者的物质性、精神性之分，也可以说是二者的各自主客之分，便都扬弃于两个双重化统一体相关性之中了，但却都完满无损地保存其中。在这里，本体论的视角便与认识论的视角，异途同归了。

其次，价值逻各斯规律以主观逻辑共相为中介，真正属人之观的主观之观实在性的更高理性环节便可以从中直观到主观逻辑共相是客观逻辑共相的表现，前者既是一个双重化统一体，它便必须也是一个双重化统一体实在性，从而，它既是一个表现客观逻辑共相的物质性一面的主观逻辑共相实在性，也是一个表现客观逻辑共相精神一面的主观逻辑共相实在性，二者互为对方自在性的对立统一全体性的逻辑内容，便是一个主观逻辑共相实在性的表现性大全。但它最终也必受逻各斯规律双重化统一体的精神性逻各斯规律所制约、所贯通。这精神性逻各斯规律主宰主观逻辑共相表现性大全的逻辑内容。

但是，主观逻辑共相实在性，既然是客观逻辑共相实在性的表现，那么它便是以客观逻辑共相实在性为根据，而必须是它的自身规定、自身表现。虽然它是真正属人之观的主观之观的产物，是它直观到的；但这"直观到"诚然是属人自己的，但直观到的东西或实在性——主观逻辑共相以客观逻辑为根据的自身规定、自身表现，却不是属人自己的，而是自在自为地属于其本身的，是属于世界万物的。这一点，必须分辨清楚。例如你直观到别人拥有万金之富，你直观到世界万物，这诚然是你直观到的，而万金之富、世界万物却不是属于你自己的。你说自然界是属人自然界，是属人自己的，我说它不是属人自己的，是属世界万物的，因为人不是创造世界的上帝。这可构成这样一条朴素的公理：人们直观到的东西，不一定是属人自己的。不过就主观逻辑共相是从客观逻辑为根据的自身规定、自身表现说，它却最终必然也为价值逻各斯规律双重化统一体所制约、所贯通，它是属于逻各斯规律双重化统一体自己的，因而它是古往今来宇宙中最大的富翁，你垂涎万丈，想将此据为己有吗？——办不到！所以，说精神性逻各斯规律主宰主观逻辑共相表现大全的逻辑内容，这也就是说，价值逻各斯规律双重化统一体，主宰认识论主观世界那个主观逻辑共相实在性，以客观逻辑共相实在性为根据的自身规定、自身表现。在这里，二者的物质性、精神性，也可以说是二者的各自的主客之分，便都扬弃于主客观两个逻辑共相相关性之中了，但却仍完满无损地保存其中。

再次，价值逻各斯规律以认识或意识存在形象、主观世界存在形象实在性为中介，真正属人之观的主观之观的最高理性环节，便可以从中直观到认识或意识存在形象实在性、客观世界认识或意识存在形象实在性，都是一个既为表现客观事物存在形象实在性、客观世界存在形象实在性的物质性，也都是表现它们的精神属性的双重化统一体实在性。它们都既是一个物质表现实在性，也是一个精神表现实在性，二者互为对方自在性的对立统一全体性，便是一个物质性、精神性的表现实在性，它以主观逻辑共相表现客观逻辑共相的表现性为基础，直接便是认识或意识存在形象实在性、主观世界存在形象实在性所以能成立、所以能存在的直接性的逻辑内容。但它在根底上最终也必为价值逻各斯规律双重化统一体所制约、所贯通——这价值逻各斯规律，主宰认识或意识存在形象、主观世界存在形象实在性所以成立、所以存在的逻辑内容。

但是，认识或意识存在形象实在性、主观世界存在形象实在性，既然都是一个表现客观事物存在形象、客观世界实在性的双重化统一体实在性，则前一双重化统一体实在性的精神表现实在性与其物质性表现实在性的内在统一，便复归为一个认识或意识存在形象实在性的双重化统一体。而后一双重化统一体——主观世界双重化统一体的精神表现实在性与其物质表现实在性的内在统一，便也复归为一个主观世界的双重化统一体。此二者互为对方自在性的对立统一整体性，便是一个认识论主观性直接双重化统一体的全体性，它穷尽了主观世界整个内在性，此外便什么也没有了。它既是事物存在形象实在性、主观世界存在形象双重化统一体的物质表现实在性，也是它们的精神表现实在性，它们的共相恰恰不是别的，它就是在直观着它们的那个真正属人之观的主观之观实在性。因此，现在便可得出结论：说价值逻各斯，主宰事物存在形象、主观世界实在性，所以能成立、存在的逻辑内容，斯亦只不过是价值逻各斯规律主宰认识论主观认识或意识双重化统一体全体性之谓也。

此"谓"说完，便在这个"谓"字上，完成了以真正属人之观的主观之观的某些中介环节，用价值逻各斯规律双重化统一体实在性，去解释认识论主观世界的课题。

这个课题，与前一真正属人之观的客观之观，用价值逻各斯规律双重化统一体，去解释本体论客观世界的课题内在相统一，便完成了一个扬弃主客观二分思想体系的轮廓。但主客观二分的必要性，仍圆满无损地保存其中。真正完满的哲学体系，应该是一个主客观二分与非主客观二分相交错的交错线。实质上本书的体系，就是这样一个交错线。

本体论的客观世界与认识论的主观世界，互为对方自在性的对立统一全体性，便是已扬弃是非、真谬的真实性价值世界。逻各斯规律双重化统一体实在性，进而再贯通真实性价值世界的整个逻辑内容，便使我们立在价值世界的最高峰上，便可以使我们鸟瞰真正属人之观的全体实在性与价值逻辑共相双重化统一体能动性的相关性与内在统一问题了。

在这个问题上，前此全部有关价值世界的阐发，可以说都是由真正属人之观的客观之观与主观之观，面对所论课题观出来的，再由我们代为阐述而已。这种观与阐述内容的内在统一，实质上便是一个超越的属人自我意识，亦即是一个非凡的超越性的属人自我意识。

（三）超越的属人自我意识

自我意识，本来是属人的，不是属非人动物的，不是属植物的，更不是属自植物以下所有无机物的。对我来说，虽然这些实在性，都是生命实在性，如果这是胡说，但我还没有达到认为它们都有意识的地步。属人自我意识所意识到的东西，诚然不能说都是属人自己的；但要提到自我意识，那可就要非人莫属了——除了人之外，还有什么东西能有自我意识呢？没有的，即便最聪明的森林猿猴，也是没有意识的。要说传说中的妖怪，天国里的神仙之类，我们早已经以冗长的论说将它们归之于非真实性人非人的异化怪物了。关于这一点，在这里无须再行提起，当前的问题是在于：自我意识，既然是属人自己的，那么它就是属人自我意识，所谓超越属人自我意识，又是什么意思呢？"超越"二字，又能是对什么东西的超越呢？

自我意识，诚然是人自己所固有的自我意识，不能是他物的自我意识，这一点我想是无人不知的；但问题却恰恰出在这个无人不知上，这是必然出乎常人意料之外的，而且问题也就是从这里才提出的。

诚然，自我意识，是属人自己的，但是否可以说，它仅仅是而且只能是属人的？别看这问题提得好像很突然，我敢说，细思之下也多会目瞪口呆，沉吟不语，是回答不出来的。

对我说，对这个问题，回答是肯定的。所谓"超越"二字，我指的就是对人的超越：自我意识，超越了人，它自然便不仅是属人的，而是超人的。我国女作家冰心女士有文命名《超人》，但她不知道，只有自我意识，才是她说的那个超人。这话怎讲，理由何在呢？

人就是人，他永远不能是非人，你说奸诈邪恶之徒，或者说大奸大恶之人，就算不得人；我说他们算不得人，他们又算什么呢？——他们还算是人的，只不过人有好有坏而已，所以，人不能超人，超越了人的界限，那才是非人呢。

所谓"超越"二字，便是对人的超越，这就是说，超越了人的界限，这就是超人，是非人的超人。照此说来，则非人多矣，简直数不胜数，如像鸡鸭猫狗之类，乃至你起居和生活的用品、山川草木、世界万物一直到整个自然界或宇宙等等，可说都是非人的超人或超人的非人，但这与自我意识实在性，又有什么关系呢？怎说它就是冰心女士所说的那个超人呢？这才说到了问题的真正关键或要害，所设标题——超越的属人自我意识，即在于要深究、回答这个问题。

自我意识，不但是属人自己的，而且也是属自人以下非人动物生命、植物生命、无机物生命的，这是何以可能的呢？这可能性即在于：此四种生命实在性，不是各自孤立的，而是一个既相连续又相中断的内在统一体，前者只是它的一些自身分化。据此，便有颠扑不破的如下所论成立。

就无机物生命而言，它属物之观的全体实在性，诚然只是一个原始感受性。但植物生命的较高属物之观的全体实在性——较高感受性，原本是前者的潜在性，自在自为的现实表现，因而植物生命的较高属物之观的全体实在性，便不仅是它自己的，同时也是无机物生命的，是无机物生命在其较高层次上的真正属物之观的全体实在性。

就植物生命而言，它真正属物之观的全体实在性，诚然只是一个更高的感受性，但动物生命的更高真正属物之观的全体实在性——能够显现感觉的感性机能，原本是前者的潜在性，同时间接也是无机物的真正属人之观的不同等级潜在性，自在自为的现实展现，因而动物生命的更高真正属物之观的全体实在性——更高显现感觉的感性机能，便不仅是它自身的，同时也是这些下级生命等级的，是真正属物之观的全体实在性的更高等级。

就属人动物而言，它能显现为感性、理性自我意识的真正属物之观的全体实在性，诚然这是一个最高等级的真正属人之观的全体实在性，但它本是非人动物生命真正属人之观全体实在性的潜在性，同时间接也是植物生命、无机物生命的真正属物之观的不同等级潜在性，自在自为的现实展现，因而属人动物生命的真正属物之观的全体实在性——自我意识,便不仅是它自己的,同时也是它的全部下属生命等级的,是真正属物之观的全体实在性的最高等级。

总之,从发展的中断性上看,可以说,真正属物之观的全体实在性的最高等级——自我意识,不是它的第一次级等级——动物生命单纯自我感觉,不是它的第二次级等级——植物生命的较高感受性,不是它的第三次级等级——无机物生命原始感受性。从而,自我意识便只是属人自己的,只是一个属人自我意识实在性。

但是,从发展的连续性上看,又可以说,真正属物之观的全体实在性的最高等级——自我意识,是它的第一次级等级——动物生命单纯自我感觉,是它的第二次级等级——植物生命的较高感受性,是它的第三次级等级——无机物生命的原始感受性,从而,自我意识便只属人自己的,不属于任何他物的。

显而易见,在这里起作用的逻辑规律,是"是—否,否—是"的公式,而不是"是—是,否—否"的公式。

人与动植物、无机物所有存在的总和统一性,便是自然界或宇宙及其外在表现——世界万物的实在性。由上面所言,必然又会得出这样的结论:自我意识实在性,不只是属人自己的,它也是属自然界或宇宙及其世界万物表现的,它也是属自然界或宇宙的自我意识,是世界万物的自我意识,二者的统一再与上论相统一,便又始终最后为价值逻各斯规律双重化统一体所制约、所贯通,才有其成立、有其存在。这便是超越属人自我意识实在性。它不是说,除人之外的其他事物存在实在性都有自我意识,而是说,自我意识也是属于其他一切事物存在实在性的。此二者不容混同,必须分别清楚。

超越的属人自我意识实在性与价值逻辑的各种逻辑形式实在的内在统一,便复归于价值逻各斯规律双重化统一体实在性。这便又触及价值逻辑共相双重化统一体实在性本身,而便又出现了而且只能是一个价值逻辑共相双重化统一体实在性的归宿问题。因为,价值逻各斯规律双重化统一体的基石,便是价值逻辑共相双重化统一体实在性。

三 价值逻辑共相双重化统一体实在性的归宿

价值逻辑共相实在性,是客观逻辑共相实在性与主观逻辑共相实在性的真实性普遍共相实在性。使主观逻辑共相实在性的本质,归结为客观逻辑共相双重化统一体实在性的精神实在一面的认识或意识表现,它便是客观逻辑共相实在性的物质实在一面与其精神实在一面的共相。它与主观逻辑共相实在性,亦即客观逻辑共相实在性的精神实在一面内在统一全体性,便既是客观逻辑共相实在性的物质实在一面与精神实在一面的共相——价值逻辑共相实在性,也是主观逻辑共相实在性,它的共相基础,便是一个逻辑王国实在性。

(一) 逻辑王国实在性

在逻辑王国实在性这里,才使人更加突出明确了这样一个问题:所谓普遍性逻辑共相——价值逻辑共相实在性,并不是说它是在两个同一等级上的并存逻辑共相——客观逻辑共相与主观逻辑共相的普遍性逻辑共相。这样的普遍性逻辑共相是没有的,是无从成立的。它是客观逻辑共相、主观逻辑共相实在性的共相,这一点没有错;但它却不是这样一种普遍性逻辑共相实在性。《第一哲学原理的科学体系》,并不是按着这样一条线写下来的。因为我早已表明,主观逻辑共相实在性,只是一个认识或意识不同层次的共相,它本是属人双重化统一体的真正属人之观那个主观之观的表现。

所谓逻辑王国实在性，当然是制约、贯通本体论的客观逻辑共相、认识论的主观逻辑共相，以及二者内在统一的普遍性——价值论的价值逻辑共相的整个逻辑内容真理性的，但它本身的真理性，又是在于何处呢？没有后者的实在性，也便没有它制约、贯通前者的实在性。

这个逻辑王国的真理性，不在于它外面，而在于它自身。这就是说，逻辑王国是逻辑王国自身的真理。由于价值逻辑王国，是《第一哲学原理的科学体系》价值论中的课题之一，将这一点高度扩充，又可以说第一哲学原理的科学体系是《第一哲学原理的科学体系》的真理。但这要与我迄今据此写出来的东西，严格相区别：前者是对我课题的所指，它是客观的；后者是我对这课题主观表现，它是主观的，因而不一定能表达出前者的正确逻辑内容。要知前者对我说的逻辑内容，这就要不客气地讲我对逻辑王国的论述了。

逻辑王国，既然可以包容本体论、认识论和价值论，便必须从这三个方面，来论述它的逻辑内容。

就本体论而言，可以说本体论所固有的全部逻辑内容，是本体论所固有的全部逻辑内容的真理。对此这是本体论的逻辑一贯性真理实在性，本体论乃至其一切包容性，脱离了它，便必走向谬误。对此真理，我在本体论中已经系统论述了，但不一定是它的正确表现。

就认识论而言，可以说认识论所固有的全部逻辑内容，是认识论所固有的全部逻辑内容的真理。这是认识论的逻辑一贯性真理实在性，认识论乃至一切包容性，脱离了它，便必走向谬误。对此真理，我在认识论中，已经系统论述过了，但不一定是它的正确表现。

就价值论而言，可以说价值论所固有的全部逻辑内容是价值论所固有的全部逻辑内容的真埋。这就是价值论的逻辑一贯性真理实在性，价值论及其一切包容性，脱离了它，便必走向谬误。对此真理，我在价值论中也已经在论述，但不一定是它的正确表现。

本体论、认识论和价值论这三者，都可以归结为它们各自的逻辑共相——客观逻辑共相、主观逻辑共相和价值逻辑共相实在性，从而它们各自的逻辑一贯性真理实在性，也便必然由此转化为客观逻辑共相逻辑一贯性真理、主观逻辑共相逻辑一贯性真理和价值逻辑共相逻辑一贯性真理三个实在性了。

但是，价值逻辑共相实在性是客观逻辑共相、主观逻辑共相实在性的普遍性共相，因而它的逻辑一贯性真理实在性，便同样必然也是前二者的逻辑一贯性真理实在性的普遍性共相了。

进一步来看，主观逻辑共相实在性，只不过是客观逻辑共相双重化统一体实在性的精神实在一面的认识或意识表现，从而它与这个双重化统一体实在性的物质实在一面的对立统一全体性的逻辑一贯性真理共相实在性，就是价值逻辑共相的逻辑一贯性真理实在性那个普遍性共相。实质上，它就是客观逻辑共相双重化统一体实在性的不同方面逻辑一贯性真理实在性的共相。在这样一个价值逻辑共相实在性的逻辑一贯性真理逻辑内容的基础上，才能明确与它相区别的客观逻辑共相、主观逻辑共相的逻辑一贯性真理实在性的逻辑内容。

真正化复杂为简单地来说，逻辑王国实在性，实质上就是：在价值逻辑共相、本体论主观逻辑共相、认识论主观逻辑共相实在性的逻辑内容中，却要与其各自所固有的逻辑一贯性真理实在性相统一的综合统一性，它的共相，便是价值逻辑共相实在性的逻辑一贯性真理实在性。

在逻辑王国这个普遍共相中，价值逻辑共相扬弃其逻辑一贯性真理为自身的自在性，它便复归为价值逻辑共相双重化统一体实在性，因而它以价值逻辑王国为中介，而返归自身的内在本质性逻辑内容，这便是价值逻辑共相双重化统一体实在性的起源。

（二）价值逻辑共相双重化统一体实在性的起源

价值逻辑共相双重化统一体实在性，在其逻辑王国中，是一个包容《第一哲学原理的科学体系》的全部逻辑内容实在性，它又怎能有自己起源的实在性呢？表面看来，这是一个自相矛盾的提法，实则不然，而且它的逻辑内容问题很简明，一点就破。只要明确，这里所谓"起源问题"是一个逻辑先在的实在性，而不是一个时间先在的实在性，便可以破去问题的迷津，而很容易通畅无阻地进入它的境界之中。

《第一哲学原理的科学体系》的全部逻辑内容，自然有其生根于一个逻辑先在的实在性的发源基石，使得它的最高逻辑内容能以其原始性时间上的直观起点为中介，一步一步地演绎出来，否则这种逻辑发展，是根本不可能的。

在阐明这一点之前，还要明确这样一点，即价值逻辑共相双重化统一体实在性的起源，同时也必然是本体论的客观逻辑共相双重化统一体的实在性起源，因为前者是后二者的普遍性共相，不管或不论它的逻辑内容会是什么，二者的相关性，总得是这样一个逻辑先在的实在性。所以，我们首先只要阐明了后者的起源问题，必然同时就是阐明了前者的起源问题；只须将前一起源问题从后一起源的论述中正确地摆出来，表明二者的内在统一就行了。

就本体论客观逻辑共相双重化统一体实在性而言，它源于事物存在形象实在性双重化统一体的，与本原性实点相统一的自然界实点双重化统一体实在性。它表现为自然界任何事物存在形象实在性及其不同逻辑层次的共相——客观共相的共相。

就认识论主观逻辑共相双重化统一体实在性而言，它源于自然界实点实在性精神实在性一面——精神本体实在性。它表现为事物存在形象实在性双重化统一体的，以为其物质实在一面所制约的精神实在一面为主体的能动性表现——认识或意识存在形象实在性的不同层次的共相——主观共相的共相。

客观逻辑共相的共相是客观逻辑的基石，故名其为客观逻辑共相实在性。

主观逻辑共相的共相是主观逻辑的基石，故名其为主观逻辑共相实在性。

简而言之，可以说主客观逻辑共相双重化统一体实在性，是源于自然界实点双重化统一体实在性的不同形式能动表现性。

价值逻辑共相双重化统一体实在性，既然是客观逻辑共相、主观逻辑共相实在性的普遍性共相，而是自在自为地体现其中，那么，它便只能是源于主客观逻辑共相双重化统一体实在性的根源——自然界实点双重化统一体实在性的，不同形式或能表现全体性的普遍共相。

于是，在这个普遍共相制约性、贯通性的基础上，价值逻辑共相双重化统一体实在性，制约、贯通主客观逻辑共相双重化统一体实在性及其不同逻辑层次的制约性、贯通性，而表现为事物存在形象双重化统一体、认识或意识存在形象双重化统一体实在性，以及其不同逻辑层次实在性的主客观统一全体性，这便是哲学系统中第一哲学原理全部逻辑内容的大团圆。

（三）第一哲学原理全部逻辑内容的大团圆

在第一哲学原理所固有的全部逻辑内容的大大、小小不同环节，在其中都是老老实实、本本分分的，它们都各居其位，各尽其用：既不夸大自己，也不缩小自己；既不贪污受贿，也不吝啬难舍，都只是在气宇轩昂、大大方方起着自己所应有的天道表现合理性的作用——它们都在尽己性而达天道，构成第一哲学原理的一个完美逻辑内容。它们之间既无不同层次的相争相斗，也无不同层次的相互损害和矛盾，而只有构成第一哲学原理所固有的完美逻辑内容的大团圆的内在和谐或协调。说对立面的矛盾是正道，没有矛盾就没有事物，乃至说对立面的斗争是绝对的，对立面的统一是相对的等原理，我认为是不对的，恰恰相反：只有对立面的统一，才有事物。从而，我要唱反调：没有对立面的统一，就没有事物——统一是绝对的，斗争是相对的，任何斗争，都在于使对立面达到统一为目的。我决不同意这样一种观点，认为它们各自的地位和作用乃至哲学是什么的规定性是哲学发展的产物，随时代而异，从而它们的地位和作用，也是如此。能够说的，只能是哲学的发展，只不过产生了对第一哲学原理或其他门类的不同观点而已。这些观点，有的是坏的，有的是好的。例如现代西方哲学抛弃本原性本体范畴的合理性与其应有地位，只论感性所能表现出的现象或对它进行所谓的"现象描述"，或者只论语义分析，只讲命题或判断有无意义，不谈用此有意义命题能对本体论、认识论的主客观对象，达到应有终极性深度，都是一些在哲学发展中，发展出的一些坏的哲学思想。而德国古典哲学从康德中经费希特、谢林到黑格尔的一些思想发展特别是后者，我认为也都是在哲学发展中，发展出的一些好的哲学思想，但尚具有不同形式的片面性。康德承认本原性本体的观念所指，能有积极意义，但我们没有可以直观到它的更高直观，所以它对康德所谓经验所以可能的实在性，是没有用处的，是毫无意义的。继康德之后，费希特、谢林虽然都在不同形式将本原性本体实在性唯心化了，使它变成一个单纯精神本体乃至是人化精神本体的片面实在性，但他们从哲学发展中所提出的哲学观点，仍是属于一些好的哲学思想实在性——本来，具体的本原性本体实在性，亦即自然界本原性实点实在性，是一个双重化统一体，它既是物质本体实在性，也是精神本体实在性。这些哲学家不忘、不弃哲学的终极追求，所以是伟大的，是好的。但无论如何，却既不能像唯物主义那样，只将本原性本体双重化统一体实在性，归结为物质本体实在性；也不能像唯心主义那样，只将它归结为精神本体实在性。

这不能不使我想起中国哲学史上的一种思想对立：程、朱认为万物的本原为一理——自然界本原性本体实在性，与其显现万物规律的内在统一；陆、王认为心为一理——心即理，理即心，万物是起源于心即理的实在性。这两种观点的对立，实质上是子虚乌有的，它们只不过是自然界本原性本体实在性的物质实在一面与其精神实在一面的显现而已。从而这两种观点的对立，倒应该和和气气地携手同归于自然界本原性本体双重化统一体中去，便没有什么争执可言了，而是实现了一个唯物主义与唯心主义的大统一、大团结。这两种哲学思想，在我看来，应该是哲学发展史中的上好哲学思想，可以说是无出其右者。

然而，无论哲学发展中坏的哲学思想也好，好的哲学思想也好，都不能以其历史性观点的变易性，发展出随这变易而变化的哲学所以为哲学的固有规定性来，也不能以这种变易性取代第一哲学原理逻辑内容那些不同层次的不同环节固有相关性。——人们说的只不过是有关此二者的观点不同而已，它们必为属人意识所表现，但它们本身在其真理中的实在性，却是不以意识表现为转移的，因为它们在其合理性中所指称的对象，是不以意识表现为转移的。你不能说不要本体论，因为它设定了一个孤零零而无变易多样性的不变本体；你也不能说第一哲学原理逻辑内容大团圆，是它不同层次的不同环节，由于设计好了一个贪污受贿计划，而在抱着女娟狂饮大欢乐——说这是胡说八道则可，说这是真实性存在则不可。

第一哲学原理，也是类哲学之一。所谓类哲学，对我而言只不过是说哲学出自人类，不能出自非人动物，也不能出自植物和无机物，从而它是人类所独有的类哲学。如果认为人是超越自然界的神奇实在性，哲学从来没有达到与属人这种神奇实在性的本质、思维水平相符合的高度，类哲学不是别的，它就是第一次符合了属人这种神奇实在性高度的新无再新、高无再高的哲学，那么这便是一场古往今来，惊天动地的一场哲学大革命。对这个似乎高耸灵霄的圣殿，我费尽心思，也一点走不进去，而它本身也只不过在用人的神奇本质、属人自然界、类几个空洞概念，在支撑着它这个空架子而已。虽然，万人举头看（包括我在内），在期待这部著作的问世。

我个人才疏学浅，虽然系统论述了我所谓类哲学之———第一哲学原理逻辑内容大团圆的前后联系，但难免有不少错误发生，而有损于这个大团圆的协调与和谐。但我自信它还不至于有什么大的分裂、大的矛盾，以至于使它化为空无。

言至于此，我的全部论述，便告终结。

附 录 一

属人觉、知的分析系统

人有觉、知,而且其存在时时都离不开他的觉、知——他若无觉、无知,此非活人也,死了的僵尸而已!

这里所谓觉与知的区别性是:

觉,总是在其自身连续性里的过程,尽管这一过程完成于一瞬间也好。觉之过程的相对中断性,构成了一个相对完整的觉之总体性,觉便转化为知——知道了"什么"的知。尽管这是完成于一瞬间的觉,也是如此。

可见,觉与知本质上是同一个东西,只是觉与连续性相伴随,知与中断性相伴随:前者是一过程;后者则扬弃过程,而成一相对完整之觉的总体性,从而觉之为知本身,是超越成知过程的时间性的。

然而,觉必有所觉、知必有所知——没有对象性的属人觉、知是没有的。这是属人觉、知的一个不证自明的先天规定性,它构成了属人觉、知的固有本性。所以,属人觉、知的对象性,必然出现于属人觉、知的本性之中,成为它的一个不可缺少的从属环节。否则,它便不成其为觉到了什么、知道了什么的属人觉、知。而且,这二者之间,又必须既相似或至少有本质上的相同性,但却有原则上的区别性的:它们一为觉、知自身;一为其觉到"什么"、知道"什么"的对象性。即使我们以属人觉、知为反思对象,也不例外。此时,在反思中的觉、知是当下的觉、知自身，原初属人觉、知则成为其对象性——一个如此这般为人所成；所立的反思对象。

显而易见，属人觉、知的对象性，亦如属人觉、知本身那样：它作为属人觉的对象性，是与连续性相伴随而在一发展过程之中；它作为属人知的对象性，则是与中断性，相伴随而成为一个相对完成的整体性。这就是说，属人觉的连续性同时就是在其对象性中的连续性，而属人知的中断性也同时即其对象性中的中断性——二者在其这两个方面都是一对一地相互对应的。

这种属人觉、知必有与其相应的对象统一性，便是一个不可分割的属人觉、知之全的一体性，由于在属人觉、知中的"属人知"，总是以其中的"属人觉"为前奏、为基础的，从而此二者的统一，便使属人觉、知，转化为属人觉知。因此，属人觉、知之全的一体性，也便归结为一个属人觉知之全的一体性。现在，我们就要从属人觉知一体性出发，来完成它的分析系统。这个分析系统，同时也必然就是标题所谓"属人觉、知"的分析系统，因为这二者是统一的，前者必然包含后者。

一　从属人觉知之全的一体性到属人主客观之全的一体性

哲学在其产生与发展过程中，一向都是自觉或不自觉地直接活动于主客观二分及其相关性的界限之内，好像这便是人类意识所在的一个现成天然基地似的。统观历史上的一切哲学体系，不是从客观出发到主观，便是从主观出发到客观。前者的哲学体系，是从存在论到认识论；后者的哲学体系，则为从认识论到存在论。它们从来没有反思或过问这所谓"主客观二分及其相关性"的实在性，是从哪里发源的。既然它是二分与分的相关性，这便必然要有一个从什么东西分化出来的一体性存在，这是不容置疑的。我们可以说，从布伦塔诺到胡塞尔发展起来的、意识现象有意向性的理论，也从没过问这个一体性的存在，而同样也是在"主客观二分及其相关性"的起点之上的。① 这里所谓的"意识现象"也就是我们所说的属人觉知。

这种在哲学上的传统出发点，它的思维方法实质是：一开始便知性地割裂了意识或属人觉知与其对象性相统一的一体性，而直接将其中的属人觉知一方规定为主观的，再将它的对象性一方规定为客观的，然后才去考虑二者相关的统一性。这不但阉割了意识之为意识或觉知之为觉知的本性，而且这也是一种知性的外在关系相关性。从而，毫无演绎中介地确立了一个主客观二分及其相关性的独断出发点。明确了所谓"意识"实即属人觉知，则以后的论述，为了简明和一致性起见，我们便只用后一语词，不提前一语词了。

实质上，所谓"属人觉知"，就其本性而言，它是一个觉知到什么的一体性，亦即前所谓"属人觉知之全的一体性"——什么也没有觉知到，便永无属人觉知活动的出现。这是我们有觉知便必有所觉知的原始性。在这里，并无所谓"主客观之分及其相关性"的规定出现：它并不是一个哲学所在的现成原始基地，属人觉知之全的一体性才是这样的基地。前者是从后者的内在区分中发展出来的东西，因而这种转化须要有一种演绎，须从后者演绎前者。这又是一个哲学从来没过问的问题。

在属人觉知之全的一体性中，属人觉知本身，实际上是一个"觉知到"的能动性，而它的宾语——那人觉知到的"什么"，则是指称它的对象性。这便是存在于其中的两个既相连续又相区别或中断的不同环节。

就这个一体性中的属人觉知而言，它是个属人"觉知到"

---

① 这两位哲学家，一开始对他们所谓的"现象"，分为心理现象与物理现象——前者实即作为意识现象的属人觉知，因而是主观的；后者实即作为觉知对象的事物存在，因而是客观的。所以他们也是从主客观二分及其相关性出发的。

的能动性，它的负荷者是人，因而人是负荷其觉知活动的主人或主体。但为属人觉知所显现的对象性，对人而言则是处于客位或宾位，所以它是客体。一般来说，人这样作为主体与为其觉知所显现的一切对象的相关性，就是一种主体与客体的关系。

与此种关系相联系，所谓属人"觉知到"的能动性，它首先必须是人作为主体所具有的"观"，因而它是主体之观，所以它是主观的。但其次它同时又必须是对其对象性作为客体的"观"，从而它面对那被观察到的客体，便又是对客体之观，所以它又是客观的。所谓客观事物、客观世界等，指的就是在此客观性中的事物和世界。只是客观性永远不能与其中的事物和世界完全相一致，它要随对后者的觉知的发展而发展。可见属人"觉知到"的能动性作为"观"，既可是主观性，也可是客观性。它作为此二者，也是一个不可分割的统一性。

于是，在这里，属人觉知之全的一体性，便在主客观二分及其相关性中，转化为主客观之全的一体性。但二者的内涵和意义是不同的，决不是一回事。后者是前者的内在发展；前者是后者的内在基础。但正因为如此，前者总要归结为后者，而为其自身的自在性。[①]

二 属人觉知的不同层次

前所谓以属人觉知之全一体性为基础的主客观之全的一体性，贯通属人觉知不同层次，而各有其不同的表现形式。

属人觉知，有以下三个不同的层次：

属人感性觉知；

[①] 我们哲学界已开始有人对"主客观二分及其相关性"的出发点，感到不满了，而在探求一个能够包含它们的一体性。但他们却不知道，这个一体性，就是一个属人觉知之全的一体性。

属人理性觉知；

属人觉知系统。

前两个层次，是属人觉知的细分层次，最后一个层次是前两个层次的统一——属人觉知的总体层次，而为属人觉知不同层次的终点。

还须说明一点，即属人觉知一般，有两个方面：一为属人外向觉知一般；二为属人内向觉知一般。前者以外在事物和世界为对象，而表现为有关外在事物和世界的属知形式。后者以我们自身的内在情状为对象，而表现为属人欲望、情绪、情感、快适或不快适等等的属知形式。属人觉知一般，原本是这两个方面的总体性。但在这里，我们想只就属人外向觉知一般，而论属人觉知一般的不同层次，关于它的属人内向觉知及其不同层次一面，却要舍而不论，使其包含在前者的潜在性之中。因为人是包容在前者的对象——事物和世界之中的，从而有关人自身的属人内向觉知，也是包容其中的。

（一）属人感性觉知

属人感性觉知，是属人觉知的原始起点，是其他不同层次的属人觉知的存在基础。它以属人感觉为开端，而以属人知觉为终点。

1. 属人感觉。属人感觉之知，是单纯的感受性，它的感知对象必在感觉之外，而是直接与其相联系的客观事物形象的存在。属人感觉之知，具有直接超越主观性而显示客观事物形象存在的特点。我们不能将作为感觉的感受性，与对我们显现着的客观事物形象的存在合在一起，看成是一个感觉之知的主观形象，再认为还有一个在它之外的、与其相一致的对象——客观事物形象的存在。这样，我们面临的感觉之知，便只是如此这般的一个感觉之知的主观形象，却没有出现其前的对象性直接给予我们。

从而，它是否有与其相一致的客观对象，便难以确定了。

这种观点，是发源于贝克莱的主观唯心主义哲学观点。他认为所谓"客观事物形象的存在"，仅是我们不同感觉的综合，因而便提出"存在即感知"的命题。这便把感觉之知的主观性与其对象的客观性合二为一了。于是，对此便又出现这样的批判观点：或者认为"存在即感知"中的"感知"，仅是一个感觉之知的主观形象，而非客观存在本身，后者应该是制约前者产生的，并与其不同的"物自体"；或者认为这个感觉之知的主观形象，虽然不是客观存在，但后者也不是与前者相脱节的物自体，而是与前者相一致的客观事物形象的存在。这两种所谓客观存在的实在性，都是难以甚至无法确定的。因为，此两种作为感知对象的客观存在，都不显示在感知之前，而直接面对着我们。

实质上，属人感觉是一个属人原始感受性，就其能动性来说，它表现为我们的"感觉到"，而所谓感觉到的"什么"，则是客观事物形象的存在。因而，它与其对象的相关性，是一个显示客观事物形象存在的直接性。这个显示性，就是我们"感觉到"的能动性。所以我们才能明证地确定客观上事物形象真实无妄的存在。

属人感觉本身，也有不同的环节。它主要分为视感官的视感觉和其他感官——听感官、触感官、嗅感官、味感官和凉热感官的多种感觉：声感觉、软硬感觉、气味感觉、味道感觉、凉热温感觉，等等。其中，视感觉是核心，它提供客观事物形象存在的基本轮廓，而轮廓中的颜色虽然是经过属人生理视神经过程的折射显示出来的主观性，但它在其基础上却是其中某种与光有关的属性在对人关系中的表现，所以它同时又更是客观的。其他不同感官的不同感觉对象都从属这个轮廓，而为它的其他或有或无的不同方面，是它如此这般的其他属性展现形象。在这里，也有某些属性展现形象的中心点（或有或无的中心），如颜色一样，是它的一些特质在对人关系中的表现，从而既是主观的同时也更是客观的。如像声音、凉热、气味、味道等，便是如此。

视感觉与其他不同感觉的对立统一，便是属人知觉。

2. 属人知觉。属人知觉之知，是复杂的感受性，是由不同感官的感觉之知作为一些不同的感受性，在其既相连续又相中断的总体性。这便构成为属人知觉之知的能动性——一个我们"知觉到"的能动性。既然构成它的不同感觉的不同对象，是客观的东西，那么这些东西构成的知觉对象，也便不能不是客观的，亦即在我们知觉主观性之外而又与其相联系的客观性。所以，在知觉中才显示出了客观事物形象存在的全面性。

客观事物形象的存在，是在知觉中才能对我们全面地显示出来的。

知觉与种种感觉过程相统一，便是感觉过程的大全。

3. 属人感觉过程的大全。属人感觉过程的大全，就是属人感受性过程的大全，它使我们感受到客观事物形象存在从部分到整体的全面性。因此，属人感觉过程的大全，便是所谓"属人感性觉知"在其内涵上的全部逻辑内容。属人感性觉知，在其全部逻辑内容上，对准其对象的指向性，便是它的意向性作为不同感觉和知觉的意向性。而它在其知觉总体性上与其对象——客观事物形象存在从部分到整体的全面性相统一，便是属人感性主客观之全的一体性。

属人感性主客观之全的一体性，面对我们的再不是属人感性觉知的感受活动了，而是思维着它的属人理性活动。从而，由此便从属人感性觉知过渡向属人理性觉知的领域。

（二）属人理性觉知

属人理性觉知，是属人感性觉知的必然逻辑发展，是以属人感性觉知为基础的属人观念觉知。它的特点是：它仍以客观事物形象的存在为出发点，但却将这对象性，提高为它的不同层次的内在性。属人观念觉知，以属人表象觉知为起点，而以属人概念觉知为终点。

1. 属人表象觉知。属人表象觉知，是仍然保留属人感性觉知对象的某种基本因素为基础的理性觉知。这就是说，当我们思维着客观事物形象存在的时候，仍在其那个视觉"形体核心"的基石上，只将其不同方面的属性展现形象，扬弃为它的单纯不同内在属性，从而再使这样两个方面相统一，客观事物形象的存在，就转化为客观事物的存在。这便形成了一个以客观事物存在为对象的属人表象觉知。所以，属人表象觉知的出现，便同时对准着它的一个新对象性——客观事物存在的实在性。这种对准其对象性的指向性，便是属人表象觉知的意向性。因此，属人表象觉知，同样不仅是它本身，它还必然具有意向性。

在属人表象觉知中，客观事物形象的存在，便转化或提高为客观事物存在的实在性。前者，在属人觉知中，有了转变为后者的动变性，所以属人表象觉知便必须有其区别于属人感性觉知意向性的、指向这种动变性的意向性。

属人表象觉知的进一步发展，就使我们的思维活动，跨进了属人概念觉知的领域之中了。随着这种转变，当然属人表象觉知的意向性，也必发生相应的转变。

2. 属人概念觉知。属人概念觉知的本质，是对属人感性觉知的一个超越性过程。从而，它必须以表象觉知为中介，分为起点上的概念觉知、中点上的概念觉知、终点——终极上的概念觉知三个分层，才能最后达到它超越感性觉知的超越性，才能使感性觉知全部概念化。

属人起点概念觉知，是直接以属人表象觉知为中介，而从它出发并仍在其界限之中形成起来的概念觉知超越性。所以，它的超越性便必然还是表象对感性那个超越性，但它却使表象发生了这样一种思维改变：它以表象那些内在属性的主要方面；作为表象那个"形体核心"一种内在本质属性，将余者扬弃为前者的潜在性。此二者的统一，便是一个属人起点概念觉知，是这样一个概念觉知超越性。

随着这样一个概念觉知的出现，表象的对象性——客观事物的存在，也便发生了与表象同样的变化，使前者转化为客观事物存在那个客观"形体核心"与其本质属性的统一——客观事物存在的初级本质。这便是属人起点概念觉知的对象性。

属人起点概念觉知，总是对准着它这种对象性——客观事物存在的初级本质而在表现着它。此种指向性，便是属人起点概念觉知的意向性。

属人起点概念觉知的意向性，总是对我们指示着它的对象性——客观事物存在的初级本质。

属人起点概念觉知的发展，便是属人中点概念觉知。虽然属人起点概念觉知以表象为中介，而是对属人感性觉知的超越，但它同表象觉知一样，仍保留其对象性中的那个"形体核心"，因而在它之中，也便存在着一个"形体核心感知"的中心。

属人中点概念觉知的规定性是：它扬弃了属人起点概念觉知对象那个"形体核心"，将其归结为客观事物存在的不同层次（细胞或分子的、原子的、基本粒子的）微观结构，使客观事物的存在，整个都变成此种结构的外在表现。从而，同时便形成了以此为对象的，不同层次的微观结构概念的不同层次属人中点概念觉知，简称或统称属人中点概念觉知。

属人中点概念觉知指向其对象性——扬弃客观事物存在于其中的不同层次微观结构的能动性，便是它的意向性。属人中点概念觉知，总是对准或指向着它的如此这般的对象性的。

然而，属人中点概念觉知，虽然扬弃了客观事物存在的那个"形体核心"，从而其中也消失了"形体核心感知"那个中心，但它仍然没有彻底超越属人感性觉知的界限。因为，构成扬弃客观事物存在于其中的那些不同层次相互联系的微观因素，也是一些微观事物，也是有其微观形体的。它们诚然不能为我们所感知到，但它们与我们能够感知到的那些客观事物存在的"形体核心"是同质的。相对来说，后者便是宏观事物的存在；前者则是微观事物的存在。二者本质上都是感性的。从而，在属人中点概念觉知的不同层次微观结构中，必然包含这种微观事物存在的属知表现在其中，所以属人中点概念觉知，仍然没有彻底或完全超出属人感性觉知的界限之外。

彻底或完全超越了属人感性觉知界限的属人概念觉知，便是终极的概念觉知，也可称为有关本体的概念觉知。它是对中点概念觉知的扬弃，是超越了一切中点概念觉知的概念觉知。此种概念觉知，可以说它的逻辑内容，还是从来没能为人所完成过的，它的位置，迄今为止，仍然是一个空白点，是在此位置上的"空类"。

属人终极概念觉知，将前所谓客观事物（宏观事物）存在与它不同层次微观结构及其中不同层次的微观事物存在，都扬弃为它的统一本原——本体的存在，而使它们变成本体存在的表现形式。这种以本体存在与其表现形式的统一为对象的概念觉知，便是属人终极概念觉知。简言之，它完全超越了一切宏微观事物的存在，因而是揭示了它们超时空的单纯内在之理的。它们这个单纯内在之理是：

第一，一切宏微观事物的本体自身，必然是一个超越时空性的本原之点（凡属超时空形体性的东西都只能是一个点），它具有物理的、心理的两种属性。它的物理属性，是它自身的能动性；它的心理属性，是它调节其能动性而能够使它感受到紧张和清爽、舒适和不舒适的原始感受性。而它的存在是它的量：如果它的量等于零，它便不存在，从而它的量必须是在零以上的最大量，因为它是万事万物的本原。它与其量的统一，便是本体存在。

第二，本体存在，必然是一个本体与其量相统一的自身延扩能动性，因而本体及其能动性——它的物理属性，便在其中无所不在，它的心理属性，也是遍布其中而无所不在的。本体这种存在性——自身延扩能动性，当然具有使本体在其中均匀分布的必然倾向。但这种趋势却使其心理属性到处都感到紧张不舒适，因而便使其中到处都发生一伸一缩的波动，使得本体在其中的分布，呈现为到处都有大小不一的真空，夹杂于一些其中吸引大于排斥、排斥大于吸引或二者相等的阴、阳、中三性基本粒子之间的不均匀整体。这个整体之大，甚至是我们无法想象的。其中那些相互联系和作用的区别性布局，最初是一种无序状态，后来便发展成能够显现为客观上宇宙一切宏观事物存在的有序状态。这是本体在宇宙一切宏观事物中无所不在的最深表现层次。从超出基本粒子的微观视觉上看，它又显现为一个真空与原子相间的有序状态布局；从超出原子的微观视觉上看，它又进而表现为真空与分子相间的有序状态布局。

第三，这些"本体在其自身延扩"中所显现的不同层次有序状态布局的必然性，与本体存在的统一，便是一切宏微观事物存在作为宇宙整体的，超越其时空性的内在之理。它与任何一个宏观事物及其不同层次微观结构相联系的单一性，则即为一切宏微观事物存在的内在之理。

这个内在之理，便是属人终级概念觉知的表现对象。属人终极概念觉知，指向其对象的能动性，便是属人终极概念觉知的意向性。属人终极概念觉知，也总是对准或指向它的对象性的。

属人终极概念觉知，与属人起点概念觉知、属人中点概念觉知，是对立统一的。因为，后者的对象——客观事物存在的初级本质、微观结构等，都包含在属人终极概念觉知的对象——客观事物存在的内在之理中，从而后者也必然包含在属人终极概念觉知中，而是它的内在环节。

这个统一性，便是属人概念觉知的大全。人们通常所谓的"概念"，既不是属人概念觉知大全，也不是属人终极概念觉知，而只是属人起点和中点上的概念觉知。

属人概念觉知大全与属人表象觉知的统一，便是属人思维过程的大全。

3. 属人思维过程的大全。属人思维过程的大全，就是属人观念觉知的大全，它使我们觉知到客观事物形象内在性存在的全面性，即其内在之理的实在性。因此，属人思维过程的大全，便是所谓属人理性觉知在其内涵上的全部逻辑内容。而它与其对象——客观事物形象内在性存在的全面性相统一，便是属人理性主客观之全的一体性。

在这个一体性中，属人理性觉知，与属人感性觉知的统一，便是属人觉知系统。

（三）属人觉知系统

属人觉知系统，是属人觉知自身分化为其不同层次的整体性，而它的对象性，也便是属人觉知的对象性——客观实在分化为它的不同环节的整体性。在这里，我们将"客观实在"一词的内涵，把握为属人觉知一般的对象性，使其与属人感性觉知、属人理性觉知的对象——客观事物形象存在、客观事物存在、客观事物存在的初级本质，以及客观事物存在的微观结构和内在之理等等相区别，并将它们看成是客观实在的不同内在分化的环节。此二者的统一，便是属人觉知系统的对象——它的一个对象性系统。

在这里，便出现一个人们从未注意的，但却非常使人困惑的问题：我们固然能够以属人觉知为前提，进行从属人感性觉知到属人理性觉知的认识活动，但它是何以可能的，我们为什么要或能够这样做？属人感性觉知的对象性——客观事物形象的存在，只是摆在那里，它并没有要我们深入其不同内在性的表示或标志，是什么客观性使我们必然要从它出发，不断地深入它的内在性呢？这种不断深入其内在性的觉知活动本身，是在表现其什么客观对象呢？这样一种客观对象，是必须存在的，它是我们所以这样做的内在客观根据。

在这里，我们不能回答说，是为了很好的认识对象。这种回答等于没回答，仍在我们所提问题之中：不断地深入对象内在性的认识活动，便是很好的认识对象，因而问题仍在于它是何以可能的，它的客观根据何在。我们也不能回答说，是为了满足实践的要求，因为我们的认识诚然是为了实践的需要，但如果我们的认识本身没有必然要不断深入对象的客观根据，实践也便无从而且根本不可能对我们提出这样的要求。

这种客观根据，必须还要从客观事物形象的存在本身那里，去开始寻求：

首先，那处在或动或静中的客观事物形象存在本身，并不是一种僵死而无生动性的东西，它是整个都充满了这样一种动态情状，即：它显得以其"形体核心"为基础的其他不同方面的形象，都是从这个"形体核心"的内部显现出来的东西。它的这种客观动态情状，便必然促使我们的思维要将它们扬弃为那个"形体核心"显现它们的不同内在属性。二者的统一，便是客观事物的存在。

其次，客观事物的存在本身，也不是一种僵死而无生动性的东西，它同样是整个都充满了这样两种动态情状，即：一为它的不同内在属性显得有本质的与非本质的区别性；二为它的那个"形体核心"显得必然是由一些不同层次的微观因素所构成。而它与其前者中的本质内在属性的统一，便是客观事物存在的初级本质；它扬弃为后者的能动表现性，它又是其显现着它的不同层次内在微观结构能动性。

最后，那个显现为客观事物存在的不同层次内在微观结构能动性本身，同样不是一种僵死而无生动性的东西，它仍然是整个都充满了这样一种动态情状，即：它显得是其一个终极本原——本体显现出来的东西。二者的统一，便是本体存在的能动性。

正是这种从客观事物形象存在到客观事物存在、从客观事物存在到其初级本质、从这初级本质到其不同层次的微观结构能动性的所谓一系列动态情状，才促使我们必然要在思维中，不断深入客观事物形象存在的不同层次内在性，形成了以属人感性觉知为基础的属人觉知系统。从而，前者才是后者这种运动的真正动因或客观基础。

属人觉知系统与其对象系统相统一，便是以属人觉知系统之全的一体性系统为基础的属人主客观之全的一体性系统。贯通这个系统的普遍性，便又复归为以属人觉知之全的一体性为基础的属人主客观之全的一体性。如果将属人之人的客观性，归结为人的自称那个主观性——我，使其与这个一体性相联系、相统一，这便是属人统觉。

三　属人统觉

属人觉知，是人的觉知，从而所谓以属人觉知之全一体性为基础的属人主客观之全的一体性，也是属于人的：人是负荷它的主体，它最终要归属于这个主体——人的。

但是，主体——人，在其主观性中的自称，便是"我"。一切属于主体——人的东西，便是属于人的自称——"我"的东西。因此，属于人的那个主客观之全——"觉知到什么"的一体性，同时也就是属于人的自称之我的一个主客观之全一体性。

从而人的自称——我统辖这个一体性的统一性，便必然表现为一个"我觉知到什么"的全体性，这便是所谓的属人统觉。

所以，属人统觉，便是所谓"从属人觉知之全一体性到属人主客观之全一体性"那个结晶点，贯通属人觉知系统那个统一体的普遍性，统辖于人的自称之我的一个"我觉知到什么"的总体性。它在属人觉知不同层次中的表现，分别是：

属人感性觉知之全的一体性——"感性的觉知到什么"，与人的自称"我"相统一，便是一个属人感性统觉——"我感觉到、我知觉到什么"的总体性。

属人理性觉知之全的一体性——"理性地觉知到什么"，与人的自称之我相统一，便是一个属人理性统觉——"我观念到什么"的总体性。

此二者相联系的区别性，便最后都归结为属人统觉——"我觉知到什么"的普遍总体性。

属人统觉与它的前两个不同层次的属人统觉区别性的统一，便是一个属人统觉系统。这就是说，属人觉知分析系统的终点便是属人统觉系统。属人统觉系统，便是人的自我意识系统。

在这个属人统觉系统中，存在着属人觉知及其不同层次——属人感性觉知、属人理性觉知的意向性实质：

所谓属人觉知一般的意向性，就是属人统觉——"我觉知到什么"中的那个"我觉知到"的能动性的表现。它指向"我觉知到什么"中的那个"什么"。

所谓属人感性觉知的意向性，就是属人感性统觉——"我感受到或知觉到什么"中的那个"我感受到或知觉到"的能动性的表现。它指向"我感受到或知觉到什么"中的那个"什么"。

所谓属人理性觉知的意向性，就是属人理性统觉——"我观念到什么"中的那个"我观念到"的能动性的表现。它指向

"我观念到什么"中的那个"什么"。

属人觉知一般的意向性与属人感性觉知意向性、属人理性觉知意向性的统一,便是一个属人觉知意向性系统。

这个属人觉知意向性系统,与它所指向的对象性系统相统一,因而这个统一性再与人的自称之我相统一,表现为前者统辖于后者的一体性,便又复归为属人统觉系统,此即人的自我意识系统是也。

(1999年第4期《长春市委党校学报》)

附录二

论事物与存在

当我们谈到"存在"的时候,它总是意味着什么东西的存在:无此"什么东西"的基石,它便不但无从成立,而且它的意义也是无从谈起。可见,这所谓"什么东西"与"存在"是既有不可分割的必然联系,也有其相互区别的各自特有的规定性。现在,我们以能够代入任何东西的变项符号 X,置换这"什么东西",则"什么东西存在",便转化成"X 存在"的语句函项。我们再以现实上的事物一般,代入这语句函项,它便又变成"事物存在"的语句或语词。这就是说,在"X 存在"这个语句函项中,变项 X 并不是毫无意义的,它必然是事物一般及其殊相多样性的固定标志。这便是它的意义。一般说,凡属语句函项中的变项,都是以它作为可能代入哪些东西或其情态、性质的标志,为其固有意义的——无其固有意义的语句函项变项,是没有的。对当前"X 存在"这个简单语句函项说,变项 X 的固有意义,却只能说它是扬弃其多样性为自身自在性的事物一般的标记,而可使"X 存在"归结为"事物存在"的语句或语词实在性。就"事物存在"是一语句说,它相当于说"事物是存在的",就"事物存在"是一语词说,它又相当于说"事物的存在"。使"事物的存在"扬弃"事物是存在的",而为自身的自在性,则本课题中的"事物与存在"的相关性,便转化为"事物的存在"。

所谓"事物的存在",无论是说"事物底",还是说"事物的",只是"存在"的定语,从而表明"存在"是"事物性存在",都充分显示出"事物"与"存在"是既相区别又相联系的,二者绝不是一个东西。

事物与存在的混同,充满了黑格尔《逻辑学》的全部"存在论"。在这里,黑格尔从纯存在"一"存在一般出发,说它是无规定性的,因而它是"无";但它毕竟还是无规定性的存在,因而它又是存在。黑格尔将存在一般,定义为无与存在的统一——变易,二者互是其对方的变易。

在黑格尔的心目中,有规定性的存在,只能是他所谓的"限有":所谓"限有",实质上就是规定性存在。在他看来,存在一般,亦即他所谓的有或"纯有"是无规定性的。但在我们看来,存在一般,也必须是有规定性的:它必须是"事物一般"的存在,是事物之有或事物性存在。相反,规定性存在或限有,便是以存在一般或纯有为基础而在其殊相规定性中的殊相存在,但它的殊相规定性,却源于它的这样一种规定性:殊相存在总是殊相事物的存在,而已经不是单纯事物一般的存在了。

总之,一般存在或纯有只能是事物一般的存在;殊相存在或殊相之有,也只能是殊相事物的存在。黑格尔全不顾事物与存在、殊相事物与殊相存在这种双重的区别与联系,只从存在一般或纯有出发,大谈它与殊相存在或殊相之有的相互转化的辩证法,这说明在他心目中存在一般、殊相存在是直接等同或混同于事物一般与殊相事物的。

这种直接等同或混同,可从黑格尔《小逻辑》的第一部分"存在论"的纲目系统中充分看出来,而不必涉及它的逻辑内容。这"存在论"的纲目系统是:

第一篇 有论 甲 质: (A)有(B)限有(C)自有;乙 量: (A)纯量(B)限量(C)等级;丙 尺度

在这里，存在论或有论的第一层次内在区分为质、量、尺度——质与量相区别、相对立，而二者的统一则为尺度。但这不是存在一般或纯有本身的内在区分和统一——单一与杂多的区别与联系（存在如果不是单一性之在，就是杂多性之在，二者却都是存在，并且后者是前者的倍数，由此倍数所构成，不管这单一性是一还是一的分数）。毋宁说，这涉及的是单一之在与杂多之在同为存在总是一般质的存在那个"质"本身，或者说是一般质的单一性之在与杂多性之在那个质本身，以及与此相区别、相对立的非质之量和这二者的区别与联系。黑格尔从存在一般或纯有出发，不经任何解释的中介，就跳到以质为基础的质、量、尺度的内在区分中去，这说明黑格尔是将存在一般或纯有直接等同于最一般意义上的质了。但是，这二者肯定是一个在其区别与联系中的具体同一性，而不是一个直接等同的抽象同一性。

在一般意义上的质，可界说为：凡属"什么存在"那个非量的"什么"本身就是质。或者这样说也行，凡属与量相区别的一切东西的普遍性就是质。

所谓最一般意义上的质，只能是这样一个直接性。这个直接性，就其不同的环节说，它首先是事物——事物本身是质；其次它又可以是事物的不同属质特性，而前者扬弃后者为自身的自在性，便可以说具有此自在性的事物本身便是质。这质同时也是它的不同属质特性，它不能直接等同于存在一般或纯有。但在存在论或有论的第二层次区分的"甲质"的内在区分中，黑格尔却又不经任何解释的中介，从质一下子跳到存在一般或纯有的内在区分中去了，以此代替了质本身的内在区分。这便充分证实了黑格尔自觉或不自觉地使质直接等同于存在一般或纯有了。

在此混同下，所谓质的内在区分是：有、限有和自有。在这里，黑格尔根本没有涉及一般之质的内在区分，没有涉及它与殊相之质的区别及二者的统一的内在区分。他涉及的只是一般存在或纯有与殊相存在或殊相之有的区别及二者相统一的内在区分。但以此者代替前者，是极其荒谬的，是非常不合逻辑的：存在一般或纯有与质是既相联系又相区别的，二者在其联系中是一个绝对不能混同为一的区别性；从而二者的内在区分，也不能混同为一。一般说，存在一般或纯有虽然与质有联系，它总是质的存在或有，但就其内涵来说，它却与质的领域并不直接相关，毋宁说它是与量的领域直接相关的。这对它的内在区分来说，也是如此。使存在一般或纯有混同于后者，这便遮蔽了或使人遗忘了所谓质之"在"或质之"有"那个存在或有本身到底是什么的问题。

从逻辑上说，事物作为质，既可以是存在的或有的，也可以是非存在的或无的（从现实上看，质总是存在的或有的，质的非存在或无质的现实是无从成立的）。那么什么是质的存在，或质的有，什么是质的非存在或质的无呢？事物作为质既有其不同属质特性，也有其属量特性，它及其属质特性的存在或有，是与其属量特性统一不可分的。凡属质本身作为"一"的数量规定在零以上者（此时它的不同属质特性作为一些"一"各自的数量规定，也必然如此），它就是存在的，是有的；凡属质本身作为"一"的数量规定是零者（此时它的不同属质特性作为一些"一"各自的数量规定同样也必然如此），它就是非存在的或无的。

当事物作为质是一些可以相互分离自在的个体（这个体本身先已是质与量的统一体）时，它的存在逻辑内容，便由此转化为：它本身作为"一"的数量规定在零以上，并且必须是此"一"的整倍数，即是一个"一"或多个"一"时，它便是存在的或有的。相反，在此"一"的数量规定为零或为此"一"的任何分数时，它便是非存在的或无的，例如不但人体的数量为零是它的非存在或无，就是它的1/2，这也已经不是人体之在、之有了。

质本身作为"一"是元一，是一元之量。此"一"的数量规定是二元，是二元之量。质的存在，不是别的，它就是一元之量与二元之量的统一。

由此可见，质之在、质之有，总是与非质之量的领域直接相联系的，乃至可以说此量的领域，就是质之在或质之有的所属领域。使质作为事物与其存在直接相等同或混同，实质上便是使质与其不同方面存在之量相混同。

这种混同，在西方哲学史上是一贯的，不过它在黑格尔《逻辑学》"存在论"纲目系统的第一层次、第二层次的区分中，表现得特别明显，乃至贯通整个"存在论"或全部《逻辑学》。整个西方哲学史上的各种哲学体系，都未阐明质与其存在的区别与联系，都是在此混同的前提下展开的。例如，爱勒亚学派大谈特谈存在一般或纯有，说它是无动无静、无厚无薄、无软无硬、无大无小的东西，但这谈的却是如此这般的万物本原之质，而非谈的是存在一般或纯有。当这个学派说那个东西其数为一时，这才涉及它的存在或有：它本身作为"一"或元一只能是一个，不是多个，这便是它的存在、它的有。但爱勒亚学派是将此元一与其存在混同一起，都作为存在一般或纯有来谈论的。

直到现在，我还未想清楚，中国哲学的各种哲学系统，如果能将其逻辑内容充分展开，使其不自觉地在行文言词中，出现存在者与其存在的分别，是否也会出现这种使质与其存在或有直接相混同的传统暧昧不明呢？

或者有人说，既然存在或有总是质之存在、质之有，那么从存在一般或有出发，直指它的负荷者——质，便谈不到这是二者的直接混同。但这是一个有区别的同一性，而不是说二者在内涵上是一回事、二者相联系的同一性，它是建立在这种相互区别的内涵之上的，是这不同内涵的必然联系。它表明存在或有是质的存在属性，而由质之零上量性领域所构成。如果要谈存在或纯有，不谈什么是存在或有以及它的不同形式的内在区别，而却毫无中介地跑到质、量及二者统一——尺度这种质的内在区分上去，这不明显地表示出，存在或纯有本身直接就是质，二者是个无区别的统一性，从而质的此种内在区分，直接就是存在或有的一种区分吗？这不是使质与其存在或有相混同，又是什么呢？

或者还有人会说"存在论"的存在或纯有，它本身便是质。质与量也都是质，但它们却是存在的另一环节的内在区分。这区分的逻辑内容是：存在或纯有本身作为质，它与其另一环节——"什么"存在或有那个"什么"之质相区别，而这"什么"之质，又分为质与量。的确，黑格尔《逻辑学》"存在论"第一层次的区分，可以这样来解释，并且事实上也曾有人做过如此这般的解释。但如果这样，倒不如说存在、质与量都是以感性为基础的事物形象的规定性，它首先分为事物形象存在的规定性，然后又就事物形象本身分为质与量的规定性，而其量的规定性，又都是与它及其不同属质特性的存在规定性直接相联系的。显然，这种说法比前一说法在用语上更为合理，它避免了"质"一用语在其不同用法或多义上的易生混淆。不过，即使这样，它仍取消不了事物形象的存在规定性，绝不能与它作为事物或质的规定性直接相等同的客观要求。这在前一说法中，也就是无所不包的广义之质，分为存在之质与"什么"之质，后者中的与量相对立的质，绝不能与存在之质直接相等同。这充分表明，千说法万说法，都排除不了使事物与其存在相混同，是个莫大错误的实质。

现代西方哲学发展和突出了语义分析。但它却从未对事物与其存在的区分与联系做过语义分析。现代西方哲学，与其古典哲学一样，都还滞留于事物与其存在直接相等同的朦胧意识上，没有自觉地见出此二者的相关性，是一个有中介的间接相关性的重大哲学问题。这一问题所以重大，因为它是重建传统本体论的主要基石之一，是传统本体论的一个核心问题。

既然事物本身作为质与其存在是既相区别又相联系的，二者不能直接等同，那么事物的绝对本质作为其最深层次的质，与其存在也必然是既相区别又相联系的，二者同样不能直接等同或混同。但西方传统本体论，却必然将使事物与其存在直接相等同或混同的谬误，对应到事物绝对本质与其存在的直接等同或混同上去了。事物的绝对本质——本体，就其为最深层次之质的一元之量说，是"一"。但这却不意味着它的存在之量——二元之量，也是"一"。而在使本体之质与其存在相等同的情况下，却必然是：本体之质是"一"，它的存在也是"一"，因而便出现了西方哲学传统中的"本体之在"是"一"的一元论本体论。然而这样一个"本体之在"是"一"的本原，却不但不能表现为所有事物之在的存在性，而且甚至它也不能表现为一个事物之在的存在性。因为，本体必须在这个事物之在中无所不在，这便使它的存在之量不是"一"，而必须是多了。谈到所有事物的存在性，它所需要的"本体之在"的数量，又必须是这"多"的整倍数：有多少"事物之在"，这整倍数也便是多少。

但多的整倍数，也还是多。于是一般说，"本体之在"必须是多，而不是"一"，它才能表现为"所有事物之在"的存在性。不过，这在使本体之质混同于其存在的前提下，"本体之在"必须是多，却又必然转化为："多种本体之在"的本原存在性。这便使西方哲学传统中的一元论本体论，转化为多元论本体论。

如果本体必须是"多种本体之在"的本原存在性，困难又在于它们既然是本原性的，那么它们一开始便压根儿彼此毫不相关，毫无相互联系和作用的中介。这样，它们又怎能在其共同作用的联系中，显现为一切事物存在的存在性来呢？这是根本不可能的。

在这里，中心问题全在于："本体之在"必须是多，绝不能等同于"多种本体之在"的本原存在性。而要区别二者，便归结为本体本身作为最深层次之质是与其存在相区别的这一点上。所谓"本体之在"必须是多，只是说它的存在是多，而不说是它本身是多。它本身仍是"一"，是这一元之量的永恒性。它与其二元之量（存在之量）——多相统一，作为"本体之在"的整体性，便是一与多的统一。这便既扬弃了西方哲学传统中的一元论的本体论，也扬弃了它的多元论的本体论，而使之统归"本体之在"必须是"一"与多的统一这一合理原则的统辖之中。这是扬弃了多元论本体论的完整的一元论本体论。

这便说明了"事物与其存在既相区别又相联系"这一原则的重大本体论意义。

（1999年第5期《长白学刊》）

附录 三

"哲学大全"的导论

——哲学现象学

开宗明义，我首先要说的是：标题中所谓"哲学大全"，并不是说，在此题目下我将要写出的东西，是哲学发展最高成就的大全，而只是说，在我看来，这些东西所构成的总体性；就应该是哲学一般的一个完美整体——哲学的其他分支，必须要以此为基础。我想，它作为对哲学的一种主张或看法，我是有权名其为"哲学大全"，而又并非一种狂妄之举的。

那么，什么是我所谓哲学一般的完美整体，它都是由那些基本环节构成的呢？这要从什么是哲学谈起。

所谓哲学之"哲"的词义，是明知而智慧的意思；所谓哲学之"学"的词义，是学问或知识的意思，所以合此二者为一的"哲学"，就是明知而智慧的学问。学问即知识，从而哲学不是知识的说法，就"哲学"的语义说，也是说不通的。哲学作为明知而智慧的学问，就是说它是明知而智慧的知识体系。

与此相关，也要简明提一下所谓科学的问题。

所谓科学之"科"一词的词义，是分门别类的意思：语词"科"，则是它的名称。从而，与哲学相区别的科学，便是分门别类的明知而智慧的学问。这同时就是说，它是分门别类的明知而智慧的知识体系。当且仅当在这个意义上，我们才可以说，哲学不是科学。

但是，分门别类的明知而智慧的知识体系，都是明知而智慧的知识体系。就此统一性而言，很显然：明知而智慧的知识体系是共相；分门别类的明知而智慧的知识体系，则是一般明知而智慧的知识体系自身分化的各种殊相分种。这就是说，哲学是科学的共相，科学是哲学的各种殊相。此种哲学与科学区别于它们各自发生学上的、纯粹逻辑上的相关性，便充分说明，仅就二者此种相关性的语义上说，那种认为只有科学是知识，哲学不是知识的观点，更显得是荒诞不经的。科学的各种知识体系为其共相——哲学的知识体系所贯通、所制约：哲学在逻辑上怎样，科学在逻辑上也怎样。唯其如此，二者都服从逻辑学的规律。如果哲学不是知识，那么随之而来的科学也便不是知识了。正确的观点，毋宁说：哲学是知识一般，科学是它的殊相多样性。此种相关性，不管哲学与科学的发展是否已经充分体现出来了，它总是客观存在的。

在这里，现代西方如像维特根斯坦之流的哲学家，会提出这样的问题：没有贯通各种科学的共相，有的只是它们之间的共同点，因而说哲学是科学的共相，这是无从成立的。但是它们之间的共同点亦即它们的共相。不过，这共相却分为类共相和外在性特征共相：前者，是贯通科学之所以为科学的逻辑内容及在其一切环节上的共同点；后者，是此种逻辑内容见于其外在性上的共同点（例如科学的成果都必诉诸文字，以便于传播和得以永世存在）。说哲学是科学的共相，当然这共相是类共相——如果这种共相不存在，便既无哲学的存在，也不能说，凡属科学都是明知而智慧的知识体系了。

有这样一个事实，是足以表明科学的类共相是存在的：任何一种科学学说的知识体系，我们都可从哲学的视角上，从中总结出与其相联系而又不可分的一套哲学观点来。如此这般的知识体系，显现着如此这般的一般哲学观点的存在。这还不足以说明哲学是科学的共相，是科学所固有的类共相的现实体现吗？这个类共相是有关哲学之知的，所以可以称其为属知类共相，相反的在科学那里的殊相多样性便可称其为属知类殊相。属知类共相固然是存在于属知类殊相之中，但后者也同样是存在于属知类共相之中的——它原本是属知类共相内在所固有的一些显现形式。属知类共相可以脱离属知类殊相，单独被想象；而属知类殊相却不能脱离属知类共相，单独被想象的：属知类共相是属知类殊相得以成立的基础，属知类殊相却只是属知类共相的表现形式。这就是说，在我们看来，属知类共相是逻辑上优越于属知类殊相的，是逻辑上先在于属知类殊相的存在的——有了前者的存在，后者方可成立。

属知类共相——明知而智慧的知识体系，与通常所谓日常经验一般相联系，这便是属知类共相的总体：前者是这个总体的精华。

属知类殊相——分门别类的明知而智慧的知识体系，与通常所谓经验一般的殊相多样性相联系，这便又是属知类殊相的总体：前者也是这个总体的精华。

使属知类共相总体，扬弃属知类殊相总体的为自身的自在性，摆在我们面前的，就只有属知类共相总体的存在了。感知是这个总体的开端，同时也是其内在区分的不同基本共存环节的开端。但它的意义重心，在这不同基本并存环节中，却是不同的。由此以感知为起点的总体出发，便可以来正面阐明我所谓"哲学完美整体"的构成及其是什么的问题了。

属知类共相作为属人觉知必有其所知，亦即它的表现对象：前者是属人觉知的类共相，那么它的表现对象，也必然是一个所知类共相——对象一般了。这里所谈的，是属知类共相的原始对象，而不是它以自身为反思对象的存在性，所以这个对象一般不能是别的，而只能是事物一般的存在了。哲学作为属知类共相，显现事物一般存在的整个系统，便是本体论。按亚里士多德的说法，有一门可称为第一哲学原理的理论体系，它研究一般有之为有、是之为是的对象性。但有即存在，而存在又必然是什么东西的存在，这个"什么东西"，在客观上只能是"事物一般"，从而什么东西的存在，也就是事物一般的存在。因此，所谓"是之为是"的实在性，实际上也就是事物的存在"是什么"的实在性。这就是说，亚里士多德所谓的第一哲学原理，它就是这里所谓以事物存在为对象的本体论。可见，感知的意义重心，在本体论中是落在感知的对象——事物存在上去了。

所谓事物存在是什么的实在性，就是它本来所是的本体存在性。但它这种本来所是的本体实在性，是有其不同层次的，亦即事物的存在是什么的实在性，是分层次的。它的最深层次的是什么，就是本原意义上的"本体"存在性。它的所有其他层次的是什么——本体存在性，都归于这个最终的本体存在性，而是它的不同层次的显现形式。本体论不是别的，它就论述这种逻辑内容的系统展开。

这个系统展开，便表现为一个本体论的范畴体系。

本体论所以能作为哲学的一个基本独立环节的永恒性，即在于这样一个永远不能取消的原则上：知识无论是感性之知，还是理性之知，它必然都与其所知对象是有区别的，二者不能混而为一，这在知的原始起点上，便只能是一个知以事物存在为对象的相关性。所谓事物存在，包括我们作为人的存在。我们最初的知识必须而且也只能是以事物存在为对象的知识。在这里，知与其对象，便必然是一个知与事物存在的相关性，是知与事物存在的区别性——没有这个区别性，这里的知也便无从成立了。即使西方近现代唯心主义哲学，已将事物存在归结为心智的内在产物，而不是超越心智的外在性，这种区别性也必须是存在的。无论所谓心智是属人的，还是逻辑上先于人而为先验的，都得是如此。

但是，近现代西方的唯心主义，有些体系是在不同程度上的将知与事物存在的区别性取消了，因而陷于使知同于其对象——事物存在的悖谬。例如贝克莱将感觉称为观念，说事物存在是观念的复合；休谟则将感觉称为印象，说事物存在是印象的复合等说法，还有现代的逻辑实证主义，也将事物存在看成是不同感觉的集合。所有这些主张，都是将与感觉之知相区别的感知对象取消了，使之变成感觉本身的这样一种双重性：它是感性之知，同时也是对象，因而实质上事物存在也变成由一些感觉之知的因素所组成的复杂属知存在了。实用主义的大师杜威，也说经验是双料的，它是知，也是构成事物存在的实在材料，从而这也是将事物存在变成一种复杂属知存在了。照这些说法，这不仅是知与对象的混同，是有知而无对象的悖谬，而且事物存在本身也是一个有关认识上的问题，从而便根本没所谓知识与其对象——事物存在相关性的本体论问题存在了。

然而不同的感觉之知，是与其对象其一绝不能归结为其他的一个区别性：前者是知；后者是构成事物存在的实在因素的逻辑居先性，二者不能混为一谈。在费希特、谢林、黑格尔的近代唯心主义那里，却在其唯心主义的理论形态上，保留了感觉之知与其对象的区别性，因而也保留了知识与事物存在的区别性。所以，在这里也便仍有知识与事物存在的相关性的本体论问题存在。

只要我们能坚持住知识与其对象——事物存在相区别性的真理，不论此真理是超越心智的外在性，还是仅为心智的内在性，便必然存在着哲学的本体论这一环节的广阔天地。至于事物存在到底是超越心智的外在性，还是仅为心智的内在性，这个问题我们暂时不必过问，在这里，重要的是要理解如下一个规律：

只要有知与事物存在相关性的问题存在，就有哲学的一个首要环节——本体论的存在。

哲学本体论，是明知而智慧的知识一般的起点，没有哲学本体论，就没有起点上的此种知识一般，从而反思此种知识一般的其他哲学环节，也便无从谈起和存在了。可以这样说，没有本体论，便没有真正的哲学。

本体论是明知而智慧的知识一般，是哲学的起点。这个起点与日常经验一般相联系的整体性——属知类共相总体，便是哲学第二个基本环节得以产生的前提。在这个前提下，我们可以进而对属知类共相总体本身进行反思，研究它的本质、认识客观事物存在是否可能的可能性、起源及类分和不同层次，这便使哲学从第一个基本环节——本体论，进入了哲学第二个基本环节——认识论的领域。这又可看到，感知作为认识论的开端，它的意义重心又落到显现着其对象——事物存在的知识本身上去了。所以，认识论便是以本体论为基础的，以属知类共相总体为反思对象的知识体系。

本体论与认识论，虽然是哲学的两个不同基本环节，但它们在其既相连续又相中断的相关性中，是互相包含的。本体论的属知类共相总体，扬弃了认识论，它便成了本体论内在所固有的一个自在性。相反的认识论的知识体系，扬弃了本体论，它便又成了认识论内在所固有的一个自在性。从而，此二者互以对方为自身的内在环节，是两个各自包含对方于自身之中的全体性，这便是二者互相包含的真正辩证意义。以此意义为基础，二者又可以是互是对方的一个变易性：本体论的自在性的展开，便是认识论；认识论的自在性的展开，则又是本体论。

在这里，便存在这样一个问题：在本体论与认识论的对立统一性中，二者到底哪一个是逻辑上居先呢？从而在现实上到底是哪一个居先出现呢？我们的前提已经表明，不仅本体论是逻辑上居先的，而且它也是时间上居先出现的。但在中外哲学界中，对这个问题是有分歧的，而占统治地位的观点，却是认为认识论在逻辑上是优先于本体论的，是应该优先建立起来的。之所以如此，据说只有很好地解决了认识问题，才能从认识上很好地解决本体论问题，因为本体论须要从认识上来建立的。所以，哲学应该从认识论着手和开始。于是，这便存在一个以我们的观点去澄清此种观点的必要性。这是问题所在。

实质上，认识论既不能逻辑上优先于本体论，也不能先于本体论而居先建立。为什么呢？很显然，没有关于事物存在的知识，我们便在一开始什么知识也没有，什么认识活动也没有，从而也便没有所谓认识论的对象，因为认识论是以知识本身为反思对象的。没有本体论的对象——事物存在，就没有认识它的开端——感知之知，就没有认识论的起点，由此也便没有知识的发展，从而也便没有认识，更不可能有所谓的认识论了。这样，认识论又何能优先于本体论呢？又何能先于本体论而建立呢？人们或者会说，没有本体论的知识，认识论也会以各种日常经验知识和科学为前提而建立起来。我们回答说，各种日常经验知识，是关于各种事物存在的殊相日常经验本体论；科学也原则上是关于各种事物存在的各种殊相科学本体论，它们仍是包含在本体论的广大包容性之中的。因此，以它们为基础来建立认识论，原则上说这仍然是以本体论为基础而去建立认识论的。这里的核心是在于：以各种日常经验知识和科学去建立认识论，绝不能以它的殊相来从事此种建立，而必须采取它们的共相去建立，这就是说实质上这仍是在哲学本体论的属知类共相的基础上去建立的。这也都说明认识论不能优先于本体论。加之认识论是哲学的一个明知而智慧的知识部分，单纯以各种日常经验和科学的共相来建立认识论，绝达不到与哲学要求相适应的那种完美而精微的水平。它只有在本体论的基础上，才能达到适应于哲学作为本体论那种完美而精微的高度。说先于本体论而去建立认识论，这好像等于说先学好游泳,再去下水一样,这是可能的吗?

诚然,从哲学史上看,西方近代哲学以来的哲学体系,多是从认识论开始的,但是,与它们相联系的,却有西方古代和中世纪占统治地位的本体论为其历史前提的。不但如此,它们的哲学体系本身也不是纯粹的认识论,而是以它们同时又是本体论为前提的。如像笛卡儿、贝克莱、休谟、康德、胡塞尔等人的哲学体系,便是如此。

认识论的系统展现,便是一个认识论的范畴体系,它是与本体论的范畴体系,既相区别又相联系的。有一种观点认为,所谓本体论、认识论、逻辑学的三统一,就是说此三者都可统一在一个范畴体系之中,这是不对的。此三者的统一,只能是一个区别性的统一,而不是一个东西,从而还得有三个不同的范畴体系来表现它们。

本体论的对象,是事物存在,它说的是事物存在怎样和如何;认识论的对象,是各种认识的属知类共相,它说的是知识怎样和如何,二者在其既相连续又相中断的联系中,是一个不可分割的对立统一体。它的主体性,从现实显现上看,是属人心智。

在这个属人心智这样一种对立统一体中,便又分化为两大方面:一是在本体论、认识论中的知识;一是事物存在。它们在对人生存的相关性中,都有不可缺少的巨大意义。它们在其此种意义中的规定性,便被属人心智直观为价值。它们既是本体论与认识论对立统一的两个总体环节,它们便永存其中而复归于这个统一体。这就是说,本体论与认识论的对立统一体,在对人生存意义中的规定性,便是价值,是价值一般。

由此可见,哲学在其本体论、认识论两个环节的对立统一中,又必然生起它的第三个综合环节——价值论。现在我们看到,感知作为价值论的开端,其意义重心,既在感知之知上,也在感知的对象——事物存在上,是二者并重的统一性。这一点正好说明价值论是本体论与认识论的统一性。哲学是科学的共相，那么它的价值论所谓的价值，也必然是科学价值的共相。

在哲学这个综合环节——价值论中，便直接触及本体论、认识论所谓的知识和事物在对人关系中的内在意义上的规定性。但在能动性中的人之存在，也是事物存在，只不过前者是社会性事物存在（它的总体，是地球上不同地区存在着的人类社会——社会性自然界）；后者是此在与非社会性事物存在（此为一切其他非人的事物存在，它们的总体则为非社会性自然界）的共相——事物存在一般，它在数量上的综合即为自然界一般。人作为单纯事物存在一般之为价值，便与其他一些事物存在之为价值一样，只是一个对人的有用性一般。但它在作为社会性事物存在的殊相中，立即转化为人们的创造活动，这是他们按需要塑造或变换其他事物存在及自身（如像演员的表演），其结果则为人造价值的创生。所以，单纯属人有用性，便提高为创生价值的价值。因此，价值必然分为天然价值、创造价值的价值与人造价值三大类。天然价值的载体，只能是非社会性事物存在；创造价值的价值之载体，只能是社会性事物存在——人；而人造价值的载体，除了知识之外，则既可是非社会性事物存在，也可是社会性事物存在。有关此二者的知识，必然早已包含在知识一般之中了。知识是人造价值。

通常人们只在人造价值的界限内，仅将人的生产劳动看成创造价值的活动，因而也只有此种活动生产出的产品才是价值。所以人们常常强调，劳动创造价值，却又同时不将创造价值的劳动者——人，把握为创造价值的价值，更不用说还能触及天然价值的领域了。这可以说是把一般价值无所不包的丰富内涵，缩小到零点以上的最低程度了。但为什么生产劳动的产品是价值呢？人们并没有对这一点直接作出任何阐明。不过，根据他们又认为创造价值的劳动，必须是社会所必需的劳动，我们便可以认为这等于他们说，生产劳动的产品所以是价值，因为它是社会上人们生活所需要的东西；它本身具有这样的规定性，所以它才是价值。这样，却立即又出现一个自相矛盾：人们的非生产劳动的其他各种活动，也是人的社会劳动（所谓生产劳动不过是属人社会劳动之一），它们的创造物存在，难道就不是价值吗？这些创造物存在，也都是社会上人们所需要的东西，也都具有这样的规定性于自身之中，它们又何能不是价值，而仅有生产劳动的产品是价值呢？这是一个不可理喻的矛盾，是一个必须排除的非合理性。实质上，人的各种除了生产劳动之外的社会劳动，如像哲学和科学活动、艺术活动、政治活动、教育活动直到如像商业、军事、医务、种种杂技等等一切活动，都在创造价值，它们的成果都是价值。我们甚至可以说，人类社会和国家，也都是价值，因为它们是人类生活所必需的实在性。所有这些价值，还只是人造价值，加上创造他们的属人活动（这也还只是一些创造价值的价值），此外还有所谓天然价值。可见，只以生产劳动的产品为价值的那种价值，只不过是价值沧海一粟而已。

天然价值，是一切非社会性事物存在及其总和——宇宙，在对人生存关系中的意义规定性，这种规定性是它们本身所固有的。这就是说，不仅一切非社会性事物存在，是为人生存所必需的，而且大地乃至它们的整个宇宙结构，也是为人生存所必需的（因为没有宇宙容有地球存在这样一种宇宙结构，人就无法存在了），从而它们都是价值，是非人造的天然价值。

总之，包括一切社会性事物存在及其总体——人类社会在内的，一切一般事物存在及其总体——自然界一般（亦即宇宙一般）和知识，在其为人生存所需要的规定性中，便是价值。价值是哲学价值论的对象。

价值论的系统展现，便是一个价值论的范畴体系。它既不同于本体论的范畴体系，也不同于认识论的范畴体系，而是此二者在其统一性中升起的综合性的范畴体系。就是说,前二者的统一,最终要归宿于这个价值论的范畴体系。在它的系统展开中,将能以价值为基础展示人类社会发展的一般景象。这便把有关人类社会的方面,内在地包含于哲学一般之中了,但又不能是它的殊相化,而仍属于一般性的东西。

综上所论,我们可以看到,我们所谓哲学一般的完美整体的构成部分是:

本体论;

认识论;

价值论。

哲学一般的完美整体,在我们看来,就是由这三部分组成的。就是说,这三者在其既相连续又相中断的关系中的整体性,就是一个哲学一般的完美整体。哲学上所谓真、善、美的问题,包含在本体论中,对它的认识,包含在认识论中。这里所谓"善",是超越人之善恶性的普遍性:任何东西,只要在它之为它的合理性中,它对其自身说,就是好——善的,否则就是不好——恶的。

这个完美整体的论述,都必须服从逻辑学的规律。此种规律,贯通这个整体的每一部分及其不同层次,从而它必须是哲学作为属知类共相的共相,同时也必然是科学的共相的共相。因此,在这里,也必须对此种共相,做一个简洁的论述,使其作为这个导论的辅助语。

这个共相,可简称逻辑学共相;属知类共相就可以称为哲学共相。逻辑学共相,是哲学共相在它不同基本环节中的不同层次上的共相,是这样共相的共相。对这样一种共相的理论表达,便是贯通整个哲学和科学乃至日常经验的普遍制约性——逻辑学。它首先是通常被称为形式逻辑的那种逻辑学,它是由一些常项和变项的不同联系形式所组成的一个整体。它虽然是制约哲学和科学乃至日常经验的全部内容的普遍模式，而且我们日常说话、行文，都自觉与不自觉地与它血肉相连，但它却不能集中为一种指导我们进行一切研究和行动的方法论。这个任务，必然落在另外一种逻辑学——范畴逻辑学身上。

所谓范畴逻辑学，是由逻辑共相一些自身区别的范畴，如像质、量、尺度、存在或有（它的对立面是无）区别、对立、统一、肯定、否定、否定之否定等范畴，在其辩证联系中构成的。所谓《辩证唯物主义》的辩证法那一部分，是由质量互变规律、对立统一规律、否定之否定规律所构成的，实质上就是这里所谓范畴逻辑的精简形式。它的合理性，是永远不能取消的。只有范畴逻辑，由于它直指逻辑共相的基本逻辑内容，才是指导我们一切研究和行动的真正方法论。通常人们所说的辩证法或辩证逻辑，实际上指的就是范畴逻辑。但黑格尔的逻辑学，虽然包含了范畴逻辑的某些内容，然而它远远超越了范畴逻辑的意义和界限，毋宁说它是黑格尔的第一哲学原理。

所以，逻辑学的整体，实质上是必须由形式逻辑与范畴逻辑组成的。

逻辑学——不管是哪种逻辑学——不在哲学一般的完美整体之中，但它却是贯通这个整体，而为制约它的规范模式和方法论。

于是，所谓哲学一般的完美整体，就是一个为逻辑学共相所贯通、所制约的，由本体论、认识论、价值论所构成的一个内在统一体。逻辑学只是它的规范模式和方法论。

我们对哲学一般的完美整体的论述，实质上就是高度简化了的《哲学现象学》。什么是这里所说的哲学现象学？它就是一门关于"哲学现象"的学问。过去有人曾称它为"哲学学"而鼓吹要建立哲学学。可以说，这个导论，就是高度简化了的哲学学——哲学现象学，而就其主要之点提供了它的一个一般轮廓。

我对这个一般轮廓的整个所论，从西方哲学上看，是立足于其传统哲学那种长期总想使经验世界返本归原的纯净立场之上的。虽然，西方哲学的整个发展过程同时却又是一个自身否定的可悲航程，而最终归宿于现代西方哲学那全面否定其传统形而上学的哲学精神。

从中国哲学上看，我的哲学思想又是植根于中国儒学特别是宋明理学那种使经验世界返本归原于"理"的纯净立场之上的。虽然，它直到当代新儒家，也没有很好地解决这一问题。在我看来，所谓"理"，就其最深层次说，它就是本原性本体存在与其显现万物之规律的对立统一。

在西方现代哲学的哲学精神看来，西方传统哲学的立场，根本完成不了它肩负的承诺，所以必须以现代西方哲学的哲学精神去代替它。否则，就是顽固不化的保守了。但在这里，真正的问题却在于：

第一，到底是传统哲学的哲学精神是符合哲学的性质，还是现代西方哲学的哲学精神是符合哲学的性质呢？

第二，传统的哲学精神，没有完成它肩负的承诺，这是一个思维上的根本不可能性呢？还是它的发展还没有到彻底完成其承诺的时候呢？

西方现代哲学的哲学精神，都只在抽象地进行肯定和否定，而却没有认真地对这两个问题进行彻底地反思，作出令人心服的理论论证。

面对这一点，这个导论所论述的观点总体，即使是保守的，它也未必不是真理。问题在于，这里阐述的观点，只是一些陈词滥调呢？还是有所创新，而具有其独特的特点呢？这个问题，只有留待读者来评定。

（2000 年第 3 期《长春市委党校学报》）

附录四

论直观与逻辑的本真相关性

一　问题的提法

直观与逻辑，本是两个不同层面上的东西，从而要论直观与逻辑的统一，也必须意识到这是在两个不同层面上的实在性的统一。

诚然，我们知道逻辑之为逻辑的内容，要靠对它的直观。但我们要知道直观之为直观的内容，又何尝不靠对它的直观呢？就这两个不同直观的对象——直观与逻辑说，如果它们原本是两个不同层面上的东西，则现在它们仍是两个不同层面上的东西，并不会由于我们对它们的直观而成知，便有任何的改变。

然而当人们谈到直观与逻辑的相关性与统一时，却往往都将它们视为认识一层面上的两个对立面来看待。于是认识便被分为直观的与逻辑的：这里所谓"认识"，既可是认识活动，也可是成知之后的知识。就前者而言，认识是属人的一种心理能动性，从而直观的心理能动性，能够远离逻辑，逻辑的心理能动性，则能够远离直观，二者都只是它们自身的一个抽象同一性。就后者而言，认识是这种心理能动性的表现，从而直观心理能动性与逻辑心理能动性各自的表现，同样都一为直观的而非逻辑的，一为逻辑的而非直观的，也各都只是它自身的一个抽象同一性。就前二者的综合性来看，这就是说，认识之被分为直观的与逻辑的，便无论从认识的心理机能上看，还是从这机能的表现来看，直观与逻辑便都只是一个它自身的抽象同一性，而再就没有它们任何相关的对立统一性了。其所以如此，这乃是因为二者各都不因对方而成立其自身，从而它们只有其不同层次上的联系和统一，而没有其作为同一层次上两个对立面的联系和统一。凡属将两个不同层面的东西看成一个层面上的东西，便总是如此。

这说明什么问题呢？不说明别的，它只说明将直观与逻辑都看成认识那个层面上的心理实在性，是不合法的。这也间接证明了直观与逻辑必须是两个不同层面上的东西，它们才能有相关的统一性。那么到底它们应该是两个什么层面上的实在性，才能有相关的统一性呢？这便是我们所立课题的论旨。

胡塞尔已经再三地批判了将逻辑纳入心理机能的范畴，而使之归属心理学之研究领域的心理主义观点，从而在哲学史上第一次带头表明了逻辑并不是心理机能那个层面上的东西，因之也不是所谓"思维规律"的实在性。毫无疑问，这是对哲学发展的一个重大贡献。但它对直观缺乏足够的阐明，也没有明确它与逻辑的本真相关性。所以，此二者的不同层面及其相关性问题，值得我们重新来探讨。

二　直观与逻辑的区别和联系

1. 论直观

胡塞尔的"现象学"是以属人意识活动为研究对象，他的方法原则，便是对属人意识活动的不同环节与统一，进行切身的直观。但胡塞尔的此种方法原则，并无什么独特之处。事实上，古往今来，除了感官之知以外，人们的任何成知活动，都无不出自直观，出自直观的活动。如果说胡塞尔这个方法原则真有独特之处，那么这即在于：胡塞尔在属人意识活动的研究领域中，发现了直观的成知活动这种唯一性与珍贵性。

所谓直观，便是直接的看，而这看分成感性之看与理性之看。

所谓感性之看的那个看，就是感受性；所谓感性之看，则是我们的感受性往复徘徊于其直观对象的品味。它又可分为外感知的感性之看和内感知的感性之看，而前者还可以分为视感观的和其他如像触、听、嗅、尝等感官的，后者便是对我们的内感知对象——精神活动及其状态的感性之看。感性之看当然是直观，而且是基础性的直观，是感性直观。但在感性之看的基础上，我们面对直观对象的，毫无中介地直接思考和探索，这却是一种不同于感性之看的理性之看，它也同样是直观，是理性直观。

什么是直观？现在我们又可以说，它就是感性之看——感性直观与理性之看——理性直观的共相：它既是前者，也是后者，此二者只是它的内涵逻辑内容——直接之看的内在区分。这便阐明了直观作为直接地看的内在意义和包容性。可见，直观的活动，包容了我们感性与理性的，在有了直观对象之后的全部认知活动——无论是此后的感性认知活动，还是此后的理性认知活动，都无不包含其中的。

那么，直观的对象，又是从何而来呢？须知直观并不是第一位的原始成知活动，因为直观本身提供不了它的直观对象——无对象的直观，显然是不能成立的。所以，在直观之前，必须有一种提供直观对象的第一位的原始成知活动。这便是我们外感知、内感知上的感性活动——感性活动，才是第一位的原始感知活动。

什么是外感知？我们对在我们精神之外的外物感知，便是外感知。什么是内感知？我们对我们精神活动及其状态（例如有所知、情绪或情感等）的感知，便是内感知。这样，外感知为直观提供在我们精神之外的外物直观对象，内感知则为直观提供我们的精神活动及其状态的直观对象。此二者，同出于我们显现它们的感性活动，因而这是第一位的原始成知活动，直观则是以此为其内在基础的第二位成知活动。直观虽然是第二位的，但它却是我们以外感知与内感知为前提的一切认知活动的根源。在这个意义上，它对我们的主观性说，是无所不包的。但直观不一定在现实的内外感知对象的基础上来进行，它也可以将此纳入想象中去实现，这二者完全是等价的。

在这里，必须要明确这样一个问题：直观的"感性之看"，不同于感性活动之对外感知、内感知的那个显现，后者只是我们的一个"我感觉到"的能动性；而前者则是一个在直观对象中往复徘徊的品味过程。至于直观的"理性之看"一面，却就完全是包含在直观之中的理性活动。

通常，人们将理性的分析与综合、判断与推理和直观对立起来，而将后者仅归结为感性之看的一个方面——外感知的"视觉之看"。这不仅把直观的"理性之看"一面，从中割裂出去，而且也把直观的"感性之看"一面，缩小为它的一个点滴——抽象的视觉之看。面对这样的直观概念，难怪人们会把理性的分析与综合、判断与推理，看成是在直观之外的实在性。实则感性与理性是都包含于直观自身之中的一个感性之看与理性之看的内在统一。

在这个统一性中，如果直观的"感性之看"一面，看不到其对象可以被分析与综合，可以这样或那样对它进行判断与推理的内容，便根本不会有所谓理性的分析与综合、判断与推理等主观心理活动的产生。直观的"感性之看"怎样看到它的感性成知内容，理性便相应地从概念上深入地来显现它。所以，理性的分析与综合、判断与推理等主观性的活动，便必然是以直观的"感性之看"为基础，而由直观的"理性之看"一面来完成的。这就是所谓理性必须以感性为基础的本真意义。

这就是说，在直观的"感性之看"中，也必须存在着感性的分析与综合、判断与推理的感性成知活动。没有这一面的如此这般成知活动，便没有直观的"理性一面"的分析与综合、判断与推理。二者的区别只在于：由于直观的"感性之看"的对象，只是一些对象形象的存在，因而前者便是一些形象的联系；直观的"理性之看"的对象，则是一些对象形象存在之理的环节，因而后者便是一些概念的联系。概念联系，正是揭示了形象联系的内在实质。

直观不仅是在其对象中往复徘徊的直接之看，而且也由此产生了它的分析与综合、判断与推理的成知活动。直观一分为二，分为它的感性之看与理性之看，因而它的此种成知活动，便相应地分为它的"感性之看"的感性分析与综合、判断与推理和它的"理性之看"的理性分析与综合、判断与推理这样两个不同方面的成知活动。直观的分析与综合、判断与推理的成知活动的具体内容，便是此二者对立统一的全体性，它是贯通这个全体性的共相。

直观本身与这个全体性的内在统一，便是直观成知能动性的全部逻辑内容。因此，全面地说，直观成知能动性便是以我们内外感知为基础的主观心理过程。关于直观的心理主义，是无可非议的。然而，直观成知能动性的心理过程，必须符合逻辑的客观性，它才有可能达到真理。这便使我们由直观的领域，进入逻辑的领域。

2. 论逻辑

逻辑者，联系成序的普遍规律也，有关它的理论体系，即为逻辑学。逻辑并不是像直观那样，也是心理一层面上的实在性——我们的成知能动性，虽然必须符合逻辑而为其所制约，但它并不是在直观之外的另一种成知能动性的心理过程，更不是其他任何一种心理过程。将逻辑纳入心理范畴之中的心理主义，是不合理的。

据此，将逻辑把握为理性的思维规律，从而认为逻辑学是研究思维规律之科学的传统观点，也必须将它判决为不合理的心理主义观点。因为，理性思维能动性，也是一种心理过程的能动性，我们已经将它包含于直观的"理性之看"的环节之中了。

在这里，人们的模糊意识立即会对当前所论产生这样的重大疑问：直观成知心理过程的能动性，包含分析与综合、判断与推理，现在又说逻辑不是心理——层面上的实在性，而指名批判逻辑上的心理主义；但逻辑学（即使它是黑格尔式的范畴逻辑学体系）的重要构成环节，岂不正是判断与推理吗？

但是，包含在直观中的判断与推理，是直观的心理过程表现为判断、推理的能动性，它当然是直观的心理过程，是心理一层面上的实在性。此外逻辑学及其判断、推理的学说，当然也同样是心理——层面上的东西。不过，现在我们讲的是逻辑学的对象——逻辑本身的客观性。它却不是心理——层面上的实在性。从而，在逻辑中的有关判断之为判断、与推理之为推理本身的客观内容，它们作为逻辑的主要构成环节，当然也不是心理——层面的实在性，不是心理过程的能动性。这二者是一个原则上的区别性，不是一回事情。就概念而言，也是如此：概念本身及直观产生它的成知能动性是心理的，而概念本身的客观内容则是非心理的。以前，我曾认为黑格尔《逻辑学》的辩证运动，缺乏真正的能动基础——直观范畴的本源能动性。但以直观范畴的本源能动性为基础展现出的辩证运动，必然表现的是一个成知能动性大全的心理过程，而非逻辑大全的非心理性逻辑过程。这个过程，只能由概念客观内容大全本身的不同范畴环节的固有内在联系来展现。将心理性的直观范畴，作为基础放到黑格尔《逻辑学》中去，那就会使它被搞得不伦不类了。

胡塞尔对逻辑的非心理性，对逻辑上的心理主义（将逻辑纳入心理范畴之中的主张），做了大量的剖析和批判。仅就当前问题来看，从大意上说我记得他曾指出，在矛盾律的命题中，和在其他任何一个逻辑学命题中，我们从中发现不了任何一点有关"心理方面"的陈述痕迹在内。这就是说，如果逻辑可以纳入心理范畴之中，那么以逻辑为其表现对象的逻辑学命题，便不能不触及对心理过程的陈述，否则那便等于确证了逻辑决不是心理层面的实在性。这既是对逻辑的非心理性最具明证性的论述，也是对逻辑心理主义最有说服力的批判。

逻辑不是心理层面的实在性，则现在面临的进一步问题便是：正确地说，到底逻辑是哪一层面的实在性呢？所谓"逻辑"，我们一开始便将它理解为"联系成序的普遍规律"，则现在这里的问题，便必然在于如此这般的普遍规律，究竟是什么实在性的规律呢？我们已经说过，逻辑作为普遍规律，它不可能是直观的"理性之看"那个成知能动性的规律，因为这是不合理的心理主义。但它也同样不可能是直观的"感性之看"的规律，因为这也同样是不合理的心理主义——如果前者可以说是理性论的不合理心理主义，后者便可以说是感性论的不合理心理主义。只是直观的"感性之看"也好，它的"理性之看"也好，都必须有其直观对象。直观的"感性之看"的直观对象，是其对象形象的存在——事物形象的存在；直观的"理性之看"的直观对象，则是事物形象存在的内在之理，二者的对立统一，便是直观对象的具体内容——客观实在。它既有物理属性，也有包括属人精神在内的精神属性。所谓联系成序的普遍规律，即为这客观实在的普遍规律，从而逻辑不是别的，它就是客观实在的联系成序的普遍规律。所以逻辑的所在层面，便是直观的对象——客观实在。它是客观实在层面上的实在性，而非心理层面上的实在性。

对于黑格尔与胡塞尔的唯心主义说，一般性的概念是客观存在的，它存在于个体事物形象的存在之中，而为其内在之理。此二者的内在统一，便是胡塞尔所谓的观念或观念性的统一，黑格尔称其为理念或理念性的统一。但黑格尔与胡塞尔，都不将包括人在内的事物形象的存在，看成超越精神的外在性，而是看成内在于精神之中的内在性，是这内在性的外在显现直接性。所谓它的内在之理，便是精神显现它的内在之理，从而观念或理念的实质，便返归为精神外在显现直接性——事物形象的存在，与精神显现此者的内在之理的对立统一了。观念或理念变为精神活动的内在本质。尽管胡塞尔讨厌或不喜欢黑格尔，可这里所谓的精神，都早已超越了属人精神的界限，而是黑格尔所谓的绝对精神——宇宙精神了（因为，宇宙即为一切事物形象的总和），而所谓的观念或理念，也随之变成绝对的观念或理念——宇宙观念或理念了。

对这二位哲学家说，所谓逻辑，便是这宇宙观念或理念层面上的实在性，它绝非属人心理——层面上的东西。胡塞尔称其为观念的客观联系，以与属人心理联系相区别。显而易见，这里所谓的观念，不是属人认识意义上的观念，因为胡塞尔认为观念不仅是我们经验知识的先验基础，而且它也是我们外在世界的先验基础。这便只能是黑格尔所谓绝对理念主义上的观念。在这个意义上，观念便是本原意义上的本体能动性，人及其心理活动主观性，便都包含在这一概念的客观性之中。

然而对我们来说，观念只能是我们认识意义上的观念，它没有那么大的道行，而成为无所不包的客观本原实在性。因此，我们只坚持前面所谓"客观实在"的真理性，而认定逻辑只是客观实在层面上的实在性，而非属人心理层面上的东西。这便是逻辑与直观的本质区别。在这个意义上，认识便不能划分为直观认识与逻辑认识，而使逻辑与心理的东西相混同。认识，在我们看来，只能是出自直观能动性，并无所谓产生认识的逻辑能动性——逻辑并不会产生认识。

逻辑虽然不是产生认识的能动性，但直观的认识能动性，却必须与它相一致，为它所制约，这便是直观与逻辑的统一性。

3. 论直观与逻辑的统一

我们已经将直观对象，从更深入的视觉上，简化地归结为客观实在——直观的对象，就是客观实在。

逻辑之为联系成序的规律，是客观实在层面上的实在性。但这不是说，它像一件东西那样，现成地处在客观实在上面，而是说逻辑之为联系成序的规律，本是客观实在所固有的内在规定系统。它与客观实在本是一个对立统一的一体性。

直观是以客观实在为对象的成知心理能动性，它即在于从中直观出客观实在的内在规定系统来。但客观实在的内在规定系统不是别的，它就是逻辑之为联系成序的规律：所谓直观成知能动性必须符合逻辑，就是说它必须符合其对象——客观实在的内在规定系统。因此，直观成知能动性，不仅必须而且必然要与逻辑相统一，二者也是一个直观与逻辑相统一的一体性，这便是直观与逻辑的内在统一。

所以，直观与逻辑的内在统一，不是外在于直观成知能动性之外的另一过程，它就在于直观成知能动性之中：直观成知能动性，直观的就是客观实在的内在联系成序的规律——它的内在规定系统。我们创造逻辑学，强调直观与逻辑的统一，无非是为了使我们对这个统一性达到自觉，以便能更好地运用它而已。凡是我们的认识发生了谬误，必然是因为我们的直观成知能动性，破坏了它与逻辑的对立统一的一体性，而变成了它与非逻辑的对立统一的一体性。正因为直观成知能动性可能发生这样的错误，所以，我们对这个统一性必须达到自觉和自觉地运用。

在这个统一性中，客观实在的内在联系成序的规律——它的内在规定系统，便表现于直观成知能动性的主观心理活动之中，转化为直观的规律。从而，直观与逻辑的内在统一，便是直观规律。

三　直观规律

1. 论直观规律与逻辑的区别

直观规律是直观成知能动性与逻辑的统一，而逻辑却只是客观实在层面上的联系成序规律——客观实在的内在规定系统：二者一为主观性；一为客观性。它们此种区别的实质是在于前者是产生知识的规律而能成人之知；后者则是客观实在的自在规律而不能成人之知——逻辑不是一个成知能动性。虽说成知的过程必须符合逻辑而为它所制约，但这成知过程的能动性负荷者或主体是属人直观，从而这是直观的一个有规律性成知过程，它无论如何却不能是逻辑的一个这样成知过程。在这里，逻辑充其量只不过是这直观成知过程的必要条件而已，它本身不能显现或构成任何成知过程。

这种区别，看来是平淡的，是微不足道的；但它却能澄清传统哲学中的最大混乱。

以逻辑的客观实在性为对象的理论体系，便是逻辑学。它作为形式逻辑学，自亚里士多德对它开创以来，直到西方整个中世纪，还一直被视为是独一无二的逻辑学。并且以后也是把它的对象——客观实在的联系成序的普遍规律作为逻辑客观实在性，放在心理层面上来把握的。所谓逻辑学是思维规律的科学，便出于此。将逻辑客观实在性，从客观实在的层面移到心理的层面上来，只要它还未真正与直观那个以"感性之看"为基础的"理性之看"的能动性——思维着的能动性联系起来，而成为思维本身的直观规律，那么它作为逻辑仍然还是不能变为产生任何知识的成知能动性。

那个所谓独一无二的逻辑学——传统形式逻辑学，诚然是出自直观的成知能动性，但它的对象却是客观实在的联系成序的规律——逻辑客观实在性。从而它表达的客观内容，也绝关涉不到知识的生成与发展的实在性。因此，西方哲学在其发展过程中，从近代以来，便由笛卡儿和康德提出这样的问题：他们认为已有的传统逻辑学——形式逻辑学，只是一种明证真谬和论证的逻辑学，而非一种能够阐明知识的生成与发展的逻辑学。他们力图要建立这样一种逻辑学。对问题这样提法，便是一个最大的混乱，使非心理层面上的逻辑客观实在性，混同于心理层面上的直观成知能动性。从其学理上说，这便是逻辑学与认识论的混同。此二者当然有同一性，但却不是一个无区别的抽象统一性，二者绝不是一个东西。

要建立一种其本身有生产性的创造能力的逻辑学，便必然要使逻辑客观实在性与直观联系起来，这样出现的便是直观与逻辑的内在统一。因而，逻辑客观实在性便在直观能动性中转化为直观的活动规律，亦即变成直观规律的实在性了。直观成知能动性，在其必然规律中展现它的成知心理过程，从而由此便表现为知识的生成和发展的过程。所以，如像康德《纯粹理性批判》中的先验感性论、先验逻辑，费希特的《知识学基础》的整个理论系统和谢林的《先验唯心主义》中的以感性为基础的创造性直观等，实质上这讲的都是直观规律，而不是逻辑客观实在性。正因为如此，它们也不是一种具有生产性的创生逻辑学，而只是一些表达不同观点的与本体论相统一的认识论。这就是说，这样的逻辑学，是根本不存在的，因为逻辑客观实在性不是一个成知能动性。

传统形式逻辑学，以后发展为黑格尔和胡塞尔的范畴逻辑学及现代西方的符号逻辑学，这都是逻辑学的不同形式的重大发展。诚然，在胡塞尔的《逻辑学》第二卷中，胡塞尔侧重于心理上的分析，但他这样做，仍是为了达到他所谓有关心理过程的观念联系的客观性。逻辑客观实在性，在胡塞尔看来，就是他所谓"观念"的客观联系，而属人精神活动的心理过程，也是包含在观念之中的东西。

所有这些逻辑学的重大发展，都未曾表明逻辑客观实在性是一个成知能动性。具体说，成知能动性只能返归直观规律的表现。

直观与逻辑的内在统一，就是直观规律。但问题又在于这个统一性是何以可能的呢？这便是直观规律的可能性与现实性问题。

2. 论直观规律的可能性与现实性

在有关直观与逻辑内在统一的论述中，只阐明了二者必须相统一的必然性，却未深入阐明这个必然性是何以可能的，因而亦即没有表明逻辑内化为直观规律之所以可能的先天条件或根据。直观规律是逻辑上先于它的现实表现的一个先验性，则它之所以可能的先天条件或根据，也必须是先于它而存在的一个先验性。

在这里真正的问题是在于：逻辑之为联系成序的规律——客观实在的自身规定系统，是内在于客观实在中，而与它本身是一个对立统一的一体性。我们仅从对客观实在性的直观中，又怎能直观到它的自身规定这种动态联系的系统呢？即使我们必能直观到它的不同方面的相异性和联系，可我们又怎能直观到这些相异性和联系都是它的自身规定的动态联系呢？对这个问题，必须作出回答，才能阐明直观与逻辑的内在统一。

客观实在是它的不同方面（包括它的殊相区别性在内）和联系的大全，每一相异性和联系（相异性是不同界限的中断性，联系是二者的连续性），都是客观实在的自身分化，而为它本身的一种规定性，是它为它的特定规定性。因此，客观实在不只是一个它为它的单纯性、不动性，而同时还是一个到处都充满了它的这样或那样自身规定及其相关性的动态情状系统的生动性。这便是直观规律所以可能的先天条件或根据。正因为如此，它必为直观所看到，并以此为客观模式展开它的成知能动性。从而它的活动便与客观实在的内在自身规定系统——它的联系成序的规律之为逻辑客观实在性相统一，而使后者转化为前者的规律主观性：直观规律。于是，直观规律的可能性，便转化为现实性。

直观成知能动性，实质上是一个直观规律的成知能动性，因为直观能动性本身正是在它的规律中，才实现出它与逻辑相一致的成知心理过程的。我们可以说，直观规律的现实性不是别的，它就是这一成知心理过程本身。因此，直观规律的现实表现，必然呈现为我们的知识。

由于直观规律是以客观实在的自身规定为客观模式成立起来的，因而它呈现知识的能动性，必然是一个判断行为。判断行为的规律即为一种直观规律。而它所呈现的知识，也便随之是一判断知识，是这种直观规律的外在表现。

但是，直观规律却必须分为直观的"感性之看"的直观规律，与直观的"理性之看"的直观规律。从而，它作为一个判断行为，便分为感性之看与理性之看的两种判断行为。与此相适应，直观规律的外在表现——判断知识，也必然要分为直观的"感性之看"的感性判断知识，与直观的"理性之看"的理性判断知识。前二者是一个对立统一体；后二者也同样必须是一个对立统一体。所以，直观规律的判断行为，是一个直观的"感性之看"的判断行为，与直观的"理性之看"的判断行为的对立统一总体性。它所呈现的判断知识，也是一个直观的"感性之看"的判断知识，与直观的"理性之看"的判断知识的对立统一总体性。这两个总体性的对立统一表明：既没有判断知识的直观规律判断行为，也无没有直观规律判断行为的判断知识。在这个统一性中，这二者是一对一地相互对应着的。有关概念知识与判断行为谁先谁后的争论，纯粹是一种毫无意义的争论。

这个统一性指向直观对象——客观实在全部逻辑内容的能动性，便是直观规律的层次。

3. 论直观规律的层次

直观规律的表现对象是客观实在，它表现其对象的成知能动性，往往还需要人的活动或实践乃至科学实验的参入。但绝不可认为它们是产生知识的主体能动性——在这时，主体能动性仍是属人直观规律，它们只不过作为它的辅助手段在起作用而已。

在此种设定的前提下，直观规律表现其对象的成知能动性，必然首先要表现"客观实在是客观实在"的同一律自身规定。这是它的逻辑同一律层次。如果它不首先立足于这个成知过程上，而是使它的表现对象忽此忽彼地变化不定，那么它表现其对象——客观实在的成知能动性，乃至它之为直观规律的实在性，也便一齐消失不见了。从而，直观规律的成知能动性是无从成立、无从谈起的。

在这个基础上，直观规律的成知能动性便要表现"客观实在＝X"的相异律或区别律的自身规定。这是它的逻辑相异律或区别律层次。它在这个层次上，要点是在于：它以不同的形式将客观实在归结为其不同方面的实在性。要而言之，这些形式是：（1）客观实在与其特定方面对立统一的所是形式："是"便为实现这对立统一的内在能动性。（2）在前一形式中，便包含了客观实在是其殊相多样性的自身规定在内，因而这便又产生了直观规律成知能动性，表现它在其殊相多样性中，作为某一殊相或某些殊相的所在位置及其与周围环境相关性的自身规定的成知实在性。（3）直观规律成知能动性，表现客观实在及其某一或某些殊相的能动和被动的自身规定的成知实在性。

这些形式，与直观规律成知能动性，表现客观实在的相异律或区别律的自身规定的成知能动性相统一，还仅是后者的横向实在性。除此之外，它还有其纵向实在性。这便是：一为直观规律成知能动性，表现客观实在的内涵逻辑内容的成知实在性；二为表现客观实在不同层次的内在结构（分子的、原子的、基本粒子的等等）的成知实在性。

（我不同意以黑格尔的辩证区别同一性来否定或代替传统形式逻辑学的 A = A 的同一律的观点。实则前者只能在后者起作用的基础上，成立其应有的巨大作用：没有后者，前者便无从成立，这二者是相互依存而不可分的。这从前面所论的内容中，便可充分看到这一点。）直观规律成知能动性的逻辑同一律层次，与它的逻辑相异律或区别律层次的内在统一，便最后归结为：直观规律成知能动性，表现客观实在的终极本原——本体实在性及其外在显现的成知实在性。这是直观规律成知能动性的终极层次。这三个层次的区别与联系，便是直观规律的层次。它便是"直观与逻辑的本真相关性"这一课题的最高规定。

（2001 年第 6 期《社会科学战线》）

附录 五

论意识王国基础性事实

一 哲学研究的原始起点

对我们显现着的一切实在性或任何实在性，都是为我们的意识所显现的。这就是说，那在对我们显现着一切实在性的"显现"能动性，就是我们的意识，是我们作为人的意识。没有人的意识，人便空无所知，人面对的就是一个什么也没有的沉寂，即使包括人在内的一切实在性或任何实在性，还是照样在那里存在着。

显而易见，这里所谓"人的意识"，既不是单指人的感性意识（感性），也不是单指人的理性意识（理性），而是兼指此二者的普遍性——属人意识共相。它既是人的感性意识，也是人的理性意识，是将此二者一劳永逸地包容于它自身之内了。它是前二者的更高对立统一性。

迄今所论，并不是一些毫无区别性、什么也没说出的同语反复的堆积。它表明了一个古往今来随时随地都在发生着的、与人形影不离而相伴随着的日常事实：属人意识总是在表现着那对人显现着的一切实在性或任何实在性，这是意识本性的展现。① 只

---

① 这里所谓"在表现着"那个"表现"，内涵广泛：不仅就实在性的自身被给予而言，并且还包含谓词判断和推理等在内，是就意识表现的全部环节而言的。

是它从未在反思层面上引起人的注意，并作为对我们理论思维、实践思维说，还有什么意义的东西提出过。它在这方面的命运，可以这样说——它与人形影不离，每天都在人的身边发生。乃至于赖于它这样的存在，人才能生存下去；但人却对它不屑一顾，熟视无睹。它马不停蹄地不断连续发生着，却又同时如此这般地被人连续抛于反思王国的脑后。

必须注意当前所论的精确度。这里说的既不是意识，也不是一切实在性或任何实在性，而说的是前者是在表现后者而使后者成为对人显现着的客观性的日常事实，它是二者相关性的最为基本和无所不包的一个事实。一切由命题而表现出的实在性与哲学问题，无不直接或间接地包含在它之中，并以它为最后的根据。哲学研究要想完成一个生根于某处的彻头彻尾的演绎体系，就要一反传统对它不屑一顾的态度，就要特别珍重它：将它请回反思王国，从它开始对它很好地进行彻底而全面的反思。反思王国无此事实在焉，它便成了高高挂在脆弱树枝上的一具僵尸，什么哲学科学花朵都开不出来，只会蛆虫横生，迎风摆动，在等待腐朽为无的日子的来临的过程中，跌下地面，粉身碎骨。为了今后论述方便起见，我们可称它为"意识王国基础性事实"。实际上，反思王国每走一步，都无不是一个意识王国基础性事实，因为反思也是思维层面上的意识，是理性意识的实在性。

意识王国基础性事实，就是意指"属人意识总是在表现着对人显现着的实在性"。

这个"意识王国基础性事实"，是哲学研究的真正开端，是它的原始起点。

就它的殊相多样性说，它同时也是一切科学的真正开端或原始起点。

通常人们总是对它不屑一顾，将它置诸脑后；但现在我们要以它为基础来谈论哲学理念，阐明本课题所想论述的一系列重大问题。

二　意识王国基础性事实两端作为基底的反思规定性

所谓"意识王国基础性事实"的两端，当然是指意识与实在性而言。人们会就二者的相关性说，人从来就没有忘情于意识王国基础性事实，所谓"意识是实在性的反映"和"实在性的反映是意识"两个事实，无人不知，这不就在不同的形式上说的是意识王国基础性事实吗？说在反思王国的领域，人总是忘情于它，这简直是无的放矢！

这个反对意见，真是来势凶猛，不可一世。看来我们的观点，就要"粉身碎骨"了。但这只是表面看来，好像是如此而已。实则这正说明了我们的观点是不可动摇的，而持这种观点的人，恰好是在自我暴露，泄露了他们正是"忘情于意识王国基础性事实"的一些最好的例证。先说人们所谓第一个事实——"意识是实在性的反映"。显而易见，这里是以意识为主体，从而是以意识作为基底为对象的一个反思，它说出了意识作为基底是什么的规定性——"实在性的反映"。但这个事实，绝不能等同于"意识总是在表现着对人显现着的实在性"这个意识王国基础性事实。此二者的基本区别是在于：意识在前一事实那里的规定性"实在性的反映"，是不能直接等同为意识在意识王国基础性事实那里的规定性"在表现着对人显现着的实在性"，前一规定性说的是只能在人想象中浮现出的一个"实在性的映象"，或者动态地看是这样一个"映象出实在性"。但实在性不在意识表现的构造性中对人显现出来（此即为后一规定性），这对它的映象或映象出又从何成立呢？可见必须有了后一规定性——"在表现着对人显现着的实在性"的逻辑先在性，前一规定性，才能作为对它的反思，作为它的内在实质成立起来。相对来说，后一规定性，更是逻辑上的原始具体性：前者恰恰正好是后者的一个实质规定性。如果硬要将对实在性的"映象"或"映象出",看成也就是对实在性的"显现"或"显现出"(就后一规定性而言),那么须知这是一个有差别的统一性,而非一个相同的统一性。后者是前者的原始具体性;前者是后者的内在实质。

上面所谓前后两个规定性,都是以意识为主题。但在前的规定性与意识的相关性,是一个"意识是实在性的反映"的以反思为中介而得出的间接事实,而在后的规定性与意识的相关性,却是一个意识王国基础性事实的直接性。我们已经充分表明,那前后两个规定性,不能相互等同,这也就是说,"意识是实在性的反映"不能等同于意识王国基础性事实——意识总是在表现着对人显现着的实在性。在这里,意识王国基础性事实,也总相对于"意识是实在性的反映"说,是逻辑上更为原始的具体事实。其所以如此。是因为我们若问为什么说"意识是实在性的反映"呢?回答只能说,这是由于意识总是在表现着对人显现着的实在性。这也就是在说,唯因意识是在表现着对人显现着的实在性,所以才说意识是实在性的反映。可见这个事实是在我们所谓"意识王国的基础性事实"的前提下形成的:前者是在展现意识王国基础性事实的内在实质——没有后者,前者也便无从产生。

在这种相关性中的先后两项,是不可逆转的。我们不能倒转过来,以"意识是实在性的反映"的事实为逻辑居先,而以意识王国基础性事实为逻辑居后说,唯因"意识是实在性的反映"所以才说"意识总是在表现着对人显现着的实在性。"我们已经阐明:意识作为一个主体的前一规定性,总应该逻辑上晚于它的后一规定性的,并且是此者的内在实质,具有高于它的内涵意义。因此,这种倒转,单从二者的相互包含的纯粹逻辑变换说,虽然是顺理成章的;但就二者发生的现象学先后逻辑顺序与内涵高低来说,则是纯粹不能成立的虚无。我们坚持意识王国基础性事实的原始逻辑先在性,"意识是实在性的反映"这一事实,只有在前者的基础上,通过对它的反思,才能从中升华出来、提炼出来——前者是后者的内在根据。

我们不是要只停止在这样的思辨上①,随着思辨而来的,是如下货真价实的、现象学事实的雄辩。

我们在眼看、耳听、手触、口尝等意识活动中,感受到的只能是对我们显现的实在性,而却不能直接感受到所谓"实在性的反映":我们从来都说"我感觉到了什么",从来没有人说"我感觉到了实在性的反映"。前者与那在感受着的意识相统一,就是所谓意识王国基础性事实的存在,而后者与那在感受着的意识相统一,却是一个"意识是实在性的反映"的非存在。在人们"感觉到"的能动性中,永远不会直接生起"意识是实在性的反映"的事实;但人们对前一事实——意识王国基础性事实进行反思,它便可应运产生了。因此,我们眼看、耳听、手触、口尝等活动,最为雄辩地对我们表明了:意识是实在性的反映,既绝不能等同于意识王国基础性事实——意识总是在表现着对人显现着的实在性,也不能早于后者而出现:它只是后者的内在实质,只能由对后者的反思所形成。

现在,再来说人们所谓第二个事实——实在性的反映是意识。这个事实是人们所谓第一事实的主体与其规定性的逆转事实——原来的主体逆转为规定性,而其规定性则逆转为主体的一个相关性。与此相对应,意识王国基础性事实的逆转事实,便是:总是在表现着对人显现着的实在性的是意识。此者与前者都不能超越它们原先作为两个不同事实的固有性质的界限。它们的区别性,必然同时在制约着前二者的区别性。

我们已经明确:意识是实在性的反映这个事实,不能等同于

---

① 在我看来,思辨是哲学体系的不可缺少的基本因素,没有思辨的哲学体系,必然令人感到索然无味,乃至不成其为哲学。

意识王国基础性事实——意识总是在表现着对人显现着的实在性，它作为后者的内在实质只能被反思，却不能早于后者而出现。并且此二者都以意识为主体，差别只在于二者同为意识的规定性上。现在，当它们都以意识为主体的不同规定性同逆转为主体以后，二者仍然照样是不同的，其一切区别完全如故不变、我们进而可以使这如此这般有区别性的主体，去与那原先都作为主体的意识相联结，这就是说"实在性的反映是意识"的事实，是不能等同于"总是在表现着对人显现着的实在性的是意识"的事实的。其所以如此，这乃是因为如前所言，二者的主体性作为原先两个事实的主体规定性，是根本不同的。这决定了后一事实总要逻辑居先出现，前一事实也是要作为后一事实的内在实质，必须以反思为中介而逻辑居后出现。所以，"意识是实在性的反映"的逆转事实，也是不能等同于意识王国基础性事实的逆转事实的。

总之，无论是"意识是实在性的反映"，还是"实在性的反映是意识"，这都是意识王国基础性事实两端各为主体自身的反思规定性，是此两端联结的不同反思形式。它的经验根据，毋须外求，只存在于意识王国基础性事实及其内在区别环节的逆转之中。此者与前者，是决不能等同的。

通常人们的自然意识，总是从思维王国基础性事实的两端出发，而将它们以不同方式互相联结而构成的反思事实，混同于意识王国基础性事实及其内在区别环节的逆转相关性。这一点，不是恰恰正好说明了人们总在忘情于意识王国的基础性事实吗？

然而，当我们说"意识是实在性的反映"，或说"实在性的反映是意识"时，这涉及的总是人们通常所谓哲学基本问题——意识与实在性的关系问题，亦即人们通常所称道的意识与存在的关系问题，实在性者，什么存在之谓也，而存在却又必得是什么东西的存在。所以，我们觉得前一提法比后一提法更为确切一些。于是，在这里，便可进而走入意识王国基础性事实与哲学基本问题的相关性领域。

三 意识王国基础性事实与哲学基本问题

在我们这里，人们通常所谓哲学基本问题，便是意识与实在性的关系。我们可以问，这个哲学基本问题是从哪里提出来的，人们根据什么说意识与实在性的关系是哲学基本问题？诚然，对此可以回答说，是根据这个问题提出时的全部哲学历史实践。但这样一来，这个问题的提出，就是对当时全部哲学历史实践的一种哲学历史观，而肯定还有别样与之相区别乃至相对立的哲学历史观存在。从而，它的内涵，便太过于庞大和复杂了，不适合于我们只想从人所熟知的事实来立论的要求。因此，我们还是回到人所熟知的日常经验事实上，来求得问题的答案。

既然人们的日常意识，总是习惯从意识王国基础性事实的两端出发，来谈论意识与实在性的问题，那么所谓"意识是实在性的反映"或"实在性的反映是意识"的事实，便是人们所熟知的日常经验事实了。显而易见，在这里：

1. "意识是实在性的反映"的熟知，谈的、指向的对象，就是意识与实在性的关系，它内在地包含于前者之中。

2. "实在性的反映是意识"的熟知，谈的、指向的对象，同样是意识与实在性的关系，它也内在地包含于前者之中。

所以，意识与实在性的关系，就其经验根据说，就是从人们这两个日常经验熟知中提出来的。

这就是说，哲学基本问题，就其日常经验根据而言，它是可以从人们的"意识是实在性的反映"或"实在性的反映是意识"的日常经验熟知中，直接提出来的。而且这一点，古往今来毫无变化的可能，是一个恒定事实。

唯其如此，我们可以直接从这种日常经验熟知事实，简单引申出这个哲学基本问题。

然而不必隐讳，我们当前所论，好像存在一个循环论证的矛盾。我们以"意识是实在性的反映"或"实在性的反映是意识"的日常经验熟知事实，引申出哲学基本问题。以前者论证后者。但哲学基本问题"意识与实在性的关系，"正所以是它表现为前者的内在性：这又必须从后者引申前者，以后者论证前者。不过，这个循环性不是矛盾，而是一个必然如此的合理性。正因为后者表现为前者，引申为前者，是前者内在基础，所以我们也可以从前者引申出后者：这两个引申或论证，是相互包含的，是各都以对方为自身潜在之有的统一性。只有在这样一个统一性中，我们才可以从"意识是实在性的反映"或"实在性的反映是意识"的事实中，提出哲学基本问题——意识与实在性的关系来。

我们看到，人们习以为常的自然意识，总是从意识王国基础性事实的两端出发，言及它们相互联结的反思形式，并由此可以提出哲学基本问题。如果说前者必须以意识王国基础性事实为逻辑先在基础，则后者必然也是如此。我们可以问，为什么说意识与实在性的关系问题是哲学基本问题呢？回答便可以是：因为意识总是在表现着对人显现着的实在性——此者的内在实质可以最终归结为意识与实在性的关系问题。从而，它便也是所谓这哲学基本问题的逻辑先在基础。归根到底，哲学基本问题，是以意识王国基础性事实为前提产生的。

现在，我们便立足于意识王国基础性事实上，来探讨一下这个哲学基本问题的逻辑内容，看看它的内涵真谛，到底是什么。

哲学基本问题，便是意识王国基础性事实两端的相关性。据说它作为意识与实在性的关系的第一个方面问题，便是意识与实在性二者到底哪个产生哪个，何者为在这个意义上的第一性、第二性的问题。对此，通常人们总是基于经典回答说：唯心主义认为意识产生实在性，从而前者是第一性的，后者是第二性的；唯物主义则认为实在性产生意识，从而后者是第一性的，前者是第二性的。照这样说，哲学基本问题的第一方面，便是一个划分哲学历史实践基本派别及其是非的一个识别原则了。

只是就哲学历史实践而言，从来没有一个唯心主义派别，曾经认为意识产生实在性，从而意识是第一性的，实在性是第二性的。这种观点从哲学史上找不到，简直连个影子也没有：柏拉图所谓作为实在性根源的理念，亚里士多德所谓成物动因的形式，乃至于作为创世主的上帝和黑格尔的绝对理念等，都不等于我们的意识，更不能归结为意识一般。后者只是说，意识无论作为人的意识，还是作为其他什么东西的意识，例如上帝的意识，都只不过是一个"觉知到什么"的主观性而已。谁能说，这些解释实在性的原则都是一个"觉知到什么"的主观性呢？诚然，贝克莱、休谟提出了"实在性即觉知"（前者认为观念的综合、后者认为印象的综合就是实在性）的说法，但这是将意识与其对象——实在性（意识的对象总得是实在性）混为一谈的主张，而既不是唯心主义解释实在性的原则，更不是什么作为第一性的意识产生作为第二性的实在性的学说。以后直到今天所谓"实在性是内在于我们之中的，而不是外在于我们的"这种唯心主义哲学立场，也只不过是说实在性是我们精神活动的表现，它不等于说意识产生实在性。因为，必须首先有了这种精神活动的表现，它才能以此为对象而再表现为意识：此二者同样也是不能等同的——意识与精神是两个不同的概念：前者作为后者的表现，必须后于它显现为实在性的活动。人们在坚持"意识产生实在性"是唯心主义问题所在时，往往将意识混同精神，将前者偷换为"精神产生实在性"，这便使前者在唯心主义这里可以成立了。可这却是前者与后者的一个不合理的混同。实质上，唯心主义的根本问题完全不在于是否"意识是产生实在性的第一性"，这与它风马牛不相及，而是在于唯心主义用以解释实在性的那些原则是否可以成立。

至于谈到唯物主义，问题便简单得多了。除了庸俗机械唯物主义之外，也从来没有一个唯物主义派别，曾经在将包括人在内的一切实在性把握为物质的前提下，认为实在性产生意识，从而实在性是第一性的，意识是第二性的。诚然，庸俗机械唯物主义说，人脑产生意识，正如人胆分泌胆汁一样。但这不是唯物主义中占主导地位的普遍性观点，仅仅是个别少数的例外。就其占主导地位的普遍性观点而言，一般来说唯物主义都将意识看成是实在性作为物质的意识属性。唯物主义的根本问题，也不在于是否"实在性是产生意识"的第一性，这同样与它风马牛不相及，而是在于唯物主义用以解释意识的那种原则，是否可以成立。

抛开哲学历史实践的视觉领域，还有这个问题本身的自在自为一面的领域。从它这自在自为一面来看时，我们便要说，意识既不产生实在性，实在性也不产生意识。二者的相关性只能是这样：意识是人作为实在性的固有属性，人作为实在性是意识的负荷主体——一种属人意识的主体属性关系。我们无论怎样查看和反思，也从中找不出二者到底何者为产生对方的第一性关系来。诚然，人们可以说，意识是实在性从低级到高级之发展的产物，是它发展到人的产物。但低级的实在性如果没有与其相对应的低级意识属性——原始感受性，单靠它的物理属性，便无论怎样发展，无论发展到怎样高的等级，也是发展不出我们当前所谓"意识"来的。所以，问题只能是：实在性当从低级发展到高级，发展到人时，它作为低级实在性的低级意识属性——原始感受性，也相适应地跟着发展到高级，发展到人的意识属性亦即我们当前的所谓意识——属人意识。

在这里，我们可以明确看到，实在性不会产生意识，但它却是本来就有其意识属性的东西。实在性作为不同等级的实在性，有其不同等级的意识属性，也有其不同等级的物理属性；就其共同的普遍性说，这就是说，实在性本身既有其意识属性一般，也有其物理属性一般。实在性不会产生为它所固有的意识属性一般，这意识属性一般也更不会反过来产生实在性本身——说实在性是为它的意识属性一般所产生，这是一个自相矛盾的不通之论。这便从根底上揭示了哲学基本问题——意识与实在性的关系，绝不会是一个何者为产生其对方的第一性关系问题的自在自为性。

无论从哲学历史实践上看，还是从这个问题的自在自为性上来看，都无所谓哲学基本问题第一方面的存在性。坚持它的存在性，便只有到庸俗机械唯物主义那里，去坚持它的存在性吧！

于是，剩给哲学基本问题——意识与实在性的关系的，便只有人们所谓它的第二方面：实在性是否可知的问题了。这个问题的确存在，从哲学历史实践上的不可知论与可知论的对立中，可以直接找到它的存在性。但意识与实在性的关系，就是意识总是在表现实在性的一种联系。这不是别的，它即前者的根据——意识王国基础性事实。在这里，问题便在于：它所指向的"对人显现着的实在性"，是否与实在性本身相一致呢？从而所谓哲学基本问题的第二方面——实在性是否可知的问题，现在不仅是独一无二的，而且也转化为意识王国基础性事实的一个基本问题了。哲学基本问题的内容，只有一个方面，它同时也是意识王国基础性事实的基本问题。

这就是所谓哲学基本问题的内涵真谛。

这个问题的解决不能求之于实在性可知与不可知的抽象论断，而应由从感性到理性整个过程科学呈现出的、有关意识王国基础性事实的逻辑内容来确立、来回答。意识王国基础性事实的逻辑内容，便是它的逻辑所是。

从这里出发，便可从意识王国基础性事实的"逻辑内容所是"上，进入哲学意识一般的不同领域的划分问题。

这个问题，从我们日常经验看时，它同时也是日常经验一般的不同领域划分问题。

这两个方面的内在统一，可归结为一个意识的内在区分问题。从而，实质上我们现在就是要以意识王国基础性事实为根据，来演绎意识的内在区分。

四　意识的内在区分

意识王国基础性事实的两端，是意识与实在性。而此二者的相关性，是前所谓哲学的基本问题——意识与实在性的关系。但意识与实在性在这关系中的内在统一，实质上却就是一个意识之全的一体性：实在性返归与其相统一的意识对象。我们可以说，意识王国基础性事实，便是这样一个意识之全的一体性。

在意识王国基础性事实——意识总是在表现着对人显现着的实在性中。所谓它表现着"对人显现着的实在性"，实质上便是意识与其对象实在性的对立统一——一个意识之全的一体性。因此，在这里，问题就在于：它这"表现着对人显现着的实在性"的具体内容都是什么？此即前所谓意识王国基础性事实的"逻辑内容所是"实在性。

显而易见，任何人都可由此想到：意识王国基础性事实那个被表现着的对人显现着的实在性，必然就是相对于意识主观性而言的客观事物存在形象的实在性。没有对客观事物存在形象实在性的意识表现，我们压根儿便不可能有意识，更不能有所谓意识王国基础性事实的一般存在性。一般地说，我们是在对客观事物存在形象实在性的意识表现中，才能自觉到我们有意识的事实的。所以，意识王国基础性事实必然首先表现的是：客观事物存在形象实在性。

意识王国基础性事实的这种意识表现，便是它的原始意识——它的原始意识之全的一体性：意识与客观事物存在形象实在性的对立统一。在这个统一性中，意识的对象是客观事物存在形象实在性。然而后者直到其本原性存在实在性的不同层次所是实在性，是其不同层次"是什么"的本体。所谓本体概念的内涵所指，即为客观事物存在形象实在性的"所是"。因此，意识表现整个客观事物存在形象实在性的原始意识表现，便是本体论。就中它表现这客观实在性的总和——自然界的意识表现，则为宇宙论：前者扬弃后者为自身的自在性，而它便包含于本体论之中，是本体论的一个分支。

这个本体论，就其仅与我们日常经验一般相联系而言，它是日常经验本体论。

这个本体论，就其进而与我们理论思维一般相联系而言，它便是哲学本体论。

哲学本体论，总是与日常经验本体论相联系，而为本体论这个统一性的内在核心。它的基本问题便是：客观事物存在形象实在性不同层次所是的本体及其内在统一性是什么？围绕这个中心问题及其一切枝蔓形态而展开的全部意识逻辑内容，便是意识王国基础性事实的原始意识——本体论。

无论什么时候——过去、现在和将来，只要意识王国基础性事实首先指向的是客观事物存在形象实在性，并且此即它那个"在表现着对人显现着的实在性"的原始性，则本体论便是一个不可缺少的首要意识环节。这对哲学意识而言，就是说，哲学本体论是哲学体系的开端。是哲学体系的最初环节。我们可以说，哲学意识，如果不首先从理论思维上去表现客观事物存在形象实在性，它便没有什么自己作为哲学意识的内容，而等于自己还没成立起来的零了。只要它成立了起来，这便最初只能是在其逻辑发展中的哲学本体论。

但本体论在使主体——人"意识到什么"之际，主体同时便知道自己"意识到什么"。这个"意识到什么"本身，是一个自觉性，它与其主体"人"相联系，便能转化为人知道自己在"意识到什么"的自我意识。本体论必然与属人自我意识相伴随，从而在其中这便又派生出意识以其自身为对象性的从属意识表现。在这里，意识自身以本体论为基础变成为其自身所表现的实在性。如果说总是耸立在意识对面与其相区别的那个实在性——客观事物存在形象实在性，是客观实在性，那么现在这个意识为其自身所表现的实在性，便可称为主观实在性。于是，在我们面前，便有一个规律呈现出来：

主观实在性，总是在表现客观实在性，而它在表现后者的同时，它便也呈现出了它自身的实在性。由此，便进而产生意识以自身为对象的意识表现。

意识王国基础性事实的这种以本体论为前提的意识表现，便是它的非原始意识——它的非原始意识之全的一体性：主观实在性与它以自身为对象那种意识表现的对立统一——认识论。在这个对立统一性中，意识的对象，是它自身作为主观实在性本身。然而主观实在性，实质上是意识王国基础性事实的原始意识——本体论的自身规定，从而这便产生了认识论与本体论内在联系的逻辑内容问题。

单就认识论与本体论相联系的关系而言，我们可以说，认识论是我们对本体论的反思，或者说我们在本体论中对其逻辑内容的反思，就是认识论。这可归结为：认识论是我们对本体论逻辑内容的反思。因为，认识论的对象是主观实在性，而这主观实在性与客观实在性的统一，就是意识王国基础性事实的原始意识——本体论。但就这种反思的具体逻辑内容而言，都还需要对它进一步加以展开。

凡属本体论意识，它总以客观实在性是什么和怎样的话语来指向前者的规定系统。但那在表现这个规定系统的话语却就是意识。因此，在本体论自身中，便内在地包含着意识如何表现那客观实在性的潜在意识系统在内。或者换句话说，在本体论自身中，便内在地包含着一个潜在认识论系统在内。

相反，凡属认识论意识，它总以意识如何表现客观实在性的话语，来指向前者的规定系统。但意识如何表现客观实在性的话语，却就是本体论的潜在意识系统。因此，认识论意识，便是那内在于本体论之中的潜在意识系统在我们反思中的自为展现。或者换句话说，认识论意识，便是那内在于本体论自身之中的潜在认识论在我们反思中的自为展现。

所谓认识论是我们对本体论逻辑内容的反思，实质上就是说，认识论是内在于本体论之中的潜在意识系统——潜在认识论，在我们反思中的自为展现。

这个认识论，就其只与我们日常经验相联系而言，它是日常经验认识论。

这个认识论，就其进而与我们理论思维相联系而言，它便是哲学认识论。

哲学认识论与日常经验认识论相联系，而为认识论的内在核心，这都是内在于本体论之中的潜在意识系统——潜在认识论，在我们思维中的自为展现。

在这个意识王国基础性事实的非原始意识——认识论，与其原始意识——本体论的内在统一性中，它基本上析而为二：以自身为对象的意识——主观实在性和它的原始对象——客观实在性乃至整个自然界。但所有这些不同实在性同为实在性一般，都是大自然界然其所然的内在之理——中国哲学所谓天道的表现。它们都是天道表现的合理性，是中国哲学（中庸）所谓真实无妄的"诚"。《中庸》故曰："诚者天之道也"；唯天道的表现则诚，非诚则无物。一切实在性在其此种意义中的自身规定，便被我们理智直观为价值。这就是它们作为其内在价值一般的实在性。因此，从这里，我们便可进入意识王国基础性事实的第三个意识领域——以价值为对象的价值意识领域——价值论。[①]

价值，出自大自然界所为而成者，谓之天然价值。

价值，出自人功所为而成者，谓之人造价值。这是人代天所为而为其所不能为者。《中庸》故曰："诚之者，人之道也。"所谓"诚之者"，就是说，人根据价值之为价值的天理——价值之为天道表现那个"诚"，而在完成天为所不能完成的真实无妄的"诚"——价值。此为人道的实质。人道即为天道，因为人道只不过是天道的一个固有环节，是它的现实体现之一。

价值，一旦指向了人的创造活动本身，则此者便谓之创造人造价值的价值。人是有社会性的，其不同个体在现实性上总是处在活动交换之中，就其活动所创造的人造价值而言，便是处在价值交换之中（此为广义的价值交换：人的一切社会联系，实质上都是所予与所取的价值交换，此非狭隘意义上的商品价值交换）。人类的历史，便是一部属人价值交换的历史，它的基本原则，便是所予与所取必须相等的等价原理，可以称其为人的等价原理。人的等价原理，实质上是所谓"人学"的基本原理，惜乎"人学"的那些研究者们无知于此也。此种属人等价原理，便是人作为创造人造价值那种价值的基本规定。

无论是天然价值，人造价值，还是创造人造价值的价值，它们的实质都是天道表现的合理性。这是它们作为价值的基本内涵。此三者的相关性整体，便构成所谓价值意识领域——价值论的逻辑内容概观。

价值论，就其只与我们日常经验相联系而言，它是日常经验价值论。

[①] 我现在的价值概念与以前不同，它是受我的学生——北京师范大学哲学系李景林教授的启发，经过再三思索而形成的。

价值论，就其与我们的理论思维相联系而言，它是哲学价值论。

哲学价值论与日常经验价值论相联系，而为它的内在核心，这就是整个价值论的意识领域。

于是，本体论、认识论和价值论，便构成了意识王国基础性事实的三个意识形式，而是它的整个逻辑内容所是。

从这里出发，我们便可进入哲学的内涵及其一般规定性的领域，来以此作为本文的结论。

五　结论：哲学的内涵及其一般规定性

我们所谓"意识王国基础性事实"就其本身而言，是一个无往而不适之的普遍性共相。关于它的殊相多样性，我们一向均未涉及，但它本身却必须是一个扬弃其殊相多样性为自身自在性的实在性。其所以如此，这乃是因为意识王国基础性事实，就其现实性说，总是表现为它的殊相多样性而存在于其中的。从而，当我们单单提出它、论到它时，这就意味着我们已将它的殊相多样性，扬弃为它自身的自在性了。这同时也便是说，它是具有它自身这样一个自在性的普遍性共相。这个普遍性共相，是一个意识一般与其对象相统一的意识之全的一体性。因为，在这个普遍性共相中而被意识表现着的"实在性"，是一个主观实在性与客观实在性的对立统一。从而，这便必须是这样一个意识之全的一体性。

在这个基础上，我们便可直接谈论"哲学的内涵及其一般规定性"的问题。

顾名思义，哲学之哲者，明知而智慧之谓也；哲学之学者，学问或知识之谓也。所以，合此二者为一的哲学，就是明知而智慧的学问或知识一般——一个学问或知识的普遍性共相。

然而，学问或知识的普遍性共相，需要有意识活动的普遍性共相来体现。而这就其现实存在而言，不是别的，它就是扬弃了其殊相多样性为自身自在性的那个作为普遍性共相的意识王国基础性事实。其所以如此，这乃是由于它本身便是那"意识总是在表现着对人显现着的实在性"的一般原始事实：除此之外，便别无体现学问或知识普遍性共相的意识活动普遍性共相存在了。因此，就其以日常经验为始基进而又与哲学思维相联系说，它就是哲学作为学问或知识普遍性共相的现实存在。哲学存在性全部逻辑内容不是别的，它就是意识王国基础性事实这个普遍性共相的全部逻辑内容的展现。

哲学一般的完美整体，是意识王国基础性事实这个普遍性共相的整个逻辑内容的理论展现，而后者这整个逻辑内容，亦即它的逻辑内容所是，又是由本体论、认识论、价值论三个环节所构成。因此，哲学现实的一般规定性，便必然是：

它的本体论——哲学本体论；

它的认识论——哲学认识论；

它的价值论——哲学价值论。

这就是说，哲学一般之在的完美整体，便是这三者的内在统一，是意识王国基础性事实与其逻辑内容所是的理论内容的内在统一。

意识王国基础性事实，不仅是哲学研究的出发点，而且同时也必然是贯通哲学整个逻辑内容的内在基石。

正因为如此，我们前面才说，在合理意义上的哲学基本问题，同时也是意识王国基础性事实的基本问题——前者的基本问题，当然也便是它的现实存在的基本问题。

（2002 年第 1 期《长春市委党校学报》）

后　　记

《第一哲学原理的科学体系》是邹先生完成的最后一部著作，代表了邹先生对哲学的基本看法，同时也能看出邹先生学术探进的一些轨迹。本书最初由邹先生手写，由于手写稿不易辨认，由学生李晓勇博士录入成电子稿。在这期间，多有学生、弟子及友人争相阅读，并希望出版。读书得到吉林大学哲学基础理论研究中心及中心领导孙正聿、孙利天等教授的积极支持，得以出版。出版前，王天成教授曾做过校对，亦请学生刘立东博士等进行校对；其中对明显的错字和别字直接做了更正，对一些比较含混的表述，在征求邹先生的学生、弟子孙利天教授、邹广文教授、李景林教授等的意见的基础上，做了细微调整。

吉林大学哲学基础理论研究中心郭夏核对了全部引文和注释，孙利天教授做了最后核定。哲学基础理论研究中心副主任朱文君博士在联系出版等方面做了很多工作。2018年是邹化政先生逝世十周年，此书的出版是对先生最好的纪念。在此，对为出版此书贡献力量的所有学人和中国社会科学出版社朱华彬编辑一并表示感谢！